应用型本科会计学系列精品教材

税法学习指导与习题

郭兰英　刘　捷◎编著

清华大学出版社
北　京

内容简介

本书是各类院校《税法》课程和中国注册会计师《税法》考试的配套学习资料，内容包括税法总论、增值税法等我国现行的全部税种以及国际税收、税收征收管理法、税务行政管理法制、税务代理和税务筹划等相关知识，体系及内容与中国注册会计师《税法》考试指定教材相一致，各章均包括学习目标、学习要点与内容提要、重点与难点、基础练习、复习思考题、知识拓展阅读等内容。

本书简明扼要，重点突出，侧重各种法规的实际应用和具体计算，并给出了详细的解答过程，通俗易懂，易于学习。本书可以作为各类院校会计、财政、税务、审计、法律等专业《税法》课程的教学资料，也可作为实务工作者和企业管理人员学习税法知识、参加中国注册会计师资格考试的重要参考书。

图书在版编目(CIP)数据

税法学习指导与习题/郭兰英，刘捷编著. --北京：清华大学出版社，2016
(应用型本科会计学系列精品教材)
ISBN 978-7-302-43975-2

Ⅰ.①税…　Ⅱ.①郭…　②刘…　Ⅲ.①税法—中国—高等学校—教学参考资料　Ⅳ.①D922.22

中国版本图书馆 CIP 数据核字(2016)第 117578 号

责任编辑：刘志彬
封面设计：汉风唐韵
责任校对：宋玉莲
责任印制：杨　艳
出版发行：清华大学出版社
　网　　址：http://www.tup.com.cn，http://www.wqbook.com
　地　　址：北京清华大学学研大厦 A 座　　**邮　　编**：100084
　社 总 机：010-62770175　　**邮　　购**：010-62786544
　投稿与读者服务：010-62776969，c-service@tup.tsinghua.edu.cn
　质量反馈：010-62772015，zhiliang@tup.tsinghua.edu.cn
印 装 者：北京密云胶印厂
经　　销：全国新华书店
开　　本：185mm×260mm　　**印　　张**：22.25　　**字　　数**：513 千字
版　　次：2016 年 7 月第 1 版　　**印　　次**：2016 年 7 月第 1 次印刷
印　　数：1～3000
定　　价：39.00 元

产品编号：067016-01

前言

《税法》是高等学校会计学专业和经济管理类其他专业以及法学专业的重要课程之一。为了帮助学生更好地理解税收的基本原理、税法的基本规定及税款的计算方法，我们编写了《税法学习指导与习题》一书。

本书是与《税法》课程配套的教学辅助资料，具有以下特点：一是注重基础，突出重点。在明确学习目标的基础上，概括提炼了各章的知识点及其主要内容，并配有适量的基础练习题、思考题及知识拓展阅读，有利于学生抓住重点内容，深化对税法基本理论和基本方法的理解；二是简明实用。本书在保证知识体系完整的基础上，侧重实务法规的应用和税收计算，并给出了详细的解答过程，力求通俗易懂，简明扼要，易于学习。

本书可以作为高等院校会计、财政、税务、审计、法律等专业《税法》课程师生的教学辅助资料，也可作为法律、经济、财会、税务工作者及企业管理人员了解税法、参加专业资格考试的参考书。

本书由郭兰英和刘捷合作编写。第一章至第十三章由郭兰英执笔；第十四章至第十六章由刘捷执笔。全书由郭兰英统稿并审定。本书在编写过程中，参阅了诸多专家学者的相关著述，知识拓展阅读中一些文献的作者未能逐一列出，特此致谢！

本书的出版，得到了北方工业大学2015年教学建设专项资助和北方工业大学经济管理学院的大力支持，清华大学出版社为本书的出版提供了积极的帮助，在此一并致以谢意！

由于我国税法尚在不断完善之中，书中难免存在疏漏和不足之处，恳请批评指正。

编　者

2015年12月

目录

第一章

税法总论

一、学习目标

【了解】 税收的概念及其特征；税法的概念及其作用；税法与税收的关系；税法的地位及其与其他法律的关系；税收立法原则；我国税收立法机关；我国税法体系。

【理解】 税法的基本原则；税法的适用原则；税收法律关系的内容；税法的分类；税法的构成要素。

【掌握】 税种的分类；税收立法权；税收执法权。

二、学习要点与内容提要

（一）税收与税法的基本概念

1. 税收的概念及其特征

税收是政府为了满足社会公共需要，凭借政治权力，强制、无偿地取得财政收入的一种形式。税收收入是国家取得财政收入的主要形式，其他取得财政收入的方式有国有资产收益、国债收入、行政事业性收费和其他收入。

税收具有强制性、无偿性和固定性的特征。

税收的强制性，是指国家凭借政治权力，用法律、法规等形式对社会产品进行强制性分配，政府以社会管理者的身份依法强制征税，纳税人必须按时足额向国家缴纳税款。

税收的无偿性，是指国家征税后，税款即成为国家财政收入，不再归还纳税人，也不向纳税人支付任何报酬。税款归国家所有，由国家统一支配和使用，用于社会公共设施建设、公共安全和社会关系的维护等，纳税人可以享受社会公共的这些服务。无偿性是税收本质的体现。

税收的固定性，是指国家通过法律形式预先对纳税人、课税对象、税目、税率、纳税税额、纳税期限和征收方法等做出了具体规定，在实际征纳税过程中，征纳双方都应遵循法律规定进行。

税收的三性相辅相成。无偿性是核心，强制性是保障，固定性是对无偿性和强制性的约束和规范。

2. 税法的概念及其作用

税法是国家制定的用以调整国家与纳税人之间在征纳税方面的权利及义务关系的法

律规范的总称。由于税收与国家、单位及个人的利益密切相关,因此应通过税法构建国家与纳税人在征纳税方面的行为准则体系。

我国税法的重要作用主要体现在:(1)是国家组织财政收入的法律保障;(2)是国家宏观调控经济的法律手段;(3)对维护经济秩序有重要作用;(4)能有效保证纳税人的合法权益;(5)是维护国家权益,促进国际经济交往的可靠保证。

3. 税法与税收的关系

税法是国家意志的体现,属于上层建筑;税收是国家取得财政收入的一种分配形式,属于经济基础。税收必须按税法规定进行,而税法应依照税收的内在规律来制定。

4. 税法的地位及其与其他法律的关系

税法是我国法律体系中一个重要的部门法,以税收关系为其调整对象,以维护公共利益而非个人利益为目的,在性质上属于公法。有国必有税,有税必有法,立宪征税,依法治税,遵法纳税,国家的一切税收活动,均以法定方式表现出来,可见税法在我国法律体系中的重要地位。

(1) 税法与《宪法》的关系。《宪法》在现代法制社会中具有最高的法律效力,是立法的基础。我国《宪法》规定了公民有依法纳税的义务,国家要保护公民的合法收入和财产所有权,公民在法律面前一律平等。税法应依据宪法的这些原则来制定。

(2) 税法与民法的关系。民法是调整平等主体之间财产关系和人身关系的法律规范,调整方法的特点是平等、等价和有偿;税法具有明显的国家意志,调整方法的特点是强制和无偿。两者有本质上的区别,但也有内在的联系。在税法调整的关系中,能适用民法规定的不再另行规定,若符合民法但违反税法的,应按照税法规定进行调整。

(3) 税法与刑法的关系。刑法是关于犯罪、刑事责任与刑罚的法律规范的总和。在刑法与税法中都有违反税法规定的处罚条款,但违反税法并不一定构成犯罪。

(4) 税法与行政法的关系。行政法是对行政主体、行政相对人、行政监督主体之间关系的调节,属于授权性法规。税法具有行政法的一般特性,但由于其属于经济分配的性质,调节的深度和广度超出了行政法,并且属于义务性法规。

(二) 税法基本理论

1. 税法的基本原则

税法的基本原则是统领所有税收规范的根本准则,也是税收立法、执法和司法等一切税收活动应遵守的基本准则。

(1) 税收法定原则。指税法主体的权利义务必须由法律加以规定,税法的各构成要素必须由法律予以明确。

(2) 税法公平原则。指税法的设置应体现税收横向公平和纵向公平:横向公平指经济条件或纳税能力相同的纳税人应负担相同数额的税收;纵向公平指经济条件或纳税能力不同的人,应当缴纳不同的税。高收入者应当比低收入者多纳税。

(3) 税收效率原则。包含税收经济效率与税务行政效率。税收经济效率指税法的制定要有利于资源的有效配置和经济体制的有效运行;税务行政效率要求税务机关应降低征税成本,及时取得应征税款,向纳税人提供良好服务,维护正常的纳税秩序。

(4) 实质课税原则。指根据客观事实确定是否符合征税要件,根据纳税人的实际负担能力决定纳税人的税负。

2. 税法的适用原则

税法的适用原则是指税务机关和司法机关运用税收法律规范解决具体问题所必须遵循的准则,主要是各种具体的、技术性的准则。

(1) 法律优位原则。指法律的效力高于行政立法的效力,在处理不同等级税法的关系时适用该原则。

(2) 法律不溯及既往原则。指新法实施对之前的行为不适用,以维护税法的稳定性和可预测性,使纳税人在做出经济决策时能够确切的知道纳税结果。

(3) 新法优于旧法原则。指新法与旧法对同一事项有不同规定时,新法的效力优于旧法。该原则在税法中普遍适用,但是不适用于新税法与旧税法处于普通法与特别法的关系,以及某些程序性税法适用"实体从旧、程序从新"原则的情形。

(4) 特别法优于普通法的原则。指对同一事项有两部法律分别有一般规定和特别规定时,特别规定的效力高于一般规定的效力。该原则打破了税法效力等级的限制,是级别较低的特别法优先适用于级别较高的普通法。

(5) 实体从旧、程序从新原则。指实体法一般不具备溯及力,程序法一般具备溯及力。即在纳税义务的确定上,以纳税义务发生时的税法规定为准,实体性的税法规则不具有向前的溯及力。而对进入税款征收程序的纳税义务,原则上新税法具有约束力。

(6) 程序优于实体原则。指发生税收复议和诉讼时,为不影响税款的及时、足额入库,适用税收程序法优于税收实体法原则。从纳税人方面看,按时缴纳税款是纳税人应履行的一项义务,对征收的税款有异议可以申请复议和诉讼是纳税人拥有的一项权利,纳税人应先履行义务而后行使权利。

3. 税收法律关系

税收法律关系是指将税收征纳双方的权利与义务,通过制定法律予以明确,使征纳双方的关系构成一种特定的法律关系。

税收法律关系与其他法律关系一样,由主体、客体和内容三方面构成。

(1) 税收法律关系的主体。指税收法律关系中享有权利和承担义务的当事人,包括征税主体和纳税主体。两者的法律地位平等,但因为是行政管理者与被管理者的关系,所以双方的权利与义务不对等。

(2) 税收法律关系的客体。指税收法律关系主体的权利、义务所共同指向的对象,即征税对象。例如财产税法律关系的客体是财产,流转税法律关系的客体是销售商品或劳务的收入。国家通过调整税收法律关系的客体,达到组织财政收入和宏观调控经济的目的。

(3) 税收法律关系的内容。指税收法律关系主体享有的权利和承担的义务,是税收法律关系最实质的部分。

税务机关的权利,主要有税务管理、依法征税、税务检查、对违章者进行税务处罚;其义务主要是向纳税人宣传、咨询、辅导税法,及时把征收的税款解缴国库,依法受理纳税人对税收争议的申诉。

纳税人的权利，主要有多缴税款申请退还权、延期申报权、延期纳税权、依法申请减免税权，申请复议和提起诉讼权、委托税务代理权。纳税人的义务主要是办理税务登记，接受账簿、凭证管理，进行纳税申报，及时、足额缴纳税款，接受税务检查，如实提供税务信息。

4. 税法的分类

(1) 按照税法的基本内容和效力不同，分为税收基本法和税收普通法。

税收基本法也称税收通则，是税法体系的核心，起税收母法的作用。其基本内容一般包括税收制度的性质、税务管理机构、税收立法与管理权限、纳税人的权利与义务、税务机关的权利与义务、税种设置等。我国尚未制定税收基本法。

税收普通法是根据税收基本法的原则，对税收基本法规定的事项分别立法予以实施的法律。例如个人所得税法、税收征收管理法等。

(2) 按照税法的职能作用不同，分为税收实体法和税收程序法。

税收实体法是指确定各税种的立法，具体规定各税种的构成要素，例如征税对象、纳税人、税率等。

税收程序法是指税务管理方面的立法，主要包括税收征管法、税务机关组织法、税务争议处理法等。

(3) 按照税法的课税对象不同，分为流转税税法、所得税税法、资源税税法、财产与行为税税法、特定目的税法。

流转税税法是对纳税人从事生产经营活动的流通额课税的税法，包括增值税、营业税、消费税、关税税法。这类税法的特点是与商品生产、流通、消费有直接联系，发挥其对经济的宏观调控作用。

所得税税法是对纳税人的净所得额课税的税法，包括企业所得税法和个人所得税法。其特点是可以直接调节纳税人收入，发挥其公平税负、调整分配关系的作用。

资源税税法是对纳税人开采利用国家自然资源课税的税法，包括资源税、城镇土地使用税和土地增值税税法。这类税法的特点是直接调节纳税人开采利用自然资源的级差收入，发挥其保护和合理使用国家自然资源的作用。

财产与行为税税法是对纳税人拥有财产的价值或某种行为课税的税法，包括房产税、车船税、印花税、契税税法，发挥其对某些财产和行为的调节作用。

特定目的税法是为了达到特定目的对特定对象、行为课税的税法，包括城市维护建设税、车辆购置税、耕地占用税、烟叶税税法。

(4) 按税法管辖范围不同，分为国内税法、国际税法和外国税法。

国内税法一般是按照属人或属地原则，规定一个国家的内部税收制度。

国际税法是指国家间形成的税收制度，主要包括双边或多边国家间的税收协定、条约和国际惯例等，一般而言，其效力高于国内税法。

外国税法是指外国各个国家制定的税收制度。

税种的分类不具有法定性，但在税收理论研究和税制建设方面具有广泛的用途。例如，商品和劳务税也称间接税，是由于这些税种都是按照商品和劳务收入计算征收，由纳

税人负责缴纳，但最终是由消费者负担，所以称为间接税；而所得税的纳税人就是负税人，不存在税负转嫁，所以称为直接税。

5. 税法的构成要素

税法的构成要素指实体性税法共同具有的基本要素，一般包括总则、纳税义务人、征税对象、税目、税率、纳税环节、纳税期限、纳税地点、减税免税、罚则、附则等项目。

(1) 总则。主要包括立法依据、立法目的、适用原则等。

(2) 纳税义务人。简称纳税人，即纳税主体，是税法规定的负有纳税义务的单位和个人。

(3) 征税对象。即征税的客体，是区别税种的主要标志。如流转税的征税对象是纳税人生产经营的货物或劳务，财产税的征税对象是纳税人拥有的财产，所得税的征税对象是企业生产经营所得或个人工薪所得。

(4) 税目。是对征税对象具体规定了征税的项目。凡列入税目的即为应税项目，未列入税目的即为非应税项目。例如个人所得税的税目是 11 个，消费税的税目是 14 个，关税的税目 7 000 多个。

(5) 税率。是对征税对象征收税额的比例或额度，反映税负程度。税率主要有以下四种形式。

① 比例税率。是对征税对象不分数额大小，规定相同的征收比例。优点是计算简便，有利于纳税人公平竞争；缺点是不能针对不同的收入水平实施不同的税收负担，不能发挥调节纳税人收入的作用。

② 定额税率。是按征税对象的实物计量单位规定一个固定的税额。优点是计算简便，税收不受价格变动的影响；缺点是由于税额的规定同价格的变化情况脱离，税收负担不合理。定额税率只适用于特殊的税种。

③ 超额累进税率。是随征税对象绝对数额的增大，规定等级递增的税率。优点是能针对不同的收入水平实施不同的税收负担，发挥调节纳税人收入的作用；缺点是计算较复杂，对纳税人增加收入有抑制作用。

④ 超率累进税率。是随征税对象相对比率的增大，规定等级递增的税率。

(6) 纳税环节。即规定征税对象在从生产到消费的流转过程中应当缴纳税款的环节。广义的纳税环节指全部课税对象在再生产中的分布情况，如资源税分布在资源生产环节，商品税分布在生产或流通环节，所得税分布在分配环节；狭义的纳税环节特指应税商品在从生产到消费的过程中应纳税的环节，按照某种税征收环节的多少，可以将税种划分为一次课征制和多次课征制两种。

(7) 纳税期限。指缴纳税款时间方面的限定，由相互联系的三个概念构成：一是纳税义务发生时间。即确认应税行为发生的时间，例如增值税暂行条例规定，销售货物的纳税义务发生时间为收讫销售款或取得索取销售款项凭据的当天，先开具发票的为开具发票的当大；二是纳税期限。即纳税人应定期汇总计算应纳税额的期限，例如增值税纳税期限有 1 日、3 日、5 日、10 日、15 日、1 个月、1 个季度，税务机关根据纳税人应纳税额的大小核定纳税期限；三是税款缴库期限。例如按月或季纳税的缴库期限是纳税期满后的 15 日，其他纳税期限的缴库期限是在纳税期满后的 5 日内预缴，次月 15

日内结清。

(8) 纳税地点。根据纳税对象的纳税环节和有利于税款源泉控制的原则规定具体的纳税地点。例如增值税纳税人一般向其机构所在地的主管税务机关申报纳税。

(9) 减税免税。是对某些纳税人和征税对象做出减少征税或免于征税的具体规定。主要有以下四种形式。

① 减税。

② 免税。

③ 起征点。是对征税对象规定开始征税的界限，超过起征点的征税，未达到起征点的不征税。

④ 免征额。是在征税对象的计税依据中规定一定的数额免于征税，只对超出免征额的部分征税。

(10) 罚则。主要是规定对纳税人违反税法行为应采取的处罚措施。

(11) 附则。一般规定与本法紧密相关的其他内容，比如本法的解释权、生效时间等。

（三）税收立法与税法的实施

1. 税收立法原则

税收立法是指有税收立法权的机关依据一定的程序，遵循一定的原则，运用一定的技术，制定、修改、补充和废止有关税收法律、法规和规章的活动。税收立法应遵循以下原则。

(1) 从实际出发的原则。指税收立法应反映我国国情，符合社会经济发展规律和遵循税收分配理论。

(2) 公平原则。指税收立法要体现合理负担原则，税收公平体现在三个方面：一是从税收负担能力上看，负担能力大的应多纳税；二是从生产经营环境看，客观环境优越取得收入多的应多纳税；三是从税负平衡看，不同地区、不同行业及多种经济成分之间的实际税负应尽可能公平。

(3) 民主决策的原则。指税收立法过程应广泛听取各方面的意见，经过充分辩论形成共识，确保税收法律能体现广大群众的根本利益。

(4) 原则性与灵活性相结合的原则。指税收立法既要反映全国统一性的要求，又要考虑存在的地区差异，允许地方在遵守国家法律和法规的前提下，制定适合当地的实施办法等。

(5) 法律的稳定性、连续性与废、改、立相结合。税法应保持相对稳定，以维护其权威，也便于遵照执行。而税法与一定的经济基础相适应，当经济形势与状况发生变化时，税法应进行相应的变化。

2. 税收立法机关

根据我国立法体制规定，由不同权力机关所制定的一系列税收法律、法规、规章和规范性文件，构成了我国的税收法律体系。立法机关不同，其法律级次和法律效力也不同(见表 1-1)。

表 1-1　我国税收立法机关及税法级次

税收立法机关	税法性质
全国人大及其常委会	税收法律
全国人大或人大常委会授权国务院	税收条例或暂行规定,具有法律效力
国务院	税收行政法规
地方人大及其常委会(限于海南省和少数民族自治地区)	税收地方性法规
国务院税务主管部门	税收部门规章
地方政府	税收地方规章

3. 税法体系

税法体系是指一定时期内以法定形式规定的各种税收法律、法规的总和。从税收工作的角度来讲,往往称之为税收制度(简称税制),具体指一定时期和一定的管理体制下设置的税种以及与税种征收、管理有关的各级成文法律、行政法规和部门规章等的总和。

4. 税法的实施

税法的实施包括税收执法和税收守法两个方面。税收执法指税务机关和司法机关运用税收法律,对税收违法者实施制裁;税收守法指税务机关、纳税人和其他关系人在涉税活动中应严格遵守税收法律。

5. 税种的分类

我国现行税制,按征收对象分类,可以分为五类。

(1) 流转税类。包括增值税、消费税、营业税和关税。

(2) 资源税类。包括资源税、土地增值税和城镇土地使用税。

(3) 所得税类。包括企业所得税和个人所得税。

(4) 财产、行为税。包括房产税、车船税、印花税和契税。

(5) 特定目的税。包括城建税、车辆购置税、耕地占用税、烟叶税。

6. 税收程序法体系

我国对税收征收管理适用的法律制度,是按照税收管理机关的不同分别规定的。

(1) 由税务机关负责征收的税种的征收管理,按照《税收征收管理法》执行。

(2) 由海关机关负责征收的税种的征收管理,按照《海关法》及《进出口关税条例》等有关规定执行。

(四) 我国税收管理体制

税收管理体制是指在各级国家机构之间划分税权的制度。税权包括税收立法权、税收法律法规的解释权、税种的开征或停征权、税目和税率的调整权、税收的加征和减免权等。税权按大类划分,可以简单分为立法权和执法权两类。税权的划分包括纵向上划分中央与地方的税权,横向上划分同级立法、行政、司法等国家机构之间的税权。

1. 税收立法权

税收立法权是指制定、修改、解释或废止税收法律、法规、规章和规范性文件的权力。

主要包括两方面的内容：一是什么机关有税收立法权；二是如何划分各级机关的税收立法权。

我国税收立法权的现状如下所述。

(1) 全国性税种的立法权，即包括全部中央税、中央与地方共享税、全国范围内征收的地方税，税法的制定、公布和税种的开征、停征权，属于全国人民代表大会(简称全国人大)及其常务委员会(简称常委会)。

(2) 经全国人大及其常委会授权，全国性税种可先由国务院以"条例"或"暂行条例"的形式发布施行，条件成熟后，由全国人大及其常委会正式立法。

(3) 经全国人大及其常委会授权，国务院有制定税法实施细则、增减税目和调整税率的权力。

(4) 经全国人大及其常委会授权，国务院有税法的解释权；经国务院授权，国家税务主管部门有税收条例的解释权和制定税收条例实施细则的权力。

(5) 省级人民代表大会及其常务委员会有根据本地区经济发展情况，在不违背统一税法的前提下，开征全国性税种以外的地方税种的税收立法权，所立税法应报全国人大常委会备案。

(6) 经省人大及其常委会授权，省级政府有本地区地方税法的解释权和制定税法实施细则、调整税目、税率的权力。有在全国性地方税条例规定的幅度内，确定本地区适用税率或税额的权力。这些权力除税法解释权外，在行使后和发布前应报国务院备案。

地区性地方税收的立法权应只限于省级立法机关或其授权的同级政府，所立税法可在全省范围内执行，也可只在部分地区执行。

2. 税收执法权

税收执法权是指税务机关依法征收税款和依法进行税收管理活动的权力。具体包括税款征收管理权、税务稽查权、税务检查权、税务行政复议裁决权及其他税务管理权。

(1) 税款征收管理权。

我国实行财政分税制，依据各种税收本身的特征和税源大小，征管难易程度，划分了中央与地方两个税收体系，将维护国家权益、实施宏观调控所必须的税种划为中央税；将同国民经济发展直接相关的主要税种划为中央与地方共享税；将适合地方征管的税种划为地方税。

① 根据按收入归属划分税收管辖权的原则，对中央税，其税收管理权由国务院及其税务主管部门掌握，税款征收由国家税务局系统(简称国税)负责征收；对地方税，其税收管理权由地方政府及其税务主管部门掌握，税款征收由地方税务局系统(简称地税)负责征收；对中央与地方共享税，原则上由国税征收，属于地方分享的部分直接划入地方金库。

② 地方自行立法的地区性税种，其管理权由省级人民政府及其税务主管部门掌握。

③ 除少数民族自治地区和经济特区外，各地均不得擅自停征全国性的地方税种。

④ 少数民族自治地区和经济特区，在享有一般地方税收管理权之外，还拥有一些特殊的税收管理权，如全国性地方税种某些税目税率的调整权。

⑤ 涉外税收权集中在全国人大和国务院，各地一律不得自行制定涉外税收的优惠措施。

⑥ 在税法规定之外，一律不得减免税，也不得采取先征后返形式变相减免税。

(2) 税务机构设置。

我国现行税务机构设置是中央政府设立国家税务总局，省及省以下税务机构分为国家税务局和地方税务局两个系统。

国家税务总局对国家税务局系统实行机构、编制、干部、经费的垂直管理，协同省级人民政府对省级地方税务局实行双重领导。

国家税务局系统包括省(级)、区(级)、县(级)国家税务局及县(级)国家税务局派出的征收分局或税务所，省级国家税务局是主管本地区国家税收工作的职能部门。

地方税务局系统包括省(级)、区(级)、县(级)地方税务局及县(级)地方税务局派出的征收分局或税务所。省以下地方税务局实行上级税务机关和同级政府双重领导、以上级税务机关垂直领导为主的管理体制，即地(级)、县级地方税务局的机构、编制、干部、经费皆由省地方税务局垂直管理。

省级地方税务局实行地方政府和国家税务总局双重领导、以地方政府领导为主的管理体制。国家税务总局对省级地方税务局的领导，主要体现在税收政策与业务的指导、协调、监督、经验交流等方面。

(3) 征收管理范围划分。

我国税收分别由财政、税务、海关等系统负责征收管理。

① 国家税务局系统负责征收和管理的项目有：增值税，消费税，车辆购置税，各银行总行、保险总公司集中缴纳的营业税、城建税、所得税，中央企业缴纳的所得税，中央与地方组成联营企业和股份制企业缴纳的所得税，地方银行、非银行金融企业缴纳的所得税，海洋石油企业缴纳的资源税、所得税，证券交易的印花税，中央税的滞纳金、补税、罚款。

② 地方税务局系统负责征收和管理的项目有：营业税、城建税(不包括上述国家税务局系统征收的部分)，地方国有企业、集体企业、私营企业缴纳的所得税和个人所得税，资源税，土地增值税，城镇土地使用税，耕地占用税，房产税，车船税，印花税，契税，地方税的滞纳金、补税、罚款。

③ 有些地区的地方附加、耕地占用税、契税，由财政部门征收(应移交税务机关)。

④ 海关负责征收关税、个人行李和邮递物品进口税、同时代征进出口环节的增值税、消费税。

(4) 中央政府与地方政府税收收入划分。

① 属于中央政府固定收入的税收有：消费税、车辆购置税、关税、海关代征进口环节的增值税。

② 属于地方政府固定收入的税收有：城镇土地使用税、土地增值税、耕地占用税、房产税、车船税、契税。

③ 属于中央和地方共享收入的税收包括如下内容。

增值税(不含进口环节由海关代征的部分)：中央政府分享 75%，地方政府分享 25%。

营业税：各银行总行、保险总公司集中缴纳的部分归中央政府，其余部分归地方政府。

企业所得税：中国铁路总公司、各银行总行、海洋石油企业缴纳的部分归中央政府，其余部分由中央政府与地方政府按60%与40%的比例共享。

个人所得税：中央政府与地方政府的分享比与企业所得税相同。

资源税：海洋石油企业缴纳的归中央政府，其余部分归地方政府。

城建税：各银行总行、各保险总公司集中缴纳的部分归中央政府，其余部分归地方政府。

印花税：证券交易的印花税收入，97%归中央政府，地方政府分享3%；其他印花税收入归地方政府。

（5）税务检查权。

税务检查权是指税务机关依法对纳税人履行法定义务情况进行审查、监督。包括为确定纳税人申报税额的真实性和准确性而进行的经常性检查，为打击税收违法犯罪而进行的特别调查。

（6）税务稽查权。

税务稽查权是指税务机关依法对纳税人等履行法定义务情况进行税务检查和处理。各级税务机关设立的税务稽查机构，按各自的税收管辖范围行使税务稽查职能。

（7）税务行政复议裁决权。

税务行政复议裁决权是指纳税人及其他当事人认为税务机关的具体税务行政行为违法或不当，侵犯了其合法权益，可以向上一级税务机关申请复议。复议机关依法受理后，进行审查并做出复议决定。纳税人及其他当事人对复议决定仍不服的，可以向人民法院提起行政诉讼。

（8）其他税收执法权。

其他税收执法权主要是指税务行政处罚权。指对纳税人违法但尚未构成犯罪的行为可以实施制裁措施，方式有：警告（责令限期改正）、罚款、停止出口退税权、没收违法所得、收缴发票或停止发售发票、提请吊销营业执照、通知出境管理机关阻止出境等。

三、重点与难点

【重点】 税收立法机关；税法体系；税种的分类；我国税收立法权；我国税收执法权。

【难点】 税法与税收的关系；税法的适用原则；税收法律关系的内容；税法的分类；税法的构成要素。

四、基础练习

（一）判断题

1. 在我国税法体系中，《中华人民共和国税收征管法》是税收基本法，起着税收母法的作用。（　）

2. 中央与地方共享税属于中央财政与地方财政的共同收入，主要由地方税务局负责征收管理。（　）

3. 全国人大授权国务院制定的《中华人民共和国增值税暂行条例》，具有国家法律的

性质和地位，其法律效力高于国务院制定的税收行政法规。 ( )

4. 在同一层次的税收法律中，普通法优于特别法。 ( )

5. 流转税是按照货物或劳务的销售额计算征收，税负可以转嫁，又称为间接税。 ( )

6. 所得税的纳税人就是负税人，所得税税负不能转嫁，又称为直接税。 ( )

7. 省地方税务局实行本省政府和国家税务总局双重领导，以本省政府领导为主的管理体制。 ( )

8. 省级以下地方税务局实行双重领导，以上级税务机关领导为主。 ( )

9. 中央各部委可根据本部委行政管理的需要制定税收补充规定。 ( )

10. 车辆购置税和车船税都属于中央财政收入，都由国家税务局系统负责征收管理。 ( )

11. 各地可根据自身经济发展状况开征地方征收的税种，停征全国性地方税种。 ( )

12. 在税收法律关系中，纳税人承担较多的义务，享受较少的权利。 ( )

13. 起征点是指从课税对象中扣除一定数额后按余额作为计税依据计算税额。( )

14. 国家最高行政机关和地方立法机关，根据其职权或国家最高权力机关的授权，依据宪法和税收法律，通过一定法律程序制定的规范性税收文件，属于税收规章。 ( )

(二) 单项选择题

1. 下列不属于税收特征的是( )。
   A. 强制性　B. 无偿性　C. 公益性　D. 固定性
2. 区分不同税种的主要标志是( )。
   A. 纳税义务人　B. 征税对象　C. 税目　D. 税务征收机关
3. 在经济发达国家，主体税种多是( )。
   A. 流转税类　B. 资源税类　C. 财产、行为税类　D. 所得税类
4. 省国家税务局是隶属于( )管理的行政机构。
   A. 省政府　B. 省财政机关　C. 财政部　D. 国家税务总局
5. 税收行政法规的制定机构是( )。
   A. 国务院　B. 财政部　C. 国家税务总局　D. 审计署
6. 下列税收由地方税务局征收管理的是( )。
   A. 个体户的增值税　B. 进口应税消费品的消费税
   C. 中央企业的房产税　D. 企业所得税
7. 纳税人实际缴纳的税额占应税对象全部数额的比例是( )。
   A. 名义税率　B. 实际税率　C. 平均税率　D. 边际税率

(三) 多项选择题

1. 在我国税收法律关系中，代表国家行使征税职责的机关有( )。
   A. 税务机关　B. 海关　C. 工商管理机关　D. 财政机关

2. 全国人民代表大会制定的税收法律有(　　)。
   A.《中华人民共和国个人所得税法》　　B.《中华人民共和国税收征收管理法》
   C.《中华人民共和国企业所得税法》　　D.《中华人民共和国增值税暂行条例》
3. 国务院制定的税收行政法规有(　　)。
   A.《中华人民共和国税收征收管理法实施细则》
   B.《中华人民共和国个人所得税法实施条例》
   C.《中华人民共和国企业所得税法实施条例》
   D.《中华人民共和国进出口关税暂行条例》
4. 国务院税务主管部门制定的税收部门规章有(　　)。
   A.《中华人民共和国增值税暂行条例实施细则》
   B.《税务登记管理办法》
   C.《纳税担保试行办法》
   D.《个人所得税管理办法》
5. 下列税种由国家税务局系统负责征收和管理的有(　　)。
   A. 增值税　　B. 消费税　　C. 车辆购置税　　D. 资源税
6. 下列税种由地方税务局系统负责征收和管理的有(　　)。
   A. 房产税　　B. 土地增值税　　C. 契税　　D. 印花税
7. 下列税收由中央财政与地方财政按比例共享的有(　　)。
   A. 增值税　　B. 营业税　　C. 企业所得税　　D. 资源税
8. 以下对税收概念的理解正确的有(　　)。
   A. 税收是目前我国财政收入最主要的工具
   B. 国家征税依据的是财产权利
   C. 国家征税是为了满足社会公共需要
   D. 税收“取之于民,用之于民”具有有偿性
9. 下列各项属于税务机关税收管理权限的有(　　)。
   A. 税收行政法规制定权　　B. 依法缓期征税权
   C. 提起行政诉讼权　　D. 税务检查权
10. 下列哪些属于税法规定的纳税人的权利(　　)。
   A. 申请延期纳税
   B. 要求税务机关对其不当行为给纳税人造成的损失承担赔偿责任
   C. 依法办理税务登记
   D. 按规定缴纳滞纳金和罚款
11. 广义的税收立法机关有(　　)。
   A. 财政部　　B. 海关总署　　C. 国家税务总局　　D. 省地方税务局

五、复习思考题

1. 税法的基本原则有哪些?
2. 税法的适用原则有哪些?

3. 税法如何分类?
4. 税收实体法的基本要素包括哪些?
5. 我国税收立法权如何划分?
6. 我国税收行政管理机构有哪些,各自的征收管理范围如何划分?
7. 税收征纳双方各自有哪些权利与义务?

六、知识拓展阅读

我国现行税制存在的问题及改革方向

(一)现行税制存在的主要问题

现行税制是在1994年税制改革的基础上形成的,仍然保留着当时的特点,随着形势的发展,问题越来越突出。

第一,对商品和服务征收的流转税比重较高,个人所得税比重偏低。我国税收总收入中,以增值税、消费税、营业税为主的流转税所占比重在65%左右,而个人所得税的比重仅占6%左右。这种税制结构带来的影响是,居民收入环节的税负较轻,而消费环节的税负较重,因而不利于扩大消费和调节收入分配。

第二,流转税中对商品和服务分别征收增值税和营业税,造成了重复征税,不利于服务业的发展,难以发挥税收促进经济结构调整和升级的作用。

第三,对居民收入流量征收的税种齐全,但对存量财产征收的税种不完整。例如,对居民住宅征收房产税的试点没有在全国推开,也没有开征遗产税与赠予税,从而导致居民收入差距的扩大逐步累积为居民财产存量差距的扩大。对存量财产征收的税种较少,进一步限制了税收调节收入分配功能的发挥。

第四,从征收环节来看,大部分税收来自于企业和生产环节,而不是居民和最终消费环节。这使地方政府的收入主要来源于企业而不是辖区居民,从而导致地方政府更热衷于招商引资和为企业提供服务,而相对忽视了为辖区居民提供公共服务。

第五,税收在促进资源节约和环境保护方面的功能较弱。这些税费分散在企业所得税、资源税、消费税和大量环境资源收费项目中,对资源税征收的范围较窄,需要进一步整合。

(二)税制改革的方向

我国的税制改革方向应在完善流转税的同时,降低企业税负,增加个人所得税等直接税的比重,最终实现税制结构的均衡布局。从具体税种来看,税制改革的重点项目包括如下内容。

(1) 营业税改征增值税。从世界各国来看,在实行增值税的国家中,营业税中的大部分已被增值税取代,保留下来的营业税的征收范围大幅度缩小,只对服务业的某些部门征收。而且对一项经济活动而言,如果课征了增值税,就不再征收营业税。我国自2012年1月开始试点营业税改征增值税,目前仅剩建筑业、房地产业、金融业和生活服务业四大行业尚未纳入到营改增试点。这四个行业涉及近1 000万户纳税人,是已纳入到营改增纳税人的两倍,四个行业贡献的营业税收占营业税总额的比例约为67%。有关营改增后的税率、计税方法、抵扣方式、纳税地点等税制要素应科学设计，使营改增改革平稳推进。

(2) 房地产税改革。房地产税作为一种直接税，是调节收入分配和财产配置的优化机制，可以减少两极分化对于社会形成的负面影响。房地产税由地方政府掌握，是地方财政的支柱，建立合理的房产税制度，有利于地方政府充分考虑怎样优化本地投资环境和提高公共服务水平。

(3) 个人所得税改革。中国目前的个人所得税将所得分为 11 类，实行分类征收的制度。分类征收可以实现所得的源泉扣缴，征收成本比较低，但其最大的缺点是在居民收入来源趋于多元化的情况下，难以全面、完整地反映纳税人的纳税能力；而"一刀切"的费用扣除标准无法考虑不同纳税人的实际生活负担，也不利于充分发挥个人所得税的收入分配功能。个人所得税改革应顺应直接税比重逐步提高、自然人纳税人数量多、管理难的趋势，从法律框架、制度设计、征管方式、技术支撑、资源配置等方面，构建以高收入者为重点的自然人税收征管体系。

(4) 资源税改革。我国从 2010 年起相继启动了石油、天然气和原煤的资源税改革，由从量征收改为从价征收，有力地支持了中西部资源富集地区的经济发展和民生改善，未来会逐步扩大资源税征收范围。同时，还要从矿产资源的有效开采、节约利用、绿色转化等产业链优化角度通盘考虑。

(5) 环境税费改革。长期以来，环保部门主要是以收费罚款、环评准入等方式限制环境污染行为，既不规范，效果也不好。开征统一规范的环境保护税，辅之以行政管制、技术检测等措施，就可以很好地消除粗放式经营带来的不良后果，助推经济发展方式的彻底转变。目前，环境保护部门正在积极研究具体的实施方案。

(资料来源：http：//www. kuaiji. com，2015-09-11.)

第二章

增值税法

一、学习目标

【了解】 增值税的纳税义务人与扣缴义务人；一般纳税人与小规模纳税人的认定及管理；增值税率与简易征收率；增值税专用发票的使用及管理。

【理解】 增值税的概念及特点；增值税的征收范围。

【掌握】 一般纳税人应纳增值税额的计算；小规模纳税人应纳增值税额的计算；进口货物应纳增值税额的计算；出口货物应退增值税额的计算。

二、学习要点与内容提要

（一）增值税的概念及特点

1. 增值税的概念

增值税是以商品（含增值税应税劳务和应税服务）在流转过程中产生的增值额作为计税依据而征收的一种流转税。

增值额是指生产经营者在购入商品或取得劳务的价值基础上新创造的价值额。从一个企业来看，增值额是该企业商品销售收入扣除非增值项目（相当于物化劳动，即物质资料消耗成本）后的余额。就一个商品从生产到消费的全过程来看，该商品最后的销售价格（即消费者购买该商品消费的价格），应当等于该商品在各生产经营单位的增值额之和（见表 2-1）。

表 2-1　某商品最后销售价格与其生产经营各环节增值额的关系

生产流通环节	本环节销售额（元）	本环节增值额（元）
原材料生产环节	50	50
产成品生产环节	120	70
商品批发环节	210	90
商品零售环节	290	80
合　计		290

由表 2-1 可知，该商品最后被使用者购买时的价格是 290 元，等于该商品从原材料与产成品的生产环节到商品批发与零售的流通环节的增值额之和。增值税的计税原理只对

各环节新增的价值额计税，不会导致重复计税。

2. 增值税的特点

(1) 保持税收中性。根据增值税的计税原理，以增值额为征税对象，计算的增值额扣除了非增值因素。因此，对同一商品而言，无论生产经营环节多少，只要增值额相同，税负就相等，不仅较好地体现了税收公平，而且不会导致重复征税。

(2) 普遍征收。增值税的征收范围是从事商品生产经营与劳务提供的所有单位和个人，在商品增值的各个生产流通环节向纳税人普遍征收。

(3) 税收负担由商品最终的消费者承担。虽然增值税是向从事商品生产经营和劳务提供的纳税人征收，但应纳税额是随销售额的实现而发生，并且已经通过商品销售价格将税收负担转嫁给了购货方，商品的增值税最后由最终的消费者承担。

(4) 实行税款抵扣制度。计算增值税应扣除商品在以前环节已缴纳的增值税，才能避免重复征税。世界各国普遍实行凭增值税发票进行抵扣的方法。

(5) 实行比例税率。增值税是对商品生产经营与劳务提供的增值额部分征收，不论行业、不论产品，对增值额均采用单一比例税率，计算简便，也比较公平。对需要政策特别照顾的行业和产品一般可再规定优惠税率。

(6) 实行价外税制度。在增值税的计税价格中不包含增值税，将增值税在商品销售价格之外独立反映，可以消除增值税对收入、成本及利润的影响，并且有利于税负转嫁的实现，是增值税与其他流转税的一个重要区别。

（二）征税范围

根据《增值税暂行条例》的规定，可以将增值税的征税范围分为一般规定和具体规定。

1. 征税范围的一般规定

(1) 销售或者进口货物。货物是指有形动产，也包括电力、热力和气体。销售是指有偿转让货物的所有权。与有形动产相对应的无形资产和不动产一般属于营业税的征税范围。

(2) 提供应税劳务。指纳税人提供的货物加工、修理修配劳务。加工是指由委托方提供原材料，受托方收取加工费制造货物的业务；货物修理修配是指受托方收取修理费对损伤的货物进行修复的业务。

(3) 提供应税服务。指交通运输业、邮政业、电信业和部分现代服务业提供的应税服务。部分现代服务业，是指围绕制造业、文化产业、现代物流产业等提供技术性、知识性服务的业务活动。包括研发和技术服务、信息技术服务、文化创意服务、物流辅助服务、有形动产租赁服务(包括融资租赁)、鉴证咨询服务、广播影视服务。

2. 征税范围的具体规定

(1) 属于征税范围的特殊项目。主要包括如下内容。

① 货物期货。指商品期货和贵金属期货，在期货的实物交割环节纳税。

② 银行销售金银的业务。

③ 典当业的死当物品销售业务和寄售业代委托人销售寄售物品的业务。

④ 从事热力、电力、燃气、自来水等公用事业的纳税人，凡与货物销售数量有直接关

系的，征收增值税。

⑤ 对增值税纳税人收取的会员费收入不征收增值税。

⑥ 纳税人在资产重组过程中，通过合并、分立、出售、置换等方式，将全部或部分实务资产以及与其相关联的债权、负债和劳动力一并转让给其他单位和个人，不属于增值税的征收范围。

⑦ 其他项目(略)。

(2) 属于征税范围的特殊行为。可以分为视同销售货物行为、混合销售行为、兼营非增值税应税劳务、混业经营四种类型。

其一，视同销售货物行为。具体包括：

① 将货物交付其他单位或个人代销；

② 销售代销货物；

③ 设有两个以上机构并实行统一核算的纳税人，将货物从一个机构移送至其他机构用于销售，但相关机构不属于同一县(市)的；

④ 将自产或委托加工的货物用于非增值税应税项目；

⑤ 将自产或委托加工的货物用于集体福利或个人消费；

⑥ 将自产、委托加工或购进的货物作为投资，提供给其他单位或个体工商户；

⑦ 将自产、委托加工或购进的货物分配给股东或投资者；

⑧ 将自产、委托加工或购进的货物无偿赠送其他单位或者个人；

⑨ 向其他单位或个人无偿提供应税服务，但以公益为目的或者以社会工众为对象的除外；

⑩ 财政部和国家税务总局规定的其他情形。

将上述行为确定为视同销售货物行为予以征税，有以下三个目的。

一是保证增值税税款抵扣制度的实施，不至于发生税款抵扣的中断。例如代销业务，如果委托方只有购进而没有销售，受托方只有销售而没有购进，或只在一方确认购进和销售，都会导致增值税计算环节的中断。

二是避免货物税收负担不平衡的情况。例如将自产的货物用于集体福利或对外投资，应当与货物对外销售进行同样的税务处理，才不会产生货物税收负担不平衡的问题。

三是体现增值税计算的配比原则。即购进货物已经在购进环节发生了进项税额(即前一个环节的销项税额)，当货物经过本环节的生产经营活动对外实现了销售或做了其他运用，应按销售额计算销项税额，抵减进项税额，确认本环节的增值额和增值税，否则就破坏了进项税额与销项税额的配比关系。

其二，混合销售行为。

混合销售行为是指一项应缴增值税的销售行为同时涉及了应缴营业税的劳务，两者有从属关系。例如生产企业销售电梯并提供安装工程作业的行为，既收取产品价款又收取安装劳务费，即属于混合销售行为。而向甲企业销售电梯与向乙企业提供电梯安装工程作业，是两个相互没有从属关系的行为，则不属于混合销售行为。

发生混合销售行为的纳税人，以从事应缴增值税的业务为主的，按货物与非应税劳务的销售额一并缴纳增值税；其他纳税人的混合销售行为，视为销售非增值税劳务(应缴营业税)，不缴纳增值税。

其三，兼营非增值税应税劳务行为。

兼营非增值税应税劳务是指纳税人不仅从事应缴增值税的业务，还从事非增值税的业务(即营业税规定的各项劳务)，两者之间没有从属关系。

纳税人兼营非增值税应税劳务，应当分别核算货物销售和非增值税劳务的销售额，分别核算应缴纳的税款。如果没有分别核算或不能准确核算的，由主管税务机关核定增值税货物或者营业税劳务的销售额。

其四，混业经营。

纳税人兼有不同税率或者征收率的增值税货物、劳务或服务，应当分别核算适用不同税率或者征收率的销售额，未分别核算的，从高适用税率或征收率。

(3) 其他特殊规定。

第一，《增值税暂行条例》规定的免税项目。

《增值税暂行条例》规定的免税项目。具体包括以下项目：

① 农业生产者销售的自产农产品；

② 避孕药品和用具；

③ 向社会收购古旧图书；

④ 直接用于科学研究、科学试验和教学的进口仪器、设备；

⑤ 外国政府、国际组织无偿援助的进口物资和设备；

⑥ 由残疾人的组织直接进口供残疾人专用的物品；

⑦ 销售自己使用过的物品(仅适用于个人)。

第二，财政部、国家税务总局规定的其他征免税项目。

具体包括以下项目：

① 资源综合利用、再生资源、鼓励节能减排的规定；

② 支持文化企业发展若干税收政策(执行期限为 2014 年 1 月 1 日至 2018 年 12 月 31 日)；

③ 免征蔬菜和部分鲜活肉蛋产品流通环节(包括批发、零售)增值税；

④ 软件产品增值税政策；

即征即退税额＝当期软件产品增值税应纳税额－当期软件产品销售额×3%

⑤ 制种行业：制种企业生产销售种子，属于农业生产者销售自产农业产品，免征增值税；

⑥ 有机肥产品：纳税人生产销售和批发、零售有机肥产品免征增值税；

⑦ 按债转股企业与金融资产管理公司签订的债转股协议，债转股原企业将货物资产作为投资提供给债转股新公司的，免征增值税；

⑧ 从 2014 年 10 月 1 日至 2015 年年底，月销售额不超过 3 万元的小微企业、个体工商户和其他个人暂免征收增值税；

⑨ 调整增值税即征即退优惠政策管理措施：由先评估后退税改为先退税后评估；

⑩ 其他(略)。

第三，营业税改征增值税试点过渡政策的规定。

A. 下列项目免征增值税，具体包括：

① 个人转让著作权；

② 残疾人个人提供应税服务；

③ 航空公司提供飞机播洒农药服务；

④ 纳税人提供技术转让、技术开发和与之相关的技术咨询、技术服务；

⑤ 符合条件的节能服务公司实施合同能源管理项目中提供的应税服务；

⑥ 自 2014 年 1 月 1 日起至 2018 年 12 月 31 日，注册在上海的企业从事离岸服务外包业务中提供的应税服务；

⑦ 中国台湾地区航运公司从事海峡两岸海上直航业务在大陆取得的运输收入；

⑧ 随军家属就业、军队转业干部就业、城镇退役士兵就业、失业人员就业满足一定条件的；

⑨ 试点纳税人提供的国际货物运输代理服务；

⑩ 中国邮政集团公司及其所属邮政企业提供的邮政普遍服务和邮政特殊服务；

⑪ 其他(略)。

B. 实行增值税即征即退的项目，具体包括：

① 2015 年 12 月 31 日前，注册在洋山保税港区内试点纳税人提供的国内货物运输服务、仓储服务和装卸搬运服务；

② 安置残疾人的单位，实行由税务机关按单位实际安置残疾人的人数，限额即征即退增值税的办法。上述政策仅适用于从事原营业税“服务业”税目(广告服务除外)范围内业务取得的收入占其增值税和营业税业务合计收入的比例达到 50%的单位。

③ 试点纳税人中的一般纳税人提供管道运输服务，对其增值税实际税负超过 3%的部分实行增值税即征即退政策。

④ 经人民银行、银监会、商务部批准经营融资租赁业务的试点纳税人中的一般纳税人提供有形动产融资租赁服务，在 2015 年 12 月 31 日前，对其增值税实际税负超过 3%的部分实行增值税即征即退政策。

本地区试点实施之日前，如果试点纳税人已经按照有关政策规定享受了营业税税收优惠，在剩余税收优惠政策期限内，按照本办法规定享受有关增值税优惠。

第四，起征点(仅适用于个人)。

销售货物、提供应税劳务以及提供应税服务的，为月销售额 5 000～20 000 元；按次纳税的，为每次(日)销售额 300～500 元。

第五，减免税项目的核算。

纳税人兼营减免税项目应分别核算减免税项目的销售额；未分别核算销售额的，不得减免税。

第六，放弃免税的规定。

纳税人从事的货物生产经营或提供劳务适用免税规定的，可以放弃免税。其要点主要有：

① 书面提交放弃免税权声明，报税务机关备案，从次月起计算缴纳增值税；

② 放弃免税权后，36 个月内不得再申请免税；

③ 一经放弃免税权，对全部应税货物均予以征税，不得只选择部分放弃；

④ 在免税期内购进用于免税货物的进项税额不得抵扣。

（三）纳税义务人与扣缴义务人

增值税的纳税义务人是在我国境内销售货物、进口货物及为货物提供应税劳务的单位和个人。

增值税的扣缴义务人是对境外的单位或个人在境内提供应税劳务，境内未设立机构的，以其境内的代理人为扣缴义务人；在境内没有代理人的，以购买方为扣缴义务人。

（四）一般纳税人和小规模纳税人的认定及管理

1. 一般纳税人的认定

一般纳税人是指年应征增值税销售额(简称应税销售额)超过小规模纳税人标准的企业和企业性单位。年应税销售额，是指纳税人在连续不超过12个月的经营期内累计应征的增值税销售额。

2. 小规模纳税人的认定

小规模纳税人是指年应税销售额在规定标准以下，并且会计核算不健全，不能按规定报送有关税务资料的增值税纳税人。一般纳税人和小规模纳税人的认定标准见表2-2。

表2-2 一般纳税人和小规模纳税人的认定标准

纳 税 人	小规模纳税人	一般纳税人
1. 从事货物生产或者提供应税劳务的纳税人，以及以从事货物生产或者提供应税劳务为主，并兼营货物批发或者零售的纳税人	年应税销售额在50万元以下(含50万元)	年应税销售额在50万元以上
2. 批发或零售货物的纳税人	年应税销售额在80万元以下(含80万元)	年应税销售额在80万元以上
3. 年应税销售额超过小规模纳税人标准的其他个人	按小规模纳税人纳税	—
4. 非企业性单位、不经常发生应税行为的企业	可选择按小规模纳税人纳税	—

从事货物销售和应税劳务的纳税人销售货物或应税劳务的年增值税应税销售额在30万元(含30万元)以上、50万元以下的，会计核算健全，能准确核算销项税额、进项税额和应纳税额，能够提供准确税务资料的，可认定为一般纳税人。但小规模商业企业年应税销售额达不到80万元，即使具备核算条件，也不得认定为一般纳税人。

（五）税率与征收率

1. 基本税率(17%)

增值税一般纳税人销售或者进口货物，提供应税劳务和应税服务，除低税率适用范围和销售个别旧货适用征收率外，税率一律为17%。

2. 低税率(13%)

(1) 增值税一般纳税人销售或者进口下列货物，按低税率计征增值税，低税率为

13%。主要适用于以下情况：

① 粮食、食用植物油、鲜奶；

② 自来水、暖冷气、热水、煤气、石油液化气、天然气、沼气、居民用煤炭制品；

③ 图书、报纸、杂志；

④ 饲料、化肥、农药、农机、农膜；

⑤ 国务院及有关部门规定的其他货物。主要有农产品、音像制品、电子出版物等。

(2) 提供交通运输业服务，税率为 11%。

(3) 提供邮政服务，税率为 11%。

(4) 提供基础电信服务，税率为 11%；提供增值电信服务，税率为 6%.

(5) 提供现代服务业务(有形动产租赁服务适用 17%的税率)税率为 6%。

3. 零税率

零税率是指对出口货物除了不征收出口环节的增值税外，还要对出口前已经缴纳的增值税进行退税，使出口产品在国际市场上的价格为不含税价格。

4. 征收率

增值税的征收率是指对小规模纳税人及一些特殊情况采用简易征收办法适用的税率，现行征收率为 3%。例如：

(1) 一般纳税人销售自己使用过的未抵扣过进项税额的固定资产，依照 3%征收率减按 2%征收增值税；销售自己使用过的除固定资产以外的物品，应按照适用税率征收增值税；

(2) 属于一般纳税人的自来水公司销售自来水，按照 3%征收率征收增值税，不得抵扣其购进自来水取得增值税扣税凭证上注明的增值税税款。

(六) 一般纳税人应纳税额的计算

1. 应纳税额的计算方法

当期应纳税额＝当期销项税额－当期进项税额

＝当期销售额×适用税率　当期进项税额

【例 2-1】 某生产企业系一般纳税人，某月购进材料，取得供货方开具的增值税专用发票，材料价款 60 000 元，增值税 10 200 元，该发票在取得当月通过认证并申报抵税。当月产品销售，均开具了增值税专用发票，共计价款 100 000 元，增值税 17 000 元。计算当月应缴纳的增值税额。

当月应纳增值税额＝当期销项税额－当期进项税额

＝17 000－10 200＝6 800(元)

货物销售涉及销货方和购货方两个会计主体，销售货物的价款收入和销项税额，是购买货物的成本和进项税额。购货方经过货物加工或再销售，又可取得销售收入和销项税额。货物在各生产经营环节应缴纳的增值税，皆是用本环节销项税额扣除向上　环节缴纳的进项税额后的余额。当货物最终被消费者购买后，货物退出了生产经营的增值过程，货物消费者成为了货物增值税最终的负税人。

2. 销项税额的计算

销项税额，是指纳税人销售货物或者提供应税劳务和应税服务，按照销售额或应税劳务和应税服务收入和规定的税率计算并向购买方收取的增值税税额。销项税额的计算公式为：

销项税额＝销售额×增值税率

增值税采用价外税的方式，因此，计算销项税额所依据的销售额中不包含增值税额。在销售额包含了增值税额的情形下，销项税额的计算公式为：

销项税额＝销售额（含增值税）÷（1＋增值税率）×增值税率

【例 2-2】 增值税一般纳税人销售产品，开具普通发票收取价款 32 000 元，适用 17％的增值税率，计算该笔销售应计的销售额和销项税额。

销售额＝32 000÷（1＋17％）＝27 350.43（元）

销项税额＝27 350.43×17％＝4 649.57（元）

（1）销售额的确定。销售额是决定销项税额的主要因素。《增值税暂行条例》规定，销售额是指销售货物或应税劳务和应税服务应向购货方收取的全部价款和价外费用。该价款不包括向购货方收取的销项税额；价外费用是指价外向购买方收取的手续费、补贴、基金、集资费、返还利润、奖励费、违约金、滞纳金、延期付款利息、赔偿金、代收款项、代垫款项、包装费、包装物租金、储备费、优质费、运输装卸费及其他各种性质的价外收费。但不包括下列项目。

① 受托加工应缴消费税的消费品所代收代缴的消费税。

② 同时符合以下条件的代垫运输费用：一是承运部门的运输费用发票开具给购买方的；二是纳税人将该项发票转交给购买方的。

③ 同时符合以下条件代为收取的政府性基金或者行政事业性收费：一是由国务院或者财政部批准设立的政府性基金，由国务院或者省级人民政府及其财政、价格主管部门批准设立的行政事业性收费；二是收取时开具省级以上财政部门印制的财政票据；三是所收款项全额上缴财政。

④ 销售货物的同时代办保险等而向购买方收取的保险费，以及向购买方收取的代购买方缴纳的车辆购置税、车辆牌照费。

为了防止纳税人以各种名目收费而减少销售额的逃避纳税现象，税法规定，凡随同销售货物或提供应税劳务和应税服务向购买方收取的价外费用，无论其会计制度如何核算，均应在计税时换算成不含税收入再并入销售额计算应纳税额。

（2）视同销售货物行为在无销售额情形下销售额的确定。具体包括如下内容。

① 按纳税人最近时期同类货物的平均销售价格确定。

② 按其他纳税人最近时期同类货物的平均销售价格确定。

③ 按组成计税价格确定。组成计税价格的计算方法为：

组成计税价格＝成本×（1＋成本利润率）

组成计税价格公式中的成本，销售自产货物的为实际生产成本，销售外购货物的为实际采购成本；成本利润率由国家税务总局确定，一般为 10％。

属于应缴消费税的消费品货物，因为消费税是价内税，消费税额应计入产品价

格。则：

组成计税价格＝成本＋利润＋消费税＝成本×(1＋成本利润率)÷(1－消费税率)

属于应缴消费税的消费品，其组成计税价格中的成本利润率由国家税务总局具体确定。

【例 2-3】 某企业特制三种产品发给职工。甲产品的市场销售价格每件 200 元；乙产品和丙产品市场上无同类产品的销售价格，乙产品每件生产成本 40 元；丙产品是应税消费品，每件生产成本 140 元，适用消费税率 30%，国家税务总局规定该产品的成本利润率 20%。

三种产品的视同销售价格分别确定为：

甲产品每件计税价格为 200 元

乙产品每件的组成计税价格＝40×(1＋10%)＝44(元)

丙产品每件的组成计税价格＝140×(1＋20%)÷(1－30%)＝240(元)

(3) 特殊销售方式下的销售额。

① 采取折扣方式销售。指销货方对购货方的大批量购买给予价格优惠。如果是在销售货物或提供应税劳务和应税服务时，因购货数量大等原因而给予购货方价格优惠，销售额和折扣额在同一张发票上注明的，可按折扣后的销售额计算销项税额；如果折扣额另开发票，不得抵减销售额。如果是对一定时期内累计购货达到一定数量等原因而给予购货方的价格优惠或补偿，销货方可按有关规定开具红字增值税专用发票。

对购货方的大批量购买给予实物优惠的(以买一送一为例)，该实务赠品不视同销售，计税基础为实际销售价格，销售成本为主品和赠品的成本合计。如果单独对购货方搞赠送活动，则此时的赠送应按销售缴纳增值税。

为了鼓励购货方尽早结清货款而协议给予现金折扣，应确认为销货方的理财费用，不能抵减货物的销售额。

销售折让是销售货物后因货物规格、质量等问题给予购货方的价格折让，对销售折让可以折让后的余额为销售额，销货方应按有关规定开具红字增值税专用发票。

② 以旧换新方式销售。按新货物的销售价格核算销售额和销项税额，旧货物的收购金额不能抵减新货物的销售额。因为销售货物与收购货物是两个不同的业务，销售额与收购额不能相互抵减。考虑到金银首饰以旧换新的特殊情况，特别规定金银首饰以旧换新业务，可以按销售方实际收取的价款征收增值税。

③ 以还本方式销售。以货物的销售价格核算销售额和销项税额，还本支出属于财务费用，不得冲减销售额。

④ 以物易物方式销售。以换出的货物核算销售额和销项税额，以换入的货物核算购进额和进项税额，双方都按进销货物处理。

⑤ 包装物押金的税务处理。纳税人为销售货物而出租出借包装物所收取的押金，单独记账核算的，时间在 1 年以内，又未逾期的，不并入销售额征税，但对因逾期未收回包装物不再退还的押金，应按照所包装的货物的适用税率计算销项税额。"逾期"是指按合同约定已逾期或以 1 年为期限，对收取 1 年以上的押金，无论是否退还均并入货物销售额计税。

国家税务总局规定，销售酒类产品(黄酒、啤酒除外)收取的包装物押金，无论是否返还均应并入当期销售额征税。

⑥ 其他特殊方式下的税务处理(略)。

(4) 含税销售额的换算。我国增值税是价外税,作为计税依据的销售额不包含增值税本身的金额。因此,对货物、劳务或服务定价时,应不包括增值税。在开具销售结算凭证时采取价款与税额合并收取、但分别列示的方式。如果纳税人采取了价款与税额合并定价的方式,就需要将价税额总计分别计算出其中的销售额和增值税额。计算公式:

销售额=含税销售额÷(1+增值税率)

3. 进项税额的计算

进项税额,是指纳税人购进货物或者接受应税劳务和应税服务,在价款之外向销货单位支付的增值税额。

计算应缴纳增值税采用以进项税额抵扣销项税额的方法时,每一个生产经营环节的增值税纳税人都会因销售货物或提供劳务产生销项税额,也都会因外购货物或接受劳务发生进项税额。从一个具体的生产经营环节来看,销售货物或提供应税劳务、服务的销项税额就是购进货物或者接受应税劳务、服务的进项税额。

从原理上讲,进项税额与销项税额之间应有配比性。当购进货物或接受应税劳务不是用于增值税应税项目时,例如用于非增值税项目、集体福利、个人消费、增值税免税项目,所支付的进项税额就不应抵扣应税项目的销项税额。

(1) 准予从销项税额中抵扣的进项税额。准予从销项税额中抵扣的进项税额可分为两大类。

一类是增值税扣税凭证上注明的增值税额。包括从销售方取得的增值税专用发票上注明的增值税额和从海关取得的进口增值税专用缴款书上注明的增值税额。

另一类是按规定的扣除率计算的进项税额。主要有购买农产品可按收购发票或销售发票上注明的买价和13%的扣除率计算进项税额。

(2)“营改增”原增值税纳税人进项税额的抵扣政策,具体如下所述。

① 原增值税一般纳税人接受试点纳税人提供的应税服务,取得的增值税专用发票上注明的增值税额为进项税额,准予从销项税额中抵扣。

② 原增值税一般纳税人接受境外单位或者个人提供的应税服务,按照规定应当扣缴增值税的,准予从销项税额中抵扣的进项税额。

③ 原增值税一般纳税人自用的应征消费税的摩托车、汽车、游艇,其进项税额准予从销项税额中抵扣。

④ 原增值税一般纳税人取得的试点小规模纳税人由税务机关代开的增值税专用发票,按增值税专用发票注明的税额抵扣进项税额。

⑤ 原增值税一般纳税人购进货物或者接受应税劳务和应税服务,用于《应税服务范围注释》所列项目的,不属于《增值税暂行条例》第十条所规定的用于非增值税应税项目,其进项税额准予从销项税额中抵扣。

(3) 不得从销项税额中抵扣的进项税额。纳税人购进货物或接受应税劳务和应税服务,取得的增值税扣税凭证不符合法律、行政法规或政府主管部门有关规定的,其进项税额不得从销项税额中抵扣。主要有以下情形:

① 用于简易计税方法计税项目、非增值税应税项目、免税项目、集体福利或个人消费的购进货物或应税劳务；

② 发生非正常损失所耗用的购进货物或应税劳务；

③ 在产品、产成品发生非正常损失所耗用的购进货物或应税劳务；

④ 纳税人从海关取得的进口增值税专用缴款书上注明的增值税额准予从销项税额中抵扣。当进口货物的境外供货商向进口方退还或返还资金，或进口货物向境外实际支付的货款低于进口报关价格的差额，不作进项税额转出的处理。

(4) 兼营免税或非应税项目不得抵扣的进项税额。一般纳税人兼营免税项目或非应税项目而无法划分不得抵扣的进项税额，按下列公式计算划分：

不得抵扣的进项税额＝当期无法划分的进项税额合计×(当期免税项目销售额、非应税项目营业额合计÷当期全部销售额、营业额合计)

4. 计算纳税期销项税额和可抵扣进项税额的时间限定

为了正确计算各个纳税期应缴纳的增值税额，增值税法对纳税期发生的销项税额和在当期可以抵扣的进项税额作出了明确规定。

(1) 计算销项税额的时间限定。税法与会计准则规定的商品销售确认条件基本相同，纳税人确认销售实现的同时即应计算增值税销项税额。按照货物交接方式与货款结算方式具体确认、计算增值税销项税额的时间(见表 2-3)。

(2) 进项税额抵扣的时间限定。增值税一般纳税人购进货物或应税劳务，取得增值税专用发票和货物运输业统一发票，现时规定在发票开具之日起 180 日内到税务机关办理认证，并在认证通过的次月申报期内，向主管税务机关申报抵扣进项税额。

自 2013 年 7 月 1 日起，增值税一般纳税人进口货物，取得海关开具的海关缴款书，应在开具之日起 180 日内向主管税务机关报送《海关完税凭证抵扣清单》(包括纸质资料和电子数据)申请稽核比对。

税务机关于每月纳税申报期内，向纳税人提供上月稽核比对结果，纳税人应向主管税务机关查询稽核比对结果信息。对稽核比对结果为相符的海关缴款书，纳税人应在税务机关提供稽核结果的当月纳税申报期内申报抵扣，逾期的其进项税额不予抵扣。计算销项税额的具体时间见表 2-3。

表 2-3　计算销项税额的具体时间

纳税范围			纳税义务发生时间
销售货物	货款结算方式	直接收款	收到货款或取得索取货款凭据的当天，不论货物是否发出
		托收承付、委托收款	发出货物，办妥货款托收手续的当天
		赊销、分期收款销售	合同约定的收款日期；无合同的为发出货物当天
		预收货款	发出货物当天；特殊货物为预收货款或合同约定收款当天
		委托代销	收到代销清单或代销款；发出货物满 180 天的当天
提供应税劳务			收到款项或取得索取款项凭据的当天
视同销售货物行为的③～⑧			货物移送的当天

5. 纳税期进项税额大于销项税额的处理

在一个纳税期内，当购进的货物或应税劳务和应税服务很多，销售的货物或应税劳务和应税服务相对较少时，会出现当期销项税额小于进项税额的情况，按规定当期未抵扣的进项税额可以结转下期继续抵扣。

6. 扣减纳税期进项税额的规定

当纳税人购进货物并将进项税额抵扣后，货物发生了非正常损失或用途改变为免税项目或非增值税项目，按规定应当将已抵扣的进项税额扣减发生损失或改变用途当期的进项税额，即进项税额转出，将其计入有关项目的成本或费用。

应扣减纳税期进项税额的情形：(1)将货物用于简易计税办法计税项目；(2)将货物用于非增值税应税项目；(3)将货物用于免征增值税项目；(4)将货物用于集体福利；(5)将货物用于个人消费；(6)货物发生非正常损失等。

7. 销货退回、折让的税务处理

一般纳税人销售货物或应税劳务和应税服务，开具增值税专用发票后，发生销货退回、折让等情形，应开具红字增值税专用发票，扣减销项税额。未按规定开具红字增值税专用发票的，不得扣减销项税额。

8. 购货退出、折让或向供货方取得返还收入的税务处理

一般纳税人发生购货退出或折让并收回价款和增值税额时，应相应减少当期进项税额。对于纳税人没有相应减少进项税额而减少纳税额的情况，按偷税予以处罚。

商业企业向供货方收取的与商品销售数额挂钩的返还收入，应按规定冲减当期进项税额，并不得开具增值税专用发票。

应冲减进项税额＝取得的返还资金÷(1＋增值税率)×增值税率

(七) 小规模纳税人应纳税额的计算

税法规定小规模纳税人应缴纳的增值税额，不实行一般纳税人所用的按销项税额抵扣进项税额的方法，实行简易计税办法。计算公式为：

应缴纳的增值税额＝销售额×征收率

因为小规模纳税人采用的货款结算凭证是普通发票，价款与税款合并收取但未分别注明，因此计算应缴纳的增值税额时，应将含税收入换算为不含税销售额后再计算。

销售额＝含税销售额÷(1＋征收率)

【例 2-4】 某小规模纳税人某纳税期产品销售，均开具普通发票，总金额 18 000 元。计算该纳税期应缴纳的增值税额。

当期销售额＝18 000÷(1＋3%)＝17 475.73(元)

当期应纳增值税额＝17 475.73×3%＝524.27(元)

(八) 兼营不同税率的货物或应税劳务

纳税人兼营不同税率或者征收率的销售货物、提供应税劳务或者应税服务的，应当分别核算适用不同税率或者征收率的销售额，未分别核算销售额的，从高适用税率或征收率。例如某纳税人既经销税率为 17%的一般货物，又经销税率为 13%的低税率货物，如

图书、报纸，应分别核算不同税率货物的销售额，未分别核算的，从高适用税率。

（九）进口货物征税

1. 征税范围

从境外向我国境内输入商品，应报关进口，海关实施监管。不论国外产制还是我国产制出口转内销，不论自行采购还是接受国外捐赠，不论单位进口还是个人自用，均应缴纳进口环节的增值税。

2. 纳税人

进口货物的收货人、代理人或办理报关手续的单位和个人，为进口货物增值税的纳税义务人。

3. 税率

进口货物增值税率无特殊规定，与国内生产货物的增值税率相同。

4. 计税价格

进口货物的增值税，应按照组成计税价格和适用的税率计算应纳税额。用公式表示为：

应缴纳增值税额＝组成计税价格×增值税率

组成计税价格＝关税完税价格(即到岸价格)＋关税

如果进口货物是属于应缴消费税的货物，则组成计税价格的公式为：

组成计税价格＝关税完税价格＋关税＋消费税

进口货物的成本包括到岸价格和进口环节应缴纳的关税及其他税费(增值税除外，增值税是进项税)。进口货物进项税额的计税价格是进口成本，因此，应按组成计税价格计算应缴纳的增值税。

【例 2-5】 某企业进口一批原材料，到岸价格 82 000 元，进口关税税率 30％，增值税率 17％，计算进口该原材料应缴纳的关税和增值税。

应纳关税额＝到岸价格×关税税率＝82 000×30％＝24 600(元)

组成计税价格＝到岸价格＋关税＝82 000＋24 600＝106 600(元)

应纳增值税额＝组成计税价格×增值税税率＝106 600×17％＝18 122(元)

5. 缴纳税款

进口货物的纳税义务发生时间为报关进口的当天，缴纳税款的期限为海关填发进口增值税专用缴款书之日起 15 日内。

（十）出口货物的退(免)税

在国际贸易中，普遍采取对出口货物退还或免征间接税的政策，使出口货物以不含间接税的价格在国际市场上销售，比较公平合理。我国目前对增值税出口货物实行零税率，其含义是对出口环节的增值部分免征增值税，并对前道环节所含的进项税进行退付。

1. 退(免)税政策

出口货物的退(免)税，遵循“征多少、退多少”、“未征不退”和“彻底退税”的基本原则。我国对出口货物的税收政策有以下三种形式。

(1) 出口免税并退税。出口免税是指对货物出口销售环节不征增值税、消费税，出口退税是指对货物在出口前实际承担的税收负担，按规定的退税率计算后予以退还。

(2) 出口免税不退税。出口免税与上述第(1)项含义相同。出口不退税是指适用这个政策的出口货物在之前的生产、销售或进口环节是免税的，因此，出口时该货物的价格中本身就不含税，也无须退税。

(3) 出口不免税也不退税。出口不免税是指对国家限制或禁止出口的某些货物的出口视同内销，照常征税；出口不退税是指对这些货物出口不退还出口前其所负担的税款。适用这个政策的主要是税法列举限制或禁止出口的货物。

2. 退(免)税的条件

除了国家明确规定不予出口退税的货物和向小规模纳税人购进取得普通发票的部分货物外，一般货物出口具备以下四个条件，都给予退(免)税：

(1) 是属于增值税、消费税征税范围的货物；

(2) 是报关离境的货物；

(3) 是在财务上作销售处理的货物；

(4) 是出口收汇并已核销的货物。

将出口退税与出口收汇核销挂钩可以有效地防止出口企业高报出口价格骗取退税，有助于提高出口收汇率，有助于强化出口收汇核销制度。

3. 退(免)税的适用范围

(1) 出口企业和出口货物。出口企业，是指依法办理工商登记、税务登记、对外贸易经营者备案登记，自营或委托出口货物的单位或个体工商户，以及依法办理工商登记、税务登记但未办理对外贸易经营者备案登记，委托出口货物的生产企业。

出口货物，是指向海关报关后实际离境并销售给境外单位或个人的货物，分为自营出口货物和委托出口货物两类。

视同出口货物，主要指出口企业或其他单位发生的下列出口货物：

① 出口企业对外援助、对外承包、境外投资的出口货物；

② 出口企业经海关报关进入国家批准的出口加工区、保税物流园区、保税港区、综合保税区等特殊区域并销售给特殊区域内单位或境外单位、个人的货物；

③ 免税品经营企业销售的货物；

④ 出口企业或其他单位销售给用于国际金融组织或外国政府贷款国际招标建设项目的中标机电产品；

⑤ 生产企业向海上石油天然气开采企业销售的自产的海洋工程结构物；

⑥ 出口企业或其他单位销售给国际运输企业用于国际运输工具上的货物(如：外轮供应公司、远洋运输供应公司销售给外轮、远洋国轮的货物；国内航空供应公司生产销售给国内和国外航空公司国际航班的航空食品)；

⑦ 出口企业或其他单位销售给特殊区域内生产企业生产耗用且不向海关报关而输入特殊区域的水(包括蒸汽)、电力、燃气(以下称输入特殊区域的水电气)；

⑧ 融资租赁船舶企业。

(2) 视同出口货物的范围，具体内容如下所述。

① 持续经营以来从未发生骗取出口退税、虚开增值税专用发票或农产品收购发票、

接受虚开增值税专用发票(善意取得虚开增值税专用发票除外)行为,且同时符合下列条件的生产企业出口的外购货物,可视同自产货物适用增值税退免税政策。

a. 已取得增值税一般纳税人资格。

b. 已持续经营2年及2年以上。

c. 纳税信用等级A级。

d. 上一年度销售额5亿元以上。

e. 外购出口的货物与本企业自产货物同类型或具有相关性。

② 持续经营以来从未发生骗取出口退税、虚开增值税专用发票或农产品收购发票、接受虚开增值税专用发票(善意取得虚开增值税专用发票除外)行为,但不能同时符合上述规定条件的生产企业,出口的外购货物符合下列情形的,可视同自产货物申报适用增值税退免税政策。

a. 同时符合下列条件的外购货物:与本企业生产的货物名称、性能相同;使用本企业注册商标或境外单位或个人提供给本企业使用的商标;出口给进口本企业自产货物的境外单位或个人。

b. 外购货物属于与本企业生产的货物配套出口,且出口给进口本企业自产货物的境外单位或个人,符合下列条件之一的:一是用于维修本企业出口的自产货物的工具、零部件、配件;二是不经过本企业加工或组装,出口后能直接与本企业自产货物组合成成套设备的货物。

c. 用于对外承包工程项目下的货物。

d. 用于境外投资的货物。

e. 用于对外援助的货物。

f. 其他(略)。

(3) 出口企业对外提供加工修理修配劳务。对外提供加工修理修配劳务,是指对进境复出口货物或从事国际运输的运输工具进行的加工修理修配。

(4) 提供适用增值税零税率的应税服务。境内的单位和个人提供适用增值税零税率的应税服务,如果属于适用简易计税方法的,实行免征增值税办法。

如果属于适用增值税一般计税方法的,生产企业实行免抵退税办法,外贸企业外购研发服务和设计服务出口实行免退税办法,外贸企业自己开发的研发服务和设计服务出口,视同生产企业连同其出口货物统一实行免抵退税办法。

实行退(免)税办法的研发服务和设计服务,如果主管税务机关认定出口价格偏高的,有权按照核定的出口价格计算退(免)税,核定的出口价格低于外贸企业购进价格的,低于部分对应的进项税额不予退税,转入成本。

4. 退税率

(1) 除财政部和国家税务总局根据国务院决定而明确的增值税出口退税率外,出口货物增值税的退税率为其适用税率。

(2) 退税率的特殊规定。

① 外贸企业购进按简易办法征税的出口货物、从小规模纳税人购进的出口货物,其退税率分别为简易计征办法实际执行的征收率、小规模纳税人征收率。上述出口货物取得增值税专用发票的,退税率按照增值税专用发票上的税率和出口货物退税率孰低的原

则确定。

② 出口企业委托加工修理修配货物，其加工修理修配费用的退税率，为出口货物的退税率。

③ 应税服务退税率为其按照"营改增"规定适用的增值税税率。

5. 应退税额的计算

出口货物只有在适用既免税又退税的政策时，才会涉及计算退税的问题。有的企业对出口货物单独核算，有的企业对出口和内销的货物统一核算。为了与出口企业的会计核算办法相一致，我国《出口货物退(免)税管理办法》规定了两种退税计算办法：一是"免、抵、退"办法，主要适用于①生产企业出口自产货物和视同自产货物；②对外提供加工修理修配劳务；③列名的74家生产企业出口非自产货物。二是"先征后退"办法，主要适用于①不具有生产能力的出口企业(以下称"外贸企业")；②其他单位出口货物劳务。

(1) "免、抵、退"税的计算方法。该方法是对生产企业出口与内销自产货物未分别核算的情况下，将出口货物应退的进项税额抵顶国内销售货物应缴纳的税额，以简化税额计算及征管手续。

该方法中的"免"税，是指对生产企业出口自产货物，免征销售环节的增值税；"抵"税是指将生产企业自产货物所耗用的原材料、零部件、燃料、动力等所含的应予退还的进项税额，抵顶内销货物应缴纳的税额；"退"税是指生产企业出口自产货物在当月内应抵顶的进项税额大于应纳税额时，对未抵顶完的部分予以退税。用公式表示为：

当期应纳税额＝当期内销货物的销项税额

－(当期进项税额－当期不予抵扣、退税或应减少的税额)

－上期留抵的进项税额

公式中不予抵扣的进项税额，是指当期外购货物用于非增值税项目、免税项目、集体福利和个人消费时发生的进项税额；不予退的进项税额，是指当期出口货物按征税率(17%或13%)与退税率之差计算的进项税额；应减少的进项税额，是指当期以前的外购货物已抵扣进项税额后用于非增值税项目、免税项目、集体福利、个人消费和发生非正常损失的，应按已抵扣进项税额减少当期的进项税额。

出口应退税额＝出口货物离岸价×出口退税率

出口不予退税额＝出口货物离岸价×(出口货物征税率－退税率)

按"免、抵、退"税方法计算的结果，有三种情形(见表2-4)。

表2-4 按"免、抵、退"税方法计算后的税额

情形	计算结果	计算结果分析与说明
一	正数	是当期应纳税额。当期出口应退进项税额已全部抵顶了当期应纳税额，当期无应收出口退税
二	负数，且小于应退税额	是当期应收出口退税额，该数额是当期出口应退进项税额抵顶应纳税额后的余额。当期无应纳税额
三	负数，且大于应退税额	是当期出口应退进项税额与其他未抵扣的进项税额之和。当期出口应退进项税额应全部退税，当期无应纳税额，当期进项税额未用于抵扣的余额留抵下期抵扣

【例 2-6】 某生产企业产品出口退税率 9%，某纳税期内进项税额 292 740 元，计算下列三种情形下应缴纳（退）的增值税额。

情形一：国内销售 150 万元，出口销售 250 万元；

情形二：国内销售 60 万元，出口销售 180 万元；

情形三：国内销售 50 万元，出口销售 75 万元。

有关计算如下：

情形一：当期出口退税限额＝2 500 000×9%＝225 000（元）

当期“免、抵、退”计算的增值税额＝150 万×17%－[292 740－250 万×（17%－9%）]＝162 260（元）

分析：计算结果为正数，是当期应纳税额。当期出口退税限额已全部抵顶了当期应纳税额，当期无应收出口退税。

情形二：当期出口退税限额＝1 800 000×9%＝162 000（元）

当期“免、抵、退”计算的增值税额＝600 000×17%－[292 740－1 800 000×（17%－9%）]
＝－46 740（元）

分析：计算结果为负数，且小于出口退税限额（46 740<162 000），该数额是当期出口退税限额抵顶应纳税额后的余额，为当期应收出口退税额，当期无应纳税额。

情形三：当期出口退税限额＝750 000×9%＝67 500（元）

当期“免、抵、退”计算的增值税额＝50 万×17%－[292 740－75 万×（17%－9%）]
＝－147 740（元）

分析：该计算结果为负数，且大于出口退税限额（147 740>67 500），该数额是当期出口退税限额（67 500 元）与其他未抵扣的进项税额（147 740－67 500＝80 240）两者之和。当期出口退税限额应全部退税，其他未抵扣的进项税额（80 240 元）留抵下期抵扣。

（2）“先征后退”的计算方法。外贸企业或者其他单位收购货物出口，出口环节的增值税免征，收购货物支付货款的同时所支付的增值税进项税额，在货物出口后，依据收购货物增值税专用发票上所注明的购进金额和退税率可计算应退税额，计算公式为：

应退税额＝外贸购进金额（不含增值税）×退税率

外贸企业向小规模纳税人收购货物出口，取得小规模纳税人委托税务机关代开的增值税专用发票，应退税额计算公式为：

应退税额＝增值税专用发票注明的购进金额×3%

外贸企业委托生产企业加工货物出口，分别按购进原材料取得的增值税专用发票和支付加工费取得的增值税专用发票上注明的购进额与退税率计算退税，计算公式为：

应退税额＝购进原材料应退税额＋支付加工费应退税额

【例 2-7】 某外贸企业某纳税期发生的经济业务如下：

（1）收购 A 产品，取得增值税专用发票，价款 300 000 元，增值税 51 000 元；

（2）收购 B 产品，取得税务机关代开的增值税专用发票，价款 40 000 元，增值税 1 200 元；

（3）当期收购产品全部出口，出口总金额 480 000 元，出口退税率 15%。

则：出口退税额＝300 000×15%＋40 000×3%＝46 200（元）

（十一）增值税的征收管理

1. 纳税义务发生时间

纳税义务发生时间，是指纳税人发生应税行为应当承担纳税义务的起始时间。《增值税暂行条例》明确规定为：

(1) 纳税人销售货物或者应税劳务和应税服务，其纳税义务发生时间为收讫销售款项或者取得索取销售款项凭据的当天；先开具发票的，为开具发票的当天；

(2) 纳税人进口货物，其纳税义务发生时间为报关进口的当天；

(3) 增值税扣缴义务发生时间为纳税人增值税纳税义务发生的当天。

具体规定见教材。

2. 纳税期限

纳税期限是指纳税人应定期计算应纳税额的时间与申报缴纳税款的期限。增值税定期计算应纳税额的时间分为1日、3日、5日、10日、15日、1个月或者1个季度，以1个季度为纳税期限的规定仅适用于小规模纳税人，一般纳税人应纳增值税的期限最长为1个月，不能按照固定期限纳税的，可以按次纳税。

纳税人以1个月或者1个季度为一个纳税周期的，自期满之日起15日内申报纳税；以1日、3日、5日、10日或者15日为一个纳税周期的，自期满之日起5日内预缴税款，次月1日起15日内申报纳税并结清上月应纳税款。

纳税人进口货物，应当自海关填发进口增值税专用缴纳书之日起15日内缴纳税款。

纳税人出口货物适用退(免)税规定的，应当向海关办理出口手续，凭出口报关单等有关凭证，在规定的申报期内向主管税务机关申报办理该项出口货物的退(免)税。

3. 纳税地点

为了保证纳税人按期申报纳税，并遵循税收属地管理原则，增值税具体的纳税地点规定如下所述。

(1) 固定业户应当向其机构所在地主管税务机关申报纳税。总机构和分支机构不在同一县(市)的，应当分别向各自所在地主管税务机关申报纳税；经批准，可由总机构汇总申报纳税。

(2) 固定业户到外县(市)销售货物的，应当向其机构所在地主管税务机关申请开具外出经营活动税收管理证明，向其机构所在地主管税务机关申报纳税。未开具证明的，应当向销售地主管税务机关申报纳税；未向销售地主管税务机关申报纳税的，由其机构所在地主管税务机关补征税款。

(3) 非固定业户销售货物或者应税劳务，应当向销售地或劳务发生地的主管税务机关申报纳税；未向销售地或劳务发生地的主管税务机关申报纳税的，由其机构所在地或者居住地的主管税务机关补征税款。

(4) 进口货物，应当向报关地海关申报纳税。

(5) 扣缴义务人应当向其机构所在地或者居住地的主管税务机关申报缴纳其扣缴的税款。

4. 营业税改征增值税后的征收机关

营业税改征的增值税，由国家税务局负责征收。

5. 纳税申报

增值税一般纳税人进行纳税申报时，应提交以下资料。

(1)《增值税纳税申报表》及其附列资料，包括：

①《增值税纳税申报表(一般纳税人适用)》；

②《增值税纳税申报表附列资料(一)》(本期销售情况明细)；

③《增值税纳税申报表附列资料(二)》(本期进项税额明细)；

④《增值税纳税申报表附列资料(三)》(应税服务扣除项目明细)；

⑤《增值税纳税申报表附列资料(四)》(税收抵减情况表)；

⑥《固定资产进项税额抵扣情况表》。

(2) 附报资料。包括已开具的税控"机动车销售统一发票"和普通发票存根联；符合抵扣条件在本期申报抵扣的防伪税控"增值税专用发票"、"货物运输业增值税专用发票"、税控"机动车销售统一发票"的抵扣联；按规定仍可以抵扣且在本期申报抵扣的"公路、内河货物运输业统一发票"的抵扣联；符合抵扣条件在本期申报抵扣的海关进口增值税专用缴款书、购进农产品的普通发票、铁路运输费用结算单据的复印件；已开具的农产品收购凭证的存根联或报查联；其他与计算应纳税额有关的资料和税务机关要求报送的资料。

一般纳税人经营规模大，附报资料多，报送资料有困难的，经批准，可由税务机关派人到企业审核。

增值税小规模纳税人应当按照要求填写《增值税纳税人申报表(适用于小规模纳税人)》进行纳税申报。

(十二) 增值税专用发票的使用及管理

增值税专用发票是增值税一般纳税人销售货物或提供应税劳务开具的发票，是销货方记录销售额和销项税额与购货方记录购进额和进项税额的凭证，对增值税的计算和管理起着重要作用。

1. 专用发票的联次

专用发票的基本联次为三联，分别为：

(1) 发票联。是购货方核算采购成本和增值税进项税额的凭证；

(2) 抵扣联。是购货方报送税务机关认证抵扣进项税额和留存备查的凭证；

(3) 记账联。是销货方核算销售收入和增值税销项税额的凭证。

2. 专用发票的开具限额

专用发票实行最高开票限额管理，即单份专用发票开具的销售额合计数不能超出上限额度。最高开票限额由一般纳税人申请，税务机关依法审批。一般情况是最高开票限额为10万元及以下的，由区县级税务机关审批；最高开票限额为100万元的，由地市级税务机关审批；最高开票限额为1 000万元及以上的，由省级税务机关审批。税务机关审批最高开票限额应进行实地核查。

3. 专用发票的开具范围

(1) 一般纳税人销售货物或者提供应税劳务和应税服务,应向购买方开具专用发票;

(2) 商业企业一般纳税人零售的烟、酒、食品、服装、鞋帽(不包括劳保专用部分)、化妆品等消费品不得开具专用发票;

(3) 增值税小规模纳税人需要开具专用发票的,可向主管税务机关申请代开,在金额栏填写不含税销售额,在税率栏填写征收率3%;

(4) 销售免税货物不得开具专用发票,法律、法规及国家税务总局另有规定的除外。

4. 专用发票的开具要求

(1) 项目齐全,与实际交易相符;

(2) 字迹清楚、不得压线、错格;

(3) 发票联和抵扣联要加盖财务专用章或发票专用章;

(4) 按照增值税纳税义务的发生时间开具。

5. 开具专用发票后发生退货、折让或开票有误的处理

一般纳税人开具专用发票后,发生销售退回、折让以及开票有误等情况,需要开具红字专用发票的,由购买方填报《开具红字增值税专用发票申请单》,主管税务机关审核后出具《开具红字增值税专用发票通知单》,销售方凭通知开具红字增值税专用发票。发生销货退回或折让的,销售方还应在开具红字专用发票后将该笔业务的相应记账凭证复印件报送主管税务机关备案。

6. 不得抵扣进项税额的规定

经认证有下列情形之一的,不得作为增值税进项税额的抵扣凭证,税务机关退还原件,购买方可要求销售方重新开具专用发票。

(1) 无法认证。指专用发票所列密文或者明文不能辨认,无法产生认证结果。

(2) 纳税人识别号认证不符。指专用发票所列购买方纳税人识别号有误。

(3) 专用发票代码、号码认证不符。指专用发票所列密文解译后与明文的代码或者号码不一致。

三、 重点与难点

【重点】 增值税的征收范围;增值税的纳税义务人与扣缴义务人;一般纳税人和小规模纳税人的认定及管理;增值税率与简易征收率;一般纳税人应纳税额的计算;小规模纳税人应纳税额的计算;进口货物应纳税额的计算;出口货物应退税额的计算。

【难点】 增值税的概念及特点;一般纳税人应纳税额的计算;进口货物应纳税额的计算;出口货物应退税额的计算。

四、 基础练习

(一) 判断题

1. 现行增值税规定的起征点只适用于个人,不适用于单位。 (   )

2. 个人增值税纳税人的销售额达到起征点后，对超过起征点的部分计算缴纳增值税。（　）

3. 小规模纳税人与一般纳税人的身份可以相互转换。（　）

4. 超过小规模纳税人标准的个人和非企业性单位，仍应按小规模纳税人纳税。（　）

5. 小规模生产企业，年销售额超过30万元、会计核算健全，可认定为一般纳税人。（　）

6. 小规模商业企业会计核算健全，但年销售额达不到规定标准，不准予认定为一般纳税人。（　）

7. 提供加工、修理修配货物的纳税人，一律认定为小规模纳税人。（　）

8. 提供增值税应税劳务，只可能适用17%的税率或3%的征收率，不适用13%的低税率。（　）

9. 增值税组成计税价格中的成本利润率，由国家税务总局统一规定，一律为10%。（　）

10. 应税消费品计算增值税和消费税的组成计税价格=(成本+利润)×(1+消费税率)。（　）

11. 增值税纳税人在无特别说明的情况下，均属于一般纳税人而非小规模纳税人。（　）

12. 不论自产货物还是外购货物，用于增值税非应税项目的，应按视同销售计算销项税额。（　）

13. 销售货物从购货方收取的价外费用，单独开具普通发票的，应将其换算为不含税收入并入销售额计税。（　）

14. 将已抵扣了进项税额的购进货物对外投资给了其他单位，应减少投资当期的进项税额。（　）

15. 面粉加工厂从农场收购小麦，取得普通发票，该业务不能计算抵扣进项税额。（　）

16. 进口货物应缴纳关税和增值税，两者的计税价格相同。（　）

17. 生产企业应纳增值税采用“免、抵、退”方法，是用出口应退的增值税抵扣内销应缴纳的增值税。（　）

18. 生产企业出口应退增值税的限额，原理上是出口货物的进项税额，政策上是按出口销售额乘以增值税退税率计算。（　）

19. 用“免、抵、退”计算的应纳增值税为负数，且小于增值税应退税额，该数额为增值税应退税额抵扣了应纳增值税后的余额，应办理退税。（　）

20. 用“免、抵、退”计算的应纳增值税为负数，且大于增值税应退税额，表明增值税应退税额未用于抵扣应纳增值税，应全部办理退税。（　）

21. 外贸企业出口货物采用增值税“先征后退”办法，指购进出口货物时应支付价款和进项税，等货物出口后再按进货成本和退税率计算应退还的进项税。（　）

22. 增值税的纳税期限一律按月计算。（　）

23. 纳税人应纳增值税额较少的,可申请以 1 个季度为纳税期限。 (　　)

24. 采取托收承付或委托收款结算方式销售货物,纳税义务发生时间为收取货款后的当天。 (　　)

25. 企业的总、分支机构不在同一县(市),应由总机构统一办理纳税登记并统一核算纳税。 (　　)

26. 固定业户到外县(市)销售货物,一律向销售地申报纳税。 (　　)

27. 将含税销售额分别计算为不含税销售额和增值税额时,一般应先计算不含税销售额,再用倒减方法计算增值税额。 (　　)

28. 纳税人生产经营免税货物放弃面税的,应以书面形式提出申请,报主管税务机关审批。 (　　)

29. 纳税人收取的会员费应并入销售额计算增值税。 (　　)

30. 增值税出口退税可由企业选择"免、抵、退"税办法或"先征后退"办法。 (　　)

(二) 单项选择题

1. 一般纳税人应纳增值税的纳税期限最长为(　　)。
   A. 1 个月　　B. 1 个季　　C. 半年　　D. 1 年
2. 纳税人销售货物发生的下列项目应并入销售额计算增值税的是(　　)。
   A. 收取包装物押金　　B. 代垫货物运费
   C. 收取运送货物的运费　　D. 支付货物运费
3. 分期收款销售货物,增值税纳税义务发生时间为(　　)。
   A. 发出货物当天　　B. 收到第一笔货款的当天
   C. 收到最后一笔货款的当天　　D. 合同约定的收款日期当天
4. 纳税人销售货物适用免税的,可以放弃免税权。下列做法正确的是(　　)。
   A. 可选择某些免税项目放弃免税权
   B. 可选择一定的期限内放弃免税权
   C. 可选择向某些客户销售时放弃免税权
   D. 一经放弃免税权,所有的应税货物或劳务均应按适用税率征税
5. 下列混合销售行为中,应当增收增值税的是(　　)。
   A. 建材商店在销售建材的同时又为其他客户提供装饰服务
   B. 汽车制造公司在生产销售汽车的同时又为客户提供修理服务
   C. 饭店既提供餐饮服务又销售酒水
   D. 塑钢门窗销售商店在销售商品的同时又为客户提供安装服务
6. 商场销售产品后,供货方向商场支付返利 48 000 元,商场对该笔款项的税务处理应为(　　)。
   A. 冲减进项税额$=48\ 000\div(1+17\%)\times17\%$
   B. 冲减进项税额$=48\ 000\times17\%$
   C. 计算销项税额$=48\ 000\div(1+17\%)\times17\%$
   D. 计算销项税额$=48\ 000\times17\%$

7. 某企业(一般纳税人)某月份购进免税农产品一批已经入库,支付给农业生产者收购凭证上注明的价格为 60 000 元,为该货物支付的运费 500 元(有货物运输业增值税专用发票),该项业务可计算扣除的进项税额是(　　)。

A. 5 835 元　　B. 7 855 元　　C. 6 035 元　　D. 6 050 元

8. 某企业某年 6 月份购进原材料,取得了增值税专用发票,当月即进行了认证。7 月份该批原材料投入生产,8 月份该批产品完工入库,9 月份该批产品销售出去。购进该原材料的进项税额应在哪个月份予以抵扣(　　)。

A. 6 月份　　B. 7 月份　　C. 8 月份　　D. 9 月份

9. 下列业务应缴纳增值税的是(　　)。

A. 保险公司收取保险费　　B. 歌厅销售饮料

C. 房地产公司销售商品房　　D. 书店销售图书

10. 某百货商场的商品发生火灾损失,其实际成本 100 000 元,销售价格 130 000 元。对该事件的税务处理为(　　)。

A. 视同商品销售,计算销项税额为 17 000 元

B. 视同商品销售,计算销项税额为 22 100 元

C. 计算应从当期发生的进项税额中转出的该商品进项税额 17 000 元

D. 计算应从当期发生的进项税额中转出的该商品进项税额 22 100 元

11. 某商业企业为增值税一般纳税人,某年 7 月外购货物 50 万元,取得供货方开具的增值税专用发票,注明税款为 8.5 万元,当月销售货物 40 万元;8 月份外购货物 20 万元,取得供货方开具的增值税专用发票,注明税款为 3.4 万元,当月销售货物 80 万元,当月将取得的 2 张专用发票进行了认证抵税,则该企业某年 8 月应纳增值税额为(　　)。

A. 10.2 万元　　B. 8.5 万元　　C. 6.8 万元　　D. 1.7 万元

(三) 多项选择题

1. 增值税的征收范围包括(　　)。

A. 销售货物　　B. 进口货物

C. 提供加工、修理修配劳务　　D. 出口货物

2. 下列货物适用增值税低税率的是(　　)。

A. 粮食、鲜奶、食用植物油　　B. 图书、报纸、杂志、音像制品

C. 饲料、化肥、农药、农机　　D. 暖气、煤气、天然气、热水

3. 将增值税纳税人划分为一般纳税人和小规模纳税人的标准是根据其(　　)。

A. 月销售额　　B. 年销售额

C. 年利润总额　　D. 会计核算是否健全

4. 下列行为属于视同销售货物,应当征收增值税的是(　　)。

A. 商场为某企业代销产品

B. 商场将外购的某种商品(饮料)用于职工福利

C. 企业外购水泥用于车间建造

D. 企业将自产水泥用于车间建造

5. 下列出口货物可以退(免)增值税的有(　　)。

A. 对外销售　　B. 对外捐赠　　C. 对外投资　　D. 境外来料加工

6. 下列外购货物,其进项税额可以抵扣的有(　　)。

A. 外购辅助材料用于境外来料加工产品的生产

B. 外购职工福利用品

C. 外购生产设备

D. 外购给客户的礼品

7. 外购货物在下列哪种情况下,其进项税额可以抵扣(　　)。

A. 用于劳动保护　　B. 用于对外捐赠

C. 用于在建工程　　D. 用于委托加工的原材料

8. 下列货物购进的进项税额不得抵扣的有(　　)。

A. 免税货物　　B. 非常损失的货物

C. 非应税项目所用货物　　D. 小规模纳税人购进货物

9. 小规模纳税人进口货物,海关代征进口环节增值税,适用的税率有(　　)。

A. 零税率　　B. 3%　　C. 13%　　D. 17%

10. 下列销售可以开具增值税专用发票的有(　　)。

A. 向个人销售衣服　　B. 向企业销售职工工作服

C. 向企业转让无形资产　　D. 向企业销售管理用设备

(四) 计算题

1. 资料:某制造企业系小规模纳税人,某月发生以下经济业务。

(1) 购进原材料取得专用发票,价款 20 000 元,增值税 3 400 元,款项已付,材料已入库。

(2) 购进一批包装物,已取得普通发票,价款总额 10 000 元。

(3) 本月销售产品开具普通发票的销售额 50 000 元。

(4) 委托税务机关代开专用发票,销售额 20 000 元,增值税额 600 元。

要求:根据以上业务计算该企业本月应缴纳的增值税。

2. 资料:某汽车修理厂为增值税小规模纳税人,某月提供汽车保养、修理收入 10 万元,销售汽车零配件收入 2 万元。

要求:根据以上资料计算该修理厂本月应缴纳的增值税。

3. 资料:某生产企业为增值税一般纳税人,2015 年 9 月将资产盘点过程中不需用的部分资产进行处理:销售已经使用 1 年的机器设备,取得收入 21 500 元;销售已经使用 10 年的机器设备,取得收入 3 200 元;销售给小规模商业企业库存积压货物,取得收入 20 000元。

要求:根据以上资料分别计算该企业上述业务的增值税销项税额。

4. 资料:某企业收购的一批农产品库存半年后发生火灾损失,该批农产品的账面成本 6 055 元,其中含运费 400 元。

要求:根据以上资料计算该企业发生火灾当期应减少的进项税额。

5. 资料：某生产企业某月发生如下经济业务。

(1) 将 1 100 元的进口材料作为福利用品发放给职工。

(2) 因保管不善库存原材料经雨淋后损失 1 200 元。

(3) 将 A 产品一批用于本公司的自建工程，该批产品生产成本 10 000 元，售价 13 000元。

(4) 将 B 产品一批用于公司对外投资，该批产品生产成本 80 000 元，售价 95 000 元。

(5) 将 C 产品一批作为福利发放给本公司职工，该批产品的生产成本 18 000 元，售价 25 000 元。

要求：根据上述业务分别计算该企业不能抵扣的进项税额和视同销售行为的销项税额。

6. 资料：某企业某月发生如下经济业务。

(1) 销售商品一批，开具增值税专用发票，收取价款及运费 52 000 元，增值税 8840 元。

(2) 销售商品一批，开具普通发票，收取价款 100 000 元；委托铁路部门运输，取得货物运输业增值税专用发票，运费 1 000 元，增值税 110 元。

(3) 销售商品一批，已开具专用发票，价款 20 000 元，增值税 3 400 元，代购货单位支付运输费用 2 000 元，取得货物运输业增值税专用发票，并转交购货方。

(4) 购进乙材料，取得供货单位增值税专用发票，支付价款 21 000 元，增值税 3 570 元；取得货物运输业增值税专用发票，向铁路部门支付运输费用 3 000 元(含税)。

(5) 购进甲材料，取得供货单位增值税专用发票。发票上注明价款及运费 20 400 元、增值税 3 468 元。

要求：根据以上业务分别计算该企业的销项税额和准予抵扣的进项税额。

7. 资料：企业某产品单位售价 100 元，单位成本 66 元，其中原材料成本 40 元。某月已开具专用发票销售 5 000 件，开具普通发票销售 2 000 件，在建工程领用 100 件，集体福利发放 500 件，免税产品生产领用 30 件，对外捐赠 20 件，对外投资 80 件，用于利润分配 200 件，储存中发生非正常损失 10 件。

要求：根据以上资料分别计算该企业本期的销项税额和不予抵扣的进项税额。

8. 资料：某纺织厂某月份发生如下经济业务。

(1) 从某公司购进棉花一批，已取得增值税专用发票，注明价款 170 000 元，进项税额 22 100 元。

(2) 向农业生产者直接收购棉花，已开具收购凭证，价款 50 000 元。

(3) 购进包装物一批，取得增值税专用发票，注明价款 18 000 元，进项税额 3 060 元。

(4) 购进修理设备用备件，价款 4 000 元，已取得普通发票。

(5) 购进煤炭，已取得增值税专用发票，注明价款 16 000 元，进项税额 2 720 元。

(6) 购进纺织机，已取得增值税专用发票，注明价款 40 000 元，进项税额 6 800 元。

(7) 销售棉布一批，已开具增值税专用发票，注明销售额 1 040 000 元、销项税额 176 800元；开具普通发票，销售额 117 000 元。

要求：根据以上业务计算该企业本期应缴纳的增值税额。

9. 资料：某生产企业某月发生如下经济业务。

(1) 购进原材料一批，已取得增值税专用发票，支付价款 380 000 元，进项税额 64 600 元。

(2) 生产某产品 2 050 件，单位成本 250 元，销售单价 340 元；本月销售 1 100 件，在建工程领用 150 件，对外投资 500 件，作为利润分配 300 件。

(3) 受托为某单位加工产品，收取加工费 85 000 元，销项税额 14 450 元，已开具增值税专用发票。

(4) 为个人提供零星劳务，共收取加工费和零配件收入 7 020 元。

要求：根据以上业务计算该企业本期应缴纳的增值税额。

10. 资料：某企业既生产应税产品又生产免税产品。某月外购 A 材料用于生产应税产品，已取得增值税专用发票，注明价款 10 000 元、进项税额 1 700 元；外购 B 材料用于生产应税产品和免税产品(未分设账目核算)，取得增值税专用发票，注明价款 20 000 元、进项税额 3 400 元。当月应税产品销售额 50 000 元，免税产品销售额 70 000 元。

要求：根据以上资料分别计算当期不可抵扣的进项税额和应缴纳的增值税额。

11. 资料：某生产企业系增值税一般纳税人，某月发生如下经济业务。

(1) 向农业生产者直接购进免税农产品 16 000 元。

(2) 向小规模纳税人购进农产品 64 000 元。

(3) 向一般纳税人购进农产品，取得增值税专用发票，注明价款 30 000 元，增值税额 3 900 元。

(4) 购进甲材料一批，取得增值税专用发票，价款 20 000 元，增值税额 3 400 元。

(5) 购进乙材料一批，取得普通发票，价款 40 000 元。

(6) 购买机器设备，取得增值税专用发票，价款 100 000 元，增值税额 17 000 元。

(7) 委托加工甲材料，支付加工费用 3 000 元，取得普通发票。

(8) 委托加工乙材料，支付加工费用 7 000 元，增值税额 1 190 元，取得增值税专用发票。

(9) 销售商品，开具普通发票的销售额 60 000 元；开具增值税专用发票的销售额 80 000元，销项税额 13 600 元。

要求：根据以上业务计算该企业本期应缴纳的增值税额。

12. 资料：某生产企业出口货物应纳增值税采用“免、抵、退”办法，某月发生如下经济业务。

(1) 从国内购进甲材料一批，已取得增值税专用发票，进项税额 34 000 元。

(2) 进口乙材料，到岸价格 150 000 元，支付关税 9 000 元，进口环节增值税 27 030 元，取得海关完税凭证；国内运输费用 3 000 元(不含税)，已取得运输单位开具的货物运输业增值税专用发票；向个人支付装卸费用 500 元，已由个人签收，材料已入库。

(3) 将库存乙材料 50 000 元，用于集体福利。

(4) 甲材料在储存中发生霉烂损失，账面价值 10 000 元。

要求：根据以上业务，分别计算下列情况该企业本期应缴纳的增值税或应收出口退税。

(1) 国内销售 400 000 元，出口销售 200 000 元，出口退税率 15%。

(2) 国内销售 180 000 元,出口销售 200 000 元,出口退税率 15%。

(3) 国内销售 100 000 元,出口销售 200 000 元,出口退税率 15%。

13. 资料:某外贸企业收购货物出口,某月收购货物金额 300 000 元,增值税 51 000 元,取得增值税专用发票;当期出口完成了 80%,出口退税率 15%。

要求:根据以上资料计算该企业本期应收的出口退税额。

14. 资料:某企业进口一批原材料,到岸价格 800 000 元,适用关税税率 30%,消费税率 5%,增值税率 17%。

要求:根据以上资料分别计算该企业进口业务应缴纳的关税、增值税和消费税额。

15. 资料:某商业企业某月发生如下经济业务。

(1) 购进货物一批,取得增值税专用发票,支付价款 400 万元、进项税额 68 万元;取得运输业增值税专用发票,支付货物运费 41 000 元(不含税)。

(2) 销售货物一批,开具增值税专用发票,收取价款 850 万元,增值税额 144.5 万元。

(3) 向客户赠送礼品,礼品售价 40 000 元(不含增值税)。

(4) 将一批库存货物用于职工福利,该批货物进价 10 000 元,售价 12 000 元。

(5) 某库存货物发生霉烂变质,该货物进价 4 000 元,售价 5 000 元。

要求:根据以上业务计算该企业当月应缴纳的增值税额。

16. 资料:某生产企业某月发生如下经济业务。

(1) 销售甲产品给某大商场,开具增值税专用发票,价款 800 000 元,销项税额 136 000元。

(2)销售乙产品一批,已开具普通发票,销售额 292 500 元。

(3) 将试制的一批新产品用于本企业基建工程,该批产品的生产成本 200 000 元,无该产品同类产品市场销售价格。

(4) 购进原材料,取得增值税专用发票,注明价款 600 000 元,进项税额 102 000 元;向运输公司支付运费,取得运输公司开具的货物运输业增值税专用发票,注明运费合计 60 000 元,税额 6 600 元。

(5) 购进免税农产品一批,收购价 300 000 元,开具了农副产品收购统一发票;向运输单位支付运费 50 000 元,取得运输公司开具的货物运输业增值税专用发票,注明运费合计 50 000 元,税额 5 500 元。当月下旬将购进农产品的 20%用于本企业职工福利。

要求:根据以上业务计算该企业当月应缴纳的增值税额。

五、复习思考题

1. 我国增值税具有哪些主要特点?
2. 增值税一般纳税人与小规模纳税人如何认定,计算应纳增值税的方法有何不同?
3. 增值税视同销售的行为主要有哪些,为什么应按视同销售计税?
4. 混合销售与兼营业务有何区别?
5. 进口货物海关代征增值税与国内销售货物税务机关征收增值税有何异同?
6. 出口货物退(免)增值税的方法有哪几种?
7. 增值税专用发票管理制度的主要内容包括哪些?

六、知识拓展阅读

法国的增值税

法国是世界上最早实行增值税的国家，与其他国家相比，其增值税制度也最为健全。

（一）税制的形成

法国增值税产生于20世纪50年代，其产生的基础是当时的流转税制度。1917年，法国将对各类商品分级从量定额征收的产品税改为对工商业均按销售额征收2%的营业税。1925年将对工商企业按统一比例税率改为按商品种类以不同税率征收营业税。这种营业税对每个商品交易环节都按销售额全值征税，存在着多环节重复征税的问题。同一种产品，如果经过的经营环节不同，税负就会不同，这不仅扭曲了商业竞争，而且易造成生产与流通的过度集中。为解决这一问题，1936年法国政府将多环节课征的营业税改为一次性征收的生产税。单一生产税虽然克服了重复征收的问题，但没能解决日益严重的逃税问题。为了缓解逃税的压力，法国于1948年又进行了商品征税制度的改革。将一次课征制改为分阶段征收制，产品每经过一个经营环节都必须纳税，计税依据为企业经营所增加的价值额，即准予扣除前一阶段的已纳税款（包括零部件、原材料等已缴的税款，但不包括投资性支出如固定资产所付的税额）。1948年改革时并未使用"增值税"这个名称，直到1954年法国政府将扣除范围扩大到企业购入固定资产的已纳税款，才正式定名为"增值税"。

（二）征收范围

法国最初只对工业生产和商品批发环节征收增值税，1966年将其征收范围扩大到商品零售环节和农业，1978年又进一步扩大到自由职业者。发展至今，法国增值税的征收范围包括农业、商业、工业、服务业和自由职业者，即法国境内所有有偿提供产品和服务的经营活动都应缴纳增值税。

从社会产业部门来看，法国增值税涉及工业、农业、商业、交通、服务等所有产业的各个部门；从流通环节来看，它的影响范围从原材料和设备的购进、半产品投入等生产环节，一直延伸到产成品的批发和零售各环节。因此，可以称法国的增值税为一种"全面的增值税"。

除一般性应税交易外，法国税法还规定了一些特殊交易行为也属于增值税征收范围，如"只要商品进入法国领域，即使没有发生所有权转移或权益交换，也视为进口业务发生，属于增值税征收范围"。

（三）税基规定与税率设计

法国增值税税法规定，增值税税基等于交易的实际价格，即以购买方支付的总金额为税基进行征收，卖方以任何方式提供的额外降价（打折优惠、回扣、补偿、佣金等）都可以从税基中予以扣除。

法国增值税的税基不包括增值税额本身，也不包括交易双方所承担的其他税种的税额。但在进口商品的增值税税基中则包括已缴纳的关税和其他税额在内，不过仍不包括国内增值税税额部分。

此外，法国税务当局对某些特殊的交易采取固定税基的方法，如不动产的交易、运输交易等。对这种税基，将进行不定期地调整，一般是根据前一期的交易额来核定本期的税基。

1995 年，法国将增值税的税率设计为两档，即 20.6%的标准税率和 5.5%的低税率（适用于大部分粮食制品、书籍和水等）。除这两档主税率外，对特殊交易行为还规定了特殊税率，这些特殊税率经常会随情况的变化而调整。在法国，虽然零税率适用于特殊交易（如商品和劳务的出口）的税务处理，但在税法上不作为单一的税率档次予以规定。

（四）免税规定

法国增值税的免税包括两种：一是彻底免税，即适用零税率，主要包括出口商品和进口商品，此类商品其任何环节缴纳的增值税均可以扣除，而且本环节不缴纳增值税；二是一般免税项目，主要包括某些农产品、特定货物的销售，有价证券的交易，报纸及定期刊物的出售，保险业者的交易等，此类项目前阶段缴纳的增值税不允许扣除，只有本环节免缴增值税。

（资料来源：百度文库，2012-03-04.）

第三章

消 费 税 法

一、 学习目标

【了解】 消费税的概念、作用及特点；消费税的税目与税率；消费税的征收管理。

【理解】 消费税的纳税义务人；应税消费品的生产企业、委托加工企业与受托加工企业应纳增值税与消费税的异同；出口应税消费品退(免)税的规定。

【掌握】 消费税的征收范围；应纳消费税的计算方法；生产、委托加工和进口应税消费品应纳消费税的具体计算；消费税与增值税的联系与区别。

二、 学习要点与内容提要

(一) 消费税的基本原理

1. 消费税的概念

消费税是对消费品和特定的消费行为按消费数额征收的一种税。我国现行消费税是对在我国境内从事生产、委托加工和进口应税消费品的单位和个人就其应税消费品征收，属于流转税。

消费税可分为一般消费税和特别消费税。

(1) 一般消费税是对所有消费品包括生活必需品和日用消费品普遍课税。

(2) 特别消费税是对特定消费品或特定消费行为课税。我国现行消费税只选择部分消费品征税，属于特别消费税。征收对象主要是：①对人类健康、社会秩序、生态环境有危害的消费品；②非生活必需品；③高耗能、高档消费品；④不可再生和替代的石油消费品等。

2. 消费税的作用

消费税是在对货物普遍征收增值税的基础上，选择少数消费品再征收的一个税种，其主要作用有以下两点。

(1) 调节消费结构，限制消费规模。对高耗能和高污染类消费品征收消费税，是为了抑制对该类产品的过度消费，合理使用国家资源。

(2) 保证国家稳定取得财政收入。非生活必需品和高档消费品一般价格高、利润大，征收消费税对市场供求的影响不大，纳税人的纳税能力强，能够保障国家及时、稳定地取得财政收入。

3．消费税的计税方法

消费税的计算方法分为以下三种。

（1）从价定率征收。是对应税消费品确定比例税率，以应税消费品的销售额为计税基础计算应纳税额，消费税随应税消费品价格增减同方向变动，适用于价格档次多、波动大的应税消费品。计算公式为：

应纳税额＝应税消费品销售额×适用税率

（2）从量定额征收。是对应税消费品按数量单位确定税额，以应税消费品的销售数量为计税基础计算应纳税额，消费税不受应税消费品价格变动影响，适用于价格档次不多、波动不大的应税消费品。计算公式为：

应纳税额＝应税消费品销售数量×适用税额

（3）复合计征。是对应税消费品采用从价定率和从量定额的复合计税方法，消费税随应税消费品价格和数量的变动而变动。目前我国对卷烟和白酒采用复合征收办法。计算公式为：

应纳税额＝应税消费品销售额×适用税率＋应税消费品销售数量×适用税额

4．消费税的特点

（1）征收范围具有选择性。我国现行消费税设置了 14 个税目，并采用正列举的方法，未列举的则不属于消费税的征税范围。

（2）征税环节具有单一性。消费税是在应税消费品的生产环节一次性征收，之后的其他环节不再缴纳消费税。这样可以减少纳税人数量，降低税款征收费用和税源流失风险，并可以防止重复征税。

（3）平均税率水平高且税负差异大。平均税率是指全部应纳税额占全部应税对象数额的比率，消费税的平均税率水平较高。税率差异大是指消费税不同税目或同一税目下的不同子目，根据其用途、价格、产销情况等因素确定的税率相差幅度较大。

（4）征收方法具有灵活性。消费税可以根据应税消费品的具体情况，分别采用从价征收、从量征收或从价与从量复合征收的方法。

（5）税负具有转嫁性。消费税的纳税人是应税消费品的生产企业，赋税人是应税消费品的消费者。生产企业缴纳的消费税，通过价内税的形式计入应税消费品价格，随着产品销售实现税款的转嫁，最终是消费者负担了应税消费品在生产经营环节的全部支出。

5．消费税与增值税的联系与区别

（1）联系。对一般货物只征收增值税，对应税消费品既征收增值税，又征收消费税。

（2）相同点。由于消费税是对征收对象在征收增值税的基础上加征的一道税，因此，消费税和增值税的计税依据（销售额）定义相同、纳税期限相同、主管税务机关相同。

（3）不同点。

① 征收环节不同。消费税是单一环节征税，只在应税消费品的生产环节征收。增值税是多环节征税，在货物生产与流通的各个环节都征税。

② 计税方法不同。消费税计算方法简便，应纳税额等于销售金额或数量乘以消费税率计算。增值税采取税款抵扣方法，应纳税额等于按销售金额乘以增值税率计算的销项税额，减去外购的非增值项目已纳税额（即可抵扣的进项税额）后的余额。

③ 税款与计税价格的关系不同。消费税是价内税，应税消费品的计税价格包含消费税；增值税是价外税，货物计税价格不包含增值税。

④ 纳税地点不同。消费税是在应税消费品单一的生产环节征收，纳税地点是纳税人机构所在地或应税消费品的生产地。增值税是在货物生产经营的各环节连续征收，纳税地点是纳税人机构所在地或货物的销售地。

（二）消费税的纳税义务人

在我国境内生产、委托加工、进口应税消费品的单位和个人，都是消费税的纳税义务人。单位纳税人包括企业、行政单位、事业单位、军事单位、社会团体及其他单位；个人纳税人指个体工商户及其他个人。

（三）消费税的征税范围

消费税的征税范围分布于以下五个环节。

1. 生产应税消费品

消费税具有在应税消费品的生产环节一次性征收的特点，因此，生产企业销售应税消费品缴纳消费税后，应税消费品在流通各环节不需要缴纳消费税。

2. 委托加工应税消费品

委托加工应税消费品，是指委托方提供原料和主要材料，受托方只收取加工费和代垫部分辅助材料加工的应税消费品。该生产方式由委托方与受托方合作完成，委托方购买原材料并销售产品，承担应税消费品的经营风险的同时，也获取一定的销售收益；受托方发生应税消费品的加工费用，收取加工费收入。

委托加工应税消费品的纳税义务人是委托方，但由受托方于交货时履行代收代缴义务。委托加工应税消费品收回后直接出售的，不再需要缴纳消费税；收回后用于再加工成应税消费品销售的，其加工环节已缴纳的消费税可以扣减再加工成的应税消费品的消费税。

3. 进口应税消费品

单位和个人进口货物属于消费税征税范围的，在进口环节应缴纳消费税，由海关征收关税时，一并代征进口环节的增值税和消费税。

4. 零售应税消费品

指金银首饰、钻石及钻石饰品应纳消费税特别规定为在零售环节征收，不在生产环节征收。

5. 批发应税消费品

指在卷烟的批发环节加征一道从价税。自 2015 年 5 月 10 日起，卷烟批发环节从价税税率由 5%提高至 11%，并按 0.005 元/支加征从量税。

（四）税目与税率

我国现行的消费税有 14 个税目，有的税目还进一步划分为若干子目，税目税率见表 3-1。

表 3-1 消费税税目税率表

税 目	税 率
一、烟	
1. 卷烟(每标准条 200 支,每标准箱 250 条、50 000 支)	
(1) 甲类卷烟(每标准条调拨价格≥70 元)	56%加 0.003 元/支(生产环节)
(2) 乙类卷烟(每标准条调拨价格<70 元)	36%加 0.003 元/支(生产环节)
(3) 批发环节(自 2015 年 5 月 10 日起调整)	11%加 0.005 元/支
2. 雪茄烟	36%
3. 烟丝	30%
二、酒	
1. 白酒	20%加 0.5 元/500 克或者毫升
2. 黄酒	240 元/吨
3. 啤酒	
(1) 甲类啤酒	250 元/吨
(2) 乙类啤酒	220 元/吨
4. 其他酒	10%
三、化妆品	30%
四、贵重首饰及珠宝玉石	
1. 金银首饰、铂金首饰和钻石及钻石饰品	5%
2. 其他贵重首饰和珠宝玉石	10%
五、鞭炮、焰火	15%
六、成品油	
1. 无铅汽油	1.40 元/升
2. 柴油	1.10 元/升
3. 航空煤油	1.10 元/升
4. 石脑油	1.40 元/升
5. 溶剂油	1.40 元/升
6. 润滑油	1.40 元/升
7. 燃料油	1.10 元/升
七、汽车轮胎	3%
八、摩托车	
1. 气缸容量(排气量,下同)≤250 毫升	3%
2. 气缸容量>250 毫升	10%
九、小汽车	
1. 乘用车(气缸容量不同,税率不同)	
(1) 气缸容量≤1.0 升	1%
(2) 1.0 升<气缸容量≤1.5 升	3%
(3) 1.5 升<气缸容量≤2.0 升	5%
(4) 2.0 升<气缸容量≤2.5 升	9%
(5) 2.5 升<气缸容量≤3.0 升	12%
(6) 3.0 升<气缸容量≤4.0 升	25%
(7) 气缸容量>4.0 升	40%
2. 中轻型商用客车	5%

续表

税目	税率
十、高尔夫球及球具	10%
十一、高档手表(每只销售价格1万元以上,指不含税价格)	20%
十二、游艇	10%
十三、木制一次性筷子	5%
十四、实木地板	5%

(五)计税依据

1. 销售额的确定

(1) 一般规定。销售额的含义与第二章增值税法中的规定相同。

(2) 特殊规定。主要包括以下几种情况。

① 实行从价定率办法计算应纳税额的应税消费品,如果连同包装物一并销售的,无论包装物是否单独计价,也不论在会计上如何核算,均应并入应税消费品的销售额缴纳消费税。

② 如果包装物不随同产品销售,而是收取押金,则押金不应并入应税消费品的销售额计税。但对逾期未收回的包装物不再退还的押金或者已收取的时间超过12个月的押金,应并入应税消费品的销售额,按照应税消费品的适用税率缴纳消费税。

③ 对既作价随同应税消费品销售,又另外收取押金的包装物的押金,凡纳税人在规定的期限内没有退还的,均应并入纳税消费品的销售额,按照应税消费品的适用税率缴纳消费税。

④ 对酒类产品生产企业销售酒类产品(黄酒、啤酒除外)而收取的包装物押金,无论会计上如何核算,均应并入酒类产品销售额中,按酒类产品的适用税率征收消费税。

⑤ 纳税人销售的应税消费品,以外汇结算销售额的,折合人民币率可以选择结算当天或者当月1日的国家外汇牌价(原则上为中间价)。纳税人应在事先确定采取何种折合率,确定后1年内不得变更。

2. 销售数量的确定

销售数量是指纳税人生产、加工和进口应税消费品的数量。具体规定如下所述。

(1) 销售应税消费品的,为应税消费品的销售数量。

(2) 自产自用应税消费品的,为应税消费品的移送使用数量。

(3) 委托加工应税消费品的,为纳税人收回的应税消费品数量。

(4) 进口的应税消费品,为海关核定的应税消费品进口征税数量。

纳税人对应税消费品的计量单位与税法规定的税额单位不一致的,应按照统一的换算标准计算应税消费品的应税数量。换算标准见表3-2。

表 3-2　部分应税消费品计量单位吨、升换算表

序　　号	货 物 名 称	换 算 关 系
1	黄酒	1 吨＝962 升
2	啤酒	1 吨＝988 升
3	汽油	1 吨＝1 388 升
4	柴油	1 吨＝1 176 升
5	航空煤油	1 吨＝1 246 升
6	石脑油	1 吨＝1 385 升
7	溶剂油	1 吨＝1 282 升
8	润滑油	1 吨＝1 126 升
9	燃料油	1 吨＝1 015 升

3. 计税依据的特殊规定

(1) 纳税人通过自设非独立核算门市部销售的自产应税消费品，应当按照门市部对外销售额(不含增值税)或者销售数量计算消费税。

(2) 纳税人用于换取生产资料和消费资料，投资入股和抵偿债务等方面的应税消费品，应当以纳税人同类应税消费品的最高销售价格作为计税依据计算消费税。

(3) 纳税人兼营不同税率的应税消费品，应当分别核算不同税率应税消费品的销售额和销售数量；未分别核算的，或者将不同税率的应税消费品组成成套消费品销售的，从高适用税率。

(4) 酒类关联企业间的关联交易，不按照独立企业之间的业务往来作价的，按照下列方法调整其计税收入额：

① 按照独立企业之间进行相同或类似业务的价格；

② 按照再销售给无关联关系的第三者的价格；

③ 按照成本加合理的费用和利润计算的价格；

④ 按照其他合理的方法。

(5) 卷烟的计税价格为调拨价格或核定价格。

调拨价格，指国家烟草交易中心与各省烟草公司通过交易会确定的价格。

核定价格，指国家税务局对没有调拨价格的卷烟按照零售价倒推一定比例确定计税价格。

$$某牌号卷烟计税价格＝某牌号卷烟市场零售价格÷(1+35\%)$$

卷烟实际销售价格高于计税价格的，按实际销售价格计税；反之，则按计税价格计税。

非标准条包装的卷烟，应折算成标准条包装的卷烟，据以确定标准条的价格和适用的税率。

【例 3-1】 某卷烟厂某月生产销售非标准条卷烟 3 000 条，每条内装 100 支，每条不含税售价 38 元。计算销售该批卷烟应缴纳的消费税额。

将非标准条卷烟售价折算成标准条卷烟的售价，以确定适用税率。

每标准条卷烟的售价＝200×(38÷100)＝76(元)，适用比例税率 56％

应纳消费税额＝3 000×38×56％＋3 000×100×0.003＝64 740(元)

（六）应纳税额的计算

1. 生产应税消费品应纳消费税的计算

纳税人生产应税消费品应缴纳消费税，包括两种情况：一是对外销售应缴纳消费税；二是自产自用应缴纳消费税。

(1) 销售应税消费品应纳消费税的计算。根据应税消费品适用从价定率、从量定额或复合征税的具体情况，计算应纳消费税额。

【例 3-2】 某卷烟厂某月份的销售情况为：销售 A 卷烟 4 箱，每标准条价格 60 元，每箱销售价格 15 000 元；销售 B 卷烟 6 箱，每标准条价格 100 元，每箱销售价格 25 000 元。计算该月销售卷烟应缴纳的消费税额。

应纳消费税额＝4×15 000×36％＋4×150＋6×25 000×56％＋6×150

＝107 100(元)

(2) 自产自用应税消费品应纳消费税的计算。纳税人自产自用应税消费品，是指生产应税消费品后没有直接对外销售，而是用于自己连续生产应税消费品或用于其他方面。其应缴纳消费税的规定如下所述。

① 用于连续生产应税消费品的，只对最终销售的应税消费品计税，不对生产应税消费品所用的原材料应税消费品计税，体现税不重征且计税简便的原则。

例如，卷烟厂收购烟叶生产加工烟丝和卷烟销售，将加工的烟丝直接销售的，计算销售烟丝应缴纳的消费税；将加工的烟丝连续加工成卷烟销售的，计算销售卷烟应缴纳的消费税，不需要计算生产卷烟所用烟丝的消费税。

② 用于其他方面，是指将应税消费品用于对外销售和连续生产应税消费品以外的其他情况，包括用于生产非应税消费品、在建工程、管理部门、非生产机构、提供劳务，以及用于馈赠、赞助、集资、广告、样品、职工福利、奖励等方面。用于其他方面的，于移送使用时纳税。

③ 组成计税价格的确定。纳税人自产自用的应税消费品，凡用于其他方面的，应当按照当月生产同类消费品的销售价格计算纳税，如果当月同类消费品的销售价格高低不同，应按销售数量加权平均计算。

但销售价格有下列情况之一的，不得列入加权平均计算：一是销售价格明显偏低又无正当理由的；二是无销售价格的。

如果当月无销售或者当月未完结，应按照同类消费品上月或最近月份的销售价格计算纳税。

没有同类消费品销售价格的，按照组成计税价格计算纳税。

a. 实行从价定率办法计算纳税的，组成计税价格的计算公式是：

组成计税价格＝成本×(1＋成本利润率)÷(1－消费税率)

应纳税额＝组成计税价格×比例税率

b. 实行复合计税办法计算纳税的，组成计税价格的计算公式是：

组成计税价格=(成本+利润+自产自用数量×定额税率)÷(1-比例税率)

应纳税额=组成计税价格×比例税率+自产自用数量×定额税率

上述计算公式中,成本是指应税消费品的生产成本,成本利润率是指国家税务总局确定的应税消费品全国平均成本利润率(见表 3-3)。

表 3-3　应税消费品全国平均成本利润率

应税消费品名称	成本利润率(%)	应税消费品名称	成本利润率(%)
1. 甲类卷烟	10	11. 贵重首饰及珠宝玉石	6
2. 乙类卷烟	5	12. 汽车轮胎	5
3. 雪茄烟	5	13. 摩托车	6
4. 烟丝	5	14. 高尔夫球及球具	10
5. 粮食白酒	10	15. 高档手表	20
6. 薯类白酒	5	16. 游艇	10
7. 其他酒	5	17. 木制一次性筷子	5
8. 酒精	5	18. 实木地板	5
9. 化妆品	5	19. 乘用车	8
10. 鞭炮、烟火	5	20. 中轻型商用客车	5

【例 3-3】 某企业将自产的白酒 1 吨和啤酒 7 000 升发放给职工,啤酒适用的消费税额每吨 220 元。当月白酒的外销价格为:A 白酒每吨 8 752 元,销售数量 400 吨;B 白酒每吨 8 920 元,销售数量 100 吨。计算该企业发给职工上述白酒和啤酒应缴纳的消费税额。

当月白酒加权平均的销售价格=(400×8 752+100×8 920)÷(400+100)

=8 785.6(元)

自用白酒的消费税额=1×8 785.6×20%+1×2 000×0.5=2 757.12(元)

自用啤酒的消费税额=7 000÷988×220=1 558.7(元)

2. 委托加工应税消费品应纳消费税的计算

(1) 委托加工应税消费品的确定。委托加工应税消费品是指由委托方提供生产应税消费品所用的原材料,受托方收取加工费生产的应税消费品,应税消费品所用的辅助材料可以由委托方提供,也可以由受托方提供。

对于由受托方提供原材料生产的应税消费品,或者受托方先将原材料卖给委托方,然后再接受加工的应税消费品,以及由受托方以委托方名义购进原材料生产的应税消费品,不得作为委托加工应税消费品处理,而应当由受托方按照销售自制应税消费品缴纳消费税。

(2) 代收代缴税款的规定。对于确实属于委托加工应税消费品,税法规定,由受托方在向委托方交货时代收代缴消费税。受托方是法定的代收代缴义务人,应严格履行代收代缴义务,正确计算和按时解缴税款。如果受托方对委托加工的应税消费品没有代收代缴或少代收代缴消费税,应承担违反税法的法律责任;委托方并不能因此免除其补缴税款的责任。

如果纳税人委托个体经营者加工应税消费品，应由委托方收回应税消费品后向委托方所在地缴纳消费税。

(3) 应纳税额的计算。委托加工的应税消费品，按照受托方生产同类消费品的销售价格计算纳税，该销售价格与生产企业生产同类消费品的销售价格确定方法相同。

如果受托方没有生产同类消费品的销售价格，按照组成计税价格计算纳税，计算公式是：

从价计征：组成计税价格=(材料成本+加工费)÷(1-消费税率)

复合计征：组成计税价格=(材料成本+加工费+委托加工数量×定额税率)
÷(1-比例税率)

上述计算公式中，材料成本是指委托方所提供加工材料的实际成本，加工费是指受托方向委托方所收取的全部费用(包括代垫辅助材料的实际成本，但不包括增值税)。为了防止委托方与受托方假冒委托加工应税消费品的名义以及少报材料成本和加工费，逃避纳税的问题发生，税法规定委托加工应税消费品必须提供委托加工合同，并在委托加工合同上如实注明委托方提供的材料成本和受托方收取的全部费用，从而保证组成计税价格及代收代缴消费税的准确计算，也使受托方按加工费正确计算其应纳的增值税。

【例 3-4】 某单位委托一家化妆品生产企业加工一批化妆品，双方签订委托加工合同，合同中注明提供的原材料成本为 12 880 元，加工费 9 800 元，化妆品的消费税率 30%，假设该化妆品生产企业没有生产同类产品的市场销售价格。计算化妆品生产企业应代收代缴的消费税。

组成计税价格=(12 880+9 800)÷(1-30%)=32 400(元)

应纳消费税额=32 400×30=9 720(元)

(4) 一般纳税人生产、委托加工与受托加工应税消费品有关消费税与增值税的比较(见表 3-4)。

表 3-4 一般纳税人生产、委托加工与受托加工应税消费品有关消费税与增值税的比较

应税消费品	应缴增值税	应缴消费税
生产企业	① 是增值税纳税义务人 ② 进项税额=购进成本×增值税率 ③ 销项税额=销售额×增值税率 ④ 增值税额=销项税额-进项税额	① 是消费税纳税义务人 ② 消费税额=销售额×消费税率
委托加工企业	① 同生产企业 ② 进项税额=购进成本×增值税率+加工费支出×增值税率 ③ 同生产企业 ④ 同生产企业	① 是消费税纳税义务人，但受托方是代收代缴义务人 ② 消费税由受托方按其生产销售同类产品的销售额或组成计税价格计算
受托加工企业	① 同生产企业 ② 同生产企业 ③ 销项税额=加工费收入×增值税率 ④ 同生产企业	① 是消费税代收代缴义务人 ② 代收代缴消费税按本企业生产销售同类产品的销售额或组成计税价格计算

3. 进口应税消费品应纳消费税的计算

进口应税消费品，于报关进口时缴纳消费税，由海关代征。纳税人应当自海关填发税款缴款书之日起 15 日内缴纳税款。

进口应税消费品，按照组成计税价格和规定的税率计算应纳税额。

(1) 从价计征。

组成计税价格=(关税完税价格+关税)÷(1-消费税率)

应缴纳消费税=组成计税价格×消费税率

(2) 复合计征。

组成计税价格=(关税完税价格+关税+进口数量×单位税额)÷(1-比例税率)

应缴纳消费税=组成计税价格×比例税率+进口数量×单位税额

(3) 从量计征。

应缴纳消费税=进口数量×单位税额

【例 3-5】 某外贸公司 2015 年 4 月进口一批高档手表，已知该批进口手表的到岸价格 220 万元，适用的关税税率 30%，消费税率 20%。计算进口该批货物应缴纳的消费税额。

应缴纳关税=220×30%=66(万元)

组成计税价格=(220+66)÷(1-20%)=357.5(万元)

应纳消费税额=357.5×20%=71.5(万元)

4. 已纳消费税扣除的计算

为了避免重复征税，现行消费税政策规定，用某些外购应税消费品和委托加工收回的应税消费品再加工成应税消费品销售的，再加工后应税消费品应缴纳的消费税可以扣除已缴纳的消费税。准予扣除的范围包括：

(1) 以外购或委托加工的已税烟丝为原料生产的卷烟；

(2) 以外购或委托加工的已税化妆品为原料生产的化妆品；

(3) 以外购或委托加工的已税珠宝玉石为原料生产的贵重首饰及珠宝玉石；

(4) 以外购或委托加工的已税鞭炮焰火为原料生产的鞭炮焰火；

(5) 以外购或委托加工的已税杆身、杆头和握把为原料生产的高尔夫球杆；

(6) 以外购或委托加工的已税木制一次性筷子为原料生产的木制一次性筷子；

(7) 以外购或委托加工的已税实木地板为原料生产的实木地板；

(8) 以外购或委托加工的已税汽油、柴油为原料生产的甲醇汽油、生物柴油；

(9) 以外购或委托加工的已税润滑油为原料生产的润滑油；

(10) 以外购或委托加工的已税汽车轮胎生产的汽车轮胎；

(11) 以外购或委托加工的已税摩托车生产的摩托车；

(12) 以外购或委托加工的已税石脑油、燃料油为原料生产的应税消费品。

纳税人以未列举到的应税消费品为原材料再加工成应税消费品销售的，再加工后应税消费品应缴纳消费税不得扣除已缴纳的消费税，例如酒、小汽车、高档手表、游艇等。

纳税人用外购的或委托加工的已税珠宝玉石生产的改在零售环节征收消费税的金银首饰(镶嵌首饰)，在计税时一律不得扣除外购或委托加工珠宝玉石的已纳税款。

准予扣除税额,按当期生产领用已税消费品的数量计算。

① 准予扣除的外购应税消费品已纳税额=生产领用外购应税消费品的买价×适用税率

生产领用外购应税消费品的买价=期初库存的外购应税消费品买价+当期购进的应税消费品买价-期末库存的外购应税消费品买价

② 准予扣除的委托加工应税消费品已纳税额=期初库存的委托加工应税消费品已纳税额+当期收回的委托加工应税消费品已纳税额-期末库存的委托加工应税消费品已纳税额

【例 3-6】 某卷烟厂外购烟丝生产卷烟,某月烟丝月初库存 20 万元,外购 50 万元,月末库存 10 万元;当月销售卷烟 40 标准箱,每标准条销售价格 60 元。计算当月应缴纳的消费税额。

当月生产领用烟丝可扣除的消费税=(20+50-10)×30%=18(万元)

应纳消费税额=40×250×60×36%+40×50 000×0.003-180 000=42 000(元)

5. 税额减征的计算

消费税一般不予减免。现行政策对达到低污染排放值的小轿车、越野车和小客车减征 30%的消费税。

(七) 出口应税消费品退(免)税

对出口应税消费品应退(免)消费税的规定主要有:生产企业自营出口或委托外贸企业代理出口自产的应税消费品,免征消费税;外贸企业购进应税消费品直接出口和受其他外贸企业委托代理出口应税消费品,依据实际出口数量退还已缴纳的消费税。其他企业购进应税消费品出口,实行不免税不退税政策。

(1) 从价计征的退税。

应退消费税额=出口货物的工厂销售额(即外贸企业的购进额)×消费税率

(2) 从量计征的退税。

应退消费税额=出口数量×单位税额

(3) 复合计征的退税。

应退消费税额=出口货物的工厂销售额(即外贸企业购进额)×比例税率+出口数量×单位税额

【例 3-7】 某外贸公司从某酒厂购进 10 000 斤白酒,价款 50 万元(不含增值税),当月出口 60%。计算外贸公司该月出口白酒的消费税退税额。

应退消费税额=(500 000×20%+10 000×0.5)×60%=63 000(元)

(八) 征收管理

1. 纳税义务发生时间与纳税期限

由于消费税是对应税消费品在征收增值税的基础上加征的一道税,因此,对消费税的纳税义务发生时间、纳税期限、缴纳税款的期限与增值税的规定相同。

2. 纳税地点

(1) 纳税人销售以及自产自用应税消费品，除国家另有规定外，应当向纳税人机构所在地或居住地主管税务机关申报纳税。

(2) 委托个人加工应税消费品，由委托方向其机构所在地或者居住地主管税务机关申报纳税；除此之外，由受托方向所在地主管税务机关代收代缴消费税。

(3) 进口应税消费品，由进口人或者其代理人向报关地海关申报纳税。

(4) 纳税人到外县(市)销售或委托外县(市)代销自产的应税消费品，于应税消费品销售后，向其机构所在地或者居住地主管税务机关申报纳税。

纳税人的总机构与分支机构不在同一县(市)的，应分别向各自机构所在地缴纳消费税；经批准，可由总机构汇总向总机构所在地主管税务机关申报纳税。

(5) 纳税人销售应税消费品，如因质量等原因由购买者退回时，经所在地主管税务机关审核批准后，可退还已征收的消费税税款，但不能自行直接抵减应纳税款。

3. 纳税申报

消费税纳税人应按有关规定及时办理纳税申报，并应如实填写《消费税纳税申报表》。

三、重点与难点

【重点】 消费税的税目与税率；消费税的纳税义务人；应纳消费税的计算方法；出口应税消费品退(免)税的规定；消费税的征收管理。

【难点】 消费税与增值税的联系与区别；应税消费品的生产企业、委托加工企业与受托加工企业应纳增值税与消费税的异同；生产、委托加工和进口应税消费品应纳消费税的具体计算。

四、基础练习

(一) 判断题

1. 消费税是对纳税人生产应税消费品，在征收增值税的基础上，再征收的一道税。 ( )

2. 生产应税消费品的企业，应缴纳消费税，不应再缴纳增值税。 ( )

3. 生产酒类产品(黄酒、啤酒除外)的企业，销售酒类产品时收取包装物押金，不论包装物是否退还，都应将其计入酒类产品的销售额计算消费税。 ( )

4. 卷烟生产企业的实际销售价格高于计税价格和核定价格的，应按实际销售价格计算消费税；反之，应按计税价格或核定价格计算消费税。 ( )

5. 纳税人用应税消费品换取生产资料、消费资料、投资入股或抵偿债务的，应当以纳税人同类应税消费品的加权平均销售价格作为计税价格。 ( )

6. 所有应税消费品生产所用的外购原材料或委托加工材料为应税消费品的，产品应纳消费税可以扣除材料已纳消费税。 ( )

7. 应税消费品的销售额包括属于销售方所有的、向购货方收取的各种名义的价款和价外费用。 ( )

8. 纳税人通过自设非独立核算门市部销售自产的应税消费品，应当按照门市部对外销售额或销售数量计算消费税。 （　　）

9. 委托加工的应税消费品，应由受托方在向委托方交付货物时代收代缴消费税。 （　　）

10. 委托方将委托加工收回的应税消费品直接出售的，不再缴纳消费税。 （　　）

11. 消费税的纳税环节是在应税消费品的零售环节。 （　　）

12. 消费税的纳税义务人也是增值税的纳税义务人。 （　　）

13. 将不同税率的应税消费品组成成套消费品出售的，从高适用税率。 （　　）

（二）单项选择题

1. 一般纳税人生产的应税消费品，销售额中（　　）。

A. 含增值税，含消费税　　B. 不含增值税，不含消费税

C. 不含增值税，含消费税　　D. 含增值税，不含消费税

2. 用外购或委托加工收回的应税消费品连续生产应税消费品应缴的消费税，可以扣除应税消费品已缴的消费税，扣除时间是（　　）。

A. 外购或委托加工收回应税消费品的当月

B. 生产领用外购或委托加工收回应税消费品的当月

C. 用外购或委托加工收回应税消费品连续生产应税消费品完工的当月

D. 连续生产的应税消费品销售的当月

3. 委托加工化妆品，受托方没有同类产品的销售价格，需按组成计税价格计算消费税，其组成计税价格为（　　）。

A. (材料成本＋加工费)÷(1－消费税率)

B. 材料成本×(1＋成本利润率)÷(1－消费税率)

C. (材料成本＋加工费)÷(1＋消费税率)

D. 材料成本×(1＋成本利润率)÷(1＋消费税率)

4. 委托加工应税消费品由受托方代收代缴消费税的时间为向委托方（　　）。

A. 交货时　　B. 收取原材料时

C. 收取加工费用时　　D. 双方签订加工合同时

（三）多项选择题

1. 下列应税消费品适用复合税率的有（　　）。

A. 卷烟　　B. 白酒　　C. 啤酒　　D. 汽油

2. 生产企业销售应税消费品（酒类产品除外）所用的包装物，下列说法正确的是（　　）。

A. 包装物随同应税消费品销售的，其收入应并入应税消费品的销售额

B. 收取包装物押金的，若押金单独核算又未逾期，则押金不应并入应税消费品的销售额

C. 包装物逾期未收回不再退还的押金，应并入应税消费品的销售额

D. 收取包装物押金1年以上的，应并入应税消费品的销售额

3. 用已税消费品连续生产应税消费品，应缴消费税可以扣除已缴消费税的规定，不适用于(　　)。

A. 酒及酒精　　B. 小汽车　　C. 高档手表　　D. 游艇

4. 关于存货的期初数额、期末数额、本期增加、本期减少之间的关系，可表述为(　　)。

A. 期初数额＋本期增加－本期减少＝期末数额

B. 期初数额＋本期增加－期末数额＝本期减少

C. 期末数额＋本期减少－本期增加＝期初数额

D. 期末数额＋本期减少－期初数额＝本期增加

(四) 计算题

1. 资料：某卷烟厂以外购烟丝加工成卷烟出售，某月购进烟丝185 000元，销售卷烟标准箱30箱(7 500条)，烟丝消费税率30%。

(1) 某月生产领用烟丝162 000元，卷烟销售价格每条80元，销售额60万元，已开具增值税专用发票。

(2) 某月月初库存烟丝135 000元，月末库存烟丝150 000元，卷烟销售价格每条40元，销售额300 000元，已开具增值税专用发票。

要求：分别计算以上两种情况该卷烟厂应缴纳的消费税额。

2. 资料：某企业生产粮食白酒，某月产销业务如下：

(1) 生产白酒800公斤，每公斤生产成本75元，销售单价100元；

(2) 销售白酒315公斤，销售额31 500元，酒坛随同白酒销售，价款2 650元，一并开具了增值税专用发票；

(3) 非独立核算门市部销售白酒56公斤，销售额6 552元，酒坛不随同销售，收取押金2 000元，一并开具了普通发票。

要求：根据以上业务计算该企业本期应缴纳的消费税额。

3. 资料：某企业委托某酒厂生产粮食白酒16吨。

(1) 若酒厂当月销售粮食白酒的价格为2 800元/吨。

(2) 若酒厂无外销粮食白酒的价格，委托加工的原材料成本18 000元，酒厂收取加工费9 600元。

要求：分别计算以上两种情况酒厂应代收代缴的消费税额。

4. 资料：甲企业委托某化工厂加工化妆品一批，提供原材料成本4 550元，支付加工费1 400元，取得化工厂开具的增值税专用发票。

要求：

(1) 计算化工厂应代收代缴的消费税。

(2) 计算化工厂提供加工劳务收入的销项税额。

5. 资料：某企业委托某酒厂加工高度白酒，收回后勾兑降度出售，某月发生如下经济业务。

(1) 向酒厂提供原材料19 100元，支付加工费8 000元，取得酒厂开具的增值税专用发票,收回加工的高度白酒 1 500 公斤。

(2) 直接出售加工收回的高度白酒 600 公斤,每公斤销售价格 40 元,开具增值税专用发票。

(3) 用 800 公斤高度白酒勾兑制成 1 200 公斤的低度白酒,该月全部销售,销售额 35 000元,开具增值税专用发票。

要求:

(1) 计算酒厂代收代缴的消费税额。

(2) 计算企业委托加工白酒的总成本。

(3) 分析指出直接出售委托加工的白酒,是否还应缴纳消费税?

(4) 计算销售低度白酒应缴纳的消费税额。

6. 资料:某炼油厂某月销售无铅汽油 2 430 吨,柴油 1 840 吨,本厂各种车辆自用汽油 5 吨、柴油 10 吨。汽油的消费税额为 1.4 元/升(1 吨=1 288 升),柴油的消费税额为 1.1 元/升(1 吨=1 176 升)。

要求:计算该炼油厂本期应缴纳的消费税额。

7. 资料:橡胶厂某月发生以下销售业务,轮胎消费税率为 3%。

(1) 销售汽车轮胎,开具增值税专用发票,销售额 120 万元;

(2) 销售农用拖拉机轮胎,开具普通发票,销售额 40 万元;

(3) 将成本为 60 万元的汽车轮胎调拨给统一核算的门市部,门市部当月零售收入 39.78 万元。

要求:计算该橡胶厂本月销售业务的销项税额与应缴纳的增值税额。

8. 资料:某外贸公司购进焰火 500 箱,每箱出厂价格 6 000 元(不含增值税),焰火消费税率 15%;该批焰火已全部销往中国香港,每箱销售价格 7 800 元。

要求:计算该公司应收消费税退税额。

9. 资料:某摩托车厂生产气缸容量在 250 毫升以上的摩托车,某月生产 15 000 辆,销售 12 000 辆,每辆销售价格 2 400 元;生产电动自行车 5 000 辆,销售 2 000 辆,每辆销售价格 1 000 元。

要求:计算该摩托车厂本期应缴纳的消费税额。

10. 资料:某酒吧销售自制啤酒和外购啤酒,本月销售自制甲类啤酒 0.95 吨,价款总计 8 600 元;销售外购听装啤酒,零售价款 5 200 元。

要求:计算该酒吧本期应缴纳的消费税额。

11. 资料:某进出口公司某月进口卷烟 800 箱,每箱到岸价格 1 万元,关税税率 20%,增值税率 17%。

要求:根据以上业务,分别计算该公司进口卷烟应缴纳的关税、消费税和增值税额。

12. 资料:某汽车制造厂专门生产中型商用客车,适用消费税率 5%。某月发生如下经济业务:

(1) 销售 30 辆,销售额 1 500 万元,均开具了增值税专用发票;

(2) 向某大赛组委会无偿赠送 2 辆;

(3) 接受委托加工汽车零配件一批,收取加工费和代垫辅助材料费用共计 8 万元,开

具了增值税专用发票；

(4) 接受委托加工汽车 1 辆，收取加工费 18 万元，开具了增值税专用发票，该厂同类汽车的销售价格 50 万元；

(5) 外购货物取得增值税专用发票，进项税额总计 270 万元。

要求：根据以上业务，分别计算该企业本期应缴纳的增值税、消费税和应代收代缴的消费税额。

五、复习思考题

1. 我国消费税的税目和税率有哪些？

2. 我国消费税的纳税义务人包括哪些？

3. 不同应税行为应纳消费税额怎样计算？

4. 用外购或委托加工收回的已税消费品连续生产应税消费品，可以扣除的已纳消费税怎样计算？

5. 消费税出口退税额怎样计算？

6. 应税消费品的生产企业、委托加工企业与受托加工企业，有关增值税与消费税的纳税义务及具体计算？

7. 增值税与消费税的异同及两者之间的联系？

六、知识拓展阅读

国外的烟草税

自 2015 年 5 月 10 日起，我国卷烟消费税时隔 6 年再次上调。卷烟批发环节从价税税率由 5%提至 11%，同时增收每 10 支 5 分的从量税。世界卫生组织曾提议，中国应将烟草税提至卷烟零售价的 70%，而不是目前的 40%左右。相比之下，许多国家的烟草税都比中国高。

法国的烟税比重 80%。法国是欧盟中的"烟民大国"。据法国控烟办网站介绍，法国共有 1 600 万烟民，约占总人口的 1/4。18～34 岁人群约一半的人吸烟，15～19 岁年轻人中约 1/3 吸烟。女性烟民中，20～25 岁女性有 46%的人吸烟。为加大控烟力度，法国卷烟价格不断攀升，2004 年一包 20 支装的卷烟平均价格为 5 欧元，而 2014 年已经涨到 6.8 欧元(约合人民币 47 元)。据法国"不吸烟者权利"协会介绍，这 6.8 欧元中有 4.3 欧元属于消费税，约占售价 63%；增值税 1.11 欧元，占 16.39%。税收比重高达 80%。

美国的烟民要交三层税。美国的烟草共要缴联邦、州、地方三层税。目前，联邦税是每包 1.01 美元；州税则各有不同，从密苏里州的 17 美分到纽约州的 4.35 美元不等；还有些地方城市会加征烟税，比如纽约市要在联邦税与州税基础上再征 1 美元税。算下来，在纽约市售价一包 13 美元的万宝路，光税就要 6.36 美元。据美国烟草集团菲利普·莫里斯公司估算，目前美国烟草税占每包烟零售价的 56.6%。

日本的所有商品烟税最高。烟是日本税率最高的商品，高达零售价的 64.5%。为了让更多的人戒烟，日本政府也在不断增加烟草税。在日本街头的自动贩卖机和超市最常

见的几种烟,每包价格 400 多日元(约合人民币 21 元)。

新加坡的烟税。新加坡烟价很高,一般的烟税后零售价 10 新元(约合人民币 46.69 元)。新加坡关税局规定,所有在新加坡销售的卷烟必须有完税标识及竖线标记;在新加坡买卖、拥有及吸食不带完税标识的卷烟属于违法,如被发现拥有一包不带完税标识的卷烟,违法者会被罚款 500 新元(约合人民币 2 334.4 元)。

(资料来源:春城晚报,2015-05-12.)

第四章

营业税法

一、学习目标

【了解】营业税的纳税义务人与扣缴义务人；营业税的税目与税率。

【理解】营业税的概念及特点；营业税的税收优惠；特殊经营行为的税务处理。

【掌握】营业税各税目的计税依据；各税目计算应纳税额的方法。

二、学习要点与内容提要

（一）营业税的概念及其特点

营业税是以在我国境内提供应税劳务、转让无形资产（不包括营改增中转让商标权、转让著作权、转让专利权、转让非专利技术，下同）和销售不动产所取得的营业额为课税对象征收的一种税。营业税属于流转税，税收收入是地方财政收入的主要来源，由地方税务机关征收。营业税具有以下特点。

(1) 征税范围广、税源普遍。营业税的征税范围包括在我国境内提供应税劳务、转让无形资产和销售不动产的经营行为。征税范围包括增值税征收范围以外的所有经营性行为，其应税劳务包括建筑安装业、金融保险业、文化体育业、服务业及娱乐业，应税项目包括不动产和无形资产。征税范围具有广泛性和普遍性。

(2) 以营业额为计税依据，实行比例税率，计算方法简便。营业税的计税依据为营业额，包括提供各种应税劳务的收入额、转让无形资产的收入额和销售不动产的收入额。营业税实行比例税率，计征方法简便，有利于降低征收费用，提高征税效率。

(3) 按行业划分税目，但税率差异不大，税负比较均衡。营业税按照不同经营行业设计不同的税目税率，大部分税目实行3%、5%的税率，各行业税率相差不大，税负基本均衡。

（二）营业税税目与税率

我国现行的营业税税目包括7个行业和两个应税项目，具体税目、税率见表4-1。

表 4-1 营业税的税目、税率

序　　号	税　　目	税率(%)
1	建筑业	3
2	金融保险业	5
3	文化体育业	3
4	娱乐业	5～20
5	服务业	5
6	转让无形资产	5
7	销售不动产	5

1. 建筑业

建筑业是指建筑安装工程作业，包括建筑、安装、修缮、装饰和其他工程作业等内容。

(1) 建筑，是指新建、改建、扩建各种建筑物、构筑物的工程作业。自建自用建筑物，出租或投资入股的自建建筑物，不属于建筑业的征税范围。

(2) 安装，是指生产、动力、起重、运输及其他各种设备的装配、安置工程作业。

(3) 修缮，是指对建筑物、构筑物进行修补、加固、养护、改善，使之恢复原来的使用价值或延长其使用期限的工程作业。

(4) 装饰，是指对建筑物、构筑物进行修饰，使之美观或具有特定用途的工程作业。

(5) 其他工程作业，是指除建筑、安装、修缮、装饰工程作业以外的各种工程作业，例如提供电信工程、水利工程、道路修建、拆除建筑物、爆破等工程作业。

(6) 管道煤气工程建设和技术改造业务。

(7) 纳税人提供的矿山爆破、穿孔、表面附着物(包括岩层、土层、沙层等)剥离和清理劳务，以及矿井、巷道构筑劳务，属于营业税应税劳务，应当缴纳营业税。

2. 金融保险业

金融保险业是指经营金融、保险的业务。

(1) 金融，是指经营货币资金融通活动的业务，包括贷款、金融商品转让、金融经纪业和其他金融业务。

① 贷款，是指将资金有偿贷与他人使用(包括贴现、押汇方式)的业务。以货币资金投资但收取固定利润或保底利润的行为，也属于这里所称的贷款业务。

贷款按资金来源不同，分为外汇转贷业务和一般贷款业务两种。

外汇转贷业务是指金融企业直接从境外借入外汇资金，然后贷给国内的单位或个人；各银行总行从境外借入外汇资金后，通过下属分支机构贷给国内的单位或个人，也属于外汇转贷业务。

一般贷款业务是指除外汇转贷以外的各种贷款。

② 金融商品转让，是指转让外汇、有价证券或非货物期货的所有权的行为，包括股票转让、债券转让、外汇转让、其他金融商品转让。

③ 金融经纪业务和其他金融业务，指受托代他人经营金融活动的中间业务，如委托

业务、代理业务、咨询业务等。

（2）保险，是指将通过契约形式集中起来的资金，用以补偿被保险人的经济利益的活动。

3. 文化体育业（不包括营改增中的文化创意服务）

文化体育业是指经营文化、体育活动的业务，包括文化业和体育业。

（1）文化业，是指经营文化活动的业务，包括表演、经营游览场所和各种展览、培训活动，举办文学、艺术、科技讲座、讲演、报告会，图书馆的图书和资料的借阅业务等。

（2）体育业，是指举办各种体育比赛和为体育比赛或体育活动提供场所的业务。

4. 娱乐业

娱乐业。是指为娱乐活动提供场所和服务的业务，包括经营歌厅、舞厅、卡拉OK歌舞厅、音乐茶座、台球、高尔夫球、保龄球场、网吧、游艺场等娱乐场所，以及娱乐场所为顾客进行娱乐活动提供服务的业务。娱乐场所为顾客提供的饮食服务及其他各种服务也按照娱乐业征税。

5. 服务业（不包括营改增中的应税服务）

服务业，是指利用设备、工具、场所、信息或技能为社会提供服务的业务，包括代理业、旅店业、饮食业、旅游业、租赁业和其他服务业（注：仓储业和广告业及有形动产的经营租赁，已纳入营改增）。

6. 转让无形资产

转让无形资产，是指转让无形资产的所有权或使用权的行为，包括转让土地使用权、自然资源使用权等（不包括营改增中的转让商标权、转让著作权、转让专利权、转让非专利技术，下同）。

7. 销售不动产

销售不动产，是指有偿转让不动产所有权的行为。包括销售建筑物、构筑物及其他土地附着物。在销售不动产时连同不动产所占用土地的使用权一并转让的行为，比照销售不动产征收营业税。

以无形资产或不动产投资入股，参与接受投资方利润分配、共同承担投资风险的行为，不征收营业税。在投资后转让其股权的也不征收营业税。

将不动产或土地使用权无偿赠予其他单位或者个人，自建建筑物后销售，均视同发生应税行为，按规定征收营业税。

（三）营业税的纳税义务人与扣缴义务人

1. 营业税的纳税义务人

（1）一般规定。在我国境内提供应税劳务、转让无形资产或者销售不动产的单位和个人，为营业税的纳税义务人。具体情况如下所述。

单位，是指企业、行政单位、事业单位、军事单位、社会团体及其他单位；个人是指个体工商户以及其他有经营行为的个人。

境内，是指提供或接受应税劳务的单位和个人在境内；所转让的无形资产的接受单位或个人在境内；销售或出租的不动产在境内。

（2）特殊规定。单位以承包、承租、挂靠方式经营的，承包人、承租人、挂靠人（以下统称承包人）发生应税行为，承包人以发包人、出租人、被挂靠人（以下统称发包人）名义对外经营并由发包人承担相关法律责任的，以发包人为纳税人；否则以承包人为纳税人。

建筑安装业务实行分包或转包的，分包或转包者为纳税人，总承包人为扣缴义务人。

金融保险业纳税人包括：银行（包括人民银行、商业银行、政策性银行）；信用合作社；证券公司；金融租赁公司、证券基金管理公司、财务公司、信托投资公司、证券投资基金；保险公司；其他经中国人民银行、中国证券监督管理委员会、中国保险业监督管理委员会批准成立且经营金融保险业务的机构等。

2. 营业税的扣缴义务人

为了保证税款及时足额筹集，对某些税款难以向纳税人征收的情况，规定了扣缴义务人。主要有以下六种。

（1）委托金融机构发放贷款的，其应纳税款以受托发放贷款的金融机构为扣缴义务人；金融机构接受其他单位或个人的委托，为其办理委托贷款业务时，如果将委托方的资金转给经办机构，由经办机构将资金贷给使用单位或个人，由最终将贷款发放给使用单位或个人并取得贷款利息的经办机构代扣委托方应纳的营业税。

（2）纳税人提供建筑业应税劳务，实行总承包、分包方式的，其总承包人为扣缴义务人。从事跨地区（包括省、市、县，下同）工程的、在劳务发生地没有办理税务登记的，建设单位和个人为营业税的扣缴义务人。

（3）境外单位或者个人在境内发生应税行为而在境内未设有机构的，其代理人为扣缴义务人。没有代理人的，以受让者或者购买者为扣缴义务人。

（4）单位或者个人进行演出，由他人售票的，以售票者为扣缴义务人；演出经纪人为个人的，其办理演出业务的应纳税款也以售票者为扣缴义务人。

（5）分保险业务，其应纳税款以初保人为扣缴义务人。

（6）财政部规定的其他扣缴义务人。

（四）营业税的计税依据

1. 一般规定

营业税的计税依据是营业额。营业额为纳税人提供应税劳务、转让无形资产或者销售不动产向对方收取的全部价款和价外费用。

价外费用包括向对方收取的手续费、补贴、基金、集资费、返还利润、奖励费、违约金、滞纳金、延期付款利息、赔偿金、代收款项、代垫款项、罚息及其他各种性质的价外收费。但不包括同时符合以下条件代为收取的政府性基金或者行政事业性收费。

（1）由国务院或者财政部批准设立的政府性基金；由国务院或者省级人民政府及其财政、价格主管部门批准设立的行政事业性收费。

（2）收取时开具省级以上财政部门印制的财政票据。

（3）所收款项全部上缴财政。

2. 具体规定

（1）建筑业。建筑业的总承包人将工程分包或者转包给他人，以工程的全部承包额

减去付给分包人或者转包人的价款后的余额为营业额。

纳税人提供建筑业劳务(不含装饰劳务)的,营业额应当包括工程所用原材料、设备及其他物资和动力价款在内,但不包括建设方提供的设备的价款。从事安装工程作业,安装设备价值作为安装工程产值的,营业额包括设备的价款。如果设备由发包方提供,承包方只提供安装劳务,营业额不包括设备的价款;如果设备由承包方提供,与安装劳务一并收款,营业额应包括设备的价款。

纳税人自建房屋对外销售的,应按建筑业和销售不动产两个税目缴纳营业税。

纳税人自建自用的房屋,不缴纳上述营业税。

将不动产无偿赠予他人,视同销售行为,按主管税务机关规定的顺序确定营业额。

纳税人受托进行建筑物拆除、平整土地并代委托方向原土地使用权人支付拆迁补偿费的过程中,其提供建筑物拆除、平整土地劳务取得的收入应按照"建筑业"税目缴纳营业税;其代委托方向原土地使用权人支付拆迁补偿费的行为属于"服务业——代理业"行为,应以提供代理劳务取得的全部收入减去其代委托方支付的拆迁补偿费后的余额为营业额计算缴纳营业税。

(2) 金融保险业。

① 一般贷款业务和外汇转贷业务的营业额为贷款利息收入(包括各种加息、罚息等)。

② 外汇、有价证券、期货等金融商品买卖业务,以卖出价减去买入价后的余额为营业额。卖出价是指卖出原价,不得扣除卖出过程中支付的各种费用和税金。买入价是指购进原价,不包括购进过程中支付的各种费用和税金,但买入价应依照财务会计制度规定,以股票、债券的购入价减去持有期间取得的股票、债券红利收入。

自 2013 年 12 月 1 日起,纳税人从事金融商品转让业务,不再按股票、债券、外汇、其他四大类来划分,统一归为"金融商品",不同品种金融商品买卖出现的正负差,在同一纳税期内可以相抵,按盈亏相抵后的余额为营业额计算缴纳营业税。若相抵后仍出现负差的,可结转下一个纳税期相抵,但在年末仍出现负差的,不得结转下一会计年度。

③ 金融经纪业务和其他金融业务(中间业务)营业额为手续费(佣金)类的全部收入。例如代收电话费、水电煤气费、信息费、交通违章罚款、税款等,以全部收入减去支付给委托方价款后的余额为营业额。

④ 保险业务营业额。包括如下内容。

办理初保业务的,营业额为向被保险人收取的全部保险费。

储金业务(即以被保险人所交保险资金的利息作为保费收入,保险期满后将保险资金本金返还被保险人),营业额为纳税人在纳税期内的储金平均余额乘以中国人民银行公布的 1 年期存款的月利率。储金平均余额为纳税期期初储金余额与期末余额的平均数。

保险企业已征收过营业税的应收未收保费,凡在财务会计制度规定的核算期限内未收回的,允许从营业额中减除。在会计核算期限以后收回的已冲减的应收未收保费,再并入当期营业额中。

保险企业开展无赔偿奖励业务的,以向投保人实际收取的保费为营业额。

境内的保险人将其承保的以境内标的物为保险标的的保险业务向境外再保险人办理分保的,以全部保费收入减去分保保费后的余额为营业额。境外再保险人应就其分保收入承担营业税纳税义务，并由境内保险人扣缴境外再保险人应缴纳的营业税。

（3）文化体育业。单位或个人进行演出，以全部票价收入或者包场收入减去付给提供演出场所的单位、演出公司或者经纪人的费用后的余额为营业额。其他经营、举办文化体育活动的收入应当全额征税。

（4）娱乐业。娱乐业的营业额为经营娱乐业收取的全部价款和价外费用，包括门票收费、台位费、点歌费、烟酒、饮料、茶水、鲜花、小吃等收费及经营娱乐业的其他各项收费。

（5）服务业。代理业以纳税人从事代理业务向委托方实际收取的报酬为营业额。

计算机福利彩票投注点代销福利彩票取得的任何形式的手续费收入，应照章征收营业税。

拍卖行向委托方收取的手续费，应照章征收营业税。

旅游企业组织旅游团到中华人民共和国境外旅游，在境外改由其他旅游企业接团，以全程旅游费减去付给该接团企业的旅游费后的余额为营业额。

从事旅游业务的，以其取得的全部价款和价外费用扣除替旅游者支付给其他单位或者个人的住宿费、餐费、交通费、旅游景点门票和支付给其他接团企业的旅游费后的余额为营业额。

在旅游景区经营旅游游船、观光电梯、观光电车、景区环保客运车所取得的收入，应按“服务业——旅游业”征收营业税。

单位和个人在旅游景区兼有不同税目应税行为并采取“一票制”收费方式的，应当分别核算不同税目的营业额；未分别核算或核算不清的，从高适用税率。

从事物业管理的单位，以与物业管理有关的全部收入减去代业主支付的水、电、燃气以及代承租者支付的水、电、燃气、房屋租金的价款后的余额为营业额。

派出本单位员工赴境外为境外企业提供劳务取得的各项收入，不征营业税。

（6）销售购置的不动产或转让土地使用权。销售购置的不动产或转让受让的土地使用权，以全部收入减去不动产购置或土地使用权受让原价后的余额为营业额。

销售或转让抵债所得的不动产、土地使用权的，以全部收入减去抵债时该项不动产或土地使用权作价后的余额为营业额。

个人将购买不足5年的住房对外销售的，全额征收营业税；个人将购买超过5年（含5年）的非普通住房对外销售的，按照其销售收入减去购买房屋的价款后的差额征收营业税；个人将购买超过5年（含5年）的普通住房对外销售的，免征营业税。

（7）视同发生应税行为无营业额。提供劳务、转让无形资产或销售不动产价格明显偏低而无正当理由的，或者视同发生应税行为而无营业额；税务机关按下列顺序核定其营业额：

① 按纳税人最近时期发生同类应税行为的平均价格核定；

② 按其他纳税人最近时期发生同类应税行为的平均价格核定；

③ 按下列公式核定：

$$营业额=营业成本或工程成本\times(1+成本利润率)\div(1-营业税税率)$$

公式中的成本利润率，由省、自治区、直辖市地方税务局确定。

（8）营业额的其他规定。纳税人计算缴纳营业税后发生退款的，应当减除营业额，退

还已缴纳营业税税款或者从以后的应纳税额中减除。

纳税人发生应税行为，如果将价款与折扣额在同一张发票上注明的，以折扣后的价款为营业额；如果将折扣额另开发票的，不论其在财务上如何处理，均不得从营业额中减除。

纳税人提供应税劳务、转让无形资产和销售不动产时，因受让方违约而从受让方取得的赔偿金收入，应并入营业额征收营业税。

因财务会计核算办法改变，将已缴纳过营业税的预收性质的价款逐期转为营业收入时，允许从营业额中减除。

劳务公司接受用工单位的委托，为其安排劳动力，凡用工单位将其应支付给劳动力的工资和为劳动力上交的社会保险（包括养老保险金、医疗保险、失业保险、工伤保险等，下同）以及住房公积金统一交给劳务公司代为发放或办理的，以劳务公司从用工单位收取的全部价款减去代收转付给劳动力的工资和为劳动力办理社会保险及住房公积金后的余额为营业额。

自 2004 年 12 月 1 日起，营业税纳税人购置税控收款机，经主管税务机关审核批准后，可凭购进税控收款机取得的增值税专用发票，按照发票上注明的增值税税额，抵免当期应纳营业税税额；或者按照购进税控收款机取得的普通发票上注明的价款，根据下列公式计算可抵免税额：

$$可抵免税额=价款\div(1+17\%)\times17\%$$

纳税人提供应税劳务向对方收取的全部价款和价外费用，按相关规定可以扣除部分金额后确定营业额的，其扣除的金额应提供下列相关的合法有效凭证。

① 支付给境内单位或者个人的款项，且该单位或者个人发生的行为属于营业税或者增值税征收范围的，以该单位或者个人开具的发票为合法有效凭证。

② 支付的行政事业性收费或者政府性基金，以开具的财政收据为合法有效凭证。

③ 支付给境外单位或者个人的款项，以该单位或者个人签收单据为合法有效凭证；税务机关对签收单据有疑义的，可以要求其提供境外公证机构的确认证明。

④ 国家税务总局规定的其他合法有效凭证。

（五）应纳税额的计算

纳税人提供应税劳务、转让无形资产或者销售不动产，按照营业额和规定的适用税率计算应纳税额。计算公式为：

$$应纳税额=营业额\times税率$$

公式中的营业额的计算有以下三种情况。

1. 按营业收入全额计算

营业税属于流转税，一般是按照提供应税劳务、转让无形资产或者销售不动产取得的营业收入全额计算营业税，不扣除有关成本、费用。计算公式为：

$$应纳税额=营业收入\times适用税率$$

【例 4-1】 中国银行某支行某季度自有资金贷款利息收入 180 万元，吸收存款支付利息 43 万元，其他手续费收入 20 万元。计算支行该季度应缴纳的营业税额。

$$应纳营业税额=(180+20)\times5\%=10(万元)$$

2. 按营业收入差额计算

按营业收入差额计算营业税时，应将收到的全部价款和价外费用扣除允许扣除项目金额后的余额作为营业额，计算公式为：

应纳营业税＝(营业收入－允许扣除项目金额)×适用税率

【例 4-2】 某建筑公司承包一项工程，工程总造价 5 600 万元，该公司将 1 300 万元的安装工程分包给 A 建筑公司。工程竣工后，建设单位支付给该建筑公司材料差价款 450 万元，提前竣工奖 180 万元。公司又将其中的材料差价款 220 万元和提前竣工奖 60 万元支付给 A 公司，计算公司应纳的营业税及代扣代缴的营业税额。

应纳营业税额＝(5 600－1 300＋450＋180－220－60)×3%＝139.5(万元)

应代扣代缴营业税额＝(1 300＋220＋60)×3%＝47.4(万元)

【例 4-3】 某旅游企业组团到境外旅游，共有游客 80 人，每人收费 6 000 元，出境后由境外的旅游企业接团，按每人 2 400 元支付境外的旅游企业。计算旅游企业该月应缴纳的营业税和应代扣代缴境外旅游企业的营业税额。

应纳营业税额＝(80×6 000－80×2 400)×5%＝14 400(元)

应代扣代缴营业税额＝80×2 400×5%＝9 600(元)

3. 按组成计税价格计算

营业额以组成计税价格计算的，计算公式为：

应纳营业税＝组成计税价格×适用税率

组成计税价格＝营业成本或工程成本×(1＋成本利润率)÷(1－营业税税率)

【例 4-4】 某大型酒店某月营业额明显偏低，税务机关采用核定营业额的方法征税。酒店该月的营业成本 147 288 元，税务机关确定的行业成本利润率为 25%。计算该酒店应缴纳的营业税额。

组成计税价格＝147 288×(1＋25%)÷(1－5%)＝193 800(元)

应纳营业税额＝193 800×5%＝9 690(元)

【例 4-5】 某建筑企业自建一栋住宅楼对外销售，建筑成本为 2 910 万元，当地成本利润率为 20%。售楼收入价为 5 178 万元。计算该建筑企业应缴纳的营业税额。

自建建筑物组成计税价格＝2 910×(1＋20%)÷(1－3%)＝3 600(万元)

按建筑业税目应纳营业税额＝3 600×3%＝108(万元)

销售不动产应纳营业税额＝5 178×5%＝258.9(万元)

(六) 特殊经营行为的税务处理

1. 兼营不同税目的行为

纳税人兼营不同税目的，应当分别核算不同税目的营业额、转让额、销售额，按各自的适用税率计算应纳税额。未分别核算的，从高适用税率。

2. 混合销售行为

当纳税人的一项销售行为既涉及营业税应税劳务又涉及增值税应税货物的，为混合销售行为。其中，货物是指有形动产，包括电力、热力、气体在内。具体有以下两种情况。

(1) 从事货物的生产、批发或零售的企业、企业性单位及个体经营者的混合销售行

为,视为销售货物,征收增值税,不征收营业税。例如,电梯生产企业向客户销售产品并提供产品安装劳务,应按照产品价款和安装费收入一并征收增值税。

(2) 其他单位和个人的混合销售行为,视为提供营业税应税劳务,征收营业税,不征收增值税。例如,饭店提供餐饮服务并销售酒水饮料,应按照提供餐饮服务和销售酒水饮料的收入一并征收营业税。

纳税人的销售行为是否属于混合销售行为,由国家税务总局所属征收机关确定。

3. 兼营应税劳务与货物、非应税劳务行为

纳税人兼营营业税应税劳务与增值税应税货物、应税劳务与应税服务,应分别核算两者的营业额与销售额,其应税行为营业额缴纳营业税,货物或非应税劳务销售额缴纳增值税(不缴纳营业税);未分别核算的,由主管税务机关分别核定其应税行为的营业额与销售额。

纳税人兼营免税、减税项目的,应当单独核算免税、减税项目的营业额;未单独核算免税、减税项目营业额的,不得免税、减税。

4. 营业税与增值税征税范围的划分

营业税与增值税都属于流转税,两个税种性质相同,但各自征收领域不同,不得重复征税。

(1) 建筑业务征税问题。基本建设单位和从事建筑安装业务的企业附设的工厂、车间生产的水泥预制构件、其他构件或建筑材料,用于本单位或本企业的建筑工程的,应在移送使用时征收增值税。但对其在本单位或本企业建筑工程现场制造使用的,征收营业税,不征收增值税。

(2) 商业企业向货物供应方收取的部分费用的征税问题。对商业企业向供货方收取的与商品销售数额无必然联系,且商业企业向供货方提供一定劳务的收入,例如进场费、广告促销费、上架费、展示费、管理费等,应按服务业税目适用税率5%征收营业税。

商业企业向供货方收取的与商品销售额挂钩的各种收入,应按照平销返利行为的有关规定冲减当期增值税进项税额。

商业企业向供货方收取的各种收入,不存在计缴增值税销项税额的问题,一律不得开具增值税专用发票。

(七) 营业税的税收优惠

1. 营业税的起征点

对于经营营业税应税项目的个人,营业税规定了起征点。营业额达到或超过起征点的,按照全额计算纳税;营业额低于起征点的,则免予征收营业税。从2011年11月1日起,营业税规定的起征点如下:

(1) 按期纳税的起征点(除另有规定外)为月营业额5 000~20 000元;

(2) 按次纳税的,为每次(日)销售额300~500元。

各省、自治区、直辖市人民政府所属地方税务机关可以在规定的幅度内,根据当地实际情况确定本地区适用的起征点,并报财政部、国家税务总局备案。

2. 法定免税项目

根据我国《营业税暂行条例》的规定，下列项目免征营业税。

(1) 托儿所、幼儿园、养老院、残疾人福利机构提供的育养服务、婚姻介绍、殡葬服务。

(2) 残疾人员个人为社会提供的劳务。

(3) 学校和其他教育机构提供的教育劳务，学生勤工俭学提供的劳务。这里的学校和其他教育机构是指普通学校以及经地、市级以上人民政府或者同级政府的教育行政部门批准成立、国家承认其学员学历的各类学校。

(4) 农业机耕、排灌、病虫害防治、植保、农牧保险以及相关技术培训业务。家禽、牲畜、水生动物的配种和疾病防治。

(5) 纪念馆、博物馆、文化馆、美术馆、展览馆、书画院、图书馆、文物保护单位举办文化活动的门票收入，宗教场所举办文化、宗教活动的门票收入。

(6) 医院、诊所和其他医疗机构提供的医疗服务。

(7) 境内保险机构为出口货物提供的保险产品。

3. 行政规定的减征或免征项目

(1) 保险公司开展的1年期以上返还性人身保险业务的保费收入免征营业税。该业务是指保期1年以上(包括1年期)，到期返还本利的普通人寿保险、养老金保险、健康保险。

对保险公司开办的普通人寿保险、养老金保险、健康保险的具体险种，凡经财政部、国家税务总局审核并列入免税名单的可免征营业税，未列入免税名单的一律征收营业税。

(2) 将土地使用权转让给农业生产者用于农业生产，免征营业税。

(3) 凡经中央及省级财政部门批准纳入预算管理或财政专户管理的行政事业性收费、基金，无论是行政单位收取的，还是由事业单位收取的，均不征收营业税。

(4) 社会团体按财政部门或民政部门规定标准收取的会费，不征收营业税。社会团体是指在我国境内经国家社团主管部门批准成立的非营利性的协会、学会、联合会、研究会、基金会、联谊会、促进会、商会等民间群众社会组织。社会团体会费是指社会团体在国家法规、政策许可的范围内，依照社团章程的规定收取的个人会员和团体会员的款额。

(5) 住房公积金管理中心用住房公积金在指定的委托银行发放个人住房贷款取得的收入，免征营业税。

(6) 对按政府规定价格出租的公有住房和廉租住房暂免征收营业税；对个人出租住房，不区分用途，以3%的法定税率为基数减半征收营业税。

(7) 保险公司的摊回分保费用不征营业税。

(8) 中国人民银行对金融机构的贷款业务，不征收营业税；对企业贷款或委托金融机构贷款的业务应当征收营业税。

(9) 金融机构之间的资金往来业务取得的利息收入暂不征收营业税。不包括相互之间提供的服务。

(10) 对金融机构的出纳长款收入，不征收营业税。

(11) 保险企业取得的追偿款不征收营业税。追偿款，是指发生保险事故后，保险公司按照保险合同的约定向被保险人支付赔款，并从被保险人处取得对保险标的价款进行

追偿的权利而追回的价款。

(12) 个人向他人无偿赠予不动产或土地使用权，有四种情况可以暂免征收营业税。

(13) 公司处置金融资产的业务不征收营业税。例如：出售、转让股权或债权，将持有的债权转为股权不征收营业税。

(14) 对于经营公租房取得的租金收入，免征营业税。

(15) 单位和个人提供的垃圾处置劳务不属于营业税劳务，对其处置垃圾取得的垃圾处置费，不征收营业税。

(16) 对 QFⅡ委托境内公司在我国从事证券买卖业务取得的差价收入，免征营业税。

(17) 融资性售后回租业务中承租方出售资产的行为，不属于营业税征收范围，不征收营业税。

(18) 对符合条件的节能服务公司实施合同能源管理项目取得的收入，属于营业税征税范围的，暂免征收营业税。

(19) 对个人(包括个体工商户及其他个人)从事外汇、有价证券、非货物期货和其他金融商品买卖业务取得的收入暂免征收营业税。

(20) 对社保基金理事、社保基金投资管理人运用社保基金买卖证券投资基金、股票、债券的差价收入，暂免征收营业税。

(21) 对在京外国商会按财政部门或民政部门规定标准收取的会费，不征收营业税。对其会费以外各种名目的收入，凡属于营业税应税范围的，一律照章征收营业税。

(22) 其他减免营业税的项目(略)。

(八) 营业税的征收管理

1. 纳税义务发生时间

营业税的纳税义务发生时间为纳税人收讫营业收入款项或者取得索取营业收入款项凭据的当天。

收讫营业收入款项，是指纳税人应税行为发生过程中或完成后已收取款项。

取得索取营业收入款项凭据的当天，是指书面合同确定的付款日期的当天，未签订书面合同或者书面合同未确定付款日期的，为应税行为完成的当天。

对某些具体项目的纳税义务发生时间，主要规定见表 4-2。

表 4-2　营业税应税项目及其纳税义务发生时间

应税项目情况	纳税义务发生时间
转让土地使用权或者销售不动产，采用预收款方式	收到预收款的当天
提供建筑业或者租赁业劳务，采用预收款方式	收到预收款的当天
提供建筑业劳务	取得营业收入或取得索取营业收入价款凭据的当天
自建建筑物销售	销售自建建筑物并收讫款项或者取得索取款项凭据的当天

续表

应税项目情况	纳税义务发生时间
将不动产或者土地使用权无偿赠送	不动产所有权、土地使用权转移的当天
会员组织收讫会员费、资格保证金和其他类似费用	收讫款项或者取得索取这些款项凭据的当天
金融企业发放贷款的利息收入	取得利息收入权利的当天
金融经纪业和其他金融业务	取得营业收入或取得索取营业收入价款凭据的当天
保险业务	取得保费收入或取得索取保费收入价款凭据的当天
其他	收讫营业收入款项或者取得索取营业收入款项凭据的当天

营业税扣缴义务发生时间的主要规定如下所述。

(1) 扣缴税款义务发生时间为扣缴义务人代纳税人收讫营业收入款项或者取得索取营业收入款项凭据的当天。

(2) 建设方为扣缴义务人的,其扣缴义务发生时间为扣缴义务人支付工程款的当天。总承包人为扣缴义务人的,其扣缴义务发生时间为扣缴义务人代纳税人收讫营业收入款项或者取得索取营业收入款项凭据的当天。

(3) 金融企业承办委托贷款业务,其扣缴义务发生时间为代委托人收讫贷款利息的当天。

2. 纳税期限

营业税的纳税期限,分别为 5 日、10 日、15 日、1 个月或者 1 个季度。

纳税人的具体纳税期限,由主管税务机关根据纳税人应纳税额的大小分别核定;不能按照固定期限纳税的,可以按次纳税。

纳税人缴纳税款的期限,分为两种情况。以 1 个月或者 1 个季度为 1 个纳税期的,自期满之日起 15 日内申报纳税;以 5 日、10 日或者 15 日为 1 个纳税期的,自期满之日起 5 日内预缴税款,于次月 1 日起 15 日内申报纳税并结清上月应纳税款。

银行、财务公司、信托投资公司、信用社、外国企业常驻代表机构的纳税期限为 1 个季度。

保险业的纳税期限为 1 个月。

3. 纳税地点

营业税的纳税地点原则上采取属地征收的方法,即纳税人在经营行为发生地缴纳税款。具体规定见表 4-3。

表 4-3 营业税应税行为及其纳税地点

应 税 行 为	纳 税 地 点
提供应税劳务	为机构所在地或者居住地
提供的建筑业劳务以及国务院财政、税务主管部门规定的其他应税劳务	为应税劳务发生地

续表

应税行为	纳税地点
转让土地使用权	土地所在地
出租土地使用权、不动产	土地、不动产所在地
销售不动产	不动产所在地
提供的应税劳务发生在外县(市)	应税劳务发生地;如未向应税劳务发生地申报纳税的,为机构所在地或者居住地
承包的工程跨省、自治区、直辖市	应税劳务发生地或机构所在地
其他	经营行为发生地或机构所在地

代扣代缴建筑业营业税的,税款解缴地点为该工程建筑业应税劳务发生地。代扣代缴跨省工程的营业税,税款解缴地点为被扣缴纳税人的所在地。

纳税人在本省、自治区、直辖市范围内发生应税行为,其纳税地点需要调整的,由省、自治区、直辖市人民政府所属税务机关确定。

4. 纳税申报

纳税人应按《营业税暂行条例》有关规定及时办理纳税申报,并如实填写《营业税纳税申报表》。

三、重点与难点

【重点】 营业税的纳税义务人与扣缴义务人;营业税各税目的计税依据;营业税的税目与税率;各税目计算应纳税额的方法。

【难点】 特殊经营行为的税务处理。

四、基础练习

(一)判断题

1. 单位或个人举行演出,由他人售票的,其应缴营业税以售票人为扣缴义务人。 (　　)

2. 纳税人从事跨省工程的,应当向其机构所在地或应税劳务发生地纳税。 (　　)

3. 单位将不动产无偿赠予他人,视同销售不动产缴纳营业税;个人将不动产无偿赠予他人,不缴纳营业税。 (　　)

4. 单位自建自用的房屋不缴纳营业税。 (　　)

5. 单位自建住房销售给职工,应按建筑业和销售不动产两个税目缴纳营业税。 (　　)

6. 销售不动产采用预收款方式的,预收款当天即发生营业税纳税义务。 (　　)

7. 营业税规定了起征点,只适用于经营营业税应税项目的个人。 (　　)

8. 某市规定营业税的起征点是月营业额 5 000 元,某人月营业额 7 000 元,适用营业

税率5%，则某月应缴营业税额100元。（　　）

9. 饭店提供餐饮服务并销售酒水饮料的，一并缴纳营业税。（　　）

10. 饭店销售非现场消费的食品，应缴纳营业税。（　　）

11. 扣缴义务人代扣代缴跨省工程的建筑业营业税，税款解缴地点为被扣缴义务人机构所在地或应税业务发生地。（　　）

12. 金融业应缴营业税的纳税期限为1个季度。（　　）

13. 营业税的纳税期限最短为5天，最长为1年。（　　）

14. 体育馆为某企业举办体育比赛提供场所的业务收入，应按3%税率缴纳营业税。（　　）

15. 单位销售不动产收入应缴纳营业税，出租不动产的租金收入不需缴纳营业税。（　　）

（二）多项选择题

1. 下列情况应代扣代缴营业税的有（　　）。

A. 委托金融机构发放贷款

B. 境外单位在境内发生应税行为，境内无代理人

C. 建筑业分包转包的

D. 旅行社代收的住宿费、景点门票收入

2. 下列各项符合营业税纳税地点规定的有（　　）。

A. 转让土地使用权，应当向土地所在地的主管税务机关申报纳税

B. 销售不动产，应当向不动产所在地的主管税务机关申报纳税

C. 扣缴义务人应当向其机构所在地的主管税务机关申报缴纳扣缴的税款

D. 从事建筑劳务的，应当向劳务发生地的主管税务机关申报纳税

3. 下列项目应缴纳营业税的有（　　）。

A. 装修公司的收入　　B. 出租场馆的收入

C. 保险公司的保费收入　　D. 物业管理公司的收入

4. 下列项目适用3%的营业税率缴纳营业税的有（　　）。

A. 建筑公司的工程承包额　　B. 银行贷款的利息收入

C. 文艺演出的收入　　D. 娱乐业的收入

5. 下列项目适用5%的营业税率缴纳营业税的有（　　）。

A. 金融业的收入　　B. 服务业的收入

C. 销售不动产的收入　　D. 出售土地使用权的收入

6. 下列项目适用减征或免征营业税的有（　　）。

A. 残疾人员个人为社会提供劳务

B. 学校或其他教育机构提供教育劳务

C. 医院、诊所和其他医疗机构提供的医疗服务

D. 个人无偿赠予不动产、土地使用权

（三）计算题

1. 资料：某公园本月取得门票收入和游艺场经营收入 300 000 元，没有分别核算。同时给某民间艺术团提供表演场地取得收入 50 000 元。

要求：根据上述资料计算该公园本月应缴纳的营业税额。

2. 资料：某企业将 2 年前购置的一块土地使用权转让，当初取得该土地使用权时支付金额 420 万元，转让时取得收入 456 万元，转让时发生相关的费用 6 万元。

要求：根据上述资料计算该企业应缴纳的营业税额。

3. 资料：某娱乐场所某月门票收入 120 000 元，将一间房屋出租给某人开设小卖部，收取该月租金 2 000 元，该月人员工资和其他杂项费用 30 000 元，当地娱乐业税率 20%。

要求：根据所给资料计算该娱乐场所本期应缴纳的营业税额。

4. 资料：某旅游企业组团到境外旅游，共有游客 80 人，每人收费 6 000 元，境内期间为每人支付交通费和餐费 2 000 元，出境后由境外的旅游企业接团，按每人 2 400 元支付境外的旅游企业。

要求：根据上述资料计算该旅游企业本期应缴纳的营业税额。

5. 资料：孙先生 2014 年 4 月销售一套于 2010 年 12 月购入的普通住房，取得销售收入 150 万元，当时购房发票上注明的房屋价款为 80 万元，支付购房税费 3 万元。

要求：计算孙先生销售住房应缴纳的营业税额。

6. 资料：某外国企业将在我国境内拥有的一处房产销售给乙企业，销售价格为3 200 万元；乙企业取得该房产后将其作价 3 500 万元入股丙企业，拥有丙企业 8%的股权。

要求：分别计算外国企业销售房产和乙企业将房产对外投资的应纳税额。

7. 资料：某施工企业某月提供建筑劳务收入 200 000 元，当月购买一台税控机，总价款 3 744 元，已取得普通发票。

要求：计算该施工企业本期应缴纳的营业税额。

8. 资料：某典当行 2015 年 9 月份销售典当物品收入 46.6 万元，举办艺术品鉴赏讲座收入 15 万元，手续费收入 11 万元。

要求：计算该典当行本期应缴纳的营业税额。

9. 资料：某市商业银行 2015 年第二季度有关业务资料如下：

（1）向生产企业发放贷款取得利息收入 600 万元，逾期贷款的罚息收入 8 万元；

（2）为电信部门代收电话费取得手续费收入 14 万元；

（3）4 月 10 日购进有价证券 800 万元，5 月 25 日以 860 万元的价格卖出；

（4）受某公司委托发放贷款，金额 5 000 万元，贷款期限 2 个月，年利息率 4.8%，银行按贷款利息收入的 10%收取手续费；

（5）销售支票、账单凭证收入 15 万元；

（6）结算罚息、加息 2 万元，出纳长款 0.5 万元。

要求：分别计算该银行 2015 年第二季度应缴纳的营业税或应代扣代缴的营业税额。

10. 某单位下设修缮队、饭店、招待所三个单位，各自独立核算、独立纳税。某月发生如下经济业务。

(1) 修缮队为饭店翻修应收 15 万元，用其中的 5 万元冲减了其在饭店的用餐费用，实际向饭店收取了 10 万元；向其他单位提供修缮取得收入 98 万元。

(2) 招待所客房收入 68 万元，代客人订票收取手续费 500 元，从客房收入中开支饭费补贴 1.2 万元。

(3) 饭店零星收入 3 万元。

要求：根据上述业务分别计算三个单位各自应缴纳的营业税额。

11. 经国家民政部门批准成立的某非营利性协会，某月取得如下收入。

(1) 依照社团章程的规定，收取团体会员会费 40 000 元，个人会员会费 10 000 元。

(2) 代售大型演唱会门票 210 000 元，按照协议提取代售手续费 20 000 元。

(3) 代销中国福利彩票 50 000 元，取得代销手续费 500 元。

(4) 协会开设的照相馆营业收入 28 000 元，其中包括相册、镜框等销售收入2 000元。

(5) 委派两人到国外提供咨询服务，收取咨询费 60 000 元。

(6) 举办 1 期文艺培训班，收取培训费 120 000 元，资料费 8 000 元。

要求：根据上述业务分别计算该协会本期应缴纳的营业税和应代扣代缴的营业税额。

12. 某建筑公司某月发生如下经济业务。

(1) 自建同一规格和标准的楼房两栋，建筑安装成本共计 4 000 万元。该公司将其中一栋自用，另一栋对外销售，取得销售收入 3 000 万元。地方税务局核定建筑行业的成本利润率 20%。

(2) 其他现房销售取得销售收入 5 000 万元。

(3) 其他房屋预售取得预收款 2 000 万元。

要求：根据上述业务计算该建筑公司本期应缴纳的营业税额。

13. 资料：甲公司以 16 000 万元的总承包额中标为某房地产开发公司承建写字楼，之后，甲建筑公司又将该写字楼工程的装饰工程以 7 000 万元分包给乙建筑公司。工程完工后，房地产开发公司向甲公司支付工程款 11 000 万元，其余部分的工程款用其自有的两幢普通住宅楼市值总额 4 000 万元抵付；甲公司取得该住宅楼后，一幢自用，另一幢市值 2 200 万元抵顶了应付给乙建筑公司的工程劳务费。

要求：根据上述业务分别计算甲公司、乙公司和房地产开发公司本期应缴纳的营业税额。

五、复习思考题

1. 我国营业税的概念和特点？
2. 我国营业税的税目和税率是怎样规定的？
3. 营业税的纳税义务人与扣缴义务人有哪些？
4. 营业税的税收优惠有哪些？
5. 营业税与增值税有何区别？

六、知识拓展阅读

借鉴国际经验，破解金融业"营改增"难题

金融行业本身具有的复杂性和创新性使得"营改增"推出面临诸多难题。金融业复杂多样的业务难以"一税管之"，金融业诸多业务的税基和税率难以确定。金融业推行"营改增"将触及中央和地方的税权划分，一旦在金融业推行"营改增"，势必会从整体上降低该行业的税负。因此需借鉴国际经验，探索我国金融业"营改增"途径。

国际上金融业增值税的征收模式如下所述。

(1) 以欧盟为代表的基本免税法。金融业业务可分为显性收费的金融业务和隐性收费的金融业务。基本免税法是欧盟国家对金融业采用的增值税课征模式，该模式对部分显性收费的金融业务征税，对大部分隐性收费的金融业务免税，同时对出口的金融服务适用零税率。对于免税项目而言，为获得这些营业收入购进产品或服务而发生的进项税额也不能获得抵扣；对于应税项目来说，进项税额可以获得抵扣；对于出口的零税率项目来说，企业的营业收入不发生销项税额，而进项税额可以获得抵扣(即政府给予退税)。该模式导致了增值税抵扣链条的中断和重复课税。由于进项税额不能抵扣，免税项目的税收负担甚至可能高于应税项目。

(2) 以新西兰为代表的零税率法。零税率法的具体做法是对显性收费的金融服务课税，而对隐性收费和出口的金融服务适用零税率。但这种方法显然使国内金融服务享有比国内其他行业更为优惠的税收待遇，也使政府的税收收入损失较大。

(3) 以澳大利亚为代表的允许进项税额抵扣的免税法。澳大利亚的金融业增值税课税模式相当于以上两种模式的折中，称为允许进项税额抵免的免税法，即对出口的金融服务实行零税率，对显性收费的金融服务课税，对隐性收费的金融服务免税，但允许一定比例的进项税额抵免。澳大利亚对免税金融服务规定的进项税额抵免率是75%。

对我国金融业"营改增"的建议如下。

(1) 明确应税项目和合理的税基。在这次金融业推行"营改增"明确应税项目和增值税税基时，可以把对金融业的各种业务进行分类作为一个有效的突破口，这样可在一定程度上降低金融行业的整体税负。

(2) 明确增值税进项税额抵扣方法。为了维护增值税法的统一性，金融服务部门可抵扣的进项税额项目应与其他行业保持一致，应包括外购于提供应税产品或服务的原材料、低值易耗品和机器设备等中间投入品而发生的进项税额。

(3) 用逆向征税法对存贷款业务进行征税。逆向征税法将贷款视为银行的产出，借款视为投入，则对贷款利息征收的增值税就是销项税额，对借款利息征收的增值税就是进项税额，两者的差额就是银行应该交给政府的增值税额。

(4) 明确税收收入的划分和归属。在短时间内其税收归属应保持不变，原本缴纳营业税属于地方政府收入的部分在变为增值税后应保留地方政府不变。而从长远来看，这部分税收收入应逐渐回归中央政府，由此所引起的地方税收减少，可以通过提高资源税、房产税等地方主题税种的征管效能，提高地方的分税比例，加大转移支付力度等方式来弥补。

(资料来源：金融时报，2014-10-27.)

第五章

城市维护建设税法、教育费附加和烟叶税法

一、学习目标

【了解】 城市维护建设税、教育费附加和烟叶税的纳税义务人;税率或征收率。

【理解】 城市维护建设税、教育费附加和烟叶税的概念及特点;

【掌握】 城市维护建设税、教育费附加和烟叶税的计税依据;应纳税费的计算。

二、学习要点与内容提要

(一) 城市维护建设税

1. 概念及其特点

城市维护建设税,简称城建税,是国家对从事工商业经营缴纳增值税、消费税、营业税(简称"三税")的单位和个人,就其实际缴纳的"三税"税额为计税依据而征收的一种税。城建税具有以下特点。

(1) 税款专款专用。我国税法明确规定城建税收入应当保证用于城市的公用事业和公共设施的维护建设,具体安排由地方政府确定,税款具有专款专用性质。

(2) 属于一种附加税。城建税以纳税人实际缴纳的"三税"税额为计税依据,附加于"三税"税额,随"三税"同时征收,其本身并没有特定的、独立的征税对象。

(3) 根据城镇规模设计不同的比例税率。城建税的负担水平,根据纳税人所在城镇的规模及其资金需要设计,使不同地区都能获得相应的城市维护建设资金,用以进行城市的维护和建设。

(4) 征收范围广。城建税以"三税"为税基,而"三税"的征税范围基本上包括了我国境内所有的生产经营行为,"三税"的收入占到全部税收收入总额的70%左右,可见,城建税的征税范围比任何税种的征税范围都广。

2. 纳税义务人

城建税的纳税义务人,是指负有缴纳增值税、消费税和营业税义务的单位和个人。

单位是指企业、行政单位、事业单位、军事单位、社会团体及其他单位。

个人是指个体工商户以及其他有经营行为的个人。

3. 税率

城建税的税率按照纳税人所在地的不同，设置了三档地区差别比例税率，即：

(1) 纳税人所在地为市区，税率7%；

(2) 纳税人所在地为县城、镇，税率5%；

(3) 纳税人所在地不在市区、县城或者镇，税率1%。

纳税人应纳城建税的适用税率，一般为纳税人所在地的规定税率。但是，对下列两种情况，可按缴纳"三税"所在地的规定税率就地缴纳城建税：

① 由受托方代扣代缴、代收代缴"三税"的单位和个人，其城建税也由受托方代扣代缴、代收代缴，并适用受托方所在地的规定税率；

② 流动经营等无固定纳税地点的单位和个人，在经营地缴纳"三税"的，其城建税也在经营地缴纳，适用经营地的规定税率。

4. 计税依据

城建税的计税依据，是纳税人实际缴纳的"三税"的税额。

纳税人违反"三税"有关规定而被加收的滞纳金和罚款，是税务机关对纳税人违法行为的经济制裁，不得作为城建税的计税依据。但对纳税人被查补"三税"和处以罚款的，应同时对其偷漏的城建税进行补税、征收滞纳金和罚款。

实际计税时，应注意以下几个问题。

(1) 城建税以"三税"税额为计税依据并同时征收，如果免征或者减征了"三税"，也就要同时免征或者减征城建税。

(2) 对出口产品退还增值税、消费税的，不退还已缴纳的城建税。

5. 应纳税额的计算

应纳城建税额根据纳税人实际缴纳的"三税"税额和适用税率计算。计算公式为：

应纳税额＝(实际缴纳的增值税＋实际缴纳的消费税＋实际缴纳的营业税)
×适用税率

【例5-1】 某市一家旅行社某月收取旅游费60 000元，其中替旅游者支付给其他单位食、宿、交通、门票等费用30 000元，转付其他旅游企业接待费用20 000元。计算旅行社某月应缴纳的营业税和城建税额。

应纳营业税额＝(60 000－30 000－20 000)×5%＝500(元)

应纳城建税额＝500×7%＝35(元)

【例5-2】 某县城的一家企业生产化妆品，某月发生如下经济业务：

(1) 进口原材料缴纳进口环节的增值税340 000元；

(2) 国内购进原材料的进项税额170 000元；

(3) 国内销售产品5 000 000元，增值税率17%，消费税率30%；

(4) 该月应纳税额申报逾期10天。

根据上述业务计算：

本月应纳增值税额＝5 000 000×17%－340 000－170 000＝340 000(元)

本月应纳消费税额＝5 000 000×30%＝1 500 000(元)

本月应纳城建税额＝(340 000＋1 500 000)×5%＝92 000(元)

应缴滞纳金＝(340 000＋1 500 000＋92 000)×5÷10 000×10＝9 660(元)

【例 5-3】 某市一家烟草公司委托设在乡政府所在地的一个卷烟厂加工雪茄烟，提供原材料成本 32 565 元，支付加工费 30 000 元，雪茄烟消费税率 25%，该卷烟厂无生产雪茄烟的销售价格。计算该卷烟厂应代收代缴的消费税和城建税额。

雪茄烟的组成计税价格＝(32 565＋30 000)÷(1－25%)＝83 420(元)

应代收代缴消费税额＝83 240×25%＝20 855(元)

应代收代缴城建税额＝20 855×1%＝208.55(元)

6. 税收优惠

城建税原则上不单独减免，但因城建税具有附加税性质，当增值税、消费税和营业税三大主税发生减免时，城建税也相应发生税收减免，具体有以下几种情况。

(1) 城建税按"三税"减免后实际缴纳的税额计征，即随"三税"的减免而减免。

(2) 对于因减免税而须进行"三税"退库的，城建税也可同时退库。

(3) 海关对进口产品代征的增值税、消费税，不征收城建税。

(4) 对"三税"实行先征后返、先征后退、即征即退办法的，除另有规定外，对随"三税"附征的城建税和教育费附加，一律不予退(返)还。

(5) 为支持国家重大水利工程建设，对国家重大水利工程建设基金免征城市维护建设税。

7. 征收管理

(1) 纳税期限。城建税是由纳税人在缴纳"三税"时同时缴纳的，所以其纳税期限的规定与"三税"的纳税期限规定一致。

(2) 纳税地点。城建税的纳税地点就是纳税人缴纳"三税"的地点。下列情况除外：

① 代扣代缴、代收代缴"三税"的单位和个人，同时也是城建税的代扣代缴、代收代缴义务人，其城建税的纳税地点在代扣代收地；

② 跨省开采的油田，下属生产单位与核算单位不在一个省内的，其生产的原油，在油井所在地缴纳增值税及附加的城建税，应纳税款由核算单位计算并汇拨油井所在地，由油井向所在地缴纳增值税和城建税；

③ 对管道局输油部分的收入，由取得收入的各管道局于所在地缴纳营业税。所以，其应纳城建税，也应由取得收入的各管道局于所在地缴纳营业税时一并缴纳。

④ 对流动经营等无固定纳税地点的单位和个人，应随同"三税"在经营地按适用税率缴纳。

(3) 纳税申报。城建税纳税义务人应当按照有关规定及时办理城建税纳税申报，并填写《城市维护建设税申报表》。

(二) 烟叶税

1. 纳税义务人、征税范围与税率

(1) 纳税义务人。在中华人民共和国境内收购烟叶的单位为烟叶税的纳税人。

(2) 征税范围。烟叶税的纳税对象是指晾晒烟叶和烤烟叶。

(3) 税率。烟叶税实行比例税率，税率为 20%。烟叶税税率的调整，由国务院决定。

2. 应纳税额的计算与征收管理

(1) 计税依据。烟叶税的计税依据是烟叶收购金额。"收购金额"，包括纳税人支付给烟叶销售者的烟叶收购价款和价外补贴。对价外补贴统一暂时按烟叶收购价款的

10%计入收购金额征税。收购金额计算公式如下：

收购金额＝收购价款×(1＋10%)

(2) 应纳税额的计算。烟叶税应纳税额的计算公式为：

应纳税额＝烟叶收购金额×税率

(3) 征收管理。烟叶税由地方税务机关征收，纳税义务发生时间为纳税人收购烟叶的当天。“收购烟叶的当天”，是指纳税人向烟叶销售者付讫收购烟叶的款项或者开具收购烟叶凭据的当天。纳税期限为自纳税义务发生之日起 30 日内，纳税地点为烟叶收购地的主管税务机关。

【例 5-4】 某烟草公司系增值税一般纳税人，某月收购烟叶 20 000 斤，烟叶收购价格 3.5 元/斤(含支付价外补贴 10%)，总计 70 000 元，货款已全部支付。计算烟草公司某月应缴纳的烟叶税、烟叶采购成本和可抵扣的进项税额。

应纳烟叶税额＝70 000×20%＝14 000(元)

增值税进项税额＝(70 000＋14 000)×13%＝10 920(元)

烟叶采购成本＝(70 000＋14 000)×87%＝73 080(元)

(三) 教育费附加和地方教育费附加

教育费附加和地方教育费附加是对缴纳增值税、消费税、营业税的单位和个人，就其实际缴纳的“三税”税额为计算依据而征收的一种附加费。教育费附加征收率 3%，地方教育费附加的征收率为 2%，征收管理适用城建税的规定。

应纳教育费附加＝实际缴纳的增值税、消费税、营业税×征收比率(3%)

应纳地方教育费附加＝实际缴纳的增值税、消费税、营业税×征收比率(2%)

国务院决定征收教育费附加，是为了加快发展地方教育事业，扩大地方教育经费的资金来源。除了铁道系统、各银行总行、保险总公司的教育费附加随同应缴纳的增值税和营业税上缴中央财政外，其余单位和个人的教育费附加，均就地上缴地方财政。除国务院另有规定者外，任何地区、部门不得擅自提高或者降低教育费附加率。税务机关应依法足额征收教育费附加，由教育行政部门统筹管理，专款专用。

根据国务院有关部署和要求，2010 年 11 月财政部印发了《关于统一地方教育附加政策有关问题的通知》(财综〔2010〕98 号)，全面开征地方教育附加，统一按增值税、消费税、营业税实际缴纳税额的 2%征收，进一步拓宽财政性教育经费来源渠道，增加教育投入，促进教育事业健康快速发展。

【例 5-5】 北京市区一家企业某月实际缴纳增值税 134 120.78 元，缴纳营业税 12 398.22元。计算该企业应缴纳的教育费附加和地方教育费附加。

应纳教育费附加＝(134 120.78＋12 398.22)×3%＝4 395.57(元)

应纳地方教育费附加＝(134 120.78＋12 398.22)×2%＝2 930.38(元)

三、重点与难点

【重点】 城市维护建设、教育费附加和烟叶税的纳税义务人；税率与征收率。

【难点】 城市维护建设、教育费附加和烟叶税的计税依据；应纳税费的计算。

四、基础练习

（一）判断题

1. 纳税人所在地不在城市、县城、建制镇的，城建税率为1%。（ ）
2. 城建税的计税依据为应缴纳的增值税、消费税和营业税之和。（ ）
3. 代扣代收城建税的单位没有履行代扣代收义务的，纳税人应向其所在地税务机关申报纳税。（ ）
4. 城建税的纳税义务人是同时缴纳增值税、消费税和营业税的单位及个人。（ ）
5. 受托加工应税消费品代收代缴委托方的消费税，按委托方所在地的适用税率计算。（ ）
6. 进口货物海关代征增值税的，不附加征收城建税。（ ）
7. 出口货物海关代征增值税的，应附加征收城建税。（ ）
8. 出口货物退还增值税的，不随之退还城建税。（ ）
9. 教育费附加以纳税人实际缴纳的增值税额、消费税额和营业税额为计税依据，比率为3%。（ ）
10. 城建税和教育费附加的计税依据不包括非税收入。（ ）
11. 在集市上收购烟叶的王某为烟叶税的纳税人。（ ）
12. 烟叶税是国家对从事烟叶生产以及收购的单位和个人征收的一种税。（ ）
13. 烟叶“收购金额”，是指纳税人支付给烟叶销售者的烟叶收购价款。（ ）

（二）多项选择题

1. 城建税的征税范围包括（ ）。
   A. 城市　B. 县城　C. 建制镇　D. 农村
2. 某柴油生产企业的柴油销售收入应缴纳（ ）。
   A. 增值税　B. 消费税　C. 营业税　D. 城建税
3. 下列属于城建税纳税人的有（ ）。
   A. 工业企业　B. 商业企业　C. 服务业　D. 娱乐业
4. 某外贸企业应缴增值税采用“先征后退”办法，则城建税的处理办法应是（ ）。
   A. 缴纳增值税的同时缴纳城建税　B. 退还增值税的同时退还城建税
   C. 缴纳增值税时不需缴纳城建税　D. 退还增值税时不需退还城建税
5. 下列各项不可以作为城建税计税依据的是（ ）。
   A. 纳税人滞纳增值税加收的滞纳金　B. 纳税人享受税收优惠减免的增值税
   C. 纳税人偷逃增值税被查补的税款　D. 纳税人偷逃增值税被处的罚款
6. 事业单位出租办公楼取得的租金收入应缴纳的税费有（ ）。
   A. 房产税　B. 营业税　C. 城建税　D. 教育费附加
7. 下列关于教育费附加的表述正确的有（ ）。
   A. 教育费附加征收率3%

B. 教育费附加应缴纳的金额按照纳税人应缴纳"三税"的金额和规定的税率计算
C. 教育费附加是用于教育事业的一项专用基金
D. 对进口产品征收的增值税和消费税,不征收教育费附加

8. 下列关于烟叶税的表述正确的有( )。
A. 烟叶税税率的调整,由国务院决定
B. 烟叶税的应纳税额按照纳税人收购烟叶的收购金额和规定的税率计算
C. 纳税人收购烟叶,应当向烟叶收购单位所在地的主管税务机关申报纳税
D. 烟叶税的税率为20%

(三)计算题

1. 资料:某公司地处市区,某月缴纳增值税300万元,因违反税法有关规定被处以罚款5万元,产品出口退还增值税20万元。

要求:计算该公司本期应缴纳的城建税。

2. 资料:某市一家化妆品生产企业,2015年9月隐瞒化妆品零星收入46 800元,10月29日被税务机关查实。

要求:指出10月29日该企业对隐瞒收入应作出的税务处理。

3. 资料:某卷烟厂2015年6月收购烟叶生产卷烟,收购凭证上注明价款50万元,并向烟叶生产者支付了价外补贴。

要求:计算该卷烟厂6月份应缴纳的烟叶税。

五、复习思考题

1. 城市维护建设税的特点?
2. 教育费附加的概念和特点?
3. 城市维护建设税、教育费附加、烟叶税的纳税义务人有哪些?
4. 城市维护建设税、教育费附加、烟叶税的征收范围和具体税率是如何规定的?
5. 城市维护建设税、教育费附加、烟叶税的计税依据是什么?

六、知识拓展阅读

国外的教育税

从世界各国来看,教育经费大多是由政府财政承担,专门通过征收教育税或者指定某税种的税收收入用于教育的不是很多。征收教育税的国家的做法,从计税依据来看主要有以下两类。

(1) 以收入或利润为计税依据。韩国的《教育税法》,采取多种形式向纳税者按不同比例征税。从1982年开始,韩国对银行和保险公司总收入征0.5%教育税。1986年建立"企业教育发展基金",政府规定企业必须为每月工薪低于1 000韩元的员工向政府缴纳相当于其工薪5%的金额作为该项基金,基金主要用于资助工薪低、只具有初中文化或初级技术水平的员工参加政府组织的企业教育和培训活动。1992年,对利息和红利收入征

税的税率分别是5%、10%、20%(包括国防及教育附加费和居住税)。尼日利亚1993年的教育法规定,所有在尼日利亚注册的企业和公司要缴纳应税利润2%的教育税,同时规定非尼日利亚当地注册的企业和公司可以不予缴纳教育税。

(2) 以工资薪金作为计税依据。法国要求各企业缴纳“成人职业培训税”和“学徒税”。其中学徒税用于资助发展技术和职业初期培训,缴税基数与工资税基数相同,税率为0.5%,用于公司内部学徒培训,或捐助给技术教育单位,或缴给国库。如果雇主自办或组织职业培训或讲座可免缴学徒税。成人职业培训税规定公司设在法国的雇主在雇佣10名以上职工时,必须资助其职工的培训活动费用。此项再培训费的数额为当年工资总额的1.5%,雇主在10名以下的,培训税税率为0.15%。新加坡1988年向所有企业征收教育补助金,金额相当于企业应付职工薪金总额的1%。

尽管各国的政策各异,但还是可以归纳出一些特点:一是基本上都实行比例税率且税率都很低;二是纳税人主要是雇主,规定个人作为纳税人的国家比较少;三是教育税筹措的收入主要是用于职业培训,用于义务教育的国家不多;四是教育税仅是补充,还需要政府拨付相应经费;五是在征收教育税的基础上,根据情况再征收相关教育基金,实行专款专用;六是教育税作为独立税种,一般都经过了立法,有法律保证;七是为了保证教育经费,在其他税种上还采取税收优惠政策以鼓励和资助教育。

(资料来源:税务研究,2005年11期.)

关 税 法

一、 学习目标

【了解】 关税的分类;关税的征收对象及纳税义务人;关税税则;关税税率运用;原产地规则;关税税收优惠;行邮税的有关规定;船舶吨税的征税范围、税率及优惠政策。

【理解】 关税的概念、特点及征收管理;船舶吨税的征收管理。

【掌握】 确定关税完税价格的方法;进口关税的计算;出口关税的计算;船舶吨税的计算。

二、 学习要点与内容提要

(一) 关税的概念及其特点

关税是海关依法对进出境货物、物品征收的一种税。关税是属于流转税体系中一个独立的税种,与其他流转税相比,关税具有以下特点。

(1) 关税的征税对象仅限于进出境的货物和物品。只在境内或境外流通不进出关境的货物,不征收关税。

(2) 关税是单一环节的税。关税由海关按照进出口关税条例和税则在进出口环节一次性征收。征收进口关税后的货物,在进入我国境内后的任何环节,不再征收关税;征收出口关税后的货物,进入境外国家或地区,不再适用我国的税法规定。

(3) 关税是一种价外税。进口关税的完税价格为货物到岸价格,不包括进口关税;出口关税的完税价格为货物不含出口关税的离岸价格。

(4) 关税具有较强的涉外性。关税是对进出境的货物和物品征收,税法规定与有关政策不仅直接影响到国际贸易的开展,还可能影响到国家之间的外交、文化与社会生活等方面。因此,关税在促进国际交往、维护国家权益、调节国民经济、保护民族产业等方面发挥着重要作用。

(二) 关税的分类

1. 按征税对象分类

关税按征税对象分类,可以分为进口关税、出口关税和过境关税。

(1) 进口关税。是指海关对外国货物和物品进口时征收的关税。

(2) 出口关税。是指海关对本国货物和物品出口时征收的关税。

(3) 过境关税。又称转口税,是对外国货物运经本国国境或关境销往第三国征收的关税。目前各国基本上已废除该税。

2. 按征税目的分类

关税按征税的目的分类,可以分为财政关税和保护关税。

(1) 财政关税。是指以增加国家财政收入为主要目的而课征的关税。财政关税的税率比保护关税低,因为过高的关税会阻碍进出口贸易的发展。随着经济的发展和竞争的日益加剧,财政关税逐步为保护关税所替代。

(2) 保护关税。是以保护本国经济发展为主要目的而课征的关税。在进口方面,通过征收高额进口税,提高进口商品的成本和价格,从而达到削弱其竞争能力,保护本国同类商品的生产和销售的目的。出口方面,一般免征出口税,使本国商品以不含税的价格在国际市场上销售,从而增加商品的竞争能力。但对一些重要的原料及资源产品等出口,通过征收出口税,提高其出口销售成本,限制输出。保护关税是实现国家对外贸易政策的重要措施之一。

3. 按征税方式分类

关税按征税方式分类,可以分为从量关税、从价关税、复合关税、选择关税和滑动关税。

(1) 从量关税。按征税对象的计量单位(如重量、长度、面积、容积、数量等)作为征税依据,规定每一计量单位应纳关税的金额,称为从量关税。其优点在于对数量众多、价值低廉、等级规格差异不大的产品,该征税方式计算简便,通关手续快捷,并能在一定程度上抑制质次价廉商品进口和低报商品价格进口。此外,进口货物价格变动时,从量关税可以发挥适度保护作用。但从总体上看,从量关税不能适应物价变动做出及时调整,容易造成税负不合理。特别是物价上涨时期,从量关税不能及时增加税收,使进口货物税负减轻,难以发挥保护国内产业的作用。

(2) 从价关税。以征税对象的价格作为征税依据,规定一定比例的税率,称为从价关税。其优点是有利于实现税负公平:从横向上看,不同的商品价格相同、税率相同,税负则相同;从纵向上看,商品价格发生变动、税率不变,税负则随价格变动而变动,从而有助于实现纳税负担的公平合理。其缺点是计税价格难以准确查定,影响到税收收入与税收的其他职能。

(3) 复合关税。又称混合关税,是对征税对象同时规定了从价关税和从量关税,复合计征。其优点是采用两种计征方式有较好的相互补偿作用,实现纳税负担的科学、合理与公正;缺点是计算与征收手续相对复杂。

(4) 选择关税。是对征税对象同时规定了从价关税和从量关税,征税时由海关选择其中的一种计征。当征收关税的主要目的是保护国内经济时,一般选择税额较高的一种;当征收关税的主要目的是增加财政收入时,一般选择税额较低的一种,有利于扩大进出口数量。另外,根据物价变动趋势,当物价上涨时采用从价关税,当物价下跌时采用从量关税,有利于保证国家的财政收入。

(5) 滑动关税。亦称"滑准关税"或"伸缩关税",是对征税对象预先按其价格高低规

定几档税率，当价格上涨时采用较低税率，价格下跌时采用较高税率，其目的是使进口商品在国内市场价格保持稳定，减少国际市场价格波动的影响。滑动关税能够平衡物价，从而保护国内产业发展。

4. 按征税性质分类

关税按征税性质分类，可以分为普通关税、优惠关税和特别关税。

（1）普通关税。又称一般关税，是对与本国没有签署贸易或经济互惠等友好协定的国家原产的货物征收的非优惠性关税。普通关税与优惠关税的税率差别一般较大。

（2）优惠关税。是指对来自特定受惠国的进口货物在税收上给予的比普通税率较低的优惠税率征收的关税。优惠关税一般是互惠关税，即优惠协定的双方互相给予对方优惠关税待遇，但也有单向优惠关税，即只对受惠国给予优惠待遇，而没有反向优惠。具体来说，优惠关税一般有特惠关税、普遍优惠制关税和最惠国待遇关税三种。

① 特惠关税。是指对从某个国家或地区进口的全部商品或部分商品，给予特别优惠的低关税或免税待遇。特惠税有的是互惠的，有的是非互惠的。

② 普遍优惠制关税。简称为普惠制关税，是指发达国家对从发展中国家或地区进口的产品，特别是制成品和半制成品，给予普遍的（所有商品）、非歧视性的（所有发展中国家）和非互惠的（单向）优惠关税。其目的是扩大发展中国家向经济发达国家出口其制成品，促进发展中国家的经济发展。

③ 最惠国待遇关税。是适用于 WTO 成员之间以及与该国签订有最惠国待遇条款的贸易协定的国家或地区所进口商品的关税。最惠国待遇是一种非歧视性待遇，通常指的是缔约国之间在通商、航海、关税、公民法律地位等方面相互给予的不低于现时或将来给予任何第三国的优惠、特权或豁免待遇。最惠国待遇关税比普通税率低，但高于特惠关税税率。目前，大多数国家和地区加入了 WTO，其他国家也大部分签订了双边的贸易条约，相互给予最惠国待遇。因此，最惠国待遇关税可理解为是正常关税。

（3）特别关税。特别关税又称歧视性关税，是指一国出于某种原因或为达到某种目的，而对某国货物或某种货物的输入在征收一般进口关税之外又加征的进口附加税。特别关税是保护主义政策的产物，是保护一国产业所采取的特别手段。特别关税主要分为反倾销关税、反补贴关税、报复关税和保障性关税。

① 反倾销关税。倾销是指外国的倾销商品以低于其成本或国内市场价格出口。出口商品倾销，对出口国会引发出口企业的过度竞争（低价易销），增加国内消费者的成本（对外倾销的损失从国内销售中弥补）；对进口国会阻碍其相关产业的发展，低价扭曲其市场秩序；对第三国的影响是强占其市场份额。反倾销关税是对进口货物的价格低于出口国国内市场价格的，除了征收正常进口关税外，附加征收相当于该差额的进口附加税，以抵制倾销，保护国内产业。

② 反补贴关税。补贴是指政府为了支持某产业的发展，对该产业的生产或出口给予一定的财政资金补贴或优惠政策支持。出口补贴的影响是扭曲了国际市场价格，妨碍了各国间的公平竞争。反补贴税是对受补贴的进口商品，除了征收正常进口关税外，附加征收相当于该商品在原产地直接或间接获得的补贴的进口附加税，以抵销出口厂商获得出口补贴的好处，增加进口该商品的成本，从而保护国内产业。

③ 报复关税。是指他国政府以不公正、不平等、不友好的态度对待本国出口的货物时，为维护本国利益，对从该国进口的货物报复性地给予相应的待遇，加重征收的关税。

④ 保障性关税。是当某类商品进口量剧增，对我国相关产业带来巨大威胁或损害时，按照 WTO 有关规则，可以启动一般保障措施，即在与有实质利益的国家或地区进行磋商后，在一定时期内提高该项商品的进口关税或采取数量限制措施，以保护国内相关产业不受损害。

5. 按税率制定权力分类

关税按税率制定权力分类，可以分为自主关税和协定关税。

(1) 自主关税。又称国定关税，是一个国家基于其主权，独立自主地制定的关税。一般高于协定税率，适用于没有签订关税贸易协定的国家。

(2) 协定关税。是指由两个以上的国家(包括两个)，通过缔结关税贸易协定而制定的关税税率。可分为双边协定税率、多边协定税率和片面协定税率。双边协定税率是两个国家之间达成协议相互给予减让的关税税率；多边协定税率是两个以上的国家之间达成协议相互给予减让的关税税率；片面协定税率是一国对他国输入的货物降低税率，为其输入提供方便，而他国并不相应给予低税率回报的税率。

(三) 关税的征收对象及纳税义务人

1. 关税的征税对象

关税的征税对象是准许进出境的货物和物品。

货物，是指贸易性商品；物品，是指入境旅客随身携带的行李物品、个人邮递物品、各种运输工具上的服务人员携带进口的自用物品、馈赠物品以及其他方式进境的个人物品。

2. 关税的纳税义务人

进口货物的收货人、出口货物的发货人、进出境物品的所有人，是关税的纳税义务人。

(四) 关税税则、税率和原产地规定

1. 关税税则

关税税则，又称进出口税则，是一国政府根据国家关税政策和经济政策，通过一定的立法程序制定并公布实施的进出口货物和物品应税的关税税率表。

进出口税则以税率表为主体，通常还包括实施税则的法令、使用税则的有关说明和附录等。

2. 关税税目

关税税目和税率是关税税则的核心内容，目前，我国进出口关税税目总数近8 000个。

3. 进口关税税率

我国现行的进口税则，采用复式税则(指一个税目设置两个及两个以上税率)，税率有四栏：分别是最惠国税率、协定税率、特惠税率和普通税率(见表 6-1)。

表 6-1　进口货物税率

税　　率	适 用 范 围	具体适用的国家或地区
最惠国税率	① 原产于与我国共同适用最惠国待遇条款的WTO成员国或地区的进口货物； ② 原产于与我国签订有相互给予最惠国待遇条款的双边贸易协定的国家或地区进口的货物； ③ 原产于我国境内的进口货物； ④ 按照普通税率征税的进口货物，经国务院关税税则委员会特别批准，可以适用最惠国税率	适用最惠国税率、协定税率、特惠税率的国家或者地区名单，由国务院关税税则委员会决定
协定税率	原产于我国参加的含有关税优惠条款的区域性贸易协定有关缔约方的进口货物	例如对原产于韩国、印度、斯里兰卡、孟加拉和老挝的 1 888 个税目商品实施亚太贸易协定税率等
特惠税率	原产于与我国签订有特殊优惠关税协定的国家或地区的进口货物	对原产于埃塞俄比亚、刚果、几内亚、阿富汗、孟加拉国、尼泊尔、索马里、老挝、缅甸和柬埔寨等 38 个联合国认定的最不发达国家以及已于 2013 年 2 月自最不发达国家名单中毕业但仍处在过渡期内的瓦努阿图和赤道几内亚，共 40 个国家的部分产品实施特惠税率
普通税率	原产于上述国家或地区以外的其他国家或地区的进口货物	

暂定税率是国家对部分进口原材料、零部件等实行更优惠的税率。暂定税率优先适用于最惠国税率、协定税率、特惠税率，但按普通税率征税的进口货物不适用暂定税率。目前我国对 700 多个税目的进口商品实行了暂定税率。

关税配额税率是对进口商品在一定数量内适用较低的配额内税率，超出一定数量适用较高的配额外税率。目前我国对小麦、玉米等 7 种农产品和尿素等 3 种化肥产品进口实行关税配额管理。

进口商品的税率结构，一般是产品加工程度越深，关税税率越高；原材料、不可再生性资源产品税率一般较低。

4. 出口关税税率

我国现行的出口税则，采用单式税则（指 1 个税目只设置 1 个税率），税率有 1 栏。

出口暂定税率优先适用于出口税则中规定的出口税率。

各国一般仅对少数产品出口征收出口关税。我国出口关税的征收对象为少数资源性产品及易于竞相杀价、盲目出口、需要规范出口秩序的半制成品等。现行出口税则对 100 余种商品出口征收关税，但对上述范围内的部分商品实行 0～25％的暂定税率。此外，根据需要对其他 200 多种商品征收暂定税率，出口税率较低。

5. 进口物品的税目和税率

对入境旅客随身携带的行李物品以及其他方式进境的个人物品，海关要征收行李和邮递物品进口税，简称“行邮税”。行邮税是对个人进口自用物品（不包括汽车、摩托车及其配件)征收进口环节的关税和其他税收的总称。

进口个人自用的汽车、摩托车及其配件,以及其他应税物品进口超过海关规定自用的合理数量的,按进口货物征税。

现行的行邮税税率共设为四档,分别为10%、20%、30%和50%(见表6-2)。

表 6-2 行邮税税目和税率

税率(%)	征 税 范 围
50	烟、酒、化妆品
30	高尔夫球及球具、高档手表(系指完税价格10 000元人民币以上的手表)
20	纺织品及其制成品、摄像机、摄录一体机、数码相机及其他电器用具,照相机、自行车、手表、钟表(含配件、附件)
10	书报、刊物、教育专用电影片、幻灯片、原版录音带、录像带、金、银及其制品、食品、饮料等

6. 进出口货物关税税率的确定

我国《进出口关税条例》规定,进出口货物,应当依照税则规定的归类原则归入合适的税号,并按照适用的税率征税。

(1) 进出口货物,按照纳税义务人申报进口或者出口之日实施的税率征税。

(2) 进口货物到达前,经海关核准先行申报的,应当按照装载此货物的运输工具申报进境之日实施的税率征税。

(3) 进出口货物的补税和退税,适用该进出口货物原申报进出口之日所实施的税率,但下列情况除外。

① 进口货物按照特定减免税办理后,情况改变需要补税的,按再次填写报关单之日的税率征税。

② 加工贸易进口料、件等属于保税性质的进口货物,如经批准转为内销需补税的,应按向海关申报转为内销之日实施的税率征税;如未经批准擅自转为内销的,则按海关查获日期所施行的税率征税。

③ 暂时进口货物转为正式进口需予补税的,应按其申报正式进口之日实施的税率征税。

④ 租赁进口货物分期支付租金分期付税时,适用海关接受纳税人再次填写报关单申报办理纳税及有关手续之日实施的税率征税。

⑤ 溢卸、误卸货物事后确定需征税时,应按其原运输工具申报进口日期所实施的税率征税。如原进口日期无法查明的,可按确定补税当天实施的税率征税。

⑥ 对由于税则归类的改变、完税价格的审定或其他工作差错而需补税的,应按原征税日期实施的税率征税。

⑦ 对经批准缓税进口的货物以后交税时,不论是分期或一次交清税款,都应按货物原进口之日实施的税率征税。

⑧ 查获的走私进口货物需补税时,应按查获日期实施的税率征税。

7. 进口货物的原产地确定

确定进口货物的原产地是为了正确运用进口税则的各栏税率。我国对进口货物原产地的确定，基本上采用了"全部产地生产标准"和"实质性加工标准"两种国际上通用的原产地标准。

(1) 全部产地生产标准。该标准是指进口货物"完全在一个国家内生产或制造"，不涉及其他国家或地区。

(2) 实质性加工标准。该标准是指由两个以上国家参与了产品的生产或制造，以最后一个对产品进行实质性加工的国家作为原产地。实质性加工是指经过加工后的产品的税则归类发生了变化，或加工增值部分占新产品总值比例达到30%及以上。

(3) 其他。对机器、仪器、器材或车辆所用零件、部件、配件、备件及工具，如与主件同时进口且数量合理的，其原产地按主件的原产地确定；分别进口的则按各自的原产地确定。

(五) 关税完税价格

进出口货物的关税完税价格，由海关以该货物的成交价格为基础审查确定。成交价格不能确定时，完税价格由海关依法估定。

1. 一般进口货物的完税价格

一般进口货物关税完税价格的确定方法有以下两种。

(1) 以成交价格为基础的完税价格。进口货物的完税价格包括货物的货价、货物运抵我国境内输入地点起卸前的运输及其相关费用、保险费。我国境内输入地为入境海关地，包括内陆河、江口岸，一般为第一口岸。

进口货物的成交价格是指买方为购买该货物，并按《完税价格办法》有关规定调整后的实付或应付价格。

"实付或应付价格"指买方为购买进口货物直接或间接支付的总额，包括向卖方或第三方已经支付或将要支付的全部款项。对实付或应付价格进行调整的方式包括以下四个方面。

其一，应调整计入完税价格的费用或价值。

应调整计入完税价格的费用或价值，是指买方为进口货物发生的但未包括在进口货物的实付或应付价格中的费用或价值，主要项目包括如下几种。

① 由买方负担的除购货佣金以外的佣金和经纪费。"购货佣金"指买方为购买进口货物向自己的采购代理人支付的劳务费用。"经纪费"指买方为购买进口货物向代表买卖双方利益的经纪人支付的劳务费用。

② 由买方负担的与该货物视为一体的容器费用、包装材料和包装劳务费用。

③ 与该货物的生产和向我国境内销售有关的，由买方以免费或者以低于成本的方式提供的一定的料件、消耗性材料及工具的价款，以及在境外开发、设计等相关服务的费用。

④ 买方支付的与进口货物有关的特许权使用费。

⑤ 卖方直接或间接从买方转售、处置或使用进口货物中获得的收益。

上述费用或价值，进口货物的纳税人应向海关提供客观量化的数据资料。若不能准确提供，完税价格由海关估定。

其二，不得计入完税价格的费用。

不得计入完税价格的费用，是指买方为进口货物发生的但应与进口货物的实付或应付价格相区分的费用，主要项目包括如下内容。

① 厂房、机械、设备等货物进口后的基建、安装、装配、维修和技术服务的费用。

② 货物运抵境内输入地点起卸之后的运输费、保险费和其他相关费用。

③ 进口关税、进口环节海关代征税及其他国内税。

④ 为在境内复制进口货物而支付的费用。

⑤ 境内外技术培训及境外考察费用。

其三，成交价格应符合的要求。

进口货物的成交价格意味着企业取得了与进口货物所有权有关的全部权利：

① 买方对进口货物的处置或使用不受限制；

② 货物的价格不得受到不确定的条件或因素的影响；

③ 卖方不得直接或间接获得因买方使用进口货物而产生的任何收益；

④ 买卖双方之间没有特殊关系。

其四，买卖双方有特殊关系，应证明特殊关系未对成交价格产生影响。

有下列情形之一的，应当认定买卖双方有特殊关系：

① 买卖双方为同一家族成员；

② 买卖双方互为商业上的高级职员或董事；

③ 一方直接或间接地受另一方控制；

④ 买卖双方都直接或间接地受第三方控制；

⑤ 买卖双方共同直接或间接地控制第三方；

⑥ 一方直接或间接地拥有、控制或持有另一方5%以上公开发行的有表决权的股票或股份；

⑦ 一方是另一方的雇员、高级职员或董事；

⑧ 买卖双方是同一合伙组织的成员；

⑨ 买卖双方在经营上互有联系，一方是另一方的独家代理、经销或受让人。

买卖双方之间有特殊关系的，纳税人应向海关证明其特殊关系未对成交价格产生影响。如果成交价格与同时或大约同时发生的下列任一价格相近，海关可审定其特殊关系未对成交价格产生影响：

① 向境内无特殊关系的买方出售相同或类似货物的成交价格；

② 按照使用倒扣价格方法确定的相同或类似货物的完税价格；

③ 按照使用计算价格方法确定的相同或类似货物的完税价格。

海关在使用上述价格进行比较时，应当考虑商业水平和进口数量的不同，以及买卖双方有无特殊关系造成的费用差异。

【例6-1】 某外贸进出口公司某月进口小轿车20辆，每辆到岸价格72 000元，另外公司还向卖方支付了佣金36 000元，小轿车关税税率10%。计算进口轿车应缴纳的关税额。

应纳关税额＝(20×72 000＋36 000)×10%＝147 600(元)

（2）进口货物海关估价方法。

进口货物的价格不符合成交价格条件或者成交价格不能确定的，海关应当依次选择下列方法估定完税价格。

① 按相同或类似货物的成交价格估定。该方法是指以与被估的进口货物同时或大约同时（在海关接受申报进口之日的前后各45天以内）进口的相同或类似货物的成交价格为基础，估定完税价格。

“相同货物”指与进口货物在同一国家或地区生产的，在物理性质、质量和信誉等所有方面都相同的货物，但表面的微小差异允许存在。

“类似货物”指与进口货物在同一国家或地区生产的。虽然不是在所有方面都相同，但却具有相似的特征、相似的组成材料、同样的功能，并且在商业中可以互换的货物。

在采用相同或类似货物成交价格方法估定完税价格时，应当首先使用同一生产商生产的相同或类似货物的成交价格，只有在没有这一成交价格的情况下，才可以使用同一生产国或地区生产的相同或类似货物的成交价格。如果有多个相同或类似货物的成交价格，应当使用最低的成交价格，并考虑进口数量、运输距离、方式、其他条件的差异等做出调整。

② 倒扣价格方法。该方法是以被估的进口货物、相同或类似进口货物在境内销售的价格为基础估定完税价格。

销售价格应当同时符合五个条件：在被估货物进口时或大约同时销售；按照进口时的状态销售；在境内第一环节销售；合计的货物销售总量最大；向境内无特殊关系方的销售。

使用该方法估定完税价格时，应当扣除下列三项：一是该种类和等级的货物，在境内销售时的利润、一般费用及通常支付的佣金；二是货物运抵境内输入地点之后的运输费、装卸费、保险费及其他相关费用；三是进口关税、进口环节税和其他与进口或销售上述货物有关的税。

关税完税价格采用倒扣价格方法计算，计算公式为：

关税完税价格＝国内批发价格－进口关税－进口其他税费－境内营业费用及利润

＝国内批发价格－完税价格×关税税率－完税价格×（1＋关税税率）÷（1－其他税费率）×其他税费率－完税价格×20％

＝国内批发价格÷［1＋关税税率＋（1＋关税税率）÷（1－其他税费率）×其他税费率＋20％］

公式中的境内营业费用及利润水平，一般估定为关税完税价格的20％。

【例6-2】 某企业从美国进口某货物5 000件，该货物适用进口关税税率为10％，当时汇率为6元。计算下列情况该公司应缴纳的进口关税额。

（1）进口申报价格为到岸价格（CIF）大连，＄60 000；

（2）进口申报价格为离岸价格（FOB）旧金山，＄55 000，运输费、包装费和手续费共计￥23 000，保险费率3‰；

（3）进口申报价格为到岸价格（C&F）大连，＄57 000；

（4）该货物的成交价格不可靠，海关采用估定完税价格的方法。假设该货物在我国市场的批发价格为每件180元，进口关税税率10％，消费税率30％，进口后的营业费用和利润估定为20％。

计算：

(1) 应纳关税额＝60 000×6×10％＝36 000(元)

(2) 应纳关税额＝(55 000×6＋23 000)×(1＋3‰)×10％＝35 405.9(元)

(3) 应纳关税额＝57 000×6×(1＋3‰)×10％＝34 302.6(元)

(4) 应纳关税额＝5 000×180÷[1＋10％＋(1＋10％)÷(1－30％)×30％＋20％]×10％＝50 8474.58×10％＝50 847.46(元)

③ 计算价格方法。该方法是以组成被估货物价格的各项价值和费用的总和估定完税价格。其包括下列三项：一是生产该货物所使用的原材料价值和进行装配或其他加工费用(即货物的生产成本)；二是向境内销售同等级或者同种类货物通常的利润和一般费用(包括直接费用和间接费用，这部分是被估货物在其国内市场上销售，应加成的内容)；三是货物运抵境内输入地点起卸前的运输及相关费用、保险费(这部分是被估货物出口发生的相关费用)。

【例 6-3】 某企业从英国进口一套设备，该套设备在英国批发价为 60 万元，从英国运达我国海关的运费 2 万元，保险费 3 万元，该套设备适用的进口关税税率 15％。计算进口该商品应缴纳的关税额。

应纳关税额＝(60＋2＋3)×15％＝65×15％＝659.75(万元)

④ 其他合理方法。使用其他合理方法估定完税价格，应当以在境内获得的数据资料为基础估定。但不得使用以下价格：货物在境内生产、销售的价格；可供选择的价格中较高的价格；货物在出口地市场的销售价格；以计算价格方法规定的有关各项之外的价值或费用计算的价格；出口到第三国或地区的货物的销售价格；最低限价或武断虚构的价格。

2. 特殊进口货物的完税价格

(1) 加工贸易进口料件及其制成品的完税价格。

加工贸易，是指企业进口全部或者部分原辅材料、零部件等，经加工或者装配后，将制成品复出口的经营活动，包括来料加工和进料加工。来料加工，企业不需要付汇进口料件(由境外企业提供)，按照境外企业的要求进行加工或者装配，收取加工费，制成品由境外企业销售。进料加工，企业需要付汇进口料件，制成品也由企业外销出口。

加工贸易进口料件及其制成品(包括残次品、副产品)需征税或内销补税的，海关按照一般进口货物的完税价格规定，审定完税价格，具体见表 6-3。

表 6-3 加工贸易进口料件及其制成品完税价格审定

具 体 情 况	完税价格的审定和估定
1. 进料加工进口料件进口时需征税的	以料件申报进口时的价格估定
2. 进料加工进口料件或其制成品内销的	以料件原进口时的价格估定
3. 来料加工进口料件或其制成品(包括残次品)内销的	以料件申报内销时的价格估定
4. 出口加工区内的加工企业内销的制成品	以制成品申报内销时的价格估定

续表

具体情况	完税价格的审定和估定
5. 保税区内的加工企业内销的进口料件或其制成品	以制成品所含境外购入料件的原进口成交价格估定；以制成品申报内销时的价格估定
6. 加工贸易加工过程中产生的边角料	申报内销时的价格估定

(2) 保税区、出口加工区货物的完税价格。

从保税区或出口加工区销往区外、从保税仓库出库内销的进口货物(加工贸易进口料件及其制成品除外)，以海关审定的价格估定完税价格。对经审核销售价格不能确定的，海关按照一般进口货物估价办法估定完税价格。如销售价格中未包括在保税区、出口加工区或保税仓库中发生的仓储、运输及其他相关费用，应当按照客观量化的数据资料予以计入。

(3) 运往境外修理后复运进境货物的完税价格。

运往境外修理时向海关报明，在海关规定期限内复运进境的，应当以海关审定的境外修理费和料件费为完税价格。

(4) 运往境外加工后进境货物的完税价格。

运往境外加工时向海关报明，在海关规定期限内进境的，应当以海关审定的境外加工费和料件费为完税价格。

(5) 暂时进境货物的完税价格。

经海关批准暂时进境的货物，应当按照一般进口货物估价办法的规定，估定完税价格。

(6) 租赁方式进口货物的完税价格。

租赁方式进口的货物中，以支付租金方式租赁货物，在租赁期间以海关审定的租金作为完税价格。留购的租赁货物，以海关审定的留购价格作为完税价格。承租人申请一次性缴纳税款的，经海关同意，可以按照一般进口货物估价办法的规定估定完税价格。

(7) 留购的进口货样的完税价格。

境内留购的进口货样、展览品和广告陈列品，以海关审定的留购价格作为完税价格。

(8) 予以补税的减免税货物的完税价格。

减税或免税进口的货物需予补税时，应当以海关审定的该货物原进口时的价格，扣除折旧部分价值作为完税价格，其计算公式为：

完税价格＝海关审定的该货物原进口时的价格

×[1－申请补税时实际已使用的时间(月)÷(监管年限×12)]

(9) 以其他方式进口的货物的完税价格。

以易货贸易、寄售、捐赠、赠送等其他方式进口的货物，应当按照一般进口货物估价办法的规定，估定完税价格。

3. 出口货物的完税价格

出口货物关税完税价格的确定方法有以下两种。

(1) 以成交价格为基础的完税价格。

出口货物的完税价格,由海关以该货物向境外销售的成交价格为基础审查确定,并应包括货物运至我国境内输出地点装载前的运输及其相关费用、保险费,但其中包含的出口关税税额,应当扣除。

出口货物的成交价格,一般是离岸价格。该价格是指货物出口销售到我国境外时,买方向卖方实付或应付的价格。出口货物的成交价格中含有支付给境外的佣金的,如果单独列明,应当扣除。出口货物完税价格计算公式如下:

出口货物完税价格=(离岸价格-单独列明的支付给境外的佣金)÷(1+出口税率)

【例 6-4】 某外贸企业某月出口 A 产品,离岸价 6 534 000 元,出口关税税率 8%;出口 B 产品,到岸价成交,价款 1 500 000 元,支付境外的运输费用 98 000 元、保险费用 5 000元,B 产品出口关税税率 10%。则:

应纳 A 产品出口关税额=6 534 000÷(1+8%)×8%=6 050 000×8%=484 000(元)

应纳 B 产品出口关税额=(1 500 000-98 000-5 000)÷(1+10%)×10%

=1 270 000×10%=127 000(元)

(2) 出口货物海关估价方法。

如果出口货物的成交价格不能确定,完税价格由海关依次使用下列方法估定。

① 同时或大约同时向同一国家或地区出口的相同货物的成交价格。

② 同时或大约同时向同一国家或地区出口的类似货物的成交价格。

③ 根据境内生产相同或类似货物的成本、利润和一般费用、境内发生的运输及其相关费用、保险费计算所得的价格。

④ 按照合理方法估定的价格。

4. 进出口货物完税价格中相关费用的计算

在确定进出口货物完税价格时,会涉及运费、保险费及其他相关的费用。这些费用计算的正确性,将会直接影响到完税价格的确定,进而影响关税的金额。这些费用的计算方法如下所述。

(1) 以一般陆运、空运、海运方式进口货物相关费用的计算。

① 海运进口货物,计算至货物运抵境内的卸货口岸;如果卸货口岸是内河(江)口岸,则应当计算至内河(江)口岸。

② 陆运进口货物,计算至货物运抵境内的第一口岸;如果运输及其相关费用、保险费支付至目的地口岸,则计算至目的地口岸。

③ 空运进口货物,计算至货物运抵境内的第一口岸;如果货物目的地为境内的第一口岸外的其他口岸,则计算至目的地口岸。

④ 陆运、空运和海运进口货物的运费和保险费,应当按照实际支付的费用计算。如果进口货物的运费无法确定或未实际发生,海关应当按照该货物进口同期运输行业公布的运费率(额)计算运费,按照“货价加运费”两者总额的 3‰计算保险费。

(2) 以其他方式进口货物相关费用的计算。

邮运的进口货物,应当以邮费作为运输及其相关费用和保险费;以境外边境口岸价格条件成交的铁路或公路运输进口货物,海关应当按照货价的 1%计算运输及其相关费用、

保险费；作为进口货物的自驾进口的运输工具，海关在审定完税价格时，可以不另行计入运费。

（3）出口货物相关费用的计算。

出口货物的销售价格如果包括离境口岸至境外口岸之间的运输费与保险费的，该运输费与保险费应当从出口货物完税价格中扣除。

5. 完税价格的审定

（1）进出口货物的收发货人应当向海关如实申报进出口货物的成交价格，提供包括发票、合同、装箱清单及其他证明申报价格真实、完整的单证、书面资料和电子数据。

（2）海关为审查申报价格的真实性和准确性，可以行使下列职权：

① 查阅、复制与进出口货物有关的合同、发票、账册、结付汇凭证、单据、业务函电和其他反映买卖双方关系及交易活动的书面资料和电子数据；

② 向进出口货物的收发货人及与其有资金往来或有其他业务往来的公司、企业调查与进出口货物价格有关的问题；

③ 对进出口货物进行查验或提取货样进行检验或化验；

④ 进入进出口货物收发货人的生产经营场所、货物存放场所，检查与进出口活动有关的货物和生产经营情况；

⑤ 向有关金融机构或税务部门，查询了解与进出口货物有关的收付汇资料或缴纳国内税的情况。

（3）对纳税人申报的价格有疑问时，应以书面形式告知纳税人，并要求纳税人以书面形式作进一步说明，提供证据。如果纳税人在15日内未能提供进一步说明，或海关审核所提供资料后仍怀疑其申报价格的真实性与准确性，则海关可按照估价方法估定完税价格。

（4）海关怀疑买卖双方有特殊关系影响成交价格时，应按上述(3)办理。

（5）海关按相同或类似货物的成交价格估定完税价格时可以与纳税人进行价格磋商。

（6）纳税人可以提出书面申请，要求海关就完税价格做出书面说明。

（7）海关需要推迟做出估价决定时，纳税人可以在提供担保后，先行提取货物。海关对于实行担保放行的货物，应在90天内核查完毕，并将核查结果通知纳税人。

（六）关税应纳税额的计算

进出口货物关税应纳税额的计算主要有四种方式，即从价计税、从量计税、复合计税和滑准计税。

1. 从价税应纳关税额的计算

应纳税额＝应税进(出)口货物数量×单位完税价格×关税税率

＝应税进(出)口货物关税完税价格×关税税率

2. 从量税应纳关税额的计算

应纳税额＝应税进(出)口货物数量×单位货物税额

3. 复合税应纳关税额的计算

应纳税额=应税进(出)口货物数量×单位货物税额+应税进(出)口货物数量×单位完税价格×税率

4. 滑准税应纳关税额的计算

应纳税额=应税进(出)口货物数量×单位完税价格×滑准税税率

在《进(出)口商品从量税、复合税、滑准税税目税率表》中注明了滑准税税率的计算公式。

(七) 关税的税收优惠

关税减免是对某些纳税人和征税对象给予鼓励和照顾的一种特殊调节手段。关税减免可分为以下三种类型。

1. 法定减免税

法定减免税是税法中明确列出的减税或免税。符合税法规定可予减免税的进出口货物,纳税义务人无须提出申请,海关可按规定直接予以减免税。海关对法定减免税货物一般不进行后续管理。

我国有关法规和条例规定,下列货物、物品予以减免关税。

(1) 关税税额在人民币 50 元以下的一票货物,可免征关税。

(2) 无商业价值的广告品和货样,可免征关税。

(3) 外国政府、国际组织无偿赠送的物资,可免征关税。

(4) 进出境运输工具装载的途中必需的燃料、物料和饮食用品,可予免税。

(5) 经海关核准暂时出入境,在 6 个月内复运入出境的货样、展览品、施工机械及器具、影视摄制器械及物品等,向海关缴纳相当于税款的保证金或提供担保后,可予暂时免税。

(6) 为境外厂商加工、装配成品和为制造外销产品而进口的料件,按照实际加工出口的成品数量免征进口关税。也可先征进口料件关税,再按实际加工出口的成品数量予以退税。

(7) 出口退回免征进口关税,但已征收的出口关税不予退还。

(8) 进口退出免征出口关税,但已征收的进口关税不予退还。

(9) 进口货物在①境外运输途中或起卸时;②起卸后海关放行前;③海关查验时遭受损失,不是管理不慎造成的,可酌情减免。

(10) 进口货物在征税后发现短缺或毁损,国外的发货人、承运人或保险公司给予补换货物进口,可以免税,但有残损、质量问题的货物应退运国外。否则,补换货物进口应照章征税。

(11) 我国缔结或参加国际条约规定的减免税。

(12) 我国法律规定其他减免税。

2. 特定减免税

特定减免税也称政策性减免税。是在法定减免税之外,国家按照国际通行规则和我国实际情况,制定发布的有关进出口货物减免关税的政策。

特定减免税货物一般有地区、企业和用途的限制，海关需要进行后续管理，也需要进行减免税统计。现行税法中规定的享受特定减免税的货物有：科教用品；残疾人专用品；扶贫、慈善性捐赠物资；加工贸易产品；边境贸易进口物资；保税区进出口货物；出口加工区进出口货物；某些进口设备；特定行业或用途的减免税政策。

3. 临时减免税

临时减免税是指以上法定和特定减免税以外的其他减免税，由国务院根据《海关法》对某个单位、某类商品、某个项目或某批进出口货物的特殊情况，给予特别照顾，一案一批，专文下达的减免税。一般有单位、品种、期限、金额或数量等限制，不能比照执行。

（八）关税的征收管理

1. 关税缴纳

进口货物自运输工具申报进境之日起14日内，出口货物在货物运抵海关监管区后装货的24小时以前，应由进出口货物的纳税义务人向货物进（出）境地海关申报进出口，

海关根据税则归类和完税价格计算应缴纳的关税和进口环节代征税，并填发税款缴款书。

纳税义务人应当自海关填发税款缴款书之日起15日内，向指定银行缴纳税款。如缴纳期限的最后1日是周末或法定节假日的，顺延至周末或法定节假日过后的第1个工作日。

纳税人申请，经海关同意，也可在货物启运地海关办理申报纳税手续。

纳税人因不可抗力或国家调整税收政策，不能按期缴纳税款的，经海关总署批准，可以延期缴纳税款，但最长不超过6个月。

2. 关税的强制执行

纳税义务人未在关税缴纳期限内缴纳税款，即构成关税滞纳。为保证海关征收关税决定的有效执行和国家财政收入的及时入库，《海关法》赋予海关对滞纳关税的纳税义务人强制执行的权利。强制措施主要有以下两类。

（1）征收关税滞纳金。

滞纳金自关税缴纳期限届满滞纳之日起，至纳税义务人缴纳关税之日止，按滞纳税款万分之五的比例按日征收，周末或法定节假日不予扣除。具体计算公式为：

关税滞纳金金额＝滞纳关税税额×滞纳金征收比率×滞纳天数

（2）强制征收。

如纳税义务人自海关填发缴款书之日起3个月仍未缴纳税款，经海关关长批准，海关可以采取强制征收方式。

强制扣缴即海关从纳税义务人在开户银行或者其他金融机构的存款中直接扣缴税款。

变价抵缴即海关将应税货物依法变卖，以变卖所得抵缴税款。

3. 关税退还

关税退还是纳税人按海关核定的税额缴纳关税后，因某种原因的出现，海关将实际征收多于应当征收的税额（称为溢征关税）退还给纳税人的一种行政行为。

海关多征的税款，海关发现后应立即退还纳税人。

有下列情形之一的，纳税人可以自缴纳税款之日起 1 年内，书面声明理由，连同原纳税收据向海关申请退税并加算银行同期活期存款利息，逾期不予受理。

(1) 因海关误征，多纳税款的；

(2) 海关核准免验进口的货物，在完税后，发现有短缺情形，经海关审查认可的；

(3) 已征出口关税的货物，因故未将其运出口，申报退关，经海关查验属实的。

对已征出口关税的出口货物和已征进口关税的进口货物，因货物品种或规格原因(非其他原因)原状复运进境或出境的，经海关查验属实的，也应退还已征关税。海关应当自受理退税申请之日起 30 日内，做出书面答复并通知退税申请人。如果属于其他原因且不能以原状复运进境或出境，不能退税。

4. 关税补征和追征

补征和追征是海关在关税纳税义务人按海关核定的税额缴纳关税后，发现实际征收税额少于应当征收的税额(称为短征关税)时，责令纳税义务人补缴所差税款的一种行政行为。

根据短征关税的原因，将征收原短征关税的行为分为补征和追征两种。由于纳税人违反海关规定造成短征关税的，称为追征；非因纳税人违反海关规定造成短征关税的，称为补征。

海关在放行货物和物品后，发现少征或者漏征税款的，应当自缴纳税款或者货物、物品放行之日起 1 年内，向纳税义务人补征。

因纳税义务人违反规定而造成的少征或者漏征的税款，自纳税义务人应缴纳税款之日起 3 年以内可以追征，并从缴纳税款之日起按日加收少征或者漏征税款万分之五的滞纳金。

5. 关税纳税争议

纳税义务人对海关在原产地认定、税则归类、税率或汇率适用、完税价格确定、关税减征、免征、追征、补征和退还等征税行为表示异议时，有提出复议和诉讼的权利。

纳税义务人应自海关填发税款缴款书之日起 30 日内，向原征税海关的上一级海关书面申请复议。逾期申请复议的，海关不予受理。海关应当自收到复议申请之日起 60 日内做出复议决定，并以复议决定书的形式正式答复纳税义务人。

纳税义务人对海关复议决定仍然不服的，可以自收到复议决定书之日起 15 日内，向人民法院提起诉讼。

纳税人在申请复议和提起诉讼期间，仍然应当履行纳税义务，按照海关核定的税额缴纳关税，逾期则构成滞纳，海关有权按规定采取强制执行措施。

(九) 船舶吨税

1. 船舶吨税的征税范围和税率

(1) 征税范围。

自中华人民共和国境外港口进入境内港口的船舶。

(2) 船舶吨税的税率。

优惠税率——中华人民共和国籍的应税船舶，船籍国(地区)与中华人民共和国签订

含有相互给予船舶税费最惠国待遇条款的条约或者协定的应税船舶。

普通税率——其他应税船舶。

2. 应纳税额的计算

(1) 计税依据。船舶吨税以船舶注册净吨位为计税依据。

(2) 计算公式：应纳税额＝船舶净吨位×适用税率

3. 船舶吨税的优惠政策

(1) 直接优惠。

下列船舶免征吨税：

① 应纳税额在人民币50元以下的船舶；

② 自境外以购买、受赠、继承等方式取得船舶所有权的初次进口到港的空载船舶；

③ 吨税执照期满后24小时内不上下客货的船舶；

④ 非机动船舶(不包括非机动驳船)；

⑤ 捕捞、养殖渔船；

⑥ 避难、防疫隔离、修理、终止运营或者拆解，并不上下客货的船舶；

⑦ 军队、武装警察部队专用或者征用的船舶；

⑧ 依照法律规定应当予以免税的外国驻华使领馆、国际组织驻华代表机构及其有关人员的船舶；

⑨ 国务院规定的其他船舶。

(2) 延期优惠。

在吨税执照期限内，应税船舶发生下列情形之一的，海关按照实际发生的天数批注延长吨税执照期限：

① 避难、防疫隔离、修理，并不上下客货；

② 军队、武装警察部队征用。

③ 应税船舶因不可抗力在未设立海关地点停泊的，船舶负责人应当立即向附近海关报告，并在不可抗力原因消除后，向海关申报纳税。

4. 船舶吨税的征收管理

(1) 征收机关——海关。

(2) 纳税义务发生时间——应税船舶进入港口的当日。

(3) 纳税期限——自海关填发吨税缴款凭证之日起15日内向指定银行缴清税款。

(4) 补征和追征。

① 补征。海关发现少征或者漏征税款的，应当自应税船舶应当缴纳税款之日起1年内，补征税款。

② 追征。因应税船舶违反规定造成少征或者漏征税款的，海关可以自应当缴纳税款之日起3年内追征税款，并自应当缴纳税款之日起按日加征少征或者漏征税款0.5‰的滞纳金。

③ 处罚。应税船舶有下列行为之一的，由海关责令限期改正，处2 000元以上3万元以下罚款；不缴或者少缴应纳税款的，处不缴或者少缴税款50%以上5倍以下的罚款，但罚款不得低于2 000元：

A. 未按照规定申报纳税、领取吨税执照的；

B. 未按照规定交验吨税执照及其他证明文件的。

(5) 多征和退还。

海关发现多征税款的，应当立即通知应税船舶办理退还手续，并加算银行同期活期存款利息。

应税船舶发现多缴税款的，可以自缴纳税款之日起 1 年内以书面形式要求海关退还多缴的税款并加算银行同期活期存款利息；海关应当自受理退税申请之日起 30 日内查实并通知应税船舶办理退还手续。

三、 重点与难点

【重点】 关税的分类；关税的征收对象及纳税义务人；关税税则；进口关税税率种类及运用；原产地规定；进口关税税收优惠；行邮税的有关规定。

【难点】 进口关税完税价格及应纳关税的计算；出口关税完税价格及应纳关税的计算。

四、 基础练习

(一) 判断题

1. 进口货物的纳税人是收货人，出口货物的纳税人是发货人。 ( )

2. 进口货物增值税的计税价格包括货物到岸价格和进口环节应缴的关税。 ( )

3. 入境人员携带物品入境应缴关税，从量征收。 ( )

4. 行邮税的纳税人确有困难，可申请缓纳，海关可先放行物品，之后再收缴税款。 ( )

5. 个人进口自用汽车、摩托车及其配件，以及进口物品超过海关规定自用合理数量的部分，按货物进口办理验货及纳税手续。 ( )

6. 滑准税是随进口货物价格由高到低变化，适用税率也由高到低变化。 ( )

7. 对进口货物有暂定税率的情况下，应优先适用，但不适用于按普通税率征税的进口货物。 ( )

8. 对进口货物征收特别关税，是在征收关税的基础上，再加征进口附加税。 ( )

9. 采取临时反倾销措施，一般不超过 4 个月，特殊情况下，可以延长至 9 个月。 ( )

10. 征收反倾销税的期限一般不超过 5 年。 ( )

11. 确定进口货物的原产地是为了正确运用进口税则的各栏税率。 ( )

12. 出口货物关税的计税价格为离岸价格。 ( )

13. 运往境外修理的货物，以海关审定的境外修理费和料件费为完税价格。 ( )

14. 进出口货物，经海关同意，可以在设有海关的地方办理海关申报、纳税手续。 ( )

15. 关税少征的，若系纳税人原因，应在 3 年内追征，并按日加收万分之五的滞纳金。（　　）

16. 外国政府、国际组织无偿赠送的物资，依照有关规定，可实行特定减免。（　　）

17. 购货佣金是向采购代理人支付的劳务费，不应计入关税的计税价格。（　　）

18. 具有我国国籍的应税船舶在我国境内缴纳船舶吨税的，适用普通税率。（　　）

（二）多项选择题

1. 关税的减免税可分为（　　）。

A. 法定减免　　B. 特定减免　　C. 临时减免　　D. 规定起征点

2. 征收特别关税的种类有（　　）。

A. 报复性关税　　B. 反倾销税　　C. 反补贴税　　D. 保障性关税

3. 进口货物发生的下列费用，若未包括在成交价格中，应当计入关税完税价格（　　）。

A. 向采购代理人支付的佣金

B. 由买方负担的包装费

C. 向经纪人支付的佣金

D. 由买方支付的与进口货物有关的特许权使用费

4. 货物到岸价格应包括的内容有（　　）。

A. 货物价款　　B. 境外的运费及保险费

C. 卖方佣金　　D. 买方佣金

5. 下列物品进口应征收行邮税的有（　　）。

A. 入境旅客的行李物品

B. 单位自用的物品

C. 个人的邮递物品

D. 运输工具及工作人员运输途中使用的物品

6. 进料加工过程中产生的边角料，下列税务处理不正确的是（　　）。

A. 免税　　B. 以申报内销时的价格估定完税价格

C. 以料件进口时的价格估定完税价格　　D. 以国内同类价格估定完税价格

7. 下列关于船舶吨税的说法正确的有（　　）。

A. 自中华人民共和国境外港口进入境内港口的船舶，应当缴纳船舶吨税

B. 吨税设置普通税率和优惠税率

C. 吨税按照船舶净吨位和吨税执照期限征收

D. 吨税由海关负责征收

8. 2014 年 10 月 20 日，外国某运输公司一艘货轮驶入我国某港口，该货轮净吨位为 30 000 吨，货轮负责人已向我国该海关领取了吨税执照，在港口停留期为 30 天，该国已与我国签订有相互给予船舶税最惠国待遇条款。下列正确的是（　　）。

A. 该货轮应享受优惠税率　　B. 应缴纳的船舶吨税 99 000 元

C. 该货轮适用普通税率　　D. 应缴纳的船舶吨税 138 000 元

（三）计算题

1. 资料：某企业进口一批机械，到岸价格 1 600 万元，关税税率 10%，海关于 2014 年 3 月 3 日填发税款缴纳书。由于企业当时资金周转困难，于 3 月 30 日一次缴清税款，关税滞纳金为按日收取 0.5‰。

要求：分别计算该企业进口机械本期应缴纳的关税及其滞纳金。

2. 资料：某公司进口一批货物，离岸价格 2 000 万元，境外运费 50 万元，境外保险费 40 万元，关税税率 10%，于海关填发税款缴纳书之日起第 18 天缴纳税款。

要求：分别计算该企业进口货物应缴纳的关税、增值税及滞纳金。

3. 资料：某企业进口货物一批，离岸价格 1 410 万元（含支付境外采购代理人佣金 10 万元），另支付境外经纪人佣金 15 万元，特许权使用费 50 万元，运费和保险费共计 35 万元。假设该货物关税税率 20%，增值税率 17%，消费税率 10%。

要求：分别计算企业进口该货物应缴纳的关税、增值税及消费税额。

4. 资料：某公司进口一批应税消费品，以 FOB 价格 1 560 万元成交，另实际支付运费 73.7 万元，同期保险费率 4‰。假设关税税率 60%，消费税率 20%，增值税率 17%。

要求：分别计算企业进口该批商品应缴纳的关税、消费税和增值税额。

5. 资料：某公司进口化妆品一批，到岸价格 149 000 美元（当日的外汇牌价为 1：6.4）。海关在审核价格时发现许多问题，故采用估定完税价格的方法征收有关税费。该货物国内市场上正常的批发价为 262 万元，适用的关税税率 26%、增值税率 17%、消费税税率 30%，国内运费及利润水平一般为 20%。

要求：分别计算企业该批进口商品应缴纳的关税、消费税和增值税额。

6. 资料：某公司进口一批钻石，到岸价格 20 万元，另外向采购代理人支付佣金 3 万元，从供货方获得回扣 1 万元。钻石进口关税税率 10%，消费税率 5%。

要求：分别计算企业该批钻石进口环节应缴纳的关税、消费税和增值税额。

7. 资料：某公司 2014 年 6 月进口卷烟 400 箱，境外成交价格 260 万元，运至我国境内又发生运费 10 万元，保险费 5 万元，适用的关税税率 20%。

要求：分别计算企业该批进口卷烟应缴纳的关税、消费税和增值税额。

8. 资料：位于某市区的一家化工厂系增值税一般纳税人，2014 年 8 月进口一批香精，离岸价格 85 万元，境外运费及保险费共计 5 万元，关税税率 50%，消费税率 30%，增值税率 17%，海关于 8 月 15 日开具了完税凭证，该厂缴纳税款后海关放行了货物。本月该厂领用进口香精 80%用于生产高级化妆品，国内购进其他原材料已取得增值税专用发票，注明价款 120 万元，增值税 20.4 万元，该月增值税抵扣凭证均在当月认证抵扣，本月销售化妆品取得不含税销售额 500 万元。

要求：根据上述资料分别计算：

（1）应缴纳的进口关税额。

（2）进口环节应缴纳的消费税额。

（3）进口环节应缴纳的增值税额。

（4）当月应缴纳的增值税额。

(5) 当月应缴纳的消费税额。

(6) 当月应缴纳的城建税和教育费附加额。

(7) 当月“营业税金及附加”账户金额。

(8) 月末“应交税费”账户余额。

9. 资料：某外贸公司出口生丝，离岸价 616 万元，出口税率 10%。

要求：计算该外贸公司该商品出口应缴纳的关税。

10. 资料：企业向某国出口一批产品，到岸价格 150 万元，支付境外运输费用 9.8 万元、保险费用 0.5 万元，该产品出口关税税率 10%。

要求：计算企业出口该商品应缴纳的关税额。

11. 资料：某外贸公司向某国出口一批货物，数量 130 吨，适用的出口关税税率为 4%，当时的外汇折合率为 1 美元=6.8 元人民币。

要求：分别计算以下情况该公司出口货物应缴纳的关税额。

(1) 申报的离岸价格为每吨 200 美元；

(2) 申报的到岸价格为每吨 200 美元，公司支付境外运费 4 000 美元、保险费 500 美元。

12. 资料：有一美国籍净吨位为 9 000 吨的货轮“维多利亚”号，停靠在我国天津新港装卸货物。货轮负责人已向我国海关领取了吨税执照，在港口停留期限为 30 天，美国已与我国签订有相互给予船舶税费最惠国待遇条款。

要求：计算应缴纳的船舶吨税。

五、复习思考题

1. 关税的概念及特点？
2. 关税税率如何分类？
3. 进口关税的征收对象、纳税人、税率运用及应纳税额的计算方法？
4. 海关核定进口关税计税价格的方法有哪些？
5. 个人物品入境应如何缴纳关税？
6. 关税减免分为哪几种类型？
7. 出口关税的征收对象、纳税人、税率、计税价格及应纳税额的计算方法？
8. 船舶吨税的征税范围及税收优惠是如何规定的？

六、知识拓展阅读

反倾销措施

反倾销措施包括临时措施、价格承诺和征收反倾销税。

1. 临时措施

《反倾销协议》第 7 条规定，在符合下列条件时，调查当局可以采取临时反倾销措施：(1)已开始调查，已予以公告，并已经予有利害关系的当事人提供资料和提出意见的充分机会；(2)已作出倾销存在和对国内相关产业造成损害的肯定性初步裁定；(3)调查当局认定采取临时措施对防止在调查期间继续发生损害是必需的。

临时措施的种类包括：(1)征收临时反倾销税；(2)采用担保方式，支付现金或保证金。临时反倾销税和保证金的数额不得高于初步裁定确定的倾销幅度。

临时措施应从开始调查之日起的60天后方可采取，其实施的期限一般不能超过4个月；如果有关贸易的大部分出口商提出要求，由调查当局决定，该期限可延长至6个月。如果调查过程中调查当局正在审查征收低于倾销幅度的税额是否能消除损害时，则上述期间可分别为6个月和9个月。

此外，采取临时反倾销措施应遵守征收固定反倾销税的其他规定。

2. 价格承诺

根据《反倾销协议》第8条的规定，价格承诺是指进口国调查当局与出口商或出口国政府就提高倾销产品价格或停止以倾销价格向进口国出口以便消除损害影响而达成的一种协议。其中，以提高倾销产品价格形式作出的价格承诺，其价格提高不得超过经初步裁定已确认的倾销幅度。

作出价格承诺的前提是已经作出了倾销存在和由倾销造成国内相关产业的损害的肯定性初步裁定。在初步裁定作出之前，或作出的裁定是否定的情况下，调查当局不能寻求或接受价格承诺。

达成价格承诺的要求可以是调查当局提出的，也可以是受调查的出口商提出的，但无论是谁首先提出的，对方都没有必须接受的义务。在出口商提出价格承诺的要求时，如果调查当局认为接受价格承诺在实际上是行不通的，如存在出口商的数目过大等情况，则可以不接受价格承诺。在调查当局提出价格承诺的要求时，出口商也没有义务必须接受，并且其拒绝接受的行为不应影响到对案件的最终裁决结果。

价格承诺一旦作出，其效果是导致反倾销调查的暂时中止，进口国反倾销当局应立即停止调查程序。在承诺执行期间，调查当局可要求出口商定期提供其执行承诺的有关信息资料。如果发现违反承诺的情况出现，调查当局可终止承诺协议的执行，并立即重新启动反倾销调查程序，调查当局可根据现有的证据资料立即采取临时反倾销措施，并且这时采取的临时措施可以追溯至采取措施前90天输入的产品，但这一追溯不适用于在违反承诺之前就已经进口的产品。

3. 反倾销税

反倾销税最主要的是一种反倾销措施，它是在反倾销调查当局在最终裁定中作出肯定性的倾销和损害存在的结论时所征收的税项。

征收反倾销税应遵循以下原则：(1)征收额度应低于或等于倾销幅度。如果以较少的征税就能足以消除对国内产业造成的损害，最好征税额小于倾销幅度。(2)多退少不补。如果最终确定的反倾销税额高于临时反倾销税，则差额部分不能要求出口商补交；反之，如果最终确定的反倾销税额低于临时反倾销税，则出口商多交的部分税款应当退还，并且退款应在作出决定后90天内进行。(3)非歧视原则。反倾销税的征收应一视同仁，其税率不能因国别不同而有差异，除非依照《反倾销协议》存在可以忽略不计的情况或存在倾销幅度的差异。

反倾销税应自征税之日起5年内结束，但如果在5年期限到来之前的一段合理时间

内提出了复审要求。则在作出复审结果之前，反倾销税应继续征收。如果复审结果表明损害已不存在或不存在重新发生损害的可能，则反倾销税的征收应当停止；如果复审结果表明损害依然存在，或者停止征收反倾销税将导致倾销和损害继续发生或重新发生，则原有的反倾销税可以继续维持下去。

一般情况下，反倾销税的征收效力发生于最终裁定作出之后。但在特殊情况下，调查当局也可以对临时措施适用之前 90 天进入进口国消费领域的产品追溯征收反倾销税。根据《反倾销协议》第 10 条的规定，追溯征收反倾销税的条件包括：(1)倾销产品有对国内产业造成损害的倾销历史，或者倾销产品的进口商知道或应当知道产品的出口商在倾销产品，并且倾销将对国内产业造成损害；(2)倾销产品在短期内大量进口，并且已对国内产业造成损害。

（资料来源：http：//www.lawtime.cn，2013-08-12.）

第七章

资源税法

一、学习目标

【了解】 资源税的税目与税率;资源税的纳税义务人与扣缴义务人;资源税的征收管理。

【理解】 资源税的概念及特点;资源税的税收优惠。

【掌握】 资源税的计税依据;应纳资源税额的计算。

二、学习要点与内容提要

(一)资源税的概念及其特点

资源税是对在我国境内领域及管辖海域从事矿产品或者生产盐(以下称开采或者生产应税产品)的单位和个人课征的一种税,属于对自然资源占用课税的范畴。

资源税具有以下特点。

(1)以特定资源为征税对象,征税范围小。自然资源包括的范围很广,例如:矿产资源、土地资源、水资源、动植物资源、森林资源、海洋资源等。目前我国仅选择了部分级差收入差异较大,资源较为普遍,易于征收管理的矿产品和盐列为征税对象。

(2)实行有幅度的差别税率。按照"资源条件好、收入多的多征;资源条件差、收入少的少征"的原则,根据应税产品等级分别确定不同的税率,以有效地调节资源级差收入。

(3)实行源泉课征。资源税在应税产品的开采或生产环节一次性征收,在应税产品销售或移作自用时计算应纳税额,税款由独立核算单位计算划拨,在开采或生产地源泉纳税,避免了税款的流失。

(4)是地方税种。除了海洋石油资源税收入归中央所有外,其他资源税都由地方税务局负责征收,归地方政府所有。

(二)纳税义务人及扣缴义务人

1. 资源税的纳税义务人

资源税的纳税义务人是在我国领域及管辖海域从事应税矿产品开采或者生产盐的单位和个人。

单位,是指企业、行政单位、事业单位、军事单位、社会团体及其他单位。

个人,是指个体工商户和其他个人。

2. 资源税的扣缴义务人

我国《资源税暂行条例》规定,收购未税矿产品的单位为资源税的扣缴义务人。

规定资源税的扣缴义务人,主要是为了加强资源税的征管,避免漏税,由扣缴义务人在收购矿产品时代扣代缴资源税,主要适用于零星、分散、不定期开采的情况。

收购未税矿产品的单位,是指独立矿山、联合企业和其他单位。

独立矿山是指只有采矿或只有采矿和选矿,独立核算、自负盈亏的单位,其生产的原矿和精矿主要用于对外销售。

联合企业是指采矿、选矿、冶炼(或加工)连续生产的企业或采矿、冶炼(或加工)连续生产的企业,其采矿单位,一般是该企业的二级或二级以下核算单位。

其他单位包括收购未税矿产品的个体户在内。

(三) 税目与税率

现行资源税的税目包括七大类,其中,原油、天然气和煤炭的税率为有幅度的比例税率,其他 4 个税目的税率为有幅度的定额税率,具体见表 7-1。

表 7-1 资源税税目、税率表

税目		税率
一、原油		销售额的 6%～10%
二、天然气		销售额的 6%～10%
三、煤炭(从 2014 年 12 月 1 日起改为从价计征)		销售额的 2%～10%
四、其他非金属矿原矿	普通非金属矿原矿	每吨或者每立方米 0.5～20 元
	贵重非金属矿原矿	每千克或者每克拉 0.5～20 元
五、黑色金属矿原矿		每吨 2～30 元
六、有色金属矿原矿	稀土矿	每吨 0.4～60 元
	其他有色金属矿原矿	每吨 0.4～30 元
七、盐	固体盐	每吨 10～60 元
	液体盐	每吨 2～10 元

1. 资源税税目的征税范围

资源税税目的征税范围限定如下所述。

(1) 原油,是指开采的天然原油,不包括人造石油。

(2) 天然气,是指专门开采或者与原油同时开采的天然气。

(3) 煤炭,包括原煤和以未税原煤加工的洗选煤。

(4) 其他非金属矿原矿,是指上列产品和井矿盐以外的非金属矿原矿,包括宝石、金刚石、玉石、膨润土、石墨、石英砂、萤石、重晶石、毒重石、蛭石、长石、氟石、滑石、白云石、硅灰石、凹凸棒石黏土、高岭石土、耐火黏土、云母、大理石、花岗石、石灰石、菱镁矿、天然碱、石膏、硅线石、工业用金刚石、石棉、硫铁矿、自然硫、磷铁矿等。

(5) 黑色金属矿原矿，包括铁矿石、锰矿石和铬矿石。是指纳税人开采后自用、销售的，用于直接入炉冶炼或作为主产品先入选精矿，制造人工矿，再最终入炉冶炼的黑色金属矿石原矿。

(6) 有色金属矿原矿，包括铜矿石、铅锌矿石、铝土矿石、钨矿石、锡矿石、锑矿石、铝矿石、镍矿石、黄金矿石、钒矿石(含石煤钒)等。

(7) 盐，包括固体盐和液体盐。固体盐是指海盐原盐、湖盐原盐和井矿盐；液体盐是指卤水。

2. 资源税应税产品的适用税率

资源税应税产品的具体适用税率按国家税务总局制定的《资源税税目税率明细表》执行。

矿产品等级的划分，按国家税务总局制定的《几个主要品种的矿山资源等级表》执行。

对于划分资源等级的应税产品，其《几个主要品种的矿山资源等级表》中未列举名称的纳税人适用的税率，由省、自治区、直辖市人民政府根据纳税人的资源状况，参照《资源税税目税率明细表》和《几个主要品种的矿山资源等级表》中确定的邻近矿山或者资源状况、开采条件相近矿山的税率标准，在浮动30%的幅度内核定，并报财政部和国家税务总局备案。

纳税人开采或者生产不同税目应税产品的，应当分别核算；不能准确提供不同税目应税产品的销售额或销售数量的，一律从高适用税率。

独立矿山、联合企业收购未税矿产品的，按照本单位相同矿种应税产品的税额、税率标准，依据收购数量代扣代缴资源税。

独立矿山、联合企业收购与本单位矿种不同的未税矿产品，以及其他收购单位收购的未税矿产品，按收购地主管税务机关核定的税额、税率标准，依据收购数量代扣代缴资源税。

(四) 课税数量与销售额

1. 课税数量

资源税的应纳税额按照从量定额办法征收的，计税依据为应税产品的销售数量。

销售数量包括纳税人开采或者生产应税产品的实际销售数量和视同销售的自用数量。

纳税人开采或者生产应税产品自用的，其中，自用于连续生产应税产品的，不缴纳资源税，只对最终生产销售的应税产品课税。自用于其他方面的，视同销售，以移送使用数量为课税数量。

纳税人不能准确提供应税产品销售数量的，以应税产品的产量或者主管税务机关确定的折算比换算成的数量为计征资源税的销售数量。例如，对于连续加工前无法正确计算原煤移送使用量的煤炭，可按加工产品的综合回收率，将加工产品实际销量和自用量折算成原煤数量，以此作为课税数量；金属和非金属矿产品原矿，因无法准确掌握纳税人移送使用原矿数量的，可将其精矿按选矿比折算成原矿数量，以此作为课税数量，其计算公

式为：

$$选矿比=精矿数量\div耗用原矿数量$$

纳税人以自产的液体盐加工固体盐，按固体盐税额征税，以加工的固体盐数量为课税数量。纳税人以外购的液体盐加工成固体盐，其加工固体盐所耗用液体盐的已纳税额准予抵扣。

2. 销售额

资源税的应纳税额，按照从价定率办法征收的，计税依据为应税产品的销售额。

销售额为纳税人销售应税产品向购买方收取的全部价款和价外费用，但不包括收取的增值税销项税额。

价外费用，包括价外向购买方收取的手续费、补贴、基金、集资费、返还利润、奖励费、违约金、滞纳金、延期付款利息、赔偿金、代收款项、代垫款项、包装费、包装物租金、储备费、优质费、运输装卸费以及其他各种性质的价外收费。但下列项目不包括在内。

(1) 同时符合以下条件的代垫运输费用。指承运部门的运输费用发票开具给购买方的；纳税人将该项发票转交给购买方的。

(2) 同时符合以下条件代为收取的政府性基金或者行政事业性收费。指由国务院或者财政部批准设立的政府性基金，由国务院或者省级人民政府及其财政、价格主管部门批准设立的行政事业性收费；收取时开具省级以上财政部门印制的财政票据；所收款项全额上缴财政。

纳税人以人民币以外的货币结算销售额的，应当折合成人民币计算。其销售额的人民币折合率可以选择销售额发生的当天或者当月1日的人民币汇率中间价。纳税人应在事先确定采用何种折合率计算方法，确定后1年内不得变更。

纳税人申报的应税产品销售额明显偏低并且无正当理由的、有视同销售应税产品行为而无销售额的，除财政部、国家税务总局另有规定外，按下列顺序确定销售额：

(1) 按纳税人最近时期同类产品的平均销售价格确定；

(2) 按其他纳税人最近时期同类产品的平均销售价格确定；

(3) 按组成计税价格确定。公式为：

$$组成计税价格=成本\times(1+成本利润率)\div(1-税率)$$

公式中，成本是指应税产品的实际生产成本，成本利润率由省、自治区、直辖市税务机关确定。

(五) 应纳税额的计算

1. 从量定额征收

$$应纳税额=课税数量\times单位税额$$

$$代扣代缴应纳税额=收购未税矿产品的数量\times适用的单位税额$$

2. 从价定率征收

$$应纳税额=销售额\times税率$$

【例7-1】 某油田某月开采原油100 000吨，销售70 000吨，假如原油销售价格每吨600元，适用税率10%。计算该油田本月应缴纳的资源税额。

应纳资源税额=70 000×600×10%=4 200 000(元)

【例 7-2】 某煤矿开采原煤加工成洗煤销售,洗煤率 40%,原煤适用税率 9%。2015 年 9 月生产销售洗煤 120 吨,销售单价 1 200 元/吨(不含增值税),销售均开具增值税专用发票。计算该煤矿本月应缴纳的资源税额。

应纳资源税额=120÷40%×1200×9%=32 400(元)

【例 7-3】 某盐业公司某月自产液体盐 5 万吨,外购液体盐 40 000 吨,将其加工成固体盐 30 000 吨,本月销售 20 000 吨。假如固体盐税额 15 元/吨,液体盐税额 2 元/吨。计算该盐业公司本月应缴纳的资源税额。

应纳资源税额=20 000×15-40 000×2=220 000(元)

(六) 税收优惠

资源税的征收目的,除了财政原因之外,主要是为了运用税收经济杠杆调节纳税人的收入,促使纳税人节约、合理地开发利用自然资源,因此规定的税收优惠比较少。

1. 减税、免税项目

(1) 开采原油过程中用于加热、修井的原油,免税。

(2) 纳税人开采或者生产应税产品过程中,因意外事故或者自然灾害等原因遭受重大损失的,由省、自治区、直辖市人民政府酌情决定减税或者免税。

(3) 铁矿石资源税减按 80%征收资源税。

(4) 尾矿再利用的,不再征收资源税。

(5) 自 2007 年 1 月 1 日起,对地面抽采煤层气暂不征收资源税。

(6) 自 2010 年 6 月 1 日起,纳税人在新疆开采的原油、天然气,自用于连续生产原油、天然气的,不缴纳资源税;自用于其他方面的,视同销售,依照本规定计算缴纳资源税。

(7) 国务院规定的其他减税、免税项目。

需要注意的是,纳税人的减税、免税项目,应当单独核算课税数量;未单独核算或者不能准确提供课税数量的,不予减税或者免税。

2. 出口应税产品不退(免)资源税的规定

资源税规定仅对在我国境内开采或生产应税产品的单位和个人征收,进口的矿产品和盐不征收资源税。

由于对进口应税产品不征收资源税,相应的对出口应税产品也不免征或退还已纳资源税。

(七) 征收管理

1. 纳税义务发生时间

(1) 纳税人销售应税产品的纳税义务发生时间,其与增值税法规定纳税人销售货物的纳税义务发生时间的规定一致,可比较第二章的内容学习。

(2) 纳税人自产自用应税产品的纳税义务发生时间,为移送使用应税产品的当天。

(3) 扣缴义务人代扣代缴税款的纳税义务发生时间,为支付首笔货款或者开具应支付货款凭据的当天。

2. 纳税期限

纳税期限是指纳税人发生纳税义务后缴纳税款的期限。资源税的纳税期限与增值税的规定一致，为1日、3日、5日、10日、15日或者1个月。纳税人的具体纳税期限由主管税务机关根据实际情况为其核定。不能按固定期限计算纳税的，可以按次计算纳税。

纳税人以1个月为一期纳税的，应自期满之日起10日内申报缴纳税款；以1日、3日、5日、10日或者15日为一期纳税的，应自期满之日起5日内预缴税款，于次月1日起10日内申报纳税并结清上月税款。

3. 纳税地点

凡是缴纳资源税的纳税人，都应当向应税产品的开采或者生产所在地主管税务机关缴纳税款。

如果纳税人在本省、自治区、直辖市范围内开采或者生产应税产品，其纳税地点需要调整的，由所在地省、自治区、直辖市税务机关决定。

跨省、自治区、直辖市开采或者生产应税产品的纳税人，其下属生产单位与核算单位不在同一省、自治区、直辖市的，对其开采或者生产的应税产品，一律在开采地或者生产地纳税。其应纳税款一律由独立核算的单位按照每个开采地或者生产地的销售量(或者自用量)、单位销售价格及适用税率计算划拨。

扣缴义务人代扣代缴的资源税，应当向收购地主管税务机关缴纳。

【例7-4】 某煤炭企业2015年10月，本地开采原煤8万吨，销售7万吨，销售额35万元(含增值税)，原煤税率8%；在外省开采原煤6万吨，销售5万吨，销售额19万元(含增值税)，原煤税税率2%。计算该企业2015年10月应缴纳的资源税额。

在本地应纳资源税额＝350 000÷(1＋17%)×8%＝23 931.62(元)

在外省应纳资源税额＝190 000÷(1＋17%)×2%＝3 247.86(元)

4. 纳税申报

资源税的纳税义务人应按主管税务机关核定的纳税期限，如实填写并报送《资源税纳税申报表》。

三、重点与难点

【重点】 资源税的纳税义务人与扣缴义务人；资源税的税目与税率；资源税的计税依据；应纳资源税的计算；资源税的税收优惠。

【难点】 资源税的计税依据；应纳资源税的计算。

四、基础练习

(一) 判断题

1. 资源税的纳税人是开采和进口应税资源的单位和个人。（　　）

2. 纳税人在开采主矿产品过程中伴采的其他应税矿产品，凡未单独规定适用税额的，应按主矿产品或视同主矿产品税目征收资源税。（　　）

3. 在资源税税目税率表中未列举名称的其他有色金属矿和其他非金属矿原矿，一律

免税。 (　　)

4. 煤炭经销商销售原煤应缴纳资源税。 (　　)

5. 出口矿产品和盐，应免征或退还资源税。 (　　)

6. 征收资源税的产品不再征收增值税。 (　　)

（二）单项选择题

1. 资源税的纳税义务发生时间、纳税期限与纳税地点，可依照下列税种征收的是(　　)。
A. 增值税　　B. 消费税　　C. 营业税　　D. 土地使用税

2. 下列企业既是增值税纳税人又是资源税纳税人的是(　　)。
A. 在境内开采有色金属矿产品的企业
B. 在境外开采有色金属矿产品的企业
C. 进口有色金属矿产品的企业
D. 销售有色金属矿产品的进出口贸易公司

3. 下列情形属于资源税征收范围的是(　　)。
A. 某企业收购原煤销售　　B. 某企业进口原煤
C. 某企业制作蜂窝煤销售　　D. 煤矿开采原煤销售

（三）多项选择题

1. 依据我国资源税暂行条例及实施细则的规定，下列应缴纳资源税的有(　　)。
A. 国有企业开采原煤　　B. 个体经营者开采石灰石
C. 军事单位开采石油　　D. 外商投资企业开采天然原油

2. 资源税纳税人销售资源税应税产品(例如煤矿开采销售原煤)，应交纳(　　)。
A. 资源税　　B. 增值税
C. 消费税　　D. 城市维护建设税

3. 资源税的税率设置考虑了下列哪些因素(　　)。
A. 储存状况　　B. 开采条件　　C. 地理位置　　D. 资源优劣

4. 资源税的其他非金属矿原矿包括(　　)。
A. 石棉　　B. 石灰石　　C. 铁矿石　　D. 硫铁矿

5. 资源税与消费税相比，在下列哪些方面的规定一致(　　)。
A. 纳税义务发生时间　　B. 纳税地点
C. 纳税环节　　D. 税务征管机构

6. 下列表述符合资源税课税数量规定的有(　　)。
A. 纳税人开采应税产品销售的，以开采数量为课税数量
B. 纳税人开采应税产品销售的，以销售数量为课税数量
C. 纳税人开采应税产品自用的，以自用数量为课税数量
D. 纳税人开采应税产品自用的，免于征收资源税

7. 纳税人销售资源税应税产品，其纳税义务发生时间为(　　)。
A. 采取分期收款结算方式的，为销售合同规定的收款日期的当天

B. 采取预收货款结算方式的，为发出应税产品的当天

C. 采取其他结算方式的，为收讫货款或取得索取货款凭据的当天

D. 扣缴义务人代扣代缴税款的，为支付首笔货款或开具应支付货款凭据的当天

8. 下列对资源税纳税地点的表述正确的有(　　)。

A. 纳税义务人开采销售应税产品，应当向开采地税务机关缴纳税款

B. 纳税义务人开采销售应税产品，应当向应税产品销售地税务机关缴纳税款

C. 扣缴义务人代扣代缴的资源税，应当向其所在地税务机关缴纳

D. 扣缴义务人代扣代缴的资源税，应当向收购地税务机关缴纳

(四) 计算题

1. 资料：2015 年 8 月山西省一家煤矿采用分期收款方式销售自行开采的原煤 1 200 吨，不含税销售额 66 万元，合同约定本月收取货款 60%，实际收到 20 万元。当月可抵扣的进项税额为 3 万元，原煤资源税率 8%。

要求：分别计算该煤矿本期销售原煤应缴纳的资源税和增值税额。

2. 资料：2015 年 9 月江西省一家煤矿某月开采原煤 6 000 吨。将其中 4 000 吨直接销售，取得销售额 429 400 元(含增值税)；将其中 1 000 吨连续加工成居民用蜂窝煤销售，取得收入 259 900 元(含增值税)；将 100 吨自产原煤送职工食堂耗用。该原煤资源税税率 2%，当月增值税进项税 10 535 元。

要求：分别计算该煤矿本期应缴纳的资源税、增值税和城建税额。

五、复习思考题

1. 我国资源税的概念和特点？
2. 我国资源税的税目和税率？
3. 我国资源税的纳税义务人与扣缴义务人？
4. 资源税产品进出口的税收政策？
5. 资源税与消费税的异同？

六、知识拓展阅读

国外资源税种类

国外资源税分为三种，即产出型资源税、利润型资源税和财产型资源税。

产出型资源税(output-related taxes)。是以加工过的矿石或未经加工的原矿为课税对象，或者从量定额征收，或者从价定率征收。产出型资源税的典型代表是跨州税(severance tax，也译为采掘税或开采税)。在美国、加拿大、澳大利亚等联邦制国家，由于各州拥有自主的税收立法权。自然资源丰富的州通过立法规定，本州的自然资源在输往其他州时，通过从量征收跨州税，达到最大可能地分享自然资源租值。跨州税的纳税人是在本州从事矿山开采的居民或企业，但其负税人却是资源的消费者。由于自然资源在各州的分布极不均衡，因此，跨州税的收取使某些州凭借自然资源的优势，聚集了大量的税

收收入。而我国实行的是全国“统一税法”原则，地方政府不享有自然资源的所有权和资源税的立法权。

利润型资源税(profit taxes)。是以开采企业的盈利为课税对象，对亏损企业不征税。与产出型资源税相比，这种税既考虑到开采企业的运营成本，也考虑到了资源耗减因素。对利润率低的小型矿山企业没有歧视，意味着更为公平的税收原则。但为保持税收公平合理性，会相应增加税务管理的成本。

财产型资源税(property taxes)。是以矿产这种财富作为课税对象，按该财富的价值征收，实际上是一种从价税。受矿产财富在未来价格、成本和矿床地理特征等不确定因素的影响，矿产价值很难衡量。而且当地的税收估价员通常缺乏评价这些参数的素质培训。有研究表明，这种资源税类型往往会引导企业更快地开采矿藏。

(资料来源：钢联资讯，2012-04-08.)

第八章

土地增值税法

一、学习目标

【了解】 土地增值税的纳税义务人;税收优惠及征收管理。

【理解】 土地增值税的概念;特点;征税范围;超率累进税率。

【掌握】 土地增值税应税收入、扣除项目及增值额的确定;应纳税额的计算。

二、学习要点与内容提要

(一)土地增值税的概念及其特点

土地增值税是对有偿转让国有土地使用权、地上建筑物及其附着物产权,并取得增值收入的单位和个人征收的一种税。

土地增值税具有以下特点。

(1) 以转让房地产的增值额为计税依据。增值额为纳税人转让房地产的收入,减除规定的准予扣除项目金额后的余额。其计算与会计核算中计算会计期间利润的方法相似。

(2) 实行超率累进税率。土地增值税的税率按照转让房地产的增值额与扣除项目金额的比率设置等级,税率累进。即增值率高的,适用高税率,增值率低的,适用低税率。这样能够较好地体现税收公平原则和调节纳税人的收入。

(3) 实行按次征收。土地增值税是在房地产的转让环节征收,每转让一次就计征一次。每次的计税依据为转让房地产的增值额,可避免重复计税。

(4) 征税面比较广。凡在我国境内转让房地产并取得收入的单位和个人,除税法规定免税的以外,均应按照《土地增值税暂行条例》规定缴纳土地增值税。

(二)纳税义务人

土地增值税的纳税义务人为转让国有土地使用权、地上的建筑物及其附着物(以下简称转让房地产)并取得收入的单位和个人。包括各类企业、事业单位、国家机关、社会团体、其他组织、个体经营者及个人。

(三)征税范围

土地增值税的基本征税范围包括如下内容。

(1) 转让国有土地使用权。

根据我国《宪法》和《中华人民共和国土地管理法》的规定,城市的土地属于国家所有;农村和城市郊区的土地除由法律规定属于国家所有的以外,属于集体所有。国家可以依照法律规定对集体土地实行征用,依法被征用后的土地属于国家所有。

属于国家所有的土地,其土地使用权在转让时,属于土地增值税的征税范围。属于农村集体所有的土地,不得自行转让,只能根据有关法律规定,由国家征用以后变为国家所有时,才能进行转让。

出售国有土地使用权,是指土地使用者通过出让方式,向政府交纳土地出让金、有偿受让土地使用权后,仅对土地进行通水、通电、通路和平整地面等土地开发,不进行房产开发,然后直接将空地出售。

需要明确的是,国家以土地所有者的身份将土地使用权在一定年限内让予土地使用者,土地使用者向国家支付土地使用权出让金,该行为称为"土地使用权出让",属于土地买卖的一级市场。不属于土地增值税的征税范围。

(2) 地上建筑物及其附着物连同国有土地使用权一并转让。

即纳税人取得国有土地使用权后进行房屋开发建造,然后予以出售,即通常所说的房地产开发。

(3) 存量房地产买卖。

是指已经建成并已投入使用的房地产,其房屋所有人将房屋产权和土地使用权一并转让给其他单位和个人。

土地增值税的征税范围不包括未转让土地使用权、房产产权的行为,是否发生转让行为主要以房地产权属(指土地使用权和房产产权)的变更为标准。凡土地使用权、房产产权未转让的(如房地产的出租),不征收。

具体情况是否属于土地增值税征税范围的判定如下所述。

(1) 房地产出售。是指房地产的产权所有人、依法取得土地使用权的土地使用人,以出售方式转让国有土地使用权、地上的建筑物及附着物。这种情况同时符合上述三个标准,所以属于土地增值税的征税范围。具体包括三种情况:一是土地使用权人仅对土地进行了开发即予以转让,未进行房产开发;二是土地使用权人进行房地产开发后,将房地产一并转让;三是房屋所有人将房屋产权和土地使用权一并转让给其他单位和个人,属于存量房地产转让。

(2) 房地产继承、赠予。房地产继承,是指房产的原产权所有人、依照法律规定取得土地使用权的土地使用人死亡以后,由其继承人依法承受死者房产产权和土地使用权的民事法律行为。该行为虽然发生了房地产的权属变更,但转让人并没有取得任何收入。因此,这种房地产的继承不属于土地增值税的征税范围。房地产赠予,是指房产所有人、土地使用权所有人将自己所拥有的房地产无偿地交给其他人的民事法律行为。这里的"赠予"仅指两种情况:一是房产所有人、土地使用权所有人将房屋产权、土地使用权赠予直系亲属或承担直接赡养义务的人;二是房产所有人、土地使用权所有人通过我国境内非营利的社会团体、国家机关将房屋产权、土地使用权赠予教育、民政和其他社会福利、公益事业。这两种"赠予"与房地产继承相似,虽然发生了房地产的权属变更,但转让人并没

有取得任何收入。因此,这两种房地产的赠予不属于土地增值税的征税范围。

(3) 房地产出租。是指房产的产权所有人、依照法律规定取得土地使用权的土地使用人,将房产、土地使用权租赁给承租人使用,由承租人向出租人支付租金的行为。该行为出租人虽然取得了收入,但没有发生权属转让。因此,不属于土地增值税的征税范围。

(4) 房地产抵押。是指房地产的产权所有人、依法取得土地使用权的土地使用人,其作为债务人或第三人向债权人提供不动产作为清偿债务的担保而不转移不动产权属的法律行为。待抵押期满后,视该房地产是否转移占有而确定是否征收土地增值税。如果以房地产抵债而发生了房地产权属转让的,属于土地增值税的征税范围。

(5) 房地产交换。是指一方以房地产与另一方的房地产进行交换的行为。由于这种行为发生了房地产权属的变更,也取得了用实物形态反映的收入,属于土地增值税的征税范围。但对个人之间互换自有居住用房地产的,经当地税务机关核实,可以免征土地增值税。

(6) 以房地产进行投资、联营。以房地产进行投资、联营的,将房地产转让到所投资、联营的企业,暂免征收土地增值税。对投资、联营企业将上述房地产再转让的,应征收土地增值税。下述情况除外:投资、联营的企业属于从事房地产开发的,或房地产开发企业以其建造的商品房进行投资和联营的,应当征收土地增值税。

(7) 合作建房。对于一方出地,一方出资金,双方合作建房,属于土地增值税的征税范围。建成后按比例分房自用的,暂免征收土地增值税;建成后转让的,应征收土地增值税。

(8) 企业兼并转让房地产。在企业兼并中,对被兼并企业将房地产转让到兼并企业中的,属于土地增值税的征税范围,但是目前暂免征收土地增值税。

(9) 房地产企业代建房。指房地产企业代客户进行房地产的开发,开发完成后向客户收取代建收入的行为。该收入属于劳务收入,不是房地产权属转移的收入,因此不属于土地增值税的征税范围。

(10) 房地产评估增值。指国有企业在清产核资时对房地产进行重新评估而使其升值的情况。因为这种情况既没有发生房地产权属的转移,也未取得收入,所以不属于土地增值税的征税范围。

(四) 税率

土地增值税实行四级超率累进税率,具体见表 8-1。

表 8-1　土地增值税四级超率累进税率表

级数	增值额与扣除项目金额的比率	税率(%)	速算扣除系数(%)
1	不超过 50%的部分	30	0
2	超过 50%～100%的部分	40	5
3	超过 100%～200%的部分	50	15
4	超过 200%的部分	60	35

表注:表中的速算扣除系数是增值额按全额累进税率计算的税额与按超额累进税率计算的税额之差占扣除项目金额的百分比。

（五）应税收入与扣除项目

土地增值税的计税依据是纳税人转让房地产取得的增值额。增值额的确定，取决于应税收入和扣除项目金额的大小。

1. 应税收入的确定

根据《土地增值税暂行条例》及其实施细则的规定，纳税人转让房地产取得的应税收入，应包括转让房地产的全部价款及有关的经济收益。从收入的形式看，包括货币收入、实物收入和其他收入。

货币收入，是指纳税人转让房地产而取得的现金、银行存款、支票、银行本票、汇票等各种信用票据和国库券、金融债券、企业债券、股票等有价证券。

实物收入，是指纳税人转让房地产而取得的各种实物形态的收入，例如钢材、水泥等建材，房屋、土地等不动产。对实物收入的价值应按照市场价格或其他合理的方法进行恰当估价。

其他收入，是指纳税人转让房地产而取得的无形资产收入或具有财产价值的权利，例如专利权、商标权、著作权、专有技术使用权、特许权、土地使用权、商誉权等。

2. 扣除项目的确定

在计算纳税人转让房地产获取的增值额时，应从转让收入中减除一定项目，具体包括如下内容。

(1) 取得土地使用权所支付的金额。

取得土地使用权的支出具体包括两方面的内容。

① 为取得土地使用权所支付的地价款。根据取得方式的不同具体为：如果是以协议、招标、拍卖等出让方式取得土地使用权的，地价款为纳税人所支付的土地出让金；如果是以行政划拨方式取得土地使用权的，地价款为按照国家有关规定补交的土地出让金；如果是以转让方式取得土地使用权的，地价款为向原土地使用权人实际支付的地价款。

② 在取得土地使用权时按国家统一规定缴纳的有关费用。指在取得土地使用权过程中为办理有关手续，按国家统一规定缴纳的有关登记、过户手续费。

(2) 房地产开发成本。

房地产开发成本，是指开发房地产项目实际发生的成本，包括土地的征用及拆迁补偿费、前期工程费、建筑安装工程费、基础设施费、公共配套设施费、开发间接费用等。

① 土地征用及拆迁补偿费。包括土地征用费、耕地占用税、劳动力安置费及有关地上、地下附着物拆迁补偿的净支出、安置动迁用房支出等。

② 前期工程费。包括规划、设计、项目可行性研究和水文、地质、勘察、测绘、“三通一平”等支出。

③ 建筑安装工程费。指以出包方式支付给承包单位的建筑安装工程费，以自营方式发生的建筑安装工程费。

④ 基础设施费。包括开发小区内道路、供水、供电、供气、排污、排洪、通信、照明、环卫、绿化等工程发生的支出。

⑤ 公共配套设施费。包括不能有偿转让的开发小区内公共配套设施发生的支出。

⑥ 开发间接费用。是指直接组织、管理开发项目发生的费用，包括工资、职工福利费、折旧费、修理费、办公费、水电费、劳动保护费、周转房摊销等。

(3) 房地产开发费用。

房地产开发费用，是指与房地产开发项目有关的销售费用、管理费用和财务费用。

根据现行财务会计制度的规定，该三项费用作为期间费用，直接计入当期损益，不按成本核算对象进行分摊。因此，作为土地增值税扣除项目的房地产开发费用，不按纳税人房地产开发项目实际发生的费用进行扣除，而按《土地增值税暂行条例实施细则》的标准进行扣除。主要有两种扣除方式。

① 财务费用中的利息支出，凡能够按转让房地产项目计算分摊并提供金融机构的贷款证明的，允许据实扣除，但最高不能超过按商业银行同类同期贷款利率计算的金额。其他房地产开发费用，按取得土地使用权所支付的金额和房地产开发成本金额之和的5%以内计算扣除。

② 凡不能按转让房地产项目计算分摊利息支出或不能提供金融机构贷款证明的，房地产开发费用按取得土地使用权所支付的金额和房地产开发成本金额之和的10%以内计算扣除。

计算扣除的具体比例，由各省、自治区、直辖市人民政府规定。

此外，财政部、国家税务总局还对扣除项目金额中利息支出的计算问题做了两点专门规定：一是利息的上浮幅度按国家的有关规定执行，超过上浮幅度的部分不允许扣除；二是对于超过贷款期限的利息部分和加罚的利息不允许扣除。

(4) 与转让房地产有关的税金。

与转让房地产有关的税金，是指转让房地产缴纳的营业税、城市维护建设税、印花税。因转让房地产缴纳的教育费附加，也可视同税金予以扣除。

需要注意的是，房地产开发企业在转让时缴纳的印花税因列入管理费用中，故在此不允许单独再扣除。其他纳税人缴纳的印花税(按产权转移书据所载金额的0.5‰贴花)允许在此扣除。

(5) 其他扣除项目。

对从事房地产开发的纳税人可按取得土地使用权所支付的金额和房地产开发成本金额之和，加计20%扣除。此项规定属于优惠，只适用于从事房地产开发的纳税人，其他纳税人不适用。

(6) 旧房及建筑物的评估价格。

转让旧房的，应按房屋及建筑物的评估价格、取得土地使用权所支付的地价款和按国家统一规定缴纳的有关费用及在转让环节缴纳的税金作为扣除项目金额计征土地增值税。对取得土地使用权时未支付地价款或不能提供已支付的地价款凭据的，在计征土地增值税时不允许扣除。

旧房及建筑物的评估价格是指在转让已使用的房屋及建筑物时，由政府批准设立的房地产评估机构评定的重置成本价乘以成新度折扣率后的价格。其中，重置成本是指对旧房及建筑物，按转让时的建材价格及人工费用计算的，建造同样面积、层次、结构、建设标准的新房及建筑物所需花费的成本费用。成新度折扣率是指按旧房的新旧程度作一定比例的折扣。评估价格须经当地税务机关确认。

例如，一幢房屋已使用近7年，建造时的造价为8 000万元，按转让时的建材及人工费用计算，建同样的新房需花费25 000万元，该房有六成新。则该房的评估价格为：25 000×60％＝15 000(万元)。

（六）应纳税额计算

1. 增值额的确定

纳税人转让房地产获取的增值额，是指转让收入减除规定的扣除项目金额后的余额。

如果纳税人不能准确提供房地产转让价格或扣除项目金额，税务机关按照房地产评估价格计算征收。

(1) 纳税人隐瞒、虚报房地产成交价格的。由政府批准设立的房地产评估机构根据相同地段、同类房地产的市场交易价格进行综合评估，税务机关根据评估价格确定转让房地产的收入。

(2) 提供扣除项目金额不实的。由评估机构按照房屋重置成本价乘以成新度折扣率计算的房屋成本价和取得土地使用权时的基准地价进行评估。税务机关根据评估价格确定扣除项目金额。

(3) 转让房地产的成交价格低于房地产评估价格，又无正当理由的。由税务机关参照房地产评估价格确定转让房地产的收入。

2. 应纳税额的计算

土地增值税按照纳税人转让房地产所取得的增值额和规定的税率计算。计算公式是：

$$应纳税额 = \sum(每级距的增值额 \times 适用税率)$$

在实际工作中，分步计算比较烦琐，一般可以采用速算扣除法计算。计算公式为：

应纳税额＝增值额×适用的税率－扣除项目金额×速算扣除系数

具体公式如下所述。

(1) 增值额未超过扣除项目金额50％的：

土地增值税税额＝增值额×30％

(2) 增值额超过扣除项目金额50％、未超过100％的：

土地增值税税额＝增值额×40％－扣除项目金额×5％

(3) 增值额超过扣除项目金额100％、未超过200％的：

土地增值税税额＝增值额×50％－扣除项目金额×15％

(4) 增值额超过扣除项目金额200％的：

土地增值税税额＝增值额×60％－扣除项目金额×35％

公式中的速算扣除系数，是增值额按全额累进税率计算的税额与按超额累进税率计算的税额之差占扣除项目金额的百分比。其计算公式为：

速算扣除系数＝(按全额累进税率计算的税额－按超额累进税率计算的税额)÷扣除项目金额

按超额累进税率计算的税额＝按全额累进税率计算的税额－扣除项目金额×速算扣除系数

假如：转让房地产的增值额是A，扣除项目的金额是B，速算扣除系数的具体计算为：

① 当增值额与扣除项目金额的比率超过50%、未超过100%时：

速算扣除系数＝{A×40%－[(B×50%)×30%＋(A－B×50%)×40%]}÷B＝5%

② 当增值额与扣除项目金额的比率超过100%、未超过200%时：

速算扣除系数＝{A×50%－[B×50%×30%＋B×50%×40%＋(A－B×100%)×50%]}÷B＝15%

③ 当增值额与扣除项目金额的比率超过200%时：

速算扣除系数＝{A×60%－[B×50%×30%＋B×50%×40%＋B×100%×50%＋(A－B×200%)×60%]}÷B＝35%

【例8-1】 某房地产开发公司出售一幢住宅楼，有关收入与支出的数据是：(1)售楼收入16 000万元；(2)支付地价款2 500万元；(3)楼房建筑成本3 500万元；(4)分摊的开发费用按10%计算；(5)缴纳的营业税及城建税费等880万元；(6)适用附加扣除费用20%。计算应缴纳的土地增值税额。

可扣除金额＝2 500＋3 500＋(2 500＋3 500)×10%＋880＋(2 500＋3 500)×20%＝8 680(万元)

增值额＝16 000－8 680＝7 320(万元)

增值额占可扣除项目金额的比率：7 320÷8 680≈84%

增值额适用30%和40%两档税率：

增值额占可扣除金额50%以内的部分4 340万元(8 680×50%)，适用30%的税率；

增值额占可扣除金额50%以上的部分2 980万元(7 320－4 340)，适用40%的税率；

按算式①计算：应纳土地增值税额＝4 340×30%＋2 980×40%＝2 494(万元)

按算式②计算：应纳土地增值税额＝7 320×40%－8 680×5%＝2 494(万元)

【例8-2】 某工业企业转让一幢不需使用的办公楼，取得收入1 000万元，发生转让费用15.5万元，缴纳转让环节的税费55.5万元，若政府房地产评估机构评定该办公楼的重置成本价为1 100万元，六成新。计算应缴纳的土地增值税额。

可扣除金额＝1 100×60%＋15.5＋55.5＝731(万元)

增值额＝1 000－731＝269(万元)

增值额占扣除项目金额的比率：269÷731≈37%

增值额占扣除项目金额的比率低于50%，适用30%税率。

应纳土地增值税额＝269×30%＝80.7(万元)

（七）税收优惠

土地增值税的税收优惠主要包括以下三个方面。

1. 建造普通标准住宅的税收优惠

纳税人建造普通标准住宅出售，增值额未超过扣除项目金额20%的，免征土地增值税；增值额超过扣除项目金额20%的，应就其全部增值额按规定计税。

普通标准住宅，是指按所在地一般民用住宅标准建造的居住用住宅。高级公寓、别墅、度假村等不属于普通标准住宅。普通住宅的认定，按各省、自治区、直辖市人民政府制定并对社会公布的"中小套型、中低价位普通住房"的标准执行。

纳税人既建普通标准住宅又搞其他房地产开发的，应分别核算增值额。不分别核算增值额或不能准确核算增值额的，其建造的普通标准住宅不能适用免税规定。

对企事业单位、社会团体以及其他组织转让旧房作为公租房房源，且增值额未超过扣除项目金额20%的，免征土地增值税。

2. 国家征用收回的房地产的税收优惠

指因城市实施规划、国家建设的需要而被政府征用的房产或收回的土地使用权，免征土地增值税。

3. 因城市规划、国家建设的需要而搬迁，由纳税人自行转让原房地产的税收优惠

因城市规划、国家建设的需要而搬迁，由纳税人自行转让原房地产的，经税务机关审核，免征土地增值税。

4. 个人转让房地产的税收优惠

个人因工作调动或改善居住条件而转让原自用住房，经向税务机关申报核准，凡居住满5年或5年以上的，免予征收土地增值税；居住满3年未满5年的，减半征收土地增值税。居住未满3年的，按规定计征土地增值税。

（八）征收管理

1. 纳税期限

土地增值税的纳税人应在转让房地产合同签订后的7日内，到房地产所在地主管税务机关办理纳税申报。纳税人因经常发生房地产转让而难以在每次转让后申报的，经税务机关审核同意后，可以定期进行纳税申报，具体期限由税务机关根据情况确定。

2. 纳税地点

土地增值税的纳税人应向房地产所在地主管税务机关办理纳税申报，并在税务机关核定的期限内缴纳土地增值税。

其中，房地产所在地，是指房地产的坐落地。纳税人转让的房地产坐落在两个或两个以上地区的，应按房地产所在地分别申报纳税。

在实际工作中，纳税地点的确定又可分为以下两种情况。

(1) 纳税人是法人的。当转让的房地产坐落地与其机构所在地或经营所在地一致时，则在办理税务登记的原管辖税务机关申报纳税即可；如果转让的房地产坐落地与其机构所在地或经营所在地不一致时，则应在房地产坐落地所管辖的税务机关申报纳税。

(2) 纳税人是自然人的。当转让的房地产坐落地与其居住所在地一致时，则在住所所在地税务机关申报纳税；当转让的房地产坐落地与其居住所在地不一致时，在办理过户手续所在地的税务机关申报纳税。

3. 纳税申报

纳税人必须按照税法的有关规定向房地产所在地主管税务机关如实申报转让房地产所取得的收入、扣除项目金额以及应纳土地增值税税额，如实填写《土地增值税纳税申报表》，并向税务机关提交房屋及建筑物产权、土地使用权证书，土地转让、房产买卖合同，房地产评估报告及其他与转让房地产有关的资料，并按期缴纳税款。

根据我国《土地增值税暂行条例实施细则》的规定，纳税人在项目全部竣工结算前转让房地产取得的收入，可以预征土地增值税。具体办法由各省、自治区、直辖市地方税务局根据当地情况制定。当地税务机关规定预征土地增值税的，纳税人应当到主管税务机关办理纳税申报，并按规定比例预缴，待办理决算后，多退少补；凡当地税务机关规定不预征土地增值税的，也应在取得收入时先到税务机关登记或备案。

(九) 房地产开发企业土地增值税清算

1. 土地增值税清算的含义及清算单位

土地增值税清算，是指纳税人在符合土地增值税清算条件后，依照有关法律、法规及政策规定，计算房地产开发项目应缴纳的土地增值税税额，填写《土地增值税清算申报表》，向主管税务机关提供有关资料，办理土地增值税清算手续，结清该房地产项目应缴纳土地增值税税款的行为。

土地增值税以国家有关部门审批的房地产开发项目为单位进行清算，对于分期开发的项目，以分期项目为单位清算。如果开发项目中同时包含普通住宅和非普通住宅的，应分别计算增值额。

2. 土地增值税的清算条件

(1) 符合下列情形之一的，纳税人应进行土地增值税的清算。

① 房地产开发项目全部竣工、完成销售的。

② 整体转让未竣工决算房地产开发项目的。

③ 直接转让土地使用权的。

符合上述清算条件应进行清算的项目，纳税人应在满足清算条件之日起 90 日内到主管税务机关办理清算手续。

(2) 符合下列情形之一的，主管税务机关可要求纳税人进行土地增值税清算。

① 已竣工验收的房地产开发项目、已转让的房地产建筑面积占整个项目可售建筑面积的比例在 85%以上，或该比例虽未超过 85%，但剩余的可售建筑面积已经出租或自用的。

② 取得销售(预售)许可证满 3 年仍未销售完毕的。

③ 纳税人申请注销税务登记但未办理土地增值税清算手续的。

④ 省税务机关规定的其他情况。

符合主管税务机关可要求纳税人进行土地增值税清算的，由主管税务机关确定是否

清算。对于确定需要进行清算的项目，纳税人应在收到主管税务机关下达的清算通知之日起90日内办理清算手续。

3. 非直接销售和自用房地产的收入确定

(1) 房地产开发企业将开发产品用于职工福利、奖励、对外投资、分配给股东或投资人、抵偿债务、换取其他单位和个人的非货币性资产等，发生所有权转移时应视同销售房地产。其收入按下列方法和顺序确认：

① 按本企业在同一地区、同一年度销售的同类房地产的平均价格确定；

② 由主管税务机关参照当地当年、同类房地产的市场价格或评估价值确定。

(2) 房地产开发企业将开发的部分房地产转为企业自用或用于出租等商业用途时，如果产权未发生转移，不征收土地增值税，在税款清算时不列收入，不扣除相应的成本和费用。

(3) 土地增值税清算时，已全额开具商品房销售发票的，按照发票所载金额确认收入。未开具发票或未全额开具发票的，以交易双方签订的销售合同所载的售房金额及其他收益确认收入。销售合同所载商品房面积与有关部门实际测量面积比一致，在清算前已发生补、退房款的，应在计算土地增值税时予以调整。

4. 土地增值税的扣除项目

(1) 办理土地增值税清算时，计算扣除取得土地使用权所支付的金额、房地产开发成本、开发费用及与转让房地产有关税金，须提供合法有效凭证；不能提供合法有效凭证的，不予扣除。

(2) 办理土地增值税清算时，所附送的前期工程费、基础设施费、建筑安装工程费、开发间接费用的凭证或资料不符合清算要求或不实的，税务机关可参照当地建设工程造价管理部门公布的建安造价定额资料，结合房屋结构、用途、区位等因素，核定这些开发成本的单位面积金额标准，据以计算扣除。具体核定方法由省税务机关确定。

(3) 房地产开发企业开发建造的与清算项目配套的居委会和派出所用房、会所、停车场(库)、物业管理场所、变电站、热力站、水厂、文体场馆、学校、幼儿园、托儿所、医院、邮电通信等公共设施，按以下原则处理。

① 建成后产权属于全体业主所有的，其成本、费用可以扣除。

② 建成后无偿移交给政府、公用事业单位用于非营利性社会公共事业的，其成本、费用可以扣除。

③ 建成后有偿转让的，应计算收入，并准予扣除成本、费用。

(4) 房地产开发企业销售已装修的房屋，其装修费用可以计入房地产开发成本。房地产开发企业的预提费用，除另有规定外，不得扣除。

(5) 属于多个房地产项目共同的成本费用，应按清算项目可售建筑面积占多个项目可售总建筑面积的比例或其他合理的方法，计算确定清算项目的扣除金额。

(6) 在计算土地增值税时，建筑安装施工企业就质量保证金对房地产开发企业开具发票的，按发票所载金额予以扣除。未开具发票的，扣留的质量保证金不得计算扣除。

(7) 房地产开发企业逾期开发缴纳的土地闲置费在计算土地增值税时不得扣除。

(8) 房地产开发企业为取得土地使用权所支付的契税，应视同“按国家统一规定交纳

的有关费用”，计入“取得土地使用权所支付的金额”中扣除。

(9) 土地增值税中拆迁安置费的扣除的处理。

① 房地产企业用建造的本项目房地产安置回迁户的，安置用房视同销售处理，并确认收入(即按本企业在同一地区、同一年度销售的同类房地产的平均价格确定；或由主管税务机关参照当地当年、同类房地产的市场价格或评估价值确定)，同时将此确认为房地产开发项目的拆迁补偿费。房地产开发企业支付给回迁户的补差价款，计入拆迁补偿费；回迁户支付给房地产开发企业的补差价款，应抵减本项目拆迁补偿费。

② 开发企业采取异地安置，异地安置的房屋属于自行开发建造的，房屋价值确定方法同上，计入本项目的拆迁补偿费；异地安置的房屋属于购入的，以实际支付的购房支出计入拆迁补偿费。

③ 货币安置拆迁的，房地产开发企业凭合法有效凭据计入拆迁补偿费。

5. 土地增值税的核定征收

房地产开发企业有下列情形之一的，税务机关可以参照与其开发规模和收入水平相近的当地企业的土地增值税税负情况，按不低于预征率的征收率核定征收土地增值税。

(1) 依照法律、行政法规的规定应当设置但未设置账簿的。

(2) 擅自销毁账簿或者拒不提供纳税资料的。

(3) 虽设置账簿，但账目混乱或者成本资料、收入凭证、费用凭证残缺不全，难以确定转让收入或扣除项目金额的。

(4) 符合土地增值税清算条件，未按照规定的期限办理清算手续，经税务机关责令限期清算，逾期仍不清算的。

(5) 申报的计税依据明显偏低，又无正当理由的。

6. 清算后转让房地产的纳税

在土地增值税清算时未转让的房地产，清算后销售或有偿转让的，纳税人应按规定进行土地增值税的纳税申报，扣除项目金额按清算时的单位建筑面积成本费用乘以销售或转让面积计算。

单位建筑面积成本费用＝清算时的扣除项目总金额÷清算的总建筑面积

纳税人按规定预缴了土地增值税，清算补缴的土地增值税，在税务机关规定的期限内补缴的，不加收滞纳金。

7. 土地增值税清算后应补缴的土地增值税加收滞纳金

通知规定，纳税人按规定预缴土地增值税后，清算补缴的土地增值税，在主管税务机关规定的期限内补缴的，不加收滞纳金。

三、重点与难点

【重点】 土地增值税的纳税义务人、征税范围、税率及增值率；土地增值税应税收入、扣除项目金额、增值额及应纳税额的计算。

【难点】 土地增值税应税收入、扣除项目金额；增值额、增值率与应纳税额的计算。

四、基础练习

（一）判断题

1. 土地增值税的计税依据是国有土地使用权的出让、转让所取得的收入。（　　）
2. 土地增值税的纳税地点是房地产所在地。（　　）
3. 纳税人预售房地产所取得的收入，税务机关可以预征收土地增值税。（　　）
4. 土地增值税按照纳税人转让房地产取得的收入和规定的税率计算征收。（　　）

（二）单项选择题

1. 计算土地增值税时，下列与房地产有关的费用准予从收入总额中扣除的是（　　）。
   A. 超过贷款期限支付的利息
   B. 超过银行同期同类贷款利率支付的利息
   C. 加罚的利息
   D. 与贷款有关的手续费
2. 土地增值税实行的税率是（　　）。
   A. 比例税率　B. 超额累进税率　C. 超率累进税率　D. 全额累进税率

（三）多项选择题

1. 下列项目不属于土地增值税征收范围的是（　　）。
   A. 单位互换房地产
   B. 个人互换自有居住用房
   C. 房地产开发公司代客户开发房地产的收入
   D. 房地产评估增值
2. 以下应缴纳土地增值税的是（　　）。
   A. 事业单位转让土地使用权
   B. 个体户将自有建筑物投资给某企业
   C. 某企业将自有房地产作为投资投入某房地产企业
   D. 房地产企业将自有房地产作为投资投入某社会团体
3. 房地产开发企业将开发的产品用于下列哪些情形应缴纳土地增值税（　　）。
   A. 职工福利　B. 对外投资　C. 出租　D. 自用
4. 以下税种属于特定目的税（专款专用）的有（　　）。
   A. 城建税　B. 消费税　C. 耕地占用税　D. 车辆购置税
5. 土地增值税的纳税人转让房地产取得的收入包括（　　）。
   A. 货币收入　B. 实物收入　C. 其他收入　D. 减免的税收

（四）计算题

1. 资料：某房地产开发公司出售一幢住宅楼，该项目的收入与支出资料有：(1)售楼

收入 78 000 万元；(2)取得土地使用权所支付的金额 26 000 万元；(3)楼房建筑成本 15 000万元；(4)开发费用按 10%计算；(5)缴纳的营业税费 4 290 万元；(6)适用附加扣除费用 20%。

要求：根据以上资料，计算该房地产开发公司该项目应缴纳的土地增值税额。

2. 资料：某公司转让一幢已经使用过的办公楼，取得收入 500 万元，办公楼原价 480 万元，已提折旧 300 万元。经专业机构评估，该楼重置成本价为 800 万元，成新度折扣率 50%，转让环节缴纳相关税费 30 万元。

要求：根据以上资料，计算该公司转让该办公楼应缴纳的土地增值税额。

五、复习思考题

1. 我国上地增值税的概念和特点？
2. 我国土地增值税的纳税义务人有哪些？
3. 我国土地增值税的征收范围、计税依据和具体的税率是怎样？
4. 应纳土地增值税的计算方法是什么？
5. 土地增值税的税收优惠政策主要有哪些？

六、知识拓展阅读

土地增值税对房价及房地产企业的影响

土地增值税是对转让国有土地使用权、地上建筑物及其附着物并取得收入的单位和个人，就其转让房地产所取得的增值额征收的一种税。它是专门针对高投入、高风险、高收益的房地产开发企业而设立的特殊税种，在房地产开发企业的所有税费中占有相当大的比重。

1. 土地增值税对房产价格的影响

按照现行税法规定，土地增值税以房地产开发项目为单位进行清算。包括二种情况：房地产开发项日全部竣工、完成销售；整体转让未竣工决算房地产开发项目的；直接转让土地使用权。土地增值税税率采用四级超率累进税率，开发商转让房地产所取得的增值额越大，税率就越高，应缴纳的税额就越多，房地产的成本就越高。但在市场经济中，价格只取决于供求关系，而与成本无多大关系。所以，土地增值税不会对房价的上涨产生直接的影响。

房价上涨的成因，一方面是由购房者对住宅的需求拉动的。一是新增城市人口的住房需求；二是现有城市居民改善住房的需求；三是投资渠道单一造成公众剩余资金的投资需求；另一方面是地方政府有着从土地上获得财政收入的强烈欲望，地方政府在解决经费短缺的问题上，将更多的希望寄托在土地出让金上面。因此，土地出让金不断走高，地方政府也在有意无意中推动了房价的上涨。

2. 土地增值税对房地产企业的影响

土地增值税的征收增加了房地产开发企业的成本，但对企业的影响不尽相同。一是对一些规模较小的开发商，由于开发成本增加、利润减少，将使得房地产开发的难度增大，

有可能迫使他们退出房地产市场。二是对那些在价格决策、成本控制与资金管理方面有问题的企业，可能会由于土地增值税的缴纳造成公司的现金流断裂。三是对以开发普通居民住宅为主、所得利润相对较少的房地产企业影响较小。四是对受政府扶持的房地产企业，由于政府承担了一部分风险，影响也不是很大。

房地产开发企业面对较高的土地增值税，应做出正确的经营决策：一是加速囤地开发。过去获得土地成本很低，将带来高额的土地增值税，企业应考虑加速囤地的开发，以求快速回笼资金，避免未来的成本风险；二是降价促销。一方面，当企业利润率处在缴税标准某一分界点的附近，适度下调房屋销售价，可以避重就轻地选择土地增值税的缴纳。另一方面，采取促销的方式，可以加速企业的资金周转，在利润率和周转率之间权衡得失；三是转售为租。企业将开发的部分房地产转为企业自用或用于出租等商业用途时，如果产权未发生转移，不征收土地增值税；四是装修出售。房地产开发企业销售已装修的房屋，其装修费用可以计入房地产开发成本，也可以降低纳税基数。

（资料来源：黑龙江科技信息，2009年26期.）

第九章

房产税法、城镇土地使用税法、契税法和耕地占用税法

一、学习目标

【了解】 房产税;城镇土地使用税;契税和耕地占用税的纳税义务人;税率与征税范围。

【理解】 房产税、城镇土地使用税、契税和耕地占用税的概念及特点;税收优惠与征收管理。

【掌握】 房产税、城镇土地使用税、契税和耕地占用税的计税依据及其应纳税额的计算。

二、学习要点与内容提要

（一）房产税法

1. 房产税的概念及其特点

房产税是以房产为征税对象,依据房产计税余值或房产租金收入,向房产所有人征收的一种财产税。房产税具有以下特点。

(1) 房产税征税对象是房屋,属于财产税中的个别财产税。财产税按征收方式可分为一般财产税和个别财产税。一般财产税,是对纳税人拥有的各种财产综合课税征收;个别财产税,是对纳税人所有的土地、房屋、资本或其他财产分别课征的税收。我国现行财产税属于个别财产税。

(2) 征收范围限于城镇的经营性房屋。房产税的征税范围为城市、县城、建制镇和工矿区,不包括农村。同时,对国家拨付行政经费、事业经费和国防经费的单位自用的房产免税。

(3) 计税依据区别房屋的经营使用方式分别确定。根据纳税人经营形式,对于自用的房产按房产计税余值征收;对于出租房屋按租金收入征税。

2. 房产税的纳税义务人

房产税以在征税范围内的房屋产权所有人为纳税人。

(1) 产权属国家所有的,由经营管理单位纳税;产权属集体和个人所有的,由集体单位和个人纳税。

(2) 产权出典的,由承典人依照房产余值纳税。

产权出典,是指产权所有人将房屋、生产资料等的产权,在一定期限内典当给他人使用,而取得资金的一种融资业务。在房屋出典期间,承典人拥有抵押物品的支配权,并可转典;而产权所有人在此期间无权支配房屋。因此,税法规定由对房屋具有支配权的承典人为纳税人。

(3) 产权所有人、承典人不在房屋所在地的,由房产代管人或者使用人纳税。

(4) 产权未确定及租典纠纷未解决的,由房产代管人或者使用人纳税。

(5) 无租使用其他房产的问题。纳税单位和个人无租使用房产管理部门、免税单位及纳税单位的房产,应由使用人代为缴纳房产税。

3. 房产税的征税对象与征税范围

房产税的征税对象是房产。

房产,是指有屋面和围护结构(有墙或两边有柱),能够遮风避雨,可供人们在其中生产、学习、工作、娱乐、居住或贮藏物资的场所。

房地产开发企业建造的商品房,在出售前,不征收房产税;但对出售前房地产开发企业已使用或出租、出借的商品房应按规定征收房产税。

房产税的征税范围为:城市、县城、建制镇和工矿区。

(1) 城市,是指国务院批准设立的市。

(2) 县城,是指县人民政府所在地的地区。

(3) 建制镇,是指经省、自治区、直辖市人民政府批准设立的建制镇。

(4) 工矿区,是指工商业比较发达、人口比较集中、符合国务院规定的建制镇标准但尚未设立建制镇的大中型工矿企业所在地。开征房产税的工矿区须经省、自治区、直辖市人民政府批准。

目前,房产税的征税范围不包括农村。农村的房屋,除农副业生产用房外,大部分是农民居住用房。为了减轻农民的负担,对农村房屋不纳入房产税征税范围,有利于农业发展,繁荣农村经济。

4. 房产税税率

我国现行房产税采用的是比例税率。由于房产税的计税依据分为从价计征和从租计征两种形式,所以房产税的税率也有两种。

(1) 按房产原值一次减除10%～30%后的余值计征的,税率为1.2%。

(2) 按房产出租的租金收入计征的,税率为12%。

对个人按市场价格出租的居民住房,不分用途,按4%的税率征收房产税。

5. 房产税的计税依据

房产税的计税依据是房产的计税价值或房产的租金收入。

按照房产计税价值征税的,称为从价计征;按照房产租金收入计征的,称为从租计征。

(1) 从价计征。

我国《房产税暂行条例》规定,房产税依照房产原值一次减除10%～30%后的余值计算缴纳。各地扣除比例由当地省、自治区、直辖市人民政府确定。

房产原值,即房屋原价,应根据国家有关会计制度规定进行核算。对纳税人未按国家会计制度规定核算并记载的,应按规定予以调整或重新评估。房产原值应包括与房屋不可分割的各种附属设备或一般不单独计算价值的配套设施。对原有房屋进行改建、扩建

的，要相应增加房屋的原值。

房产余值，是房产的原值减除规定比例后的剩余价值。

此外，还应注意以下问题。

① 对投资联营的房产，在计征房产税时应予以区别对待。对于以房产投资联营，投资者参与投资利润分红，共担风险的，按房产余值作为计税依据计征房产税；对以房产投资，收取固定收入，不承担联营风险的，实际是以联营名义取得房产租金，应由出租方按租金收入计缴房产税。

② 融资租赁的房产，租赁费包括购进房屋的价款、手续费、借款利息等，与一般经营性租赁房屋的"租金"内涵不同，计征房产税时应以房产原值计算征收。融资租赁的房产，由承租人自融资租赁合同约定开始日的次月起依照房产余值缴纳房产税。合同未约定开始日的，由承租人自合同签订的次月起依照房产余值缴纳房产税。

③ 居民住宅区内业主共有的经营性房产，由实际经营(包括自营和出租)的代管人或使用人缴纳房产税。其中自营的，依照房产原值减除10%～30%后的余值计征，没有房产原值或不能将业主共有房产与其他房产的原值准确划分开的，由房产所在地地方税务机关参照同类房产核定房产原值；出租的，依照租金收入计征。

④ 对按照房产原值计税的房产，无论会计上如何核算，房产原值均应包含地价，包括为取得土地使用权支付的价款、开发土地发生的成本费用等。宗地容积率低于0.5的，按房产建筑面积的2倍计算土地面积并据此确定计入房产原值的地价。

(2) 从租计征。

房产出租的，以房产租金收入为房产税的计税依据。

房产的租金收入，是指房屋产权所有人出租房产使用权所得的报酬，包括货币收入和实物收入。

如果是以劳务或者其他形式为报酬抵付房租收入的，应根据当地同类房产的租金水平，确定一个标准租金额从租计征。

对个人出租房屋的租金收入申报不实或申报数与同一地段同类房屋的租金收入相比明显不合理的，税务部门可以采取科学合理的方法核定其应纳税款。具体办法由各省、自治区、直辖市地方税务机关结合当地实际情况制定。

对出租房产，租赁双方签订的租赁合同约定有免收租金期限的，免收租金期间由产权所有人按照房产原值缴纳房产税。

出租的地下建筑，按照出租地上房屋建筑的有关规定计算征收房产税。

6. 应纳税额的计算

(1) 从价计征的计算。

应纳税额＝应税房产原值×(1－减除比例)×1.2%

其中，房产原值是"固定资产"科目中记载的房屋原价；减除比例是省、自治区、直辖市人民政府规定的10%～30%的减除比例。

(2) 从租计征的计算。

应纳税额＝租金收入×12%(或4%)

【例9-1】 某国有企业厂房原值5 000万元，当地政府规定按减去30%后的余值计算房产税；另有其他房屋出租，年租金收入 20 万元。计算该企业本年应缴纳的房产税额。

自用房产应纳税额＝5 000×(1－30％)×1.2％＝42(万元)

出租房产应纳税额＝20×12％＝2.4(万元)

应纳房产税额＝42＋2.4＝44.4(万元)

7. 税收优惠

房产税属地方税，给予地方一定的减免权限，有利于地方因地制宜地处理问题。目前，房产税的税收优惠政策主要包括如下内容。

(1) 国家机关、人民团体、军队自用的房产免征房产税。但其出租房产以及非自身业务使用的生产、营业用房，不属于免税范围。

“人民团体”，是指经国务院授权的政府部门批准设立或登记备案并由国家拨付行政事业费的各种社会团体。

“自用的房产”，是指这些单位本身的办公用房和公务用房。

(2) 由国家财政部门拨付事业经费的单位。例如学校、医疗卫生单位、托儿所、幼儿园、敬老院、文化、体育、艺术等实行全额或差额预算管理的事业单位所有的，本身业务范围内使用的房产免征房产税。但上述单位所属的附属工厂、商店、招待所等不属于单位公务、业务的用房，应照章纳税。

(3) 宗教寺庙、公园、名胜古迹自用的房产免征房产税。

宗教寺庙自用的房产，是指举行宗教仪式等的房屋和宗教人员使用的生活用房屋。

公园、名胜古迹自用的房产，是指供人们参观游览的房屋及其管理单位的办公用房屋。

宗教寺庙、公园、名胜古迹中附设的营业单位，例如影剧院、饮食部、茶社、照相馆等所使用的房产及出租的房产，不属于免税范围，应照章纳税。

(4) 个人所有非营业用的房产免征房产税。

个人所有的非营业用房，是指居民住房，不分面积多少，一律免征房产税。

个人拥有的营业用房或者出租的房产，不属于免税房产，应照章纳税。

(5) 财政部根据具体情况批准免税的其他房产，主要有：已停用的损坏不堪使用的房屋和危险房屋；大修停用半年以上的房屋；地下设施；临时设施；非营利性医疗机构、疾病控制机构、妇幼保健机构自用的房产；老年服务机构自用的房产；政府有关部门向居民出租公有住房或廉租住房；企事业单位向职工出租单位自有住房等。

8. 征收管理

(1) 纳税义务发生时间(见表 9-1)。

表 9-1　房产税纳税义务发生时间

房产税应税情形	纳税义务发生时间
① 将原有房产用于生产经营	从生产经营当月起
② 自行新建房屋用于生产经营	从建成的次月起
③ 委托施工企业建设房屋	办理验收手续的次月起

续表

房产税应税情形	纳税义务发生时间
④ 购置新建商品房	自房屋交付使用的次月起
⑤ 购置存量房	自办理权属转移登记手续，取得房地产权属登记机关签发权属证书的次月起
⑥ 出租、出借房产	从交付出租、出借房产的次月起
⑦ 房地产开发企业自用、出租、出借其自建的商品房	从自用或交付的次月起
⑧ 房产的实物状态或权利发生变化应终止纳税的	应纳税至发生变化的当月末

(2) 纳税期限。

房产税实行按年计算、分期缴纳的征收方法，具体纳税期限由省、自治区、直辖市人民政府确定。

(3) 纳税地点。

房产税在房产所在地缴纳。房产不在同一地方的纳税人，应按房产的坐落地点分别向房产所在地的税务机关纳税。

(4) 纳税申报。

房产税的纳税人应按照条例的有关规定，及时办理纳税申报，并如实填写《房产税纳税申报表》。

(二) 城镇土地使用税法

1. 城镇土地使用税的概念及其特点

城镇土地使用税是以城镇国有土地为征税对象，对拥有土地使用权的单位和个人征收的一种税。开征城镇土地使用税的主要作用：有利于促进土地的合理使用；调节不同地区、不同地段的土地级差收入；筹集地方财政资金。

城镇土地使用税具有以下特点。

(1) 征税对象是国有土地。我国宪法规定，城镇土地的所有权归国家、单位和个人对占用的土地只有使用权而无所有权。国家既可以凭借财产权利对土地使用人获得的收益进行分配，又可以凭借政治权力对土地使用者进行征税。农业土地属于集体所有，因而不属于城镇土地使用税的征税范围。

(2) 征税范围广。现行的城镇土地使用税对我国境内使用城镇土地的所有单位和个人征税，征税范围较广，在筹集地方财政资金、调节土地使用和收益分配方面发挥着积极作用。

(3) 实行差别幅度税额。开征城镇土地使用税的目的之一，是调节土地级差收入。实行有差别的幅度税额，对不同城镇、同一城镇不同地段的土地适用不同的税额，可以体现国家政策，平衡不同地区的税负。

2. 纳税义务人

城镇土地使用税的纳税人为在城市、县城、建制镇、工矿区范围内使用土地的单位和个人，通常包括以下几类。

(1) 拥有土地使用权的单位和个人。

(2) 拥有土地使用权的单位和个人不在土地所在地的,其土地的实际使用人和代管人为纳税人。

(3) 土地使用权未确定或权属纠纷未解决的,其实际使用人为纳税人。

(4) 土地使用权共有的,共有各方都是纳税人,由共有各方以其实际使用的土地面积占总面积的比例,分别计算缴纳土地使用税。

3. 征税范围

城镇土地使用税的征税范围,包括在城市、县城、建制镇和工矿区内的国家所有和集体所有的土地。城市的土地包括市区和郊区的土地,县城的土地是指县人民政府所在地的城镇的土地,建制镇的土地是指镇人民政府所在地的土地。建立在城市、县城、建制镇和工矿区以外的工矿企业则不需缴纳城镇土地使用税。

公园、名胜古迹内的索道公司经营用地,应按规定缴纳城镇土地使用税;对在城镇土地使用税征税范围内单独建造的地下建筑用地,按规定暂按应征税款的50%征收城镇土地使用税。

4. 税率

城镇土地使用税采用有幅度的定额税率,即按大、中、小城市和县城、建制镇、工矿区分别规定每平方米土地年应纳税额。具体标准如下:

(1) 大城市1.5～30元;

(2) 中等城市1.2～24元;

(3) 小城市0.9～18元;

(4) 县城、建制镇、工矿区0.6～12元。

大、中、小城市以公安部门登记在册的非农业正式户口人数为依据,按照国务院颁布的《城市规划条例》中规定的标准划分。城镇土地使用税税率表见表9-2。

表9-2 城镇土地使用税税率

级　　别	人口(人)	每平方米税额(元)
大城市	50万以上	1.5～30
中等城市	20万～50万	1.2～24
小城市	20万以下	0.9～18
县城、建制镇、工矿区		0.6～12

各省、自治区、直辖市人民政府可根据市政建设情况和经济繁荣程度在规定税额幅度内,划分本辖区不同地段的等级,确定所辖地区适用的税额幅度,以调节不同地区、不同地段之间的土地级差收益,尽可能地平衡税负。

经济落后地区,土地使用税的适用税额标准可适当降低,但降低额不得超过上述规定最低税额的30%。经济发达地区的适用税额标准可以适当提高,但须报财政部批准。

5. 计税依据

城镇土地使用税以纳税人实际占用的土地面积为计税依据,土地面积的计量标准为

平方米。

纳税人实际占用的土地面积按下列办法确定。

（1）由省、自治区、直辖市人民政府确定的单位组织测定土地面积的，以测定的面积为准。

（2）尚未组织测量，但纳税人持有政府部门核发的土地使用证书的，以证书确认的土地面积为准。

（3）尚未核发出土地使用证书的，应由纳税人申报土地面积，据以纳税，待核发土地使用证以后再作调整。

6. 应纳税额的计算

城镇土地使用税的应纳税额可以通过纳税人实际占用的土地面积乘以该土地所在地段的适用税额计算。其计算公式为：

全年应纳税额＝实际占用应税土地面积（平方米）×适用税额

【例 9-2】 某城市的一家企业使用土地面积为 20 000 平方米。经税务机关核定，该土地为应税土地，每平方米年税额为 9 元。计算其全年应缴纳的土地使用税额。

应纳土地使用税额＝20 000×9＝180 000（元）

7. 税收优惠

目前，法定免缴土地使用税的优惠包括如下内容。

（1）国家机关、人民团体、军队自用的土地。具体是指这些单位本身的办公用地和公务用地，例如国家机关、人民团体的办公楼用地，军队的训练场用地等。

（2）由国家财政部门拨付事业经费的单位自用的土地。具体是指这些单位本身的业务用地。例如学校的教学楼、操场、食堂等占用的土地。

（3）宗教寺庙、公园、名胜古迹自用的土地。具体是指宗教仪式等的用地和寺庙内的宗教人员生活用地；公园、名胜古迹供公共参观游览的用地及其管理单位的办公用地。但以上单位的生产、经营用地和其他用地，不属于免税范围，应按规定缴纳土地使用税。例如公园、名胜古迹中附设的营业单位如影剧院、饮食部、茶社、照相馆等使用的土地。

（4）市政街道、广场、绿化地带等公共用地。

（5）直接用于农、林、牧、渔业的生产用地。这部分土地是指直接从事于种植养殖、饲养的专业用地，不包括农副产品加工场地和生活办公用地。

（6）经批准开山填海整治的土地和改造的废弃土地，从使用的月份起免缴土地使用税 5～10 年。具体免税期限由各省、自治区、直辖市地方税务局在《城镇土地使用税暂行条例》规定的期限内自行确定。

（7）对非营利性医疗机构、疾病控制机构和妇幼保健机构等卫生机构自用的土地，免征城镇土地使用税。

（8）企业办的学校、医院、托儿所、幼儿园，其用地能与企业其他用地明确区分的，免征城镇土地使用税。

（9）免税单位无偿使用纳税单位的土地（例如公安、海关等单位使用铁路、民航等单位的土地），免征城镇土地使用税。纳税单位无偿使用免税单位的土地，纳税单位应照章缴纳城镇土地使用税。纳税单位与免税单位共同使用、共有使用权土地上的多层建筑，对纳税单位可按其占用的建筑面积占建筑总面积的比例计征城镇土地使用税。

(10) 对行使国家行政管理职能的中国人民银行总行(含国家外汇管理局)所属分支机构自用的土地,免征城镇土地使用税。

(11) 特别规定。为了体现国家的产业政策,支持重点产业的发展,对石油、电力、煤炭等能源用地,民用港口、铁路等交通用地和水利设施用地,三线调整企业、盐业、采石场、邮电等一些特殊用地划分了征免税界限和给予政策性减免税照顾。

省、自治区、直辖市地方税务局,根据《城镇土地使用税暂行条例》的规定,确定减免土地使用税的优惠包括如下内容。

(1) 个人所有的居住房屋及院落用地。

(2) 房产管理部门在房租调整改革前经租的居民住房用地。

(3) 免税单位职工家属的宿舍用地。

(4) 集体和个人办的各类学校、医院、托儿所、幼儿园用地。

(5) 城镇内的集贸市场(农贸市场)用地,按规定应征收城镇土地使用税。为了促进集贸市场的发展及照顾各地的不同情况,各省、自治区、直辖市地方税务局可根据具体情况自行确定对集贸市场用地征收或者免征城镇土地使用税。

(6) 原房管部门代管的私房,落实政策后,有些私房产权已归还给房主,但由于各种原因,房屋仍由原住户居住,并且住户仍是按照房管部门在房租调整改革之前确定的租金标准向房主交纳租金。对这类房屋用地,房主缴纳土地使用税确有困难的,可由各省,自治区,直辖市税务局根据实际情况,给予定期减征或免征土地使用税的照顾。

(7) 对于各类危险品仓库,厂房所需的防火、防爆、防毒等安全防范用地,可由各省、自治区、直辖市税务局确定,暂免征收土地使用税;对仓库库区,厂房本身用地,应照章征收土地使用税。

(8) 对在一个纳税年度内月平均实际安置残疾人就业人数占单位在职职工总数的比例高于25%(含25%)且实际安置残疾人人数高于10人(含10人)的单位,可减征或免征该年度城镇土地使用税。

(9) 其他减免税项目(略)。

8. 征收管理

(1) 纳税期限。

城镇土地使用税实行按年计算、分期缴纳的征收方法,具体纳税期限由省、自治区、直辖市人民政府确定。

(2) 纳税义务发生时间(见表9-3)。

表9-3 城镇土地使用税纳税义务发生时间

应税情形	纳税义务发生时间
① 购置新建房屋	自房屋交付使用的次月起
② 购置存量房	自取得政府部门核发房屋权属证书的次月起
③ 出租、出借房产	自交付出租、出借房产的次月起

续表

应 税 情 形	纳税义务发生时间
④ 有偿取得土地使用权	从合同约定交付土地时间的次月起，未约定交付时间的，按合同签订的次月起
⑤ 新征用耕地	自批准征用之日起满 1 年时开始缴纳土地使用税（第 1 年缴纳耕地占用税）
⑥ 新征用非耕地	自批准征用的次月起
⑦ 因土地权利发生变化而终止纳税义务的	应纳税款的计算截至土地权利发生变化的当月末

(3) 纳税地点和征收机构。

城镇土地使用税在土地所在地缴纳。

纳税人使用的土地不属于同一省、自治区、直辖市管辖的，由纳税人分别向土地所在地的税务机关缴纳土地使用税；在同一省、自治区、直辖市管辖范围内，纳税人跨地区使用的土地，其纳税地点由各省、自治区、直辖市地方税务局确定。

城镇土地使用税由土地所在地的地方税务机关征收，其收入纳入地方财政预算管理。税务机关在征收的同时，应注意加强同国土管理、测绘等有关部门的联系，及时取得土地的权属资料，沟通情况，共同协作做好征收管理工作。

(4) 纳税申报。

城镇土地使用税的纳税人应按照条例的有关规定，在规定的纳税期限内及时办理纳税申报，并如实填写《城镇土地使用税申报表》。

（三）契税法

1. 契税的概念及其特点

契税是以在我国境内转移土地、房屋权属为征税对象，向产权承受人征收的一种财产税。其中，土地的权属是指土地的使用权；房屋的权属是指房屋的所有权。土地、房屋权属未发生转移的不征收契税。

契税具有以下特点。

(1) 属于财产转移税。契税以权属发生转移的土地、房屋为征税对象，具有财产转移税的性质。

(2) 由财产承受人纳税。土地、房屋的承受人承受该项不动产后，不动产的使用权或产权发生转移，承受人依法应当缴纳契税，成为契税的纳税人。

2. 契税的征税对象

契税的征税对象是我国境内转移的土地、房屋权属。具体包括以下五项内容。

(1) 国有土地使用权出让。指土地使用者向国家交付土地使用权出让费用，国家将国有土地使用权在一定年限内让与土地使用者的行为。国有土地使用权出让，受让者应向国家缴纳出让金，以出让金为依据计征契税。不得因减免土地出让金而减免契税。

(2) 土地使用权的转让。指土地使用者以出售、赠予、交换或者其他方式将土地使用权转移给其他单位和个人的行为。不包括农村集体土地承包经营权的转移。

(3) 房屋买卖。指以货币为媒介，房屋出售者向购买者过渡房产所有权的交易行为。以下特殊情况，视同房屋买卖：①以房产抵债或实物交换房屋，由产权承受人按房屋现值缴纳契税；②以房产作投资或作股权转让；③买房拆料或翻建新房。

需要注意的是，以自有房产作股投入本人独资经营企业，免纳契税。由于以自有的房地产投入本人独资经营的企业，产权所有人和使用权使用人未发生变化，无须办理房产变更手续，也不办理契税手续。购买房产，则不论其目的是取得该房产的建筑材料或是翻建新房，实际构成房屋买卖。买方应首先办理房屋产权变更手续，并按买价缴纳契税。

(4) 房屋赠予。房屋赠予是指房屋产权所有人将房屋无偿转让给他人所有。其中，将自己的房屋转交给他人的法人和自然人，称作房屋赠予人；接受他人房屋的法人和自然人，称为受赠人。房屋赠予的前提必须是产权无纠纷，赠予人和受赠人双方自愿。赠予房屋应有书面合同(契约)，并到政府房地产管理机构办理登记过户手续。如果房屋赠予行为涉及涉外关系，还需公证处证明和外事部门认证，才能有效。房屋的受赠人要按规定缴纳契税。

(5) 房屋交换。房屋交换是指房屋所有者之间互相交换房屋的行为。

随着经济形势的发展，下列以特殊方式转移土地、房屋权属的，也视同土地使用权转让、房屋买卖或者房屋赠予：①以土地、房屋权属作价投资、入股；②以土地、房屋权属抵债；③以获奖方式承受土地、房屋权属；④以预购方式或者预付集资建房款方式承受土地、房屋权属。

3. 纳税义务人和税率

契税的纳税义务人是境内转移土地、房屋权属，承受的单位和个人。

契税实行3%～5%的幅度税率。实行幅度税率是考虑到我国经济发展的不平衡，各地经济差别较大的实际情况。因此，各省、自治区、直辖市人民政府可以在3%～5%的幅度税率规定范围内，按照本地区的实际情况决定。

4. 计税依据

契税的计税依据为不动产的价格。由于土地、房屋权属转移方式不同，定价方法不同，因而具体计税依据视不同情况而决定。

(1) 国有土地使用权出让、土地使用权出售、房屋买卖，以成交价格为计税依据。成交价格是指土地、房屋权属转移合同确定的价格，包括承受者应交付的货币、实物、无形资产或者其他经济利益。

(2) 土地使用权赠予、房屋赠予，由征收机关参照土地使用权出售、房屋买卖的市场价格核定。

(3) 土地使用权交换、房屋交换，为所交换的土地使用权、房屋的价格差额。交换价格相等时，免征契税；交换价格不等时，由多交付的货币、实物、无形资产或者其他经济利益的一方缴纳契税。

(4) 以划拨方式取得土地使用权，经批准转让房地产时，由房地产转让者补缴契税。计税依据为补缴的土地使用权出让费用或者土地收益。

(5) 房屋附属设施按下列规定确定征收契税的依据：①采取分期付款方式购买房屋附属设施土地使用权、房屋所有权的，应按合同规定的总价款计征契税；②承受的房屋附

属设施权属如为单独计价的，按照当地确定的适用税率征收契税；如与房屋统一计价的，适用与房屋相同的契税税率。

(6) 个人无偿赠予不动产行为(法定继承人除外)，应对受赠人全额征收契税。

实际操作中，为了避免偷、逃税款，税法规定，成交价格明显低于市场价格并且无正当理由的，或者所交换土地使用权、房屋的价格差额明显不合理并且无正当理由的，征收机关可以参照市场价格核定计税依据。

5. 应纳税额的计算

契税采用比例税率，当计税依据确定以后，应纳税额的计算公式为：

应纳税额＝计税依据×税率

【例 9-3】 某地居民甲有两套住房：将 1 套出售给居民乙，成交价格为 10 万元；另 1 套现值 15 万元，与居民丙交换，向丙支付换房差价款 4 万元。当地契税率为 2%。

上述交易中应缴纳契税情况为：

甲向乙出售住房，乙应纳契税额＝100 000×2%＝2 000(元)

甲与丙交换住房，甲支付了换房差价，甲应纳契税额＝40 000×2%＝800(元)

丙不缴纳契税。

6. 税收优惠

(1) 国家机关、事业单位、社会团体、军事单位承受土地、房屋用于办公、教学、医疗、科研和军事设施的，免征契税。

(2) 城镇职工按规定第一次购买公有住房，免征契税。

(3) 因不可抗力灭失住房而重新购买住房的，酌情减免。不可抗力是指自然灾害、战争等不能预见、不可避免，并不能克服的客观情况。

(4) 土地、房屋被县级以上人民政府征用、占用后，重新承受土地、房屋权属的，由省级人民政府确定是否减免。

(5) 承受荒山、荒沟、荒丘、荒滩土地使用权，并用于农、林、牧、渔业生产的，免征契税。

(6) 经外交部确认，依照我国有关法律规定以及我国缔结或参加的双边和多边条约或协定，应当予以免税的外国驻华使馆、领事馆、联合国驻华机构及其外交代表、领事官员和其他外交人员承受土地、房屋权属。

契税优惠，除了上述一般规定外，还有特殊规定。例如，企业公司制改造，企业股权重组转让，企业合并、分立、出售、破产，继承土地、房屋权属等的，可以减免契税。

7. 征收管理

契税的纳税义务发生时间是纳税人签订土地、房屋权属转移合同的当天，或者纳税人取得其他具有土地、房屋权属转移合同性质凭证的当天。

纳税人应当自纳税义务发生之日起 10 日内，向土地、房屋所在地的契税征收机关办理纳税申报，并在契税征收机关核定的期限内缴纳税款。

契税在土地、房屋所在地的征收机关缴纳。

纳税人办理纳税事宜后，征收机关应向纳税人开具契税完税凭证。纳税人持契税完税凭证和其他规定的文件材料，依法向土地管理部门、房产管理部门办理有关土地、房屋的权属变更登记手续。土地管理部门和房产管理部门应向契税征收机关提供有关资料，并协助契税征收机关依法征收契税。

（四）耕地占用税法

1. 耕地占用税的概念及其特点

耕地占用税是对占用耕地建房或者从事其他非农业建设的单位和个人，就其实际占用的耕地面积征收的一种税。

征收耕地占用税，使占用者承担必要的经济责任，引导其合理、节约使用耕地资源，对于强化耕地管理，保护农民的切身利益和农业的可持续发展具有重要意义。

耕地占用税作为特定目的税，对特定的土地资源课税，具有以下特点。

（1）兼具资源税与特定行为税的性质。耕地占用税以占用耕地建房或者从事其他非农业建设的行为为征税对象，目的是约束纳税人占用耕地的行为，促进土地资源的合理利用。其兼具资源占用税和特定行为税的属性。

（2）采用地区差别税率。耕地占用税税率采用地区差别定额税率，以适应不同地区耕地质量差别较大、人均占有耕地面积相差悬殊的具体情况。

（3）在占用耕地环节一次性课征。耕地占用税在纳税人获准占用耕地时一次性征收，此后不再征收耕地占用税。对获准占用耕地后超过两年未使用的，应加征耕地占用税。

（4）税收收入专用于耕地开发与改良。耕地占用税税收收入按规定应用于建立发展农业专项基金，专门用于开展宜耕土地开发与改良现有耕地，具有“取之于地、用之于地”的补偿性特点。

2. 纳税义务人与征税范围

耕地占用税的纳税人是占用耕地建房或者从事非农业建设的单位或者个人。单位包括企业、行政单位、事业单位、军事单位、社会团体及其他单位；个人包括个体工商户及其他个人。

耕地占用税的征税范围包括为用于建房或从事其他非农业建设而占用的国家所有和集体所有的耕地。

“耕地”是指种植农作物的土地，包括田地、菜地、园地。园地包括花圃、苗圃、茶园、果园、桑园和其他种植经济林木的土地。

占用鱼塘及其他农用土地建房或从事其他非农业建设，也视同占用耕地，计征耕地占用税。

占用已开发从事种植、养殖的滩涂、草场、水面和林地等建房或从事其他非农业建设，由省、自治区、直辖市本着有利于保护土地资源和生态平衡的原则，结合具体情况确定是否征税。

此外，在占用之前三年内属于上述范围的耕地或农用用地，也视为耕地。

3. 税率

我国地域广大，不同地区之间人口和耕地资源的分布极不均衡，客观地理条件及纳税人的负担能力存在差别，因此耕地占用税实行地区差别定额税率，目前规定为：

(1) 人均耕地不超过 1 亩的地区(以县级行政区域为单位,下同),每平方米为 10～50 元;

(2) 人均耕地超过 1 亩但不超过 2 亩的地区,每平方米为 8～40 元;

(3) 人均耕地超过 2 亩但不超过 3 亩的地区,每平方米为 6～30 元;

(4) 人均耕地超过 3 亩的地区,每平方米为 5～25 元。

国务院财政、税务主管部门根据人均耕地面积和经济发展情况确定各省、自治区、直辖市的平均税额。

各地适用税额,由省、自治区、直辖市人民政府在规定的税额幅度内,根据本地区情况核定。其核定的适用税额的平均水平,不得低于条例中规定的平均税额。具体见表 9-4。

表 9-4　各省、自治区、直辖市耕地占用税平均税额

地　　区	每平方米平均税额(元)
上海	45
北京	40
天津	35
江苏、浙江、福建、广东	30
辽宁、湖北、湖南	25
河北、安徽、江西、山东、河南、重庆、四川	22.5
广西、海南、贵州、云南、陕西	20
山西、吉林、黑龙江	17.5
内蒙古、西藏、甘肃、青海、宁夏、新疆	12.5

经济特区、经济技术开发区和经济发达且人均耕地特别少的地区,适用税额可以适当提高,但最高不得超过上述规定税额的 50%。

占用基本农田的,适用税额应当在条例规定的当地适用税额的基础上提高 50%。

4. 计税依据和应纳税额的计算

耕地占用税以纳税人实际占用的耕地面积为计税依据,以每平方米为计量单位。应纳税额的计算公式为:

应纳耕地占用税=实际占用耕地面积(平方米)×适用税额

【例 9-4】 设在某城市的一家企业新占用 16 800 平方米耕地用于工业建设,所占耕地适用的定额税率为每平方米 40 元。计算该企业应缴纳的耕地占用税额。

应纳耕地占用税额=16 800×40=672 000(元)

5. 税收优惠

(1) 免征耕地占用税的项目。

① 军事设施占用耕地。

② 学校、幼儿园、养老院、医院占用耕地。

(2) 减征耕地占用税项目。

① 铁路线路、公路线路、飞机场跑道、停机坪、港口、航道占用耕地，减按每平方米 2 元的税额征收耕地占用税。

② 农村居民占用耕地新建住宅，按照当地适用税额减半征收耕地占用税。

依照条例规定免征或者减征耕地占用税后，纳税人改变原占地用途，不再属于免征或者减征耕地占用税情形的，应当按照当地适用税额补缴耕地占用税。

6. 征税管理

耕地占用税由地方税务机关负责征收。

土地管理部门在通知单位或者个人办理占用耕地手续时，应当同时通知耕地所在地同级地方税务机关。获准占用耕地的单位或者个人应当在收到土地管理部门的通知之日起 30 日内缴纳耕地占用税。土地管理部门凭耕地占用税完税凭证或者免税凭证和其他有关文件发放建设用地批准书。

纳税人临时占用耕地，应当依照条例的规定缴纳耕地占用税。纳税人在批准临时占用耕地的期限内恢复所占用耕地原状的，全额退还已经缴纳的耕地占用税。

纳税人占用林地、牧草地、农田水利用地、养殖水面以及渔业水域滩涂等其他农用地建房或者从事非农业建设的，比照此规定征收耕地占用税。

建设直接为农业生产服务的生产设施占用耕地的，不征收耕地占用税。

三、重点与难点

【重点】 房产税、城镇土地使用税、契税和耕地占用税的纳税义务人、税率、征税范围、计税依据及应纳税额的计算。

【难点】 房产税与契税的纳税义务人、征税范围、计税依据。

四、基础练习

（一）判断题

1. 个人所有的非营业用房产，不论面积大小，一律免征房产税。（　　）

2. 个人所有的营业用房产或出租的房产，不属于免税房产，应照章征税。（　　）

3. 计算房产的原值应包括与房屋不可分割的附属设备或一般不单独计算价值的配套设施。（　　）

4. 军队所属的房产一律免交房产税。（　　）

5. 在城镇土地使用税征收范围内经营采摘、观光农业的，其城镇土地使用税减半征收。（　　）

6. 城镇土地使用税由土地所在地主管税务机关征收。纳税人跨区域使用土地的，在纳税人核算地纳税。（　　）

7. 拥有土地使用权的单位和个人不在土地所在地的，土地的实际使用人或代管人为纳税人。（　　）

8. 某公司与某免税单位共同使用一栋建筑，该建筑物占用土地面积 1 000 平方米，适用土地使用税率每平方米 14 元。该建筑物面积 14 000 平方米，该公司与免税单位的占

用比例为 2∶5，该公司应缴城镇土地使用税 5 600 元。（　　）

9. 企业之间互换房屋，交换价格相等时，双方缴纳的契税金额也相等。（　　）

10. 企业之间互换房屋，交换价格不等时，由收取差价的一方缴纳契税。（　　）

11. A 企业将国有土地使用权有偿转让给 B 企业，A 企业应缴纳土地增值税和契税。（　　）

12. 法定继承人继承土地、房屋权属，不征契税；非法定继承人根据遗嘱承受死者生前的土地、房屋权属，属于赠予行为，应征收契税。（　　）

13. 拆迁居民因拆迁重新购置住房的，只对购房成交价格超过拆迁补偿款的部分缴纳契税。（　　）

14. 国家没有向企业收取国有土地使用权出让费用的，企业免缴契税。（　　）

（二）单项选择题

1. 某企业 5 月份签订了购置一幢旧厂房的合同，6 月份取得了政府部门签发的该房产权属证书，该项房地产应缴纳城镇土地使用税和房产税的时间为（　　）。

A. 5 月份　　B. 6 月份

C. 7 月份　　D. 下年度的 1 月份

2. 某国有企业购置新厂房，应缴纳城镇土地使用税的纳税义务发生时间为（　　）。

A. 房屋交付使用之月起　　B. 房屋交付使用次月起

C. 取得房屋权属证书次月起　　D. 签订购置合同次月起

3. 某地计算房产余值的减除幅度 30%，某事业单位有办公用房一幢，楼房价值 8 000 万元，2015 年将其中的 1/4 对外出租，租金收入 100 万元。下列说法正确的是（　　）。

A. 该租金收入免缴房产税　　B. 该租金收入应缴房产税 67.2 万元

C. 该租金收入应缴房产税 12 万元　　D. 该租金收入应缴房产税 1.2 万元

4. 李某将一套闲置的住房出租给王某居住，每月租金收入 2 000 元，则李某 1 年出租该项房产收入应缴纳房产税额（　　）。

A. 2 000×12×4%＝960 元　　B. 2 000×12×12%＝2 880 元

C. 2 000×12×1.2%＝288 元　　D. 2 000×12×5%＝1 200 元

5. 纳税人实际占用的土地面积尚未核发土地使用证书的，正确的税务处理是（　　）。

A. 暂免征税

B. 按房管部门估定的面积计税

C. 由税务部门估定面积计税

D. 按纳税人申报面积计算，核发土地使用证后调整

6. 下列不属于城镇土地使用税征税范围的是（　　）。

A. 城市及县城　　B. 建制镇　　C. 工矿区　　D. 农村

7. 某国有企业征用耕地，应缴纳城镇土地使用税的纳税义务发生时间为（　　）。

A. 批准征用之日　　B. 批准征用的次月

C. 批准征用当年　　D. 批准征用之日起满一年

8. 某公司购买房地产应缴纳下列哪些税（　　）。

A. 增值税　　B. 消费税　　C. 土地增值税　　D. 契税

9. 关于契税的征收方式,下列说法中正确的是(　　)。

A. 税务机关向纳税人直接征收

B. 委托政府的土地、房屋管理部门代征

C. 由房地产权属的转让方代收代缴

D. 由财政机关征收

(三) 多项选择题

1. 房地产开发企业建造商品房,下列说法正确的有(　　)。

A. 建成后即开始征收房产税

B. 在出售前未做其他使用的不征收房产税

C. 出租或出借的,应按规定征收房产税

D. 出售时征收房产税

2. 房产税的计税依据有(　　)。

A. 房产的原值　　B. 房产的余值

C. 房产的租金收入　　D. 房产的转让价值

3. 个人出租住房,应缴纳下列哪些税(　　)。

A. 增值税　　B. 营业税　　C. 房产税　　D. 个人所得税

4. 下列各项,按税法规定应缴纳城镇土地使用税的有(　　)。

A. 国家油田职工和家属居住的简易房屋用地

B. 名胜古迹场所设立的照相馆用地

C. 公园内设立的影剧院用地

D. 宗教寺庙人员的生活用地

5. 下列各项中,可以减免城镇土地使用税的有(　　)。

A. 免税单位职工家属的宿舍用地

B. 集体和个人办的各类学校用地

C. 某企业建职工宿舍的用地

D. 免税单位无偿使用纳税单位的土地

6. 下列属于契税计税依据的有(　　)。

A. 房地产销售的成交价格　　B. 房地产捐赠的市场价格

C. 房地产交换的价格差额　　D. 房地产租金收入

7. 下列各项中,契税计税依据可由征收机关核定的是(　　)。

A. 土地使用权出让　　B. 土地使用权出售

C. 土地使用权赠予　　D. 以划拨方式取得土地使用权

8. 某企业转让土地使用权应缴纳下列哪些税(　　)。

A. 土地增值税　　B. 土地使用税　　C. 契税　　D. 营业税

9. 下列各项中,按税法规定应缴纳契税的有(　　)。

A. 农民承包荒山造林的土地　　B. 银行承受企业抵债的房产

C. 科研事业单位受赠的科研用地　　D. 劳动模范获得的政府奖励的住房

（四）计算题

1. 资料：某企业2015年7月以融资租赁方式租入一房产，原值1 000万元，租赁期5年，每月租赁费10万元。房产当月投入使用。当地计算房产余值的扣除比例为20%。

要求：计算该企业2015年度应缴纳的房产税额。

2. 资料：某企业拥有A、B两栋房产，A原值1 200万元，B原值1 000万元。A自用，B出租，每月租金收入10万元。某年4月月底，B房产租赁到期，随即B自用，A转入大修至年底完工。当地政府规定自用房产按房产原值减除20%后的余值计征房产税。

要求：计算该企业当年度应缴纳的房产税额。

3. 资料：某企业一房产原值1 000万元，2015年9月1日用于投资联营，投资期5年，每年收取固定收入100万元，不承担联营风险。当地政府规定房产的计税价值可减除20%。

要求：计算该企业2015年度应缴纳的房产税额。

4. 资料：2015年，某企业土地使用证标明实际占地20 000平方米，土地使用税适用税额为10元/平方米。该企业设立的医院占地800平方米，另有600平方米无偿提供给公安局派出所使用。

要求：计算该企业2015年度应缴纳的城镇土地使用税额。

5. 资料：某市一企业2015年度经批准新占用64 000平方米耕地，其中56 000平方米用于扩建厂房，其余8 000平方米用于建设企业自办学校。该企业所在地耕地占用税为每平方米25元。

要求：计算该企业当年应缴纳的耕地占用税额。

6. 资料：甲企业发生了以下土地、房屋承受业务：接受某国有企业以房产投资入股，房产市场价值100万元；与另一企业交换房产，支付差价款200万元；政府批准向其出让土地一块，缴纳土地出让金300万元。当地契税税率3%。

要求：根据上述资料，计算甲企业应缴纳的契税额。

7. 资料：居民甲有四套住房，将一套价值110万元的住房抵偿了欠乙企业的债务；将一套价值150万元的住房折成股份投入本人独资经营的企业；将一套220万元的别墅与居民丙交换了一套普通住房和一辆价值15万元的小轿车。已知当地契税税率为3%。

要求：根据上述资料，指出有关纳税人应如何缴纳契税额。

8. 资料：某公司取得一幢抵偿债务的房屋，该房屋原值40万元，现值50万元；接受一幢赠送的房屋，双方协商作价100万元，该房屋市场售价120万元。当地契税税率为4%。

要求：根据上述资料，计算该公司应缴纳的契税额。

五、复习思考题

1. 我国房产税的征收范围和计税依据是什么？

2. 我国城镇土地使用税的征收范围和计税依据是什么？

3. 我国房产税与城镇土地使用税有何联系与区别？
4. 契税的概念和特点？
5. 契税的纳税义务人、征收范围和计税依据是什么？
6. 耕地占用税的概念和特点？
7. 我国房产税、城镇土地使用税、契税与耕地占用税的税收优惠有哪些？

六、知识拓展阅读

新加坡：自住优惠 低房低价

房产税是新加坡政府的一种传统税种，原则上是有房子就得交税，这是对土地这种稀缺资源的一种认可。具体执行中，新加坡坚持小户型、低房价原则，对购买自用房者实行税收优惠，对于富人住房，则收取高倍的土地出让金及高倍的物业费，严格控制高价商品房的比例。目前新加坡全国大约有84%的人安居在政府租屋中，而商品房的购买者主要是收入较高的二次置业者、投资者或者外国公民。

新加坡的房产税是按照房屋的年价值来计算的，房屋年价值是以年租金衡量，计算方法是年租金减去物业管理、家具以及维修的费用。多年来，政府对自住房产的房产税率是4%，其他类型的房产税率（如房屋出租者）是10%。而对于小户型的业主，政府会在自住的4%基础上再进行折扣。例如年价值6 900新加坡元（以下简称新元，1新加坡元约合4.92元人民币）的自住住房，政府在4%的基础上继续折扣，实际收缴的不是276新元，而一般的仅有82新元。

2013年10月新加坡国会对房地产税（修正）法案进行了修改，自2014年1月起，年值最高的1%高端住宅屋主，为自住的房子开始支付更高的房地产税，其余99%自住的屋子，房地产税反而更低。

（资料来源：南方网，http：//house.southcn.com.2015-08-06.）

第十章

车辆购置税法、车船税法和印花税法

一、学习目标

【了解】车辆购置税、车船税和印花税的纳税义务人、税率。

【理解】车辆购置税、车船税和印花税的概念、特点、征税范围、税收优惠及征收管理。

【掌握】车辆购置税、车船税和印花税的征税范围、计税依据及应纳税额的计算。

二、学习要点与内容提要

（一）车辆购置税法

1. 车辆购置税的概念及其特点

车辆购置税是以在我国境内购置规定的车辆为课税对象、在特定的环节向车辆购置者征收的一种税。车辆购置税具有以下特点。

(1) 征收范围单一。以购置的特定车辆为课税对象，而不是对所有的财产或消费财产征税，范围窄，是一种特种财产税。

(2) 征收环节单一。实行一次课征制，只是在退出流通进入消费领域的特定环节征收。而不是在生产、经营和消费的每一环节实行道道征收。

(3) 税率单一。实行固定比例税率征收，税率不随课税对象数额变动而变动，计征简便、负担稳定。

(4) 征收方法单一。根据纳税人购置应税车辆的计税价格实行从价计征，以价格为计税标准，价值高者多征税，价值低者少征税。

(5) 征税具有特定目的。税款具有专门用途，主要用于交通建设，由中央财政根据国家交通建设投资计划，统筹安排。

(6) 价外征收，税负不发生转嫁。计税依据中不包含车辆购置税税额，税额附加在价格之外，纳税人即为负税人，税负不发生转嫁。

2. 纳税义务人

车辆购置税的纳税义务人是在我国境内购置应税车辆的单位和个人。

单位包括企业、行政单位、事业单位、军事单位、社会团体及其他单位；个人包括个体工商户及其他个人，既包括中国公民又包括外国公民。

购置是指获得应税车辆以使用为目的的行为,购置方式包括购买、进口、受赠、自产自用、获奖及其他方式(如拍卖、抵债、走私、罚没等)等。

3. 征税对象与征税范围

车辆购置税以《中华人民共和国车辆购置税暂行条例》列举的车辆为征税对象,未列举的车辆不纳税。其征收范围包括汽车、摩托车、电车、挂车、农用运输车五大类,具体范围见表10-1。

表10-1 车辆购置税征收范围

应税车辆	具体类别	解释
汽车	各类汽车	有动力装置,用于运载客人、货物的各种车辆
摩托车	轻便摩托车	最高设计时速不大于50km/h,发动机汽缸总排量不大于50cm^{3}的两个或三个车轮的机动车
	二轮摩托车	最高设计车速大于50km/h,或发动机汽缸总排量大于50cm^{3}的两个车轮的机动车
	三轮摩托车	最高设计车速大于50km/h,或发动机汽缸总排量大于50cm^3,空车质量不大于400kg的三个车轮的机动车
电车	无轨电车	以电能为动力,由专用输电电缆线供电的轮式公共车辆
	有轨电车	以电能为动力,在轨道上行驶的公共车辆
挂车	全挂车	无动力设备,独立承载,由牵引车辆牵引行驶的车辆
	半挂车	无动力设备,与牵引车辆共同承载,由牵引车辆牵引行驶的车辆
农用运输车	三轮农用运输车	柴油发动机,功率不大于7.4kW,载重量不大于500 kg,最高车速不大于40km/h的三个车轮的机动车(三轮农用运输车,自2004年1月1日起免征车辆购置税)
	四轮农用运输车	柴油发动机,功率不大于28kW,载重量不大于1 500kg,最高车速不大于50km/h的四个车轮的机动车

为了体现税法的统一性、固定性、强制性和法律的严肃性特征,车辆购置税征收范围的调整,由国务院决定,其他任何部门、单位和个人只能执行政策规定,无权擅自扩大或缩小车辆购置税的征税范围。

4. 税率与计税依据

我国车辆购置税实行统一的比例税率,税率为10%。

车辆购置税实行从价定率、价外征收的方法计算应纳税额,应税车辆的价格即是车辆购置税的计税依据。应税车辆购置的来源不同,其计税价格的组成也就不同,具体有以下几种情况。

(1) 购买应税车辆的计税价格。

纳税人购买应税车辆,车辆购置税的计税价格为支付给销售者的全部价款和价外费用(不包括增值税税款)。

购买应税车辆,包括购买自用的国产应税车辆和购买自用的进口应税车辆。

支付的价外费用是指销售方价外向购买方收取的手续费、基金、违约金、包装费、运输

费、保管费、代收款项、代垫款项以及其他各种性质的价外收费，但不包括增值税税款。以下费用的计税规定如下所述。

① 随购买车辆支付的工具件和零部件价款应作为购车价款的一部分，并入计税价格。

② 支付的车辆装饰费应作为价外费用，并入计税价格。

③ 支付的代收款项区分两种情况：一种情况是开具代收单位(即经销商)发票的，应视为代收单位的价外收费，并入计税价格；另一种情况是开具委托单位发票的，代收单位只履行代收义务和收取代收手续费的，应适用其他税收规定。

④ 销售单位开给购买者的各种发票金额均包含了增值税税款的，计算车辆购置税时，应换算为不含增值税的计税价格。

⑤ 支付的控购费(国有企业、集体企业、行政事业单位新增或更新车辆)，是政府部门的行政性收费，不属于销售者的价外费用范围，不应并入计税价格。

(2) 进口应税车辆的计税价格。

进口应税车辆以组成计税价格为计税依据。其计算公式为：

组成计税价格＝关税完税价格＋关税＋消费税

式中，关税完税价格是指海关核定的关税计税价格(一般为到岸价格)；关税是指由海关课征的进口车辆的关税；消费税是指由海关代征的进口车辆的消费税。纳税人应提供经海关审查确认的有关完税证明的资料。

进口应税车辆，是指纳税人直接从境外进口或委托代理进口自用的应税车辆。

(3) 其他方式取得车辆的计税价格。

纳税人自产、受赠、获奖和以其他方式取得并自用的应税车辆，凡不能准确提供车辆价格的，由主管税务机关依据国家税务总局核定的、相应类型的应税车辆的最低计税价格确定。

(4) 最低计税价格的确定。

纳税人购买自用或者进口自用应税车辆，申报的计税价格低于同类型应税车辆的最低计税价格，又无正当理由的，按照最低计税价格征收车辆购置税。

最低计税价格由国家税务总局依据车辆生产企业提供的车辆价格信息和全国市场的平均销售价格确定。

以下几种特殊情形应税车辆的最低计税价格规定如下所述。

① 对已纳税并已办理了登记注册手续的车辆，其底盘和发动机同时发生更换，其最低计税价格按同类型新车最低计税价格的70%计算。

② 对免税、减税条件消失的车辆，其最低计税价格的确定公式为：

最低计税价格＝同类型新车最低计税价格×[1－(已使用年限÷规定使用年限)]×100%

其中，规定使用年限为：国产车辆按10年计算，进口车辆按15年计算。超过使用年限的车辆，不再征收车辆购置税。

③ 非贸易渠道进口车辆，其最低计税价格为同类型新车最低计税价格。

5. 应纳税额的计算

车辆购置税实行从价定率的办法计算应纳税额，其计算公式为：

应纳税额＝计税价格×税率(10%)

【例 10-1】 王某从汽车销售公司购买一辆小汽车自用，支付价款 250 000 元，支付车辆装饰费 2 000 元，购买工具件和零配件 3 000 元，销售公司代收临时牌照费 550 元、保险费 1 000 元，所支付的款项全部由汽车销售公司开具其发票收取。计算王某应缴纳的车辆购置税额。

该车辆的计税价格＝(250 000＋2 000＋3 000＋550＋1 000)÷(1＋17%)
＝219 273.50(元)

王某应纳车辆购置税额＝219 273.50×10%＝21 927.35(元)

【例 10-2】 某外贸公司进口 15 辆小轿车，海关审定每辆车的关税完税价格为 273 504元，据以计算每辆车应征关税 68 376 元(关税税率 25%)，代征进口环节的消费税 46 620元(消费税率 12%)、增值税 66 045 元(增值税率 17%)。计算该公司进口留用 1 辆车应缴纳的车辆购置税额。

该车辆的计税价格＝273 504＋68 376＋46 620＝388 500(元)

应纳车辆购置税额＝388 500×10%＝38 850(元)

其他 14 辆车属于外贸公司的进口贸易，将由这些车辆的购置使用者缴纳车辆购置税。

【例 10-3】 某客车制造厂将自产的 1 辆车用于本厂后勤服务，该厂向主管税务机关申报纳税时，提供该车辆的有关发票金额为 68 000 元。税务机关经审核认定，国家税务总局对同类车型核定的最低计税价格为 80 000 元。计算该厂自产自用该车辆应缴纳的车辆购置税额。

应纳车辆购置税额＝80 000×10%＝8 000(元)

【例 10-4】 某部队在更新武器装备过程中，将原有车辆进行更换，某车辆使用年限为 10 年，已使用 4 年，原属列入军队武器装备计划的免税车辆，现将其改为后勤用车。经审核，该车核定的最低计税价格为 58 000 元。计算这辆汽车应缴纳的车辆购置税额。

应纳车辆购置税额＝58 000×［1－(4÷10)］×100%×10%＝3 480(元)

6. 税收优惠

(1) 外国驻华使馆、领事馆和国际组织驻华机构及其外交人员自用车辆免税。

(2) 中国人民解放军和中国人民武装警察部队列入军队武器装备订货计划的车辆免税。

(3) 设有固定装置的非运输车辆免税。

(4) 有国务院规定予以减免税情形的，按照规定予以减免税。目前主要有以下几种。

① 防汛部门和森林消防部门用于指挥、检查、调度、报汛(警)、联络的设有固定装置的指定型号的专用车辆。

② 回国服务的留学人员用现汇购买 1 辆自用国产小汽车。

③ 长期来华定居专家购置 1 辆自用小汽车。

(5) 城市公交企业自 2012 年 1 月 1 日起至 2015 年 12 月 31 日止购置的公共汽电车

辆免征车辆购置税。

(6) 自 2004 年 10 月 1 日起，农用三轮运输车免税。

7. 退税

纳税人已经缴纳车辆购置税但在办理车辆登记注册手续前，因下列原因需要办理退还车辆购置税的，由纳税人申请，征收机构审查后办理退还车辆购置税手续。

(1) 公安机关车辆管理机构不予办理车辆登记注册手续的，凭公安机关车辆管理机构出具的证明办理退税手续。

(2) 因质量等原因发生退回所购车辆的，凭经销商的退货证明办理退税手续。

8. 征收管理

(1) 纳税期限。

纳税人购买自用的应税车辆，自购买之日(购车发票上注明的销售日期)起 60 日内申报纳税；进口自用的应税车辆，应当自进口之日(报关进口的当天)起 60 日内申报纳税；自产、受赠、获奖和以其他方式取得并自用应税车辆的，应当自取得之日起 60 日内申报纳税。

车辆购置税税款于纳税人办理纳税申报时一次缴清。

(2) 纳税环节。

车辆购置税在使用环节(即最终消费环节)征收。具体而言，是指纳税人应当在向公安机关等车辆管理机构办理车辆登记注册手续前，缴纳车辆购置税。

车辆购置税实行单一环节、一次课征制度。购置已征车辆购置税的车辆，不再征收车辆购置税。减税、免税条件消失的车辆，应按规定缴纳车辆购置税。

(3) 纳税地点。

纳税人购置应税车辆，应当向车辆登记注册地的主管税务机关申报纳税；购置不需办理车辆登记注册手续的应税车辆(如矿山专用车辆、机场专用车辆等)，应当向纳税人所在地的主管税务机关申报纳税。

(4) 纳税申报。

车辆购置税实行一车一申报制度。

纳税人办理纳税申报时应如实填写《车辆购置税纳税申报表》，同时提供车主身份证明、车辆价格证明、车辆合格证明以及税务机关要求提供的其他资料的原件和复印件，原件经车购办审核后退还纳税人，复印件和《机动车销售统一发票》的报税联由主管税务机关留存。

(5) 车辆购置税的退税制度。

① 已经缴纳车辆购置税的车辆，因质量原因将车辆退回生产企业或者经销商的，以及公安机关车辆管理机构不予办理登记注册的，纳税人应到国税局车购办申请退税。

② 纳税人申请办理退税手续时，应如实填写《车辆购置税退税申请表》，并提供生产企业或经销商开具的退车证明和退车的发票、完税证明正本和副本以及公安机关车辆管理机构出具的注销车辆号牌证明。

③ 退税款的计算。分为两种情况：第一种情况是因质量原因，车辆被退回生产企业或者经销商的，自纳税人办理纳税申报之日起，按已缴税款每满 1 年扣减 10%计算退税

额;未满1年的按已缴税款额退税。第二种情况是对公安机关车辆管理机构不予办理车辆登记注册手续的车辆,退还全部已缴税款。

（二）车船税法

1. 车船税的概念及其特点

车船税是以我国境内的车辆、船舶为征税对象,向拥有车船的单位和个人征税的一种税。

车船税具有以下特点。

(1) 以车船为征税对象,向拥有车船的单位和个人征税,具有财产税的性质。

(2) 按照车船的排气量或载重量,确定定额税率,计算简便。

2. 纳税义务人和扣缴义务人

车船税的纳税义务人,是我国境内,车辆、船舶的所有人或者管理人。其中,管理人是指对车船具有管理使用权,不具有所有权的单位。车船的所有人或管理人未缴纳车船税,使用人应当代为缴纳车船税。

车船税的扣缴义务人,是指从事机动车交通事故责任强制保险业务的保险机构。其应当按照法律规定在纳税人购买机动车交通事故责任强制保险时代收代缴车船税。

3. 征税范围

车船税的征收范围,是《车船税税目税额表》规定的车辆、船舶(以下简称车船)。

4. 税目与税率

从2012年1月1日起施行的车船税税目与税额(见表10-2)。

表10-2　车船税税目与税额

税　　目	计税单位	每年税额(元)	备　　注
乘用车〔按发动机排气量大小分档〕 1.0升(含)以下 1.0升以上至1.6升(含) 1.6升以上至2.0升(含) 2.0升以上至2.5升(含) 2.5升以上至3.0升(含) 3.0升以上至4.0升(含) 4.0升以上	每辆	 60～360 300～540 360～660 660～1 200 1 200～2 400 2 400～3 600 3 600～5 400	核定载客人数9人(含)以下
商用车客车	整备质量每吨	480～1 440	核定载客人数9人以上,包括电车
商用车货车		16～120	包括半挂牵引车、三轮汽车和低速载货汽车等
挂车		按照货车税额的50%计算	
其他车辆专用作业车		16～120	不包括拖拉机
其他车辆轮式专用机械车		16～120	不包括拖拉机
摩托车	每辆	36～180	

续表

税　　目	计税单位	每年税额(元)	备　　注
机动船舶	净吨位每吨	3～6	拖船、非机动驳船分别按照机动船舶税额的50%计算
游艇	艇身长度每米	600～2 000	

车辆的具体适用税额由省、自治区、直辖市人民政府在《车船税税目税额表》规定的税额幅度内确定。

船舶的具体适用税额由国务院在本法所附《车船税税目税额表》规定的税额幅度内确定。

5. 应纳税额的计算

车船税采用从量定额征税方法，应纳税额的计算公式为：

年应纳税额＝计税依据×适用税额

对于购置的新车船，购置当年的应纳税额自纳税义务发生的当月起按月计算。计算公式为：

应纳税额＝年应纳税额÷12×应纳税月份数

【例 10-5】 某运输公司拥有载货汽车 15 辆，净吨位全部为 10 吨，每吨年税额 80 元；载客大客车 20 辆，每辆年税额 800 元；排气量 1.6 升的小客车 10 辆，其中有当年 9 月份新增的 2 辆，每辆年税额 480 元。则：

年应纳车船税额＝15×10×80＋20×800＋8×480＋2×480×4÷12
＝12 000＋16 000＋3 840＋320＝32 160(元)

【例 10-6】 某公司拥有机动船 30 艘，其中净吨位为 600 吨的 12 艘，每吨税额 3 元；2 000吨的 8 艘，每吨税额 4 元；5 000 吨的 10 艘，每吨税额 5 元。则：

年应纳车船税额＝12×600×3＋8×2 000×4＋10×5 000×5
＝21 600＋64 000＋250 000＝335 600(元)

6. 保险机构代收代缴车船税和滞纳金的计算

(1) 纳税人在购买机动车交通事故责任强制保险时，应当提供车船税完税证明或减免税证明，不能提供完税或减免税证明的，应当在购买保险时计算缴纳车船税。

(2) 购买短期“交强险”的车辆，是指对于境外机动车临时入境、机动车临时道路行驶、机动车距规定的报废期限不足一年而购买短期“交强险”的车辆，其应纳税月份数为“交强险”有效期起始日期的当月至截止日期当月的月份数。

当年应缴税额＝计税单位×年单位税额×应纳税月份数÷12

(3) 已向税务机关缴税的车辆或税务机关已批准免税的车辆，“当年应缴”项目应为 0。

(4) 税务机关已批准减税的车辆，“当年应缴”项目应根据减税前的应纳税额扣除一定减税幅度计算的减税额确定，计算公式为：

减税车辆应纳税额＝减税前应纳税额×(1－减税幅度)

(5) 欠缴车船税的车辆补缴税款的计算。

从2008年7月1日起，保险机构在代收代缴车船税时，应根据纳税人提供的前次保险单，查验纳税人以前年度的完税情况。对于以前年度有欠缴车船税的，保险机构应代收代缴以前年度应纳税款。

① 对于2007年1月1日前购置的车辆或者曾经缴纳过车船税的车辆，保单中"往年补缴"项目的计算公式为：

往年补缴＝计税单位×年单位税额×(本次缴税年度－前次缴税年度－1)

其中，对于2007年1月1日前购置的车辆，纳税人从未缴纳车船税的，前次缴税年度设定为2006。

② 对于2007年1月1日以后购置的车辆.纳税人从购置时起一直未缴纳车船税的，保单中"往年补缴"项目的计算公式为：

往年补缴＝购置当年欠缴的税款＋购置年度以后欠缴税款

其中，购置当年欠缴的税款＝计税单位×年单位税额×应纳税月份数÷12

应纳税月份数为车辆登记日期的当月起至该年度终了的月份数。若车辆尚未到车船管理部门登记，则应纳税月份数为购置日期的当月起至该年度终了的月份数。

购置年度以后欠缴税款＝计税单位×年单位税额×(本次缴税年度－车辆登记年度－1)

(6) 对于纳税人在应购买"交强险"截止日期以后购买"交强险"的，或以前年度没有缴纳车船税的，保险机构在代收代缴税款的同时，还应代收代缴欠缴税款的滞纳金。保单中"滞纳金"项目为各年度欠税与应加收滞纳金之和。

每一年度欠税应加收的滞纳金＝欠税金额×滞纳天数×0.5‰

其中，滞纳天数自应购买"交强险"截止日期的次日起到纳税人购买"交强险"当日止计算。纳税人连续两年以上欠缴车船税的，应分别计算每一年度欠税应加收的滞纳金。

7. 税收优惠

(1) 下列车船免征车船税：

① 捕捞、养殖渔船；

② 军队、武装警察部队专用的车船；

③ 警用车船；

④ 依照法律规定应当予以免税的外国驻华使领馆、国际组织驻华代表机构及其有关人员的车船。

(2) 对节约能源、使用新能源的车船可以减征或者免征车船税；对受严重自然灾害影响纳税困难以及有其他特殊原因确需减税、免税的，可以减征或者免征车船税。具体办法由国务院规定，并报全国人民代表大会常务委员会备案。

(3) 省、自治区、直辖市人民政府根据当地实际情况，可以对公共交通车船，农村居民拥有并主要在农村地区使用的摩托车、三轮汽车和低速载货汽车定期减征或者免征车船税。

8. 征收管理

(1) 纳税期限。

车船税的纳税义务发生时间，为车船管理部门核发的车船登记证书或者行驶证书所

记载日期的当月。

纳税人未按照规定到车船管理部门办理应税车船登记手续的，以车船购置发票所载开具时间的当月作为车船税的纳税义务发生时间。对未办理车船登记手续且无法提供车船购置发票的，由主管地方税务机关核定纳税义务发生时间。

车船税按年申报缴纳。纳税年度自公历1月1日起至12月31日止。具体申报纳税期限由省、自治区、直辖市人民政府确定。

(2) 纳税地点：

车船税的纳税地点为车船的登记地或者车船税收缴义务人所在地(即保险机构所在地)。依法不需要办理登记的车船，车船税的纳税地点为车船的所有人或者管理人所在地。

车船税由地方税务机关负责征收。纳税地点，由省、自治区、直辖市人民政府根据当地实际情况确定。

跨省、自治区、直辖市使用的车船，纳税地点为车船的登记地。

(3) 纳税申报。

① 车船的所有人或者管理人未缴纳车船税的，使用人应当代为缴纳车船税。

② 机动车车船税的扣缴义务人依法代收代缴车船税时，纳税人不得拒绝。由扣缴义务人代收代缴机动车车船税的，纳税人应当在购买机动车交通事故责任强制保险的同时缴纳车船税。

③ 纳税人对扣缴义务人代收代缴税款有异议的，可以向纳税所在地的主管地方税务机关提出。

④ 纳税人在购买机动车交通事故责任强制保险时缴纳车船税的，不再向地方税务机关申报纳税。

⑤ 扣缴义务人在代收车船税时，应当在机动车交通事故责任强制保险的保险单上注明已收税款的信息，作为纳税人完税的证明。除另有规定外，扣缴义务人不再给纳税人开具代扣代收税款凭证。纳税人如有需要，可以持注明已收税款信息的保险单，到主管地方税务机关开具完税凭证。

⑥ 地方税务机关应当按照规定支付扣缴义务人代收代缴车船税的手续费。税务机关付给扣缴义务人代收代缴手续费的标准由国务院财政部门、税务主管部门制定。

(4) 其他管理规定。

① 各级车船管理部门应当在提供车船管理信息等方面，协助地方税务机关加强对车船税的征收管理。纳税人应当向主管地方税务机关和扣缴义务人提供车船的相关信息。拒绝提供的，按照我国《税收征收管理法》有关规定处理。

② 在一个纳税年度内，已完税的车船被盗抢、报废、灭失的，纳税人可以凭有关管理机关出具的证明和完税证明，向纳税所在地的主管地方税务机关申请退还被盗抢、报废、灭失月份起至该纳税年度终了期间的税款。已办理退税的被盗抢车船，失而复得的，纳税人应当从公安机关出具相关证明的当月起计算缴纳车船税。

③ 在一个纳税年度内，纳税人在非车辆登记地由保险机构代收代缴机动车车船税，且能提供合法有效完税证明的，纳税人不再向车辆登记地的地方税务机关缴纳机动车车

船税。

④ 在一个纳税年度内，已缴纳车船税的车船变更所有权或管理权的，地方税务机关对原车船所有人或管理人不予办理退税手续，现有车船所有人或管理人不再征收当年度的税款。但未缴纳车船税的车船变更所有权或管理权的，由现有车船所有人或管理人缴纳本年度的车船税。

⑤ 车船税的纳税人应按有关规定及时办理纳税申报，如实填写《车船税纳税申报表》。

（三）印花税法

1. 印花税的概念及其特点

印花税是以经济活动和经济交往中，书立、领受应税凭证的行为为征税对象征收的一种税。印花税具有以下特点。

(1) 征税范围广。印花税的征税对象是指经济活动和经济交往中，书立、领受应税凭证的行为。其征税范围广泛，表现在两个方面：一是应税行为广泛发生；二是应税凭证广泛应用。

(2) 税负从轻。印花税与其他税种相比，税率或税额明显较低。其比例税率最高1‰，最低0.5‰，定额税率每件5元。

(3) 纳税人自行贴花纳税。印花税的纳税方法采取纳税人自行计算应纳税额、自行购买印花税票、自行一次足额粘贴在应税凭证上并划销的纳税方法。

(4) 多缴不退不抵。纳税人多贴印花税票的，不得申请退税或抵用，这也与其他税种多缴税款可以申请退税或抵缴的规定完全不同。

2. 纳税义务人

印花税的纳税义务人，是在我国境内书立、使用、领受印花税法所列举的凭证并应依法履行纳税义务的单位和个人。

按照应税凭证的不同，可以将印花税的纳税人分别确定为立合同人、立据人、立账簿人、领受人和使用人和各类电子应税凭证的签订人六种。

(1) 立合同人。各类合同的纳税人是立合同人。立合同人是指合同的当事人，即对合同有直接权利义务关系的单位和个人，但不包括合同的担保人、证人、鉴定人。合同泛指具有合同效力的协议、契约、合约、单据、确认书及其他各种名称的凭证。

(2) 立据人。产权转移书据的纳税人是立据人。立据人是指土地、房屋权属转移过程中买卖双方的当事人。

(3) 立账簿人。营业账簿的纳税人是立账簿人。立账簿人是指设立并使用营业账簿用以记载经济活动交易和事项的单位和个人。

(4) 领受人。权利、许可证照的纳税人是领受人。领受人是指领取或接受并持有权利、许可证照的单位和个人。

(5) 使用人。在国外书立、领受，但在国内使用的应税凭证，其纳税人是使用人。

(6) 各类电子应税凭证的签订人。即以电子形式签订各类应税凭证的当事人。

对应税凭证，凡由两方或两方以上当事人共同书立的，其当事人各方都是印花税的纳税人，各自应就其所持凭证的计税金额履行纳税义务。

3. 征税范围

印花税的征税范围分为13个税目，有的税目列举了全部子目，有的只列举了主要子目，未列入税目的不征税。

(1) 购销合同。包括供应、预购、采购、购销结合及协作、调剂、补偿、贸易等合同；出版单位与发行单位之间订立的图书类制品的应税凭证；发电厂与电网之间以及电网之间签订的购售电合同。但是电网与用户之间签订的供用电合同不属于应税凭证，不征收印花税。

(2) 加工承揽合同。包括加工、订做、修缮、修理、印刷、广告、测绘、测试等合同。

(3) 建设工程勘察设计合同。包括勘察、设计合同。

(4) 建筑安装工程承包合同。包括建筑、安装工程承包合同。承包合同，包括总承包合同、分包合同和转包合同。

(5) 财产租赁合同。包括租赁房屋、船舶、飞机、机动车辆、机械、器具、设备等合同，还包括企业、个人出租门店、柜台等签订的合同。

(6) 货物运输合同。包括民用航空运输、铁路运输、海上运输、内河运输、公路运输和联运合同，以及作为合同使用的单据。

(7) 仓储保管合同。包括仓储、保管合同，以及作为合同使用的仓单、栈单等。

(8) 借款合同。包括银行及其他金融组织与借款人(不包括银行同业拆借)所签订的合同，以及只填开借据并作为合同使用、取得银行借款的借据。银行及其他金融机构经营的融资租赁业务，是一种以融物方式达到融资目的的业务，实际上是分期偿还的固定资金借款，因此融资租赁合同也属于借款合同。

(9) 财产保险合同。包括财产、责任、保证、信用保险合同，以及作为合同使用的单据。财产保险合同，分为企业财产保险、机动车辆保险、货物运输保险、家庭财产保险和农牧业保险五大类。

(10) 技术合同。包括技术开发、转让、咨询、服务等合同，以及作为合同使用的单据。

技术转让合同，包括专利申请权转让、专利实施许可和非专利技术转让所订立的合同。

技术咨询合同，是当事人就有关项目的分析、论证、预测和调查订立的技术合同。但一般的法律、会计、审计等方面的咨询不属于技术咨询，此类合同不贴印花。

技术服务合同，是当事人一方委托另一方就有关特定技术问题，如为提高产品质量、改进工艺流程、降低产品成本等提出实施方案，进行实施指导所订立的技术合同，包括技术服务、技术培训和技术中介合同。但不包括以常规手段或为生产经营目的进行一般加工、修理、测试、设计等所订立的合同。

(11) 产权转移书据。包括财产所有权、版权、商标专用权、专利权、专有技术使用权共5项产权的转移书据，以及土地使用权出让合同、土地使用权转让合同、商品房销售合同等权利转移合同。

产权转移书据，是指单位和个人产权的买卖、继承、赠予、交换、分割等所立的书据。财产所有权转移书据，是指经政府管理机构登记注册的动产、不动产的所有权转移所立的书据，以及企业股权转让所立的书据，并包括个人无偿赠送不动产所签订的“个人无偿赠送不动产登记表"。

(12) 营业账簿。指单位或者个人记载生产经营活动的财务会计核算账簿。营业账簿按其反映内容的不同,可分为记载资金的账簿和其他账簿。记载资金的账簿,是指反映生产经营单位资本金数额增减变化的账簿。其他账簿,是指除上述账簿以外的有关其他生产经营活动内容的账簿,包括日记账簿和各明细分类账簿。

(13) 权利、许可证照。包括政府部门发给的房屋产权证、工商营业执照、商标注册证、专利证、土地使用证。

印花税的13个税目,与货物有关的有4个,包括购销合同、加工合同、运输合同、仓储保管合同;与建设工程有关的有2个,包括勘察设计合同和建筑安装合同。

4. 税率

印花税的税率有比例税率和定额税率两种形式,税率均比较低。比例税率有4档:0.05‰、0.3‰、0.5‰和1‰;定额税率5元/件。

(1) 适用0.05‰税率的为"借款合同"。

(2) 适用0.3‰税率的为"购销合同"、"建筑安装工程承包合同"、"技术合同"。

(3) 适用0.5‰税率的是"加工承揽合同"、"建筑工程勘察设计合同"、"货物运输合同"、"产权转移书据"、"营业账簿"税目中记载资金的账簿。

(4) 适用1‰税率的为"财产租赁合同"、"仓储保管合同"、"财产保险合同"。

(5) 适用定额税率的为"权利、许可证照"和"营业账簿"税目中的其他账簿,均为按件贴花,税额为5元。

(6) 股权转让书据税率规定:非上市公司不以股票形式发生的企业股权转让行为,属于财产所有权转让行为,应按照产权转移书据缴纳印花税,适用税率0.5‰;对买卖、继承、赠予所书立的A股、B股股权转让书据,由卖出方(或继承、赠予A股、B股股权的出让方)按1‰的税率缴纳证券(股票)交易印花税;自2014年6月1日起,在上海证券交易所、深圳证券交易所、全国中小企业股份转让系统买卖、继承、赠予优先股所书立的股权转让书据,均依书立时实际成交金额,由出让方按1‰的税率计算缴纳证券(股票)交易印花税。

5. 计税依据

印花税的计税依据一般为各种应税凭证上所记载的计税金额。具体规定如下所述。

(1) 购销合同的计税依据为合同记载的购销金额。

(2) 加工承揽合同的计税依据是加工或承揽收入的金额。实际中,根据提供原料方式不同,确认金额有所不同,具体规定如下所述。

对于由受托方提供原材料的加工、订做合同,凡在合同中分别记载加工费金额和原材料金额的,应分别按"加工承揽合同"、"购销合同"计税,两项税额之和为合同应贴印花;若合同中未分别记载,则应就全部金额依照加工承揽合同计税贴花。

对于由委托方提供原材料、受托方提供辅助材料的加工合同,无论加工费和辅助材料金额是否分别记载,均以辅助材料与加工费的合计数,依照加工承揽合同计税贴花。对委托方提供的原材料金额不计税贴花。

(3) 建设工程勘察设计合同的计税依据为收取的费用。

(4) 建筑安装工程承包合同的计税依据为承包金额。

(5) 财产租赁合同的计税依据为租赁金额。经计算，税额不足 1 元的，按 1 元贴花。

(6) 货物运输合同的计税依据为取得的运输费金额(即运费收入)，不包括所运货物的金额、装卸费和保险费等。

(7) 仓储保管合同的计税依据为收取的仓储保管费用。

(8) 借款合同的计税依据为借款金额。

(9) 财产保险合同的计税依据为支付(收取)的保险费，不包括所保财产的金额。

(10) 技术合同的计税依据为合同所载的价款、报酬或使用费。对合同约定按研究开发经费一定比例作为报酬的，应按一定比例的报酬金额贴花。

(11) 产权转移书据的计税依据为所载金额。

(12) 营业账簿税目，记载资金的账簿的计税依据为"实收资本"与"资本公积"两项的合计金额，其他账簿的计税依据为应税凭证件数。

(13) 权利、许可证照的计税依据为应税凭证件数。

印花税计税依据的特殊规定，主要有以下内容。

(1) 应税凭证以"金额"、"收入"、"费用"作为计税依据的，应当全额计税，不得作任何扣除。

(2) 同一凭证载有两个或两个以上经济事项而适用不同税目税率，如分别记载金额的，应分别计算应纳税额，按合计税额贴花；如未分别记载金额的，从高适用税率计税贴花。

(3) 按金额比例贴花的应税凭证，未标明金额的，应按照凭证所载数量及国家牌价计算金额；没有国家牌价的，按市场价格计算金额，再按规定税率计算应纳税额。

(4) 应税凭证所载金额为外国货币的，应按照凭证书立当日国家外汇管理局公布的外汇牌价折合成人民币，再计算应纳税额。

(5) 应纳税额不足 1 角的，免纳印花税；1 角以上的，其税额尾数不满 5 分的不计，满 5 分的按 1 角计算。

(6) 有些合同，在签订时无法确定计税金额，例如：技术转让合同中的转让收入，是按销售收入的一定比例收取或是按实现利润分成的；财产租赁合同，只是规定了月(天)租金标准而无租赁期限的。对这类合同，可在签订时先按定额 5 元贴花，以后结算时再按实际金额计税，补贴印花。

(7) 应税合同在签订时纳税义务即已产生，应计算应纳税额并贴花。对履行合同的实际金额与合同所载金额不一致的，或最终未履行合同的，一般不再调整税额。

(8) 对有经营收入的事业单位，凡属由国家财政拨付事业经费，实行差额预算管理的单位，其记载经营业务的账簿，按其他账簿定额贴花，不记载经营业务的账簿不贴花；凡属经费来源实行自收自支的单位，其营业账簿应分别按记载资金的账簿和其他账簿，分别计税贴花。

跨地区经营的分支机构，应对其使用的营业账簿于所在地计税贴花。有上级单位核拨资金的，其营业账簿应分别按记载资金的账簿和其他账簿，分别计税贴花；上级单位不核拨资金的，只就其他账簿按件贴花。为避免对同一资金重复计税贴花，上级单位记载资金的账簿，应按扣除拨给分支机构资金数额后的余额部分计税贴花。

(9) 商品购销活动中，采用以货换货方式进行商品交易签订的合同，是反映既购又销双重经济行为的合同，应按合同所载的购、销合计金额计税贴花。

(10) 施工单位将自己承包的建设项目，分包或者转包给其他施工单位所签订的分包合同或者转包合同，应按新的分包合同或转包合同所载金额计算应纳税额。

(11) 国内各种形式的货物联运，凡在起运地统一结算全程运费的，应以全程运费作为计税依据，由起运地运费结算双方缴纳印花税；凡分程结算运费的，应以分程的运费作为计税依据，分别由办理运费结算的各方缴纳印花税。

对国际货运，凡由我国运输企业运输的，不论在我国境内、境外起运或中转分程运输，我国运输企业所持的一份运费结算凭证，按本程运费计算应纳税额；托运方所持的一份运费结算凭证，按全程运费计算应纳税额。

6. 应纳税额的计算

印花税应纳税额，根据应纳税凭证的性质，分别按比例税率或者定额税率计算，其计算公式为：

$$应纳税额=应税凭证计税金额\times适用税率$$

$$应纳税额=应税凭证件数\times单位税额$$

【例 10-7】 某企业 2014 年 12 月开业，签订以下合同：

(1) 领取房产权证、营业执照、商标注册证、土地使用权证各 1 件；

(2) 购买账簿 9 本，其中资金账 1 本，登记实收资本 1 500 万元，其他账簿 8 本；

(3) 签订购销合同 2 份，1 份是向某生产企业购买原材料 100 万元，另 1 份是向某商贸公司销售商品 200 万元。

(4) 订立财产保险合同 1 份，投保金额 9 100 万元，支付保险费 15 000 元。

则该企业开业当月应缴纳的印花税额为：

$$\begin{aligned}应纳印花税总额&=4\times5+1\,500\text{万}\times5/10\,000+8\times5+(100\text{万}+200\text{万})\\&\quad\times3/10\,000+15\,000\times1/1\,000\\&=20+7\,500+40+900+15=8\,475(\text{元})\end{aligned}$$

7. 税收优惠

(1) 对已缴纳印花税凭证的副本或抄本免税。凭证的正式签署本已按规定缴纳了印花税，其副本或抄本对外不发生权利义务关系，无须纳税。但以副本或抄本视同正本使用的，则应另贴印花。

(2) 对财产所有人将财产赠给政府、学校、社会福利单位所立的产权转移书据免税。

(3) 对国家指定的农副产品收购部门与农民个人或村民委员会书立的农副产品收购合同免税。

(4) 我国各专业银行按照国家金融政策发放的无息、贴息贷款合同免税。

(5) 对外国政府或国际金融组织向我国政府及国家金融机构提供优惠贷款所书立的合同免税。

(6) 对房地产管理部门与个人签订的用于生活居住的租赁合同免税。

(7) 对农牧业保险合同免税。

(8) 对特殊货运凭证免税。例如军事物资运送凭证、抢险救灾物资运输凭证。

(9) 其他。

8. 纳税方法

印花税的纳税方法，根据税额大小、贴花次数以及税收征收管理的需要，分别采用以下三种纳税方法。

(1) 自行贴花。

一般适用于应税凭证较少或者贴花次数较少的纳税人。纳税人书立、领受或者使用印花税法列举的应税凭证的同时，纳税义务即已产生，应当根据应纳税凭证的性质和适用的税目税率，自行计算应纳税额，自行购买印花税票，自行一次贴足印花税票并加以注销或划销，纳税义务即为履行完毕。

值得注意的是，纳税人购买了印花税票，支付了税款，国家就取得了财政收入。但就印花税来说，纳税人支付了税款并不等于已履行了纳税义务。纳税人必须自行贴花并注销或划销，才算完整地完成了纳税义务，也就是通常所说的"三自"纳税办法。

对已贴花的凭证修改后所载金额增加的，其增加部分应当补贴印花税票。凡多贴印花税票者，不得申请退税或者抵用。

(2) 汇贴或汇缴。

一般适用于应纳税额较大或者贴花次数频繁的纳税人。

"汇贴"，是指一份凭证应纳税额超过 500 元的，应向当地税务机关申请填写缴款书或者完税证，将其中一联粘贴在凭证上或者由税务机关在凭证上加注完税标记代替贴花。

"汇缴"，是指同一种类的应纳税凭证数量多须频繁贴花的，纳税人可以根据实际情况自行决定是否采用按期汇总缴纳印花税的方式，汇总缴纳印花税的期限为 1 个月。

采用按期汇总缴纳方式的纳税人应事先告知主管税务机关。缴纳方式一经选定，1 年内不得改变。主管税务机关接到纳税人要求按期汇总缴纳印花税的告知后，应及时登记，制定相应的管理办法，加强日常监督、检查，防止出现管理漏洞。凡汇总缴纳印花税的凭证，应加注税务机关指定的汇缴戳记、编号并装订成册后，将已贴印花或者缴款书的一联粘附册后，盖章注销，保存备查。

(3) 委托代征。

税务机关可以委托发放或者办理应纳税凭证的单位代为征收印花税税款。税务机关应与代征单位签订代征委托书，并按代售金额 5% 的比例支付代售手续费。

发放或者办理应纳税凭证的单位，是指发放权利、许可证照的单位和办理凭证的鉴证、公证及其他有关事项的单位。例如，按照印花税法规定，工商行政管理机关核发各类营业执照和商标注册证的同时，负责代售印花税票，征收印花税税款，并监督领受单位或个人负责贴花。

应注意的是，发放或者办理应纳税凭证的单位，负有监督纳税人依法纳税的义务，监督事项包括应纳税凭证是否已粘贴印花、粘贴的印花是否足额、是否按规定注销。对未完成以上纳税手续的，应督促纳税人当场完成。

9. 纳税环节与纳税地点

印花税应当在书立或领受时贴花，具体是指在合同签订时、账簿启用时和证照领受时贴花。如果合同是在国外签订，并且不便在国外贴花的，应在将合同带入境时办理贴花纳税手续。

印花税一般实行就地纳税。对于全国性商品物资订货会(包括展销会、交易会等)上所签订合同应纳的印花税，由纳税人回其所在地后及时办理贴花完税手续；对地方主办、不涉及省际关系的订货会、展销会上所签合同的印花税，其纳税地点由各省、自治区、直辖市人民政府自行确定。

10. 管理与处罚

为加强印花税征收管理，地方税务机关可以核定征收印花税。应根据纳税人的实际生产经营收入，参考纳税人各期印花税纳税情况及同行业合同签订情况，确定科学合理的数额或比例作为纳税人印花税计税依据。纳税人有下列情形的，地方税务机关可以核定纳税人印花税计税依据。

(1) 未按规定建立印花税应税凭证登记簿，或未如实登记和完整保存应税凭证的。

(2) 拒不提供应税凭证，或不如实提供应税凭证致使计税依据明显偏低的。

(3) 采用按期汇总缴纳办法的，未按地方税务机关规定的期限报送汇总缴纳印花税情况报告，经地方税务机关责令限期报告，逾期仍不报告的或者地方税务机关在检查中发现纳税人有未按规定汇总缴纳印花税情况的。

印花税纳税人有下列行为之一的，由税务机关根据情节轻重予以处罚。

(1) 在应纳税凭证上未贴或者少贴印花税票的或者已粘贴在应税凭证上的印花税票未注销或者未划销的，由税务机关追缴其不缴或者少缴的税款、滞纳金，并处不缴或者少缴的税款50%以上5倍以下的罚款。

(2) 已贴用的印花税票揭下重用造成未缴或少缴印花税的，由税务机关追缴其不缴或者少缴的税款、滞纳金，并处不缴或者少缴的税款50%以上5倍以下的罚款；构成犯罪的，依法追究刑事责任。

(3) 伪造印花税票的，由税务机关责令改正，处以2 000元以上1万元以下的罚款；情节严重的，处以1万元以上5万元以下的罚款；构成犯罪的，依法追究刑事责任。

(4) 按期汇总缴纳印花税的纳税人，超过税务机关核定的纳税期限，未缴或少缴印花税款的，由税务机关追缴其不缴或者少缴的税款、滞纳金，并处不缴或者少缴的税款50%以上5倍以下的罚款；情节严重的，同时撤销其汇缴许可证；构成犯罪的，依法追究刑事责任。

(5) 代售户对取得的税款逾期不缴或者挪作他用，或者违反合同将所领印花税票转托他人代售或者转至其他地区销售，或者未按规定详细提供领、售印花税票情况的，税务机关可视其情节轻重，给予警告或者取消其代售资格的处罚。

(6) 纳税人违反以下规定的，由税务机关责令限期改正，可处以2 000元以下的罚款；情节严重的，处2 000元以上1万元以下的罚款：①凡汇总缴纳印花税的凭证，应加注税务机关指定的汇缴戳记，编号并装订成册，将已贴印花或者缴款书的一联粘附册后，盖章注销，保存备查；②纳税人对纳税凭证应妥善保存。凭证的保存期限，凡国家已有明确规定的，按规定办；没有明确规定的其余凭证均应在履行完毕后保存1年。

各级地方税务机关应加强对印花税应税凭证的管理，要求纳税人统一设置印花税应

税凭证登记簿，保证各类应税凭证及时、准确、完整地进行登记。有条件的纳税人应指定专门部门、专人负责应税凭证的管理。印花税应税凭证应按照《税收征收管理法实施细则》的规定保存10年。

税务机关要根据本地情况，选择制度比较健全、管理比较规范、信誉比较可靠的单位或个人委托代售印花税票，并应对代售人经常进行业务指导、检查和监督。

三、重点与难点

【重点】 车辆购置税、车船税和印花税的征税范围、纳税义务人、计税依据、应纳税额的计算及税收优惠。

【难点】 车辆购置税的计税价格、印花税各税目的计税方法，印花税的纳税方法及违法的法律责任。

四、基础练习

（一）判断题

1. 保险机构应在纳税人购买机动车交通事故责任强制保险时，代收代缴车船税。（　）

2. 纳税人购买“交强险”的日期滞后的，保险机构代收代缴车船税款的同时，还应代收代缴车船税的滞纳金。（　）

3. 在一个纳税年度内，已完税的车船报废或灭失，纳税人可以申请退还一定的税款。（　）

4. 王某4月份购买了1辆摩托车，当月即办理了行驶牌照，当地规定的摩托车税额为60元/辆，则王某当年应缴摩托车的车船税为40元。（　）

5. 小轿车某年年初已缴纳车船税480元，5月份该车被盗，凭有关证明，可退车船税320元。（　）

6. 车船的拥有人未缴纳车船税的，车船的使用人应当缴纳。（　）

7. 某汽车制造厂以自产轿车向某汽车租赁公司进行投资，汽车租赁公司应缴纳车辆购置税。（　）

8. 车辆购置税计入购置车辆的成本，车船税计入管理费用。（　）

9. 汽车销售公司使用本公司发票代收的某项费用应计入车辆购置税的计税价格，使用委托单位发票代收的某项费用不应计入车辆购置税的计税价格。（　）

10. 车辆购置税从购置登记的次月缴纳，从灭失登记的次月可退税。（　）

11. 未按期兑现的应税合同，可暂不贴花，待合同兑现以后补贴印花税票。（　）

12. 一份购销合同所载购销金额100万元，签订合同时已缴纳印花税。实际执行合同金额为120万元，因未修订合同，所以不再补交印花税。（　）

13. 非专利技术转让合同按技术合同缴纳印花税，专利权转让按产权转移书据缴纳印花税。（　）

14. 印花税的应税凭证，凡由两方及以上当事人共同书立的，当事人各方都是纳税义

务人。 ( )

15. 财产保险合同印花税的计税依据为所保财产的金额。 ( )

16. 权利、许可证照的印花税为定额税率，每件 5 元。 ( )

17. 采用以货换货方式进行交易所签订的合同，应按购销合计金额计算印花税。 ( )

18. 印花税规定中记载资金的账簿是指记载现金和银行存款的账簿。 ( )

19. 某企业 2014 年资金账簿上已贴印花税 2 000 元，2015 年记载实收资本和资本公积 900 万元，则 2015 年应交资金账簿的印花税 2 500 元。 ( )

20. 对全国性商品物资订货会上所签订的合同应纳印花税，应就地纳税。 ( )

21. 税务登记证应按权利许可证照缴纳印花税。 ( )

22. 商品房销售合同按购销合同税目缴纳印花税。 ( )

23. 企业与金融机构签订的融资租赁合同，应按财产租赁合同缴纳印花税。 ( )

24. 甲建筑公司与某企业签订建筑承包合同，合同金额 8 000 万元。施工期间，又与另一家建筑公司签订了一份转包合同，将其中 2 000 万元的工程转包。甲建筑公司应缴印花税 3 万元。 ( )

（二）单项选择题

1. 购置小轿车当年，应缴车船税的纳税义务发生时间为(   )。

A. 购置轿车取得发票上所开具的日期

B. 车辆管理部门核发车辆行驶证的日期

C. 购置轿车的次月

D. 车辆管理部门核发车辆行驶证的次月

2. 甲将其所有的一辆轿车出租给乙使用，租赁合同 1 年，但合同未明确车船税由谁交纳，则车船税的纳税人应为(   )。

A. 甲　　B. 由甲和乙商定

C. 乙　　D. 由税务机关指定

3. 企业跨省使用的车船，纳税地点为(   )。

A. 车船登记地　　B. 车船使用地

C. 车船销售地　　D. 企业所在地

4. 纳税人购买应税车辆缴纳车辆购置税的时间，应当在下列哪个时间(   )。

A. 办理车辆交强险手续时　　B. 办理车辆登记注册手续前

C. 办理车辆登记注册手续时　　D. 办理车辆登记注册手续后

5. 某企业某月购进 1 辆新轿车，含增值税的成交价为 150 000 元，国家税务总局核定同类型车辆的最低计税价格为 120 000 元；另从 A 企业购入已使用 2 年的轿车 1 辆，含增值税的成交价为 60 000 元。则该企业应缴纳车辆购置税(   )元。

A. 17 948.72　　B. 15 000　　C. 12 820.51　　D. 10 256.41

6. 纳税人购买应税车辆，应自购买之日起 60 日内申报缴纳车辆购置税，“购买之日”是指(   )。

A. 车辆出厂的当天　　B. 登记注册的当天
C. 购车发票上注明的销售日期　　D. 实际提取车辆的当天

7. 已贴印花税票的经济合同修改后，合同涉及的金额增加，印花税的缴纳情况为(　　)。
A. 不再补贴印花税票　　B. 一律补贴印花税票 5 元
C. 应按修改后的金额再计印花税额　　D. 只就金额增加的部分补计印花税额

8. 印花税的税目有(　　)。
A. 14 个　　B. 9 个　　C. 13 个　　D. 7 个

9. 下列各项中，应按"产权转移书据"税目征收印花税的有(　　)。
A. 专利申请权转让　　B. 非专利技术转让
C. 专利权转让书据　　D. 专利实施许可书据

10. 对以货换货交易所签订的合同，应交纳的印花税额(　　)。
A. 双方各自按合同所载的购、销金额的合计数计算
B. 双方各自按合同所载的购进金额计算
C. 由一方按合同所载的购、销金额的合计数计算
D. 双方各自按合同所载的销售金额计算

(三) 多项选择题

1. 下列关于车船税的规定正确的有(　　)。
A. 跨省使用的车船，纳税地点为车船登记地
B. 车船税由地方税务机关征收
C. 车船税的纳税义务发生时间为车船管理部门核发登记证或行驶证的当月
D. 对城市、农村公共交通车船可给予定期减免税

2. 下列车船法定减免车船税的有(　　)。
A. 非机动车船　　B. 军队、武警专用的车船
C. 农业机械　　D. 电动自行车

3. 下列行为应缴车辆购置税的有(　　)。
A. 从汽车交易市场购买二手车辆　　B. 汽车制造企业销售自产的应税车辆
C. 汽车制造企业自产自用应税车辆　　D. 以获奖方式取得新轿车

4. 下列有关车辆购置税表述正确的有(　　)。
A. 只征收一次　　B. 由地方税务机关征收
C. 税款具有特定目的　　D. 在价外征收

5. 下列各项中属于车船税纳税人的有(　　)。
A. 政府机关　　B. 事业单位　　C. 个人　　D. 外资企业

6. 下列各项中属于车船税征税范围的有(　　)。
A. 载客汽车　　B. 摩托车　　C. 船舶　　D. 拖拉机

7. 下列合同，应交纳印花税的有(　　)。
A. 技术服务合同　　B. 技术培训合同
C. 法律咨询合同　　D. 会计服务合同

8. 单位和个人使用营业账簿应交纳印花税，营业账簿包括下列（　　）。

A. 日记账　　B. 明细账

C. 总账　　D. 重要凭证登记簿

9. 下列凭证中，应缴纳印花税的有（　　）。

A. 税务登记证　　B. 卫生许可证　　C. 书刊发行证　　D. 商标注册证

10. 对下列印花税违章行为的处罚，适用罚款一定倍数的有（　　），可追究刑事责任的情况有（　　）。

A. 在应税凭证上未贴、少贴印花税票或印花税票未划销的

B. 伪造印花税票的

C. 应按期汇总交纳印花税而不交或少交的情节严重的

D. 已贴用的印花税票揭下重用的

11. 在应税凭证上未贴、少贴印花税票，或粘贴后未划销的，应依法处以（　　）。

A. 追缴少缴的税款　　B. 征收滞纳金

C. 罚款比例 50%以上 5 倍以下　　D. 构成犯罪的追究刑事责任

12. 采用自行贴花方法交纳印花税，纳税人应自行（　　）。

A. 申报应税行为　　B. 计算应纳税额

C. 购买印花税票　　D. 贴足印花税票并划销

13. 下列合同免缴印花税的有（　　）。

A. 向社会福利单位捐赠财产所立的书据

B. 企业因改制签订的产权转移书据

C. 外国政府或国际金融组织向我国政府或金融机构提供优惠贷款书立的合同

D. 国家指定的收购部门与农民个人书立的农副产品收购合同

（四）计算题

1. 资料：某货运公司某年拥有载货汽车 25 辆、自重吨位均为 15 吨；小轿车 6 辆（排气量均为 1.6 升）。该省规定载货汽车年纳税额每吨 30 元，排气量 1.6 升的乘人汽车年纳税额每辆 480 元。

要求：计算该货运公司本年应缴纳的车船税额。

2. 资料：某企业从某汽车厂购入卡车 1 辆，发票总额 28 万元。

要求：计算该企业应缴纳的车辆购置税额。

3. 资料：某企业进口 1 辆小轿车，到岸价格 50 万元，该轿车关税税率 15%，消费税率 8%，增值税率 17%，车辆购置税 10%。

要求：分别计算该企业进口这辆小轿车应缴纳的关税、增值税、消费税和车辆购置税额。

4. 资料：某汽车贸易公司 2015 年 10 月进口 11 辆小轿车，海关审定的关税完税价格为 23 万元/辆。当月销售给 A 单位 8 辆，取得不含税销售收入 240 万元；企业自用 2 辆，抵偿 B 单位的债务用 1 辆。

要求：计算该汽车贸易公司应缴纳的车辆购置税额（有关税率与第 3 题相同）。

5. 资料：某企业2014年12月开业，领取房产权证、土地使用权证、营业执照、商标注册证、专利证各1件；购买资金账簿1本，登记实收资本1 200万元，购买其他会计账簿9本；订立购销合同1份，合同载明向某单位销售商品200万元；订立财产保险合同1份，投保金额2 100万元，支付保险费2万元。

要求：根据上述资料，计算该企业上述应税行为应缴纳的印花税额。

6. 资料：某企业某年度发生印花税应税行为如下。

(1) 实收资本比上年增加1 000万元。

(2) 与银行签订1年期借款合同，借款金额2 000万元。

(3) 与供货方签订以货换货合同，双方货物价值皆为500万元。

(4) 签订了1份受托加工合同，委托方提供原材料120万元，本企业提供价值5万元的辅助材料，收取加工费用25万元。

(5) 与甲企业签订了1份专有技术转让合同，转让收入为甲企业年度利润总额的30%。

(6) 与公路运输公司签订货物运输合同，载明运输费用11万元，含装卸费1万元。

(7) 与铁路部门签订货物运输合同，载明运输费及保管费共计20万元。

要求：根据上述资料，计算该企业应缴纳的印花税额。

五、复习思考题

1. 车辆购置税的特点？
2. 车辆购置税的纳税义务人有哪些？
3. 我国车辆购置税的征收范围和计税依据是什么？
4. 车船税的特点？
5. 车船税的纳税义务人有哪些？
6. 我国车船税的征收范围和计税依据是什么？
7. 印花税的特点？
8. 印花税的纳税义务人有哪些？
9. 我国印花税的征收范围和计税依据是什么？

六、知识拓展阅读

外国的车船税

车船税是一种按照年度征收的“车头税”。德国从2009年开始，推出新的汽车税征收标准，德国对新型汽车按照二氧化碳排放量的多少进行征收，其中达到欧5或欧6排放标准的新车，都将免除两年的汽车税，如果达到欧4排放标准的新车则可以获得1年的免税优惠。另外，对于2008年年底准入的汽车，仍然是按照老的方式征税。但是从2013年开始，所有汽车都会按照二氧化碳排放量的多少进行征税。

法国车主的税种主要体现在燃油税中，按照现行的规定，凡是购买二氧化碳排放量小于120克的新车，法国车主可以获得不同额度的环保奖励，排放量越小，奖励也就越高。

相反，如果二氧化碳排放量大于155克的新车，车主每年将需要缴纳环保税，这种递进式多排放多纳税的最高征税额可以高达2 600元人民币。

日本所谓的车船税以及养路费都被包含在了汽油的价格里。据估算，日本的油价有将近一半是各种税费，也就是说，如果经常用车，车辆排放的二氧化碳和使用公路较多，车主就要多花钱，如果买了车不怎么用，养车的成本就不会太高。

从发达国家的经验看，"车头税"将被压缩或者被合并到燃油税中，例如，美英等发达国家非常重视私车使用环节的税收，但都不是固定税额，而主要通过燃油税来实现"多开多交、少开少交"的调节功能。我国现行的车船税征收标准实行7个梯度按照排量进行征税，也有异曲同工之妙。

（资料来源：http：//chexian. qc188. com，2012-12-15.）

第十一章

企业所得税法

一、学习目标

【了解】 企业所得税的征税对象;纳税义务人的分类及纳税义务;基本税率与低税率。

【理解】 企业所得税的概念及特点;应纳税收入与不征税收入、免税收入;准予在税前扣除的项目及扣除额的具体规定;税收优惠与征收管理。

【掌握】 企业应纳税所得额的纳税调整方法;用税前所得弥补以前年度亏损的计算方法;境外所得已纳税额抵免的计算方法;非居民企业应纳税额的计算及源泉扣缴。

二、学习要点与内容提要

(一)企业所得税的概念及其特点

企业所得税,是对我国境内的企业和其他取得收入的组织的生产经营所得和其他所得征收的一种税。其具有以下特点。

(1)体现了税负公平原则。企业所得税以企业的生产、经营所得和其他所得为征税对象,所得多的多缴税,所得少的少缴税,没有所得不缴税,充分体现了税收的公平负担原则。

(2)将企业划分为居民企业和非居民企业。居民企业负无限纳税义务,其来源于我国境内、外的所得都要向我国政府缴纳所得税。非居民企业负有限纳税义务,其来源于我国境内的所得才向我国政府缴纳所得税。

(3)征税对象为应纳税所得额。企业所得税以应纳税所得额为课税对象,应纳税所得额是按照企业所得税法规的规定,在一个纳税年度内的应税收入总额扣除各项成本、费用、税金和损失后的余额,而不是依据会计制度的规定计算出来的利润总额。

(4)实行按年计征、分期预缴的办法。企业所得税以企业一个纳税年度的应纳税所得额为计税依据,平时分月或分季预缴,年度终了后进行汇算清缴,多退少补。

(5)是直接税。企业所得税是国家参与企业利润分配的一个手段,所得税费用由企业直接负担,不能转嫁。这也是所得税与流转税相比较的一个重要差别。

(二)纳税人、征税对象及税率

1. 纳税人

企业所得税的纳税义务人,是在我国境内的企业和其他取得收入的组织。

《中华人民共和国企业所得税法》规定,除个人独资企业、合伙企业不适用企业所得税法外,凡在我国境内的企业和其他取得收入的组织(以下统称企业),都是企业所得税的纳税人,依照本法规定缴纳企业所得税。

按照国际通行的做法,企业所得税的纳税人分为居民企业和非居民企业,这是根据企业纳税义务范围的宽窄所进行的分类。

(1) 居民企业。居民企业是指依法在我国境内成立,或者依照外国(地区)法律成立但实际管理机构在我国境内的企业。包括国有企业、集体企业、私营企业、联营企业、股份制企业、外商投资企业、外国企业,以及有生产、经营所得和其他所得的其他组织。

(2) 非居民企业。非居民企业是指依照外国(地区)法律成立且实际管理机构不在我国境内,但在我国境内设立机构、场所的,或者在我国境内未设立机构、场所但来源于我国境内所得的企业。

上述机构、场所,是指在我国境内从事生产经营活动的机构、场所,包括如下内容。

(1) 管理机构、营业机构、办事机构。

(2) 工厂、农场、开采自然资源的场所。

(3) 提供劳务的场所。

(4) 从事建筑、安装、装配、修理、勘探等工程作业的场所。

(5) 其他从事生产经营活动的机构、场所。

非居民企业委托营业代理人在我国境内从事生产经营活动的,包括委托单位或个人经常代其签订合同,或者储存、交付货物等,该营业代理人被视为非居民企业在我国境内设立的机构、场所。

2. 征税对象

企业所得税的征税对象是指企业的生产经营所得、其他所得和清算所得。

居民企业的征税对象是来源于我国境内、外的所得,所得包括销售货物所得、提供劳务所得、转让财产所得、股息红利等权益性投资所得,以及利息所得、租金所得、特许权使用费所得、接受捐赠所得和其他所得。

非居民企业的征税对象是来源于我国境内的所得。具体来看,非居民企业在我国境内设立机构、场所的,应当就该机构、场所取得的来源于我国境内的所得,以及发生在境外但与该机构、场所有实际联系的所得,向我国交纳企业所得税。非居民企业在我国境内未设立机构、场所的,或虽设立机构、场所但取得的所得与所设立机构、场所没有实际联系的,应当就其来源于我国境内的所得,向我国交纳企业所得税。

上述非居民企业在我国境内设立的机构、场所取得的发生在境外但与该机构、场所有实际联系的所得,是指该机构、场所拥有的据以取得所得的股权、债权,以及拥有、管理、控制据以取得所得的财产。

3. 税率

我国企业所得税实行比例税率，现行规定如下所述。

(1) 基本税率为25%。适用于居民企业和在我国境内设有机构、场所且所得与机构、场所有关联的非居民企业。

(2) 低税率为20%。该税率适用于在我国境内未设立机构、场所的，或者虽设立机构、场所但取得的所得与其所设机构、场所没有实际联系的非居民企业。目前实际征税时减按10%的税率征收。

（三）应纳税所得额的计算

应纳税所得额是企业所得税的计税依据，是指企业每一个纳税年度的收入总额减除不征税收入、免税收入、各项扣除以及允许弥补的以前年度亏损后的余额。基本公式为：

应纳税所得额＝收入总额－不征税收入－免税收入－各项扣除－以前年度亏损

应纳税所得额的计算以权责发生制为原则，属于当期的收入和费用，不论款项是否收付，均作为当期的收入和费用；不属于当期的收入和费用，即使款项已经在当期收付，均不作为当期的收入和费用。

应纳税所得额的计算关系到国家财政收入和企业的税收负担。因此，企业所得税法对应纳税所得额计算做了明确规定，主要内容包括收入总额、不征税收入、免税收入、扣除原则和范围、不得扣除项目、亏损弥补等。

1. 收入总额

企业的收入总额包括以货币形式和非货币形式从各种来源取得的收入，具体有销售货物收入、提供劳务收入、转让财产收入、股息、红利等权益性投资收益，以及利息收入、租金收入、特许权使用费收入、接受捐赠收入、其他收入。

企业以货币形式取得的收入，包括现金、存款、应收账款、应收票据、准备持有至到期的债券投资以及债务的豁免等；以非货币形式取得的收入，包括固定资产、生物资产、无形资产、股权投资、存货、不准备持有至到期的债券投资、劳务以及有关权益等。取得的非货币资产应当按照公允价值确定收入额，公允价值是指按照市场价格确定的价值。

(1) 一般收入的确认。

① 销售货物收入，是指企业销售商品、产品、原材料、包装物、低值易耗品以及其他存货取得的收入。

② 劳务收入，是指企业从事建筑安装、修理修配、交通运输、仓储租赁、金融保险、邮电通信、咨询经纪、文化体育、科学研究、技术服务、教育培训、餐饮住宿、中介代理、卫生保健、社区服务、旅游、娱乐、加工以及其他劳务服务活动取得的收入。

③ 财产转让收入，是指企业转让固定资产、生物资产、无形资产、股权、债权等财产取得的收入。

④ 股息、红利等权益性投资收益，是指企业因权益性投资从被投资方取得的收入。除国务院财政、税务主管部门另有规定外，按照被投资方做出利润分配决定的日期确认收入的实现。

⑤ 利息收入，是指企业将资金提供他人使用但不构成权益性投资，或者因他人占用

企业资金取得的收入。其包括存款利息、贷款利息、债券利息、欠款利息等，按照合同约定的债务人应付利息的日期确认收入的实现。

⑥ 租金收入，是指企业提供固定资产、包装物或者其他有形财产的使用权取得的收入。该收入按照合同约定的承租人应付租金的日期确认收入的实现，如果租赁期限跨年度且租金一次性支付的，根据收入与费用配比原则，应将租金收入平均计入租赁期所属年度。

⑦ 特许权使用费收入，是指企业提供专利权、非专利技术、商标权、著作权以及其他特许权的使用权而取得的收入。该收入按照合同约定的特许权使用人应付特许权使用费的日期确认收入的实现。

⑧ 接受捐赠收入，是指企业接受的来自其他企业、组织或者个人无偿给予的货币性资产、非货币性资产。接受捐赠收入按照实际收到的捐赠资产的日期确认收入的实现。

⑨ 其他收入，是指企业取得的除以上收入外的其他收入，包括企业资产溢余收入、逾期未退包装物押金收入、确实无法偿付的应付款项、已做坏账损失处理后又收回的应收款项、债务重组收入、补贴收入、违约金收入、汇兑收益等。

(2) 特殊收入的确认。

① 以分期收款方式销售货物的，按照合同约定的收款日期确认收入的实现。

② 受托加工制造大型机械设备、船舶、飞机，以及从事建筑、安装、装配工程业务或者提供其他劳务等，持续时间超过 12 个月的，按照纳税年度内完工进度或者完成的工作量确认收入的实现。

③ 采取产品分成方式取得收入的，按照分得产品的日期确认收入的实现，其收入额按照产品的公允价值确定。

④ 发生非货币性资产交换，以及将货物、财产、劳务用于捐赠、偿债、赞助、集资、广告、样品、职工福利或者利润分配等用途的，应当视同销售货物、转让财产或者提供劳务，但国务院财政、税务主管部门另有规定的除外。

(3) 处置资产收入的确认。

企业发生下列情形的处置资产，除将资产转移至境外以外，由于资产所有权属于在形式和实质上均不发生改变，可作为内部处置资产，不视同销售确认收入。

① 将资产用于生产、制造、加工另一产品。

② 改变资产形状、结构或性能。

③ 改变资产用途(例如，自建商品房转为自用或经营)。

④ 将资产在总机构及其分支机构之间转移。

⑤ 其他不改变资产所有权属的用途。

企业将资产移送他人的下列情形，因资产所有权属已发生改变而不属于内部处置资产，应按视同销售确认收入。其中，属于企业自制的资产，应按企业同类资产同期对外销售价格确定销售收入；属于外购的资产，可按购入时的价格确定销售收入。

① 用于市场推广或销售。

② 用于交际应酬。

③ 用于职工奖励或福利。

④ 用于股息分配。

⑤ 用于对外捐赠。

⑥ 用于改变资产所有权属的用途。

2. 不征税收入

税法规定，企业取得的下列收入为不征税收入。

(1) 财政拨款。是指各级人民政府对纳入预算管理的事业单位、社会团体等组织拨付的财政资金，但国务院和国务院财政、税务主管部门另有规定的除外。

(2) 依法收取并纳入财政管理的行政事业性收费、政府性基金。行政事业性收费是指依照法律法规等有关规定，按照国务院规定程序批准，在实施社会公共管理以及在向公民、法人或者其他组织提供特定公共服务过程中，向特定对象收取并纳入财政管理的费用。政府性基金，是指企业依照法律、行政法规等有关规定，代政府收取的具有专项用途的财政资金。具体规定如下所述。

① 企业按照规定缴纳的，由国务院或财政部批准设立的政府性基金，以及由国务院和省、自治区、直辖市人民政府及其财政、价格主管部门批准设立的行政事业性收费，准予在计算应纳税所得额时扣除。

企业缴纳的不符合上述审批管理权限设立的基金、收费，不得在计算应纳税所得额时扣除。

② 企业收取的各种基金、收费，应计入企业当年收入总额。

③ 对企业依照法律、法规及国务院有关规定收取并上缴财政的政府性基金和行政事业性收费，准予作为不征税收入，在计算应纳税所得额时从收入总额中减除；未上缴财政的部分不得从收入总额中减除。

(3) 国务院规定的其他不征税收入。是指企业取得的，由国务院财政、税务主管部门规定专项用途并经国务院批准的财政性资金。

财政性资金，是指企业取得的来源于政府及其有关部门的财政补助、补贴、贷款贴息和其他各类财政专项资金，包括直接减免的增值税和即征即退、先征后退、先征后返的各种税收，但不包括企业按规定取得的出口退税款。具体规定如下所述。

① 企业取得的各类财政性资金，除属于国家投资和资金使用后要求归还本金的以外，均应计入企业当年收入总额。国家投资是指国家以投资者身份投入企业、并按有关规定增加企业实收资本(股本)的直接投资。

② 对企业取得的由国务院财政、税务主管部门规定专项用途并经国务院批准的财政性资金，准予作为不征税收入，在计算应纳税所得额时从收入总额中减除。

③ 纳入预算管理的事业单位、社会团体等组织，按照核定的预算和经费报领关系收到的由财政部门或上级单位拨入的财政补助收入，准予作为不征税收入，在计算应纳税所得额时从收入总额中减除，但国务院和国务院财政、税务主管部门另有规定的除外。

需要注意的是，企业的不征税收入用于支出所形成的费用，不得在计算应纳税所得额时扣除；企业的不征税收入用于支出所形成的资产，其计算的折旧、摊销不得在计算应纳税所得额时扣除。

3. 免税收入

国家为了扶持和鼓励某些特殊的纳税人和特定的项目，减轻企业的负担，促进经济的协调发展，对企业取得的某些收入予以免税政策，以增加企业可用资金。根据税法规定，下列收入为免税收入。

(1) 国债利息收入。是指企业因购买国债所得的利息收入。

(2) 符合条件的居民企业之间的股息、红利等权益性收益。是指导居民企业直接投资于其他居民企业取得的投资收益。

(3) 在我国境内设立机构、场所的非居民企业从居民企业取得与该机构、场所有实际联系的股息、红利等权益性投资收益。

(4) 符合条件的非营利组织的收入。所称条件是指：

① 依法履行非营利组织登记手续；

② 从事公益性或者非营利性活动；

③ 取得的收入除用于与该组织有关的、合理的支出外，全部用于登记核定或者章程规定的公益性或者非营利性事业；

④ 财产及其孳生息不用于分配；

⑤ 按照登记核定或者章程规定，该组织注销后的剩余财产用于公益性或者非营利性目的，或者由登记管理机关转赠给予该组织性质、宗旨相同的组织，并向社会公告；

⑥ 投入人对投入该组织的财产不保留或者享有任何财产权利；

⑦ 工作人员工资福利开支控制在规定的比例内，不变相分配该组织的财产；

⑧ 国务院财政、税务主管部门规定的其他条件。

上述所称的非营利组织的收入，不包括非营利组织从事营利性活动取得的收入，但国务院财政、税务主管部门另有规定的除外。

非营利组织的下列收入为免税收入。

① 接受其他单位或者个人捐赠的收入。

② 除财政拨款以外的其他政府补助收入，但不包括因政府购买服务取得的收入。

③ 按照省级以上民政、财政部门规定收取的会费。

④ 不征税收入和免税收入滋生的银行存款利息收入。

⑤ 财政部、国家税务总局规定的其他收入。

4. 扣除原则和范围

(1) 税前扣除项目的原则。

企业申报的扣除项目和金额应真实、合法。真实是指能提供有关支出确属已经实际发生的证明；合法是指符合国家税法的规定，若其他法规规定与税收法规规定不一致，应以税收法规的规定为标准。除税收法规另有规定外，税前扣除一般应遵循以下原则。

① 权责发生制原则。权责发生制原则是指企业费用应在发生的所属期扣除，而不是在实际支付时确认扣除。

② 配比原则。配比原则是指企业发生的费用应当与收入配比扣除。除特殊规定外，企业发生的费用不得提前或滞后申报扣除。

③ 相关性原则。相关性原则是指企业可扣除的费用从性质和根源上必须与取得应

税收入直接相关。

④ 确定性原则。确定性原则是指企业可扣除的费用不论何时支付，其金额必须是确定的。

⑤ 合理性原则。合理性原则是指企业可扣除的费用应当是符合生产经营活动常规的、必要的和正常的支出，应当计入当期损益或者计入有关资产成本后恰当地予以折旧或摊销。

(2) 扣除项目的范围。

企业实际发生的与取得收入有关的、合理的支出，包括成本、费用、税金、损失和其他支出，准予在计算应纳税所得额时扣除。

① 成本。成本是指企业在生产经营活动中发生的销售商品(产品、材料、下脚料、废料、废旧物资等)、提供劳务、转让固定资产、无形资产(包括技术转让)的成本。

② 费用。费用是指企业每一个纳税年度为生产、经营商品和提供劳务等所发生的销售(经营)费用、管理费用和财务费用。销售费用是指企业为销售商品而发生的费用，包括广告费、运输费、装卸费、包装费、展览费、保险费、销售佣金(能直接认定的进口佣金调整商品进价成本)、代销手续费、经营性租赁费及销售部门发生的差旅费、工资、福利费等。管理费用是指企业的行政管理部门为管理组织经营活动提供各项支援性服务而发生的费用。财务费用是指企业筹集经营性资金而发生的费用，包括利息净支出、汇兑净损失、金融机构手续费以及其他非资本化支出。已经计入成本的有关费用除外。

③ 税金。税金是指企业发生的除企业所得税和允许抵扣的增值税以外的企业缴纳的各项税金及其附加，包括企业按规定缴纳的消费税、营业税、城市维护建设税、关税、资源税、土地增值税、房产税、车船税、土地使用税、印花税、教育费附加等。这些已纳税金准予税前扣除，扣除方式有两种：一是在发生当期扣除；二是在发生当期计入相关资产的成本，在以后各期分摊扣除。

④ 损失。损失是指企业在生产经营活动中发生的固定资产和存货的盘亏、毁损、报废损失，转让财产损失，呆账损失，坏账损失，自然灾害等不可抗力因素造成的损失以及其他损失。企业发生的损失，减除责任人赔偿和保险赔款后的余额，依照国务院财政、税务主管部门的规定扣除。已经作为损失处理的资产，以后又全部或部分收回时，应当计入当期收入。

⑤ 扣除的其他支出。扣除的其他支出是指除成本、费用、税金、损失外，企业在生产经营活动中发生的与生产经营活动有关的、合理的支出。

(3) 扣除项目的标准。

按照规定，在计算应纳税所得额时，下列项目可按照实际发生额或规定的标准扣除。

① 工资、薪金支出。企业发生的合理的工资、薪金支出准予据实扣除。

工资、薪金支出是指企业纳税年度支付给在本企业任职或与其有雇佣关系的员工，所有现金或非现金形式的劳动报酬。包括基本工资、奖金、津贴、补贴、年终加薪、加班工资，以及与任职或者受雇有关的其他支出。

属于国有性质的企业，其工资薪金，不得超过政府有关部门给予的限定数额；超过部分，不得计入企业工资薪金总额，也不得在计算企业应纳税所得额时扣除。

企业因雇用季节工、临时工、实习生、返聘离退休人员以及接受外部劳务派遣用工所实际发生的费用,应区分为工资薪金支出和职工福利费支出。其中属于工资薪金支出的,准予计入企业工资薪金总额的基数,作为计算其他各项相关费用扣除的依据。

企业建立的职工股权激励计划,其企业所得税的处理,分别按两种规定执行。

其一,对股权激励计划实行后立即可以行权的,上市公司可以根据实际行权时该股票的公允价格与激励对象实际行权支付价格的差额和数量,计算确定作为当年上市公司工资薪金支出,依照税法规定进行税前扣除。

其二,对股权激励计划实行后,需待一定服务年限或者达到规定业绩条件(以下简称等待期)方可行权的。上市公司等待期内会计上计算确认的相关成本费用,不得在对应年度计算缴纳企业所得税时扣除。在股权激励计划可行权后,上市公司方可根据该股票实际行权时的公允价格与当年激励对象实际行权支付价格的差额及数量,计算确定作为当年上市公司工资薪金支出,依照税法规定进行税前扣除。股票实际行权时的公允价格,以实际行权日该股票的收盘价格确定。

② 职工福利费、工会经费、职工教育经费。企业发生的职工福利费、工会经费、职工教育经费按标准扣除,未超过标准的按实际数扣除,超过标准的只能按标准扣除。

职工福利费支出,不超过工资薪金总额14%的部分准予扣除。

企业拨缴的工会经费,不超过工资薪金总额2%的部分准予扣除。

除国务院财政、税务主管部门另有规定外,企业发生的职工教育经费支出,不超过工资薪金总额2.5%的部分准予扣除,超过部分准予结转以后纳税年度扣除。

【例11-1】 A公司本年度职工工资总额为500万元,假设工资薪金支出符合合理标准,当年发生职工福利费80万元,工会经费9万元,职工教育经费15万元。计算该企业本年可在税前列支的职工福利费、工会经费和职工教育经费金额。

本年税前扣除的工资总额500万元。

可在税前列支的职工福利费限额:500×14%=70(万元)

职工福利费实际发生额为80万元,超过扣除限额10万元,超过部分不得扣除。

可在税前列支的工会经费限额:500×2%=10(万元)

工会经费实际发生额9万元,小于扣除限额,可以据实扣除。

可在税前列支的职工教育经费限额:500×2.5%=12.5(万元)

职工教育经费实际发生额15万元,超过扣除限额2.5万元,超过部分不得扣除。

本年可税前列支的职工福利费、工会经费和职工教育经费金额:70+9+12.5=91.5(万元)

③ 社会保险费。企业依照国务院有关主管部门或者省级人民政府规定的范围和标准为职工缴纳的“五险一金”,即基本养老保险费、基本医疗保险费、失业保险费、工伤保险费、生育保险费与住房公积金,准予扣除。

企业为投资者或者职工支付的补充养老保险费、补充医疗保险费,在国务院财政、税务主管部门规定的范围和标准内,准予扣除。企业依照国家有关规定为特殊工种职工支付的人身安全保险费和符合国务院财政、税务主管部门规定可以扣除的商业保险费,准予扣除。

企业参加财产保险，按照规定缴纳的保险费，准予扣除。企业为投资者或者职工支付的商业保险费，不得扣除。

④ 利息费用。企业在生产、经营活动中发生的利息费用，按下列规定扣除。

非金融企业向金融机构借款的利息支出、金融企业的各项存款利息支出和同业拆借利息支出、企业经批准发行债券的利息支出，可据实扣除。

非金融企业向非金融企业借款的利息支出，不超过按照金融企业同期同类贷款利率计算的数额的部分，可据实扣除，超过部分不得扣除。

关联企业利息费用的扣除规定如下所述。

标准之一：企业从其关联方接受的债权性投资与权益性投资的比例超过规定标准而发生的利息支出，不得在计算应纳税所得额时扣除。

接受关联方债权性投资与其权益性投资比例为：金融企业 5∶1；其他企业 2∶1。

标准之二：企业从其关联方接受的债权性投资比例未超过规定标准而发生的利息支出，不超过按照金融企业同期同类贷款利率计算的数额的部分可据实扣除，超过部分不允许扣除。

企业自关联方取得的不符合规定的利息收入应按照有关规定缴纳企业所得税。

企业向自然人借款的利息支出的扣除方法规定如下所述。

第一，企业向股东或其他与企业有关联关系的自然人借款的利息支出，应根据《中华人民共和国企业所得税法》（以下简称税法）第四十六条及《财政部、国家税务总局关于企业关联方利息支出税前扣除标准有关税收政策问题的通知》（财税〔2008〕121 号）规定的条件，计算企业所得税扣除额。

第二，企业向除第一条规定以外的内部职工或其他人员借款的利息支出，其借款情况同时符合以下条件的，其利息支出在不超过按照金融企业同期同类贷款利率计算的数额的部分，准予扣除：

A 企业与个人之间的借贷是真实、合法、有效的，并且不具有非法集资目的或其他违反法律、法规的行为；

B 企业与个人之间签订了借款合同。

⑤ 借款费用。企业在生产经营活动中发生的合理的不需要资本化的借款费用，准予扣除。

企业为购置、建造固定资产、无形资产和经过 12 个月以上的建造才能达到预定可销售状态的存货发生借款的，在有关资产购置、建造期间发生的合理的借款费用，应予以资本化，作为资本性支出计入有关资产的成本；有关资产交付使用后发生的借款利息，可在发生当期扣除。

⑥ 汇兑损失。企业在货币交易中以及纳税年度终了时，将人民币以外的货币性资产、负债按照期末即期人民币汇率中间价折算为人民币时产生的汇兑损失，除已经计入有关资产成本以及与向所有者进行利润分配相关的部分外，准予扣除。

⑦ 业务招待费。企业发生的与其生产、经营业务有关的业务招待费支出，按照发生额的 60％扣除，但最高不得超过当年销售（营业）收入的 5‰。

从事股权投资业务的企业，其从被投资企业分得的股息、红利以及股权转让收入，可以按规定的比例计算业务招待费扣除限额。

⑧ 广告费和业务宣传费。企业发生的符合条件的广告费和业务宣传费支出，除国务院财政、税务主管部门另有规定外，不超过当年销售（营业）收入15%的部分，准予扣除；超过部分，准予结转以后纳税年度扣除。

企业在筹建期间发生的广告费和业务宣传费，按照实际发生额计入企业筹办费，按照上述规定计算扣除。

企业申报扣除的广告费支出必须符合以下条件：广告是通过工商部门批准的专门机构制作的；费用已实际支付并已取得相应发票；已通过一定媒体传播。

⑨ 环境保护专项资金。企业依照法律、行政法规有关规定提取的用于环境保护、生态恢复等方面的专项资金，准予扣除。但该专项资金提取后改变用途的，不得扣除。

⑩ 保险费。企业参加财产保险，按照规定缴纳的保险费，准予扣除。

⑪ 租赁费。企业以经营租赁方式租入固定资产发生的租赁费支出，按照租赁期限均匀扣除。经营性租赁是指所有权不转移的租赁。

企业以融资租赁方式租入固定资产发生的租赁费支出，按照规定构成融资租入固定资产价值的部分应当提取折旧费用，分期扣除。融资租赁是指在实质上转移了与资产所有权有关的全部风险和报酬的一种租赁。

⑫ 劳动保护费。企业发生的合理的劳动保护支出，准予扣除。

⑬ 公益性捐赠支出。企业发生的公益性捐赠支出，不超过年度利润总额12%的部分，准予扣除。其中，年度利润总额是指企业依照国家统一会计制度的规定计算的年度会计利润。

公益性捐赠，是指企业通过公益性社会团体或者县级以上人民政府及其部门，用于《中华人民共和国公益事业捐赠法》规定的公益事业的捐赠，具体范围包括：救助灾害、救济贫困、扶助残疾人等困难的社会群体和个人的活动；用于教育、科学、文化、卫生、体育事业；用于环境保护、社会公共设施建设；促进社会发展和进步的其他社会公共和福利事业。

企业进行公益性捐赠时应提供捐赠资产价值的证明；接受公益性捐赠的社会团体、政府及其组成部门或直属机构，应向捐赠方开具公益性捐赠票据。

⑭ 有关资产的费用。企业按规定计算的固定资产折旧费、无形资产和递延资产的摊销费，准予扣除。企业转让各类固定资产发生的费用，允许扣除。

⑮ 总机构分摊的费用。非居民企业在我国境内设立的机构、场所，就其境外总机构发生的与该机构、场所生产经营有关的费用，能够提供总机构出具的费用汇集范围、定额、分配依据和方法等证明文件，并合理分摊的，准予扣除。

⑯ 资产损失。企业当期发生的固定资产和流动资产盘亏、毁损净损失，由其提供清查盘存资料经主管理税务机关审核后，准予扣除；与这些损失资产相应的不得从销项税金中抵扣的进项税金，应视同企业财产损失，准予一并在所得税前按规定扣除。

⑰ 手续费及佣金支出。企业发生的与生产经营有关的手续费及佣金支出，不超过规定限额以内的部分准予扣除，超过部分不得扣除。主要规定有：财产保险企业按当年保费收入扣除退保金后余额的15%计算限额；人身保险企业按当年保费收入扣除退保金后余额的10%计算限额；电信企业在发展客户、拓展业务等过程中（如委托销售电话入网

卡、电话充值卡等)，需向经纪人、代办商支付手续费及佣金的，其实际发生的相关手续费及佣金支出，不超过企业当年收入总额5%的部分，准予在企业所得税前据实扣除；其他企业按与具有合法经营资格的中介机构或个人签订的服务协议确认的收入金额5%计算限额。

除委托个人代理外，企业以现金等非转账方式支付的手续费及佣金不得在税前扣除。

企业为发行权益性证券支付给证券承销机构的手续费及佣金不得在税前扣除。

企业已计入固定资产、无形资产等相关资产的手续费及佣金支出，应当通过折旧、摊销等方式分期扣除，不得在发生当期直接扣除。

⑱ 依照有关法律、行政法规和国家有关税法规定准予扣除的其他项目。如会员费、合理的会议费、差旅费、违约金、诉讼费等准予扣除。

5. 不得扣除的项目

在计算应纳税所得额时，下列支出不得扣除。

(1) 向投资者支付的股息、红利等权益性投资收益款项。

(2) 企业所得税税款。

(3) 税收滞纳金。是指纳税人违反税收法规，被税务机关处以的滞纳金。

(4) 罚金、罚款和被没收财物的损失。是指纳税人违反国家有关法律、法规规定，被有关部门处以的罚款，以及被司法机关处以的罚金和被没收财物。

(5) 超过规定标准的捐赠支出。

(6) 赞助支出。是指企业发生的与生产经营活动无关的各种非广告性质支出。

(7) 未经核定的准备金支出。是指不符合国务院财政、税务主管部门规定的各项资产减值准备、风险准备等准备金支出。

(8) 企业之间支付的管理费、企业内营业机构之间支付的租金和特许权使用费，以及非银行企业内营业机构之间支付的利息，不得扣除。

(9) 与取得收入无关的其他支出。

6. 亏损弥补

亏损，是指企业依照税法规定，将每一纳税年度的收入总额减除不征税收入、免税收入和各项扣除后，余额为负数。

税法规定，企业某一纳税年度发生的亏损可以用下一年度的所得弥补，下一年度的所得不足以弥补的，可以逐年延续弥补，但最长不得超过5年。

企业在汇总计算缴纳企业所得税时，其境外营业机构的亏损不得抵减境内营业机构的盈利。

企业筹办期间不计算为亏损年度。筹办费用支出，可以在开始经营的当年一次性扣除，也可以按照长期待摊费用在开始经营后的3年内平均摊销。扣除方法一经选定，不得改变。

损益年度应从开始生产经营的年度起计算，开始生产经营的年度生产经营期限不满1年的，可以选择下一年度为开始计算损益的年度。

【例11-2】 假设某企业连续9年的应纳税所得额资料见表11-1(单位：万元)。计算各年度的应纳税所得额。

表 11-1　某企业 2006—2014 年应纳税所得额资料

年　　度	2006	2007	2008	2009	2010	2011	2012	2013	2014
所得额(补亏前)	－50	－35	－10	9	－7	25	30	38	40

计算结果见表 11-2(单位：万元)。

表 11-2　2006—2014 年应纳税所得额的计算

年　　度	2006	2007	2008	2009	2010	2011	2012	2013	2014
所得额(补亏前)	－50	－35	－10	9	－7	25	30	38	40
所得额(补亏后)	—	—	—	—	—	—	—	21	40

分析：

(1) 2006 年、2007 年、2008 年度为亏损年度，无应纳税所得额。

(2) 2009 年度所得额 9 万元，弥补 2006 年度亏损后无余额，2006 年度尚有未弥补亏损 41 万元(9－50)。

(3) 2010 年度为亏损年度，无应纳税所得额。

(4) 2011 年度所得额 25 万元，弥补 2006 年度亏损后无余额，2006 年度尚有未弥补亏损 16 万元(25－41)。2006 年度亏损可用税前所得弥补的期限为 2007－2011 年度，从 2012 年度起，2006 年度亏损未弥补的部分不得再用税前所得弥补。

(5) 2012 年度所得额 30 万元，弥补 2007 年度亏损后无余额，2007 年度尚有未弥补亏损 5 万元(30－35)。2007 年度亏损可用税前所得弥补的期限为 2008－2012 年度，从 2013 年度起，2007 年度亏损未弥补的部分不得再用税前所得弥补。

(6) 2013 年度所得额 38 万元，弥补 2008、2010 年度亏损后余额 21 万元(38－10－7)，为该年度应税所得额。

(7) 2014 年度所得额 40 万元，无以前年度未弥补亏损，该年度应税所得额 40 万元。

(四) 资产的税务处理

税法规定，纳入税务处理范围的资产主要有固定资产、生物资产、无形资产、长期待摊费用、投资资产、存货等，这些资产均以历史成本为计税基础。历史成本是指企业取得该项资产时实际发生的支出，企业持有各项资产期间资产增值或者减值，除国务院财政、税务主管部门规定可以确认损益外，不得调整该资产的计税基础。

1. 固定资产的税务处理

(1) 固定资产的概念。

固定资产是指企业为生产经营管理活动而持有的、使用期限超过 12 个月的非货币性资产，包括房屋、建筑物、机器、机械、运输工具，以及其他与生产经营活动有关的设备、器具、工具等。

(2) 固定资产的计税基础。

按照取得固定资产的不同方式，固定资产的计税基础具体规定如下所述。

① 外购的固定资产，以购买价款和支付的相关税费以及直接归属于使该资产达到预定用途发生的其他支出为计税基础。

② 自行建造的固定资产，以竣工结算前发生的支出为计税基础。

③ 融资租入的固定资产，以租赁合同约定的付款总额和承租人在签订租赁合同过程中发生的相关费用为计税基础，租赁合同未约定付款总额的，以该资产的公允价值和承租人在签订租赁合同过程中发生的相关费用为计税基础。

④ 盘盈的固定资产，以同类固定资产的重置完全价值为计税基础。

⑤ 通过捐赠、投资、非货币性资产交换、债务重组等方式取得的固定资产，以该资产的公允价值和支付的相关税费为计税基础。

⑥ 改建的固定资产，以改建过程中发生的改建支出增加计税基础。

(3) 固定资产折旧的范围。

在计算应纳税所得额时，企业按照规定计算的固定资产折旧，准予扣除。下列固定资产不得计算折旧扣除。

① 房屋、建筑物以外未投入使用的固定资产。

② 以经营租赁方式租入的固定资产。

③ 以融资租赁方式租出的固定资产。

④ 已提足折旧继续使用的固定资产。

⑤ 与经营活动无关的固定资产。

⑥ 单独估价作为固定资产入账的土地。

⑦ 其他不得计提折旧扣除的固定资产。

(4) 固定资产折旧的计提方法。

① 企业应当自固定资产投入使用月份的次月起计提折旧；停止使用的固定资产，应当从停止使用月份的次月起停止计提折旧。

② 企业应当根据固定资产的性质和使用情况，合理确定固定资产的预计净残值。预计净残值一经确定，不得变更。

③ 固定资产按照直线法计算的折旧，准予扣除。

(5) 固定资产折旧的计提年限。

除国务院财政、税务主管部门另有规定外，固定资产计算折旧的最低年限如下所述。

① 房屋、建筑物，为 20 年。

② 飞机、火车、轮船、机器、机械和其他生产设备，为 10 年。

③ 与生产经营活动有关的器具、工具、家具等，为 5 年。

④ 飞机、火车、轮船以外的运输工具，为 4 年。

⑤ 电子设备，为 3 年。

从事开采石油、天然气等矿产资源的企业，在开始商业性生产前发生的费用和有关固定资产的折耗、折旧方法，由国务院财政、税务主管部门另行规定。

未足额提取折旧前进行改固定资产扩建的税务处理如下：

① 属于推倒重置的，该资产原值减除提取折旧后的净值，应并入重置后的固定资产计税成本，并在该固定资产投入使用后的次月起，按照税法规定的折旧年限，一并计提

折旧；

② 属于提升功能、增加面积的，该固定资产的改扩建支出，并入该固定资产计税基础，并从改扩建完工投入使用后的次月起，重新按税法规定的该固定资产折旧年限计提折旧，如该改扩建后的固定资产尚可使用的年限低于税法规定的最低年限的，可以按尚可使用的年限计提折旧。

2. 生物资产的税务处理

(1) 生物资产的概念。

生物资产是指有生命的动物和植物。生物资产分为消耗性生物资产、生产性生物资产和公益性生物资产。

消耗性生物资产是指为出售而持有的或在将来收获为农产品的生物资产，包括生长中的农田作物、蔬菜、用材林以及存栏待售的牲畜等。

生产性生物资产是指为产出农产品、提供劳务或出租等目的而持有的生物资产，包括经济林、薪炭林、产畜和役畜等。

公益性生物资产是指以防护、环境保护为主要目的的生物资产，包括防风固沙林、水土保持林和水源涵养林等。

(2) 生物资产的计税基础。

外购的生产性生物资产，以购买价款和支付的相关税费为计税基础；通过捐赠、投资、非货币性资产交换、债务重组等方式取得的生产性生物资产，以该资产的公允价值和支付的相关税费为计税基础。

(3) 生物资产的折旧方法。

生产性生物资产按照直线法计算的折旧，准予扣除。企业应当自生产性生物资产投入使用月份的次月起计算折旧；停止使用的生产性生物资产应当自停止使用月份的次月起停止计算折旧。

企业应当根据生产性生物资产的性质和使用情况，合理确定生产性生物资产的预计净残值。生产性生物资产的预计净残值一经确定，不得变更。

(4) 生物资产的折旧年限。

生产性生物资产计算折旧的最低年限：林木类生产性生物资产为 10 年；畜类生产性生物资产为 3 年。

3. 无形资产的税务处理

(1) 无形资产的概念。

无形资产，是指企业长期使用但没有实物形态的资产，包括专利权、商标权、著作权、土地使用权、非专利技术、商誉等。

(2) 无形资产的计税基础。

① 外购的无形资产，以购买价款和支付的相关税费，以及直接归属于使该资产达到预定用途发生的其他支出为计税基础。

② 自行开发的无形资产，以开发过程中该资产符合资本化条件后至达到预定用途前发生的支出为计税基础。

③ 通过捐赠、投资、非货币性资产交换、债务重组等方式取得的无形资产，以该资产

的公允价值和支付的相关税费为计税基础。

(3) 无形资产摊销的范围。

在计算应纳税所得额时，企业按照规定计算的无形资产摊销费用，准予扣除。下列无形资产不得计算摊销费用扣除。

① 自行开发的支出已在计算应纳税所得额时扣除的无形资产。

② 自创商誉。

③ 与经营活动无关的无形资产。

④ 其他不得计算摊销费用扣除的无形资产。

(4) 无形资产的摊销方法及年限。

无形资产的摊销，采取直线法计算，摊销年限不得低于10年。作为投资或者受让的无形资产，有关法律规定或者合同约定了使用年限的，可以按照规定或者约定的使用年限分期摊销。外购商誉的支出，在企业整体转让或者清算时准予扣除。

4. 长期待摊费用的税务处理

长期待摊费用是指企业发生的应在一个以上年度进行摊销的费用。企业发生的下列支出作为长期待摊费用，按照规定摊销的，准予扣除。

(1) 已足额提取折旧的固定资产的改建支出，按照固定资产预计尚可使用年限分期摊销。

(2) 租入固定资产的改建支出，按照合同约定的剩余租赁期限分期摊销。

(3) 固定资产的大修理支出，按照固定资产尚可使用年限分期摊销。税法所指固定资产的大修理支出，是指同时符合下列条件的支出：①修理支出达到取得固定资产时的计税基础50%以上；②修理后固定资产的使用年限延长2年以上。

(4) 其他应当作为长期待摊费用的支出，自支出发生月份的次月起分期摊销，摊销年限不得低于3年。

5. 存货的税务处理

(1) 存货的概念。

存货是指企业持有以备出售的产品或者商品、处在生产过程中的在产品以及为生产产品或者提供劳务所准备的材料和物料等。

(2) 存货的计税基础。

存货按照以下方法确定成本：

① 通过支付现金方式取得的存货，以购买价款和支付的相关税费为成本。

② 通过支付现金以外的方式取得的存货，以该存货的公允价值和支付的相关税费为成本。

③ 生产性生物资产收获的农产品，以产出或者采收过程中发生的材料费、人工费和分摊的间接费用等必要支出为成本。

(3) 使用或销售存货的成本计算方法。

企业使用或者销售的存货的成本计算方法，可以在先进先出法、加权平均法、个别计价法中选用一种。计价方法一经选用，不得随意变更。

企业转让资产，在计算应纳税所得额时，资产的净值允许扣除。其中，资产净值是指有关资产、财产的计税基础减除已经按照规定扣除的折旧、折耗、摊销、准备金等后的余额。

除国务院财政、税务主管部门另有规定外，企业在重组过程中，应当在交易发生时确认有关资产的转让所得或者损失，相关资产应当按照交易价格重新确定计税基础。

6. 投资资产的税务处理

投资资产是指企业对外进行权益性投资和债权性投资而形成的资产。投资资产按以下方法确定投资成本。

(1) 通过支付现金方式取得的投资资产，以购买价款为成本。

(2) 通过支付现金以外的方式取得的投资资产，以该资产的公允价值和支付的相关税费为成本。

企业对外投资期间，投资资产的成本在计算应纳税所得额时不得扣除，企业在转让或者处置投资资产时，投资资产的成本准予扣除。

投资企业撤回或减少投资的税务处理如下所述。

(1) 投资企业从被投资企业撤回或减少投资，其取得的资产中，相当于初始出资的部分，应确认为投资收回；相当于被投资企业累计未分配利润和累计盈余公积按减少实收资本比例计算的部分，应确认为股息所得；其余部分确认为投资资产转让所得。

(2) 被投资企业发生的经营亏损，由被投资企业按规定结转弥补；投资企业不得调整减低其投资成本，也不得将其确认为投资损失。

7. 税法规定与会计规定差异的处理

企业应纳税所得额是根据税收法规计算的，它在数额上与依据财务会计制度计算的利润总额往往不一致。因此，税法规定，对企业按照有关财务会计规定计算的利润总额，要按照税法的规定进行必要调整后，才能作为应纳税所得额计算缴纳所得税。

(五) 资产损失税前扣除的所得税处理

1. 资产损失的定义

资产损失，是指企业在生产经营活动中实际发生的、与取得应税收入有关的资产损失，包括现金损失，存款损失，坏账损失，贷款损失，股权投资损失，固定资产和存货的盘亏、毁损、报废、被盗损失，自然灾害等不可抗力因素造成的损失以及其他损失。

2. 资产损失税前扣除政策

(1) 企业清查出的现金短缺减除责任人赔偿后的余额，作为现金损失在计算应纳税所得额时扣除。

(2) 企业将货币性资金存入法定具有吸收存款职能的机构，因该机构依法破产、清算或政府责令停业、关闭等原因，确实不能收回的部分，作为存款损失在计算应纳税所得额时扣除。

(3) 企业应收、预付账款符合下列条件之一的，减除可收回金额后确认的无法收回的应收、预付款项，可以作为坏账损失在计算应纳税所得额时扣除。

① 债务人依法宣告破产、关闭、解散、被撤销，或者被依法注销、吊销营业执照，其清算财产不足清偿的。

② 债务人死亡，或者依法被宣告失踪、死亡，其财产或遗产不足清偿的。

③ 债务人逾期3年以上未清偿，且有确凿证据证明以无力清偿债务的。

④ 与债务人达成债务重整协议或法院批准破产重整计划后，无法追偿的。

⑤ 因自然灾害、战争等不可抗力导致无法收回的。

⑥ 国务院财政、税务主管部门规定的其他条件。

（4）企业贷款类债权，经采取所有可能的措施和实施必要的程序之后，符合下列条件之一的，可以作为贷款损失在计算应纳税所得额时扣除。

① 借款人和担保人依法宣告破产、关闭、解散、被撤销，并终止法人资格，或者已完全停止经营活动，被依法注销、吊销营业执照，对借款人和担保人进行追偿后，未能收回的债权。

② 借款人死亡，或者依法被宣告失踪、死亡，依法对其财产或遗产进行清偿，并对担保人进行追偿后，未能收回的债权。

③ 借款人遭受重大自然灾害或者以外事故，损失巨大且不能获得保险补偿，或者以保险赔偿后，确实无力偿还部分或者全部债务，对借款人财产进行清偿和对担保人进行追偿后，未能收回的债权。

④ 借款人触犯刑律，依法受到制裁，其财产不足归还所借债务，又无其他债务承担者，经追偿后确实无法收回的债权。

⑤ 由于借款人和担保人不能偿还到期债务，企业诉诸法律，经法院对借款人和担保人强制执行，借款人和担保人均无财产可执行，法院裁定执行程序终结或终止后，仍无法收回的债权。

⑥ 由于借款人和担保人不能偿还到期债务，企业诉诸法律后，经法院调解或经债权人会议通过，与借款人和担保人达成和解协议或重整协议，在借款人和担保人履行完还款义务后，无法追偿的剩余债权。

⑦ 由于上述①～⑥项原因借款人不能偿还到期债务，企业依法取得抵债资产，抵债金额小于贷款本息的差额，经追偿后仍无法收回的债权。

⑧ 开立信用证、办理承兑汇票、开具保函等发生垫款时，凡开证申请人和保证人由于上述①～⑦项原因，无法偿还垫款金融企业经追偿后仍无法收回的垫款。

⑨ 银行卡持卡人和担保人由于上述①～⑦项原因，未能还清透支款项，金融企业经追偿后仍无法收回的透支款项。

⑩ 助学贷款逾期后，在金融企业确定的有效追索期限内，依法处置助学贷款抵押物（质押物），并向担保人追索连带责任后，仍无法收回的贷款。

⑪ 经国务院专案批准核销的贷款类债权。

⑫ 国务院财政、税务主管部门规定的其他条件。

（5）企业的股权投资符合下列条件之一的，减除可收回金额后确认的无法收回的股权投资，可以作为股权投资损失在计算应纳税所得额时扣除。

① 被投资方依法宣告破产、关闭、解散、被撤销，或者被依法注销、吊销营业执照的。

② 被投资方财务状况严重恶化，累计发生巨额亏损，已连续停止经营3年以上，且无重新恢复经营计划的。

③ 对被投资方不具有控制权,投资期限届满或者投资期限已超过 10 年,且被投资单位因连续 3 年经营亏损导致资不抵债的。

④ 被投资方财务状况严重恶化,累计发生巨额亏损,已完成清算或清算期超过 3 年以上的。

⑤ 国务院财政、税务主管部门规定的其他条件。

(6) 对企业盘亏的固定资产或存货,以该固定资产的账面净值或存货的成本减除责任人赔偿后的余额,作为固定资产或存货的盘亏损失在计算应纳税所得额时扣除。

(7) 对企业毁损、报废的固定资产或存货,以该固定资产的账面净值或存货的成本减除残值、保险赔款和责任人赔偿后的余额,作为固定资产或存货的毁损、报废损失在计算应纳税所得额时扣除。

(8) 对企业被盗的固定资产或存货,以该固定资产的账面净值或存货的成本减除保险赔款和责任人赔偿后的余额,作为固定资产或存货被盗损失在计算应纳税所得额时扣除。

(9) 企业因存货盘亏、毁损、报废、被盗等原因不得从增值税销项税额中抵扣的进项税额,可以与存货损失一起在计算应纳税所得额时扣除。

(10) 企业对其扣除的各项资产损失,应当提供能够证明资产损失确属以实际发生的合法证据,包括具有法律效力的外部证据、具有法定资质的中介机构的经济鉴定证明、具有法定资质的专业机构的技术鉴定证明等。

3. 资产损失税前扣除管理

企业发生的资产损失包括实际资产损失和法定资产损失两种。

企业实际资产损失应当在其实际发生且会计上已作损失处理的年度申报扣除。法定资产损失,应当在企业向主管税务机关提供证据资料证明该项资产已符合法定资产损失确认条件,且会计上已作损失处理的年度申报扣除。

企业发生的资产损失,应按规定的程序和要求向主管税务机关申报后方能在税前扣除。未经申报的损失,不得在税前扣除。

企业以前年度发生的资产损失未能在当年税前扣除的,可以按照本办法的规定,向税务机关说明并进行专项申报扣除。其中,属于实际资产损失,准予追补至该项损失发生年度扣除,其追补确认期限一般不得超过 5 年,但特殊情况下,追补确认期限经国家税务总局批准后可适当延长。属于法定资产损失,应在申报年度扣除。

企业因以前年度实际资产损失未在税前扣除而多缴的企业所得税税款,可在追补确认年度企业所得税应纳税款中予以抵扣,不足抵扣的,向以后年度递延抵扣。

企业实际资产损失发生年度扣除追补确认的损失后出现亏损的,应先调整资产损失发生年度的亏损额,再按弥补亏损的原则计算以后年度多缴的企业所得税税款,并按前款办法进行税务处理。

企业资产损失按其申报内容和要求的不同,分为清单申报和专项申报两种申报形式。

下列资产损失,应以清单申报的方式向税务机关申报扣除。

(1) 企业在正常经营管理活动中因销售、转让、变卖固定资产、存货、生产性生物资产发生的资产损失。

（2）企业各项存货发生的正常损耗。

（3）企业固定资产达到或超过使用年限而正常报废清理的损失。

（4）企业生产性生物资产达到或超过使用年限而正常死亡发生的资产损失。

（5）企业通过证券交易场所、银行间市场买卖债券、股票、基金以及金融衍生产品等发生的损失。

（6）其他经国家税务总局确认不需经税务机关审批的其他资产损失。

上述以外的资产损失，应以专项申报的方式向税务机关申报扣除。企业无法准确判别是否属于清单申报扣除的资产损失，可以采取专项申报的形式申报扣除。

企业因国务院决定事项形成的资产损失，应向国家税务总局提供有关资料。国家税务总局审核有关情况后，将损失情况通知相关税务机关。企业应按本办法的要求进行专项申报。

属于专项申报的资产损失，企业因特殊原因不能在规定的时限内报送相关资料的，可以向主管税务机关提出申请，经主管税务机关同意后，可适当延期申报。

资产损失税前扣除的审批，不实行层层审批，企业可直接向有权审批税务机关申请，税务机关对资产损失的审批，是对纳税人提供的申报材料与法定条件进行符合性审查。

税务机关应按规定的时间和程序，本着公正、透明、廉洁、高效和方便纳税人的原则，及时受理和审批纳税人申报的资产损失审批事项。

上一级税务机关应对下一级税务机关每一纳税年度审批的资产损失事项进行抽查监督。

（六）税收优惠

税收优惠是国家运用税收政策在税收法律、行政法规中规定对某些企业和课税对象给予减轻或免除税收负担的一种措施，是国家宏观调控的一种重要手段。税法规定的企业所得税的税收优惠方式包括免税、减税、加计扣除、加速折旧、减计收入、税额抵免等。

1. 免征与减征优惠

（1）从事农、林、牧、渔业项目的所得。

企业从事下列项目的所得，免征企业所得税。

① 蔬菜、谷物、薯类、油料、豆类、棉花、麻类、糖料、水果、坚果的种植。

② 农作物新品种的选育。

③ 中药材的种植。

④ 林木的培育和种植。

⑤ 牲畜、家禽的饲养。

⑥ 林产品的采集。

⑦ 灌溉、农产品初加工、兽医、农技推广、农机作业和维修等农、林、牧、渔服务业项目。

⑧ 远洋捕捞。

企业从事下列项目的所得，减半征收企业所得税：

① 花卉、茶以及其他饮料作物和香料作物的种植；

② 海水养殖、内陆养殖。

(2) 从事国家重点扶持的公共基础设施项目投资经营的所得。

企业从事国家重点扶持的公共基础设施项目,是指《公共基础设施项目企业所得税优惠目录》规定的港口码头、机场、铁路、公路、电力、水利等项目,自项目取得第一笔生产经营收入所属纳税年度起,第1年~第3年免征企业所得税,第4年~第6年减半征收企业所得税。

企业承包经营、承包建设和内部自建自用本条规定的项目,不得享受本条规定的企业所得税优惠。

(3) 从事符合条件的环境保护、节能节水项目的所得。

符合条件的环境保护、节能节水项目,包括公共污水处理、公共垃圾处理、沼气综合开发利用、节能减排技术改造、海水淡化等。自项目取得第一笔生产经营收入所属纳税年度起,第1年~第3年免征企业所得税,第4年~第6年减半征收企业所得税。

(4) 符合条件的技术转让所得。

符合条件的技术转让所得免征、减征企业所得税,是指一个纳税年度内,居民企业转让技术所有权所得不超过500万元的部分,免征企业所得税;超过500万元的部分,减半征收企业所得税。

技术转让的范围,包括居民企业转让专利技术、计算机软件著作权、集成电路布图设计权、植物新品种、生物医药新品种,以及财政部和国家税务总局确定的其他技术。

技术转让应签订技术转让合同。其中,境内的技术转让须经省级以上(含省级)科技部门认定登记,跨境的技术转让须经省级以上(含省级)商务部门认定登记,涉及财政经费支持产生技术的转让,需省级以上(含省级)科技部门审批。

居民企业技术出口应由有关部门进行审查。居民企业取得禁止出口和限制出口技术转让所得,不享受技术转让减免企业所得税优惠政策。

居民企业从直接或间接持有股权之和达到100%的关联方取得的技术转让所得,不享受技术转让减免企业所得税优惠政策。

2. 高新技术企业优惠

国家需要重点扶持的高新技术企业减按15%的税率征收企业所得税。该企业须同时符合下列六方面条件。

(1) 拥有核心自主知识产权。

是指在我国境内注册的企业,近三年内通过自主研发、受让、受赠、并购等方式,或通过5年以上的独占许可方式,对其主要产品(服务)的核心技术拥有自主知识产权。

(2) 产品(服务)属于《国家重点支持的高新技术领域》规定的范围。

(3) 研究开发费用占销售收入的比例不低于规定比例。

是指企业为获得科学技术(不包括人文、社会科学)新知识,创造性运用科学技术新知识,或实质性改进技术、产品(服务)而持续进行了研究开发活动,且近3个会计年度的研究开发费用总额占销售收入总额的比例符合如下要求。

① 最近1年销售收入小于5 000万元的企业,比例不低于6%。

② 最近1年销售收入在5 000万~20 000万元的企业,比例不低于4%。

③ 最近1年销售收入在20 000万元以上的企业，比例不低于3%。

其中，在我国境内发生的研究开发费用总额占全部研究开发费用总额的比例不低于60%。

(4) 高新技术产品(服务)收入占企业总收入的比例不低于规定比例。

是指高新技术产品(服务)收入占企业当年总收入的60%以上。

(5) 科技人员占企业职工总数的比例不低于规定比例。

是指具有大学专科以上学历的科技人员占企业当年职工总数的30%以上，其中研发人员占企业当年职工总数的10%以上。

(6) 高新技术企业认定管理办法规定的其他条件。

3. 小型微利企业优惠

小型微利企业减按20%的税率征收企业所得税。小型微利企业的条件如下所述。

(1) 工业企业，年度应纳税所得额不超过30万元，从业人数不超过100人，资产总额不超过3 000万元。

(2) 其他企业，年度应纳税所得额不超过30万元，从业人数不超过80人，资产总额不超过1 000万元。

上述"从业人数"按企业全年平均从业人数计算，"资产总额"按企业年初和年末的资产总额平均计算，"小型微利企业"是指企业的全部生产经营活动产生的所得均负有我国企业所得税纳税义务的居民企业。非居民企业仅来源于我国所得负有纳税义务，不适用此规定。

自2014年1月1日至2016年12月31日，对年应纳税所得额低于10万元(含10万元)的小型微利企业，其所得减按50%计入应纳税所得额，按20%的税率缴纳企业所得税。

4. 加计扣除优惠

加计扣除优惠包括以下两项内容。

(1) 研究开发费。

研究开发费，是指企业为开发新技术、新产品、新工艺发生的研究开发费用，未形成无形资产计入当期损益的，在按照规定据实扣除的基础上，可加计50%扣除；形成无形资产的，按照无形资产成本的150%摊销。允许加计扣除的研发费用项目如下所述。

① 新产品设计费、新工艺规程制定费以及与研发活动直接相关的技术图书资料费、资料翻译费。

② 从事研发活动直接消耗的材料、燃料和动力费用。

③ 在职直接从事研发活动人员的工资、薪金、奖金、津贴、补贴。

④ 专门用于研发活动的仪器、设备的折旧费或租赁费。

⑤ 专门用于研发活动的软件、专利权、非专利技术等无形资产的摊销费。

⑥ 专门用于中间试验和产品试制的模具、工艺装备开发及制造费

⑦ 勘探开发技术的现场试验费。

⑧ 研发成果的论证、评审、验收费用。

自2013年1月1日起，企业从事研发活动发生的下列费用支出，可纳入税前加计扣

除的研究开发费用范围。

① 企业依照国务院有关主管部门或者省级人民政府规定的范围和标准为在职直接从事研发活动人员缴纳的基本养老保险费、基本医疗保险费、失业保险费、工伤保险费、生育保险费和住房公积金。

② 专门用于研发活动的仪器、设备的运行维护、调整、检验、维修等费用。

③ 不构成固定资产的样品、样机及一般测试手段购置费。

④ 新药研制的临床试验费。

⑤ 研发成果的鉴定费用。

企业必须对研究开发费用实行专账管理，在一个纳税年度内进行多个项目的研究开发活动，应按照不同开发项目分别归集费用额。归集不准确的，主管税务机关有权调整其税前扣除额或加计扣除额。

（2）企业安置残疾人员所支付的工资。

企业安置残疾人员所支付的工资加计扣除，是指企业安置残疾人员的，支付给残疾职工的工资在据实扣除的基础上可加计100%扣除。残疾人员的范围适用《中华人民共和国残疾人保障法》的有关规定。

企业安置国家鼓励安置的其他就业人员所支付的工资的加计扣除办法，由国务院另行规定。

5. 创投企业优惠

创业投资企业从事国家需要重点扶持和鼓励的创业投资，可以按投资额的一定比例抵扣应纳税所得额。

该项优惠是指创业投资企业采取股权投资方式投资于未上市的中小高新技术企业2年以上的，可以按照投资额的70%在股权持有满2年的当年抵扣该企业的应纳税所得额；当年不足抵扣的，可以在以后年度结转抵扣。

6. 加速折旧优惠

企业的固定资产由于技术进步等原因，确需加速折旧的，可以缩短折旧年限或者采取加速折旧的方法。

可采用以上折旧方法的固定资产是指由于技术进步，产品更新换代较快的固定资产，或者常年处于强震动、高腐蚀状态的固定资产。

采取缩短折旧年限方法的，最低折旧年限不得低于规定折旧年限的60%；采取加速折旧方法的，可以采取双倍余额递减法或者年数总和法。

7. 减计收入优惠

企业综合利用资源，生产符合国家产业政策规定的产品所取得的收入，可以在计算应纳税所得额时减计收入。

综合利用资源，是指企业以《资源综合利用企业所得税优惠目录》规定的资源作为主要原材料，生产国家非限制和禁止并符合国家和行业相关标准的产品。取得该产品的收入，减按90%计入收入总额。

8. 税额抵免优惠

企业购置并实际使用规定的环境保护、节能节水、安全生产等专用设备，该设备投资

额的10%可从企业当年的应纳税额中抵免；当年不足抵免的，可以在以后5个纳税年度结转抵免。

企业购置上述设备在5年内转让、出租的，应当停止享受企业所得税优惠，并补缴已经抵免的企业所得税税款。转让的受让方可以按照该设备投资额的10%抵免当年的所得税应纳税额；当年应纳税额不足抵免的，可以在以后5个纳税年度结转抵免。

企业同时从事不同所得税待遇的项目，其优惠项目应当单独计算所得，并合理分摊企业的期间费用；没有单独计算的，不得享受企业所得税优惠。

9. 民族自治地方的优惠

企业所得税法所称的民族自治地方，是指实行民族区域自治的自治区、自治州、自治县。

民族自治地方的自治机关，对其自治地方的企业应缴纳的企业所得税中属于地方分享的部分，可以决定减征或者免征。自治州、自治县决定减征或者免征的，须报省、自治区、直辖市人民政府批准。

对民族自治地方内国家限制和禁止行业的企业，不得减征或者免征企业所得税。

10. 非居民企业优惠

非居民企业减按10%的税率征收企业所得税。这里的非居民企业是指在我国境内未设立机构、场所的，或者虽设立机构、场所但取得的所得与其所设机构、场所没有实际联系的企业。非居民企业取得下列所得免征企业所得税：

(1) 外国政府向我国政府提供贷款取得的利息所得；

(2) 国际金融组织向我国政府和居民企业提供优惠贷款取得的利息所得；

(3) 经国务院批准的其他所得。

11. 其他优惠

(1) 关于鼓励软件产业和集成电路产业发展的优惠政策。

(2) 关于鼓励证券投资基金发展的优惠政策。

(3) 期货投资者保障基金的优惠政策。

(4) 节能服务公司的优惠政策。

(5) 电网企业电网新建项目的优惠政策。

(6) 其他优惠：

① 过渡政策；

② 西部大开发的税收优惠；

③ 其他事项。

（七）应纳税额的计算

1. 居民企业应纳税额的计算

居民企业应纳税额等于应纳税所得额乘以适用税率，减除按税法规定计算的减免税额和抵免税额后的余额。基本计算公式为：

应纳税额＝应纳税所得额×适用税率－减免税额－抵免税额

公式中的减免税额是指企业按照税收优惠规定享受的直接减免税额，抵免税额是指税法规定的投资抵免税额优惠和国际税收抵免。

应纳税所得额的计算一般采用两种方法。

(1) 直接计算法。

采用直接计算法,居民企业每一纳税年度的收入总额减除不征税收入、免税收入、各项扣除以及允许弥补的以前年度亏损后的余额为应纳税所得额。计算公式为:

应纳税所得额=收入总额－不征税收入－免税收入－各项扣除金额－弥补亏损

(2) 间接计算法。

采用间接计算法,是在会计利润总额的基础上增加或减去按照税法规定调整的项目金额得出应纳税所得额。计算公式为:

应纳税所得额=会计利润总额±纳税调整项目金额

公式中的纳税调整项目金额包括两方面的内容:一是财务会计处理和税收规定不一致而应予以调整的金额;二是按税法规定准予扣除的已纳税金额。

【例 11-3】 假定某居民企业 2015 年度的会计数据如下。

(1) 取得销售收入 2 500 万元。

(2) 销售成本 1 100 万元。

(3) 销售费用 670 万元,其中广告费用 450 万元。

(4) 管理费用 480 万元,其中业务招待费 15 万元。

(5) 财务费用 60 万元。

(6) 营业税金及附加 40 万元。

(7) 营业外收入 70 万元。

(8) 营业外支出 50 万元,其中公益性捐赠 30 万元,税收滞纳金 6 万元。

(9) 本年度的工资总额 150 万元,支付职工福利费、工会经费和教育经费 32 万元。该工资性费用已计入上述成本、费用项目。

要求:计算该企业 2015 年度应缴纳的企业所得税。

计算:

【方法一】用直接计算法计算应纳税所得额。

(1) 销售收入 2 500 万元为应税收入。

(2) 销售成本 1 100 万元准予据实扣除。

(3) 销售费用中的广告费用扣除限额:25 00×15%=375(万元)

广告费用实际发生额超出扣除限额:450－375=75(万元)

销售费用准予扣除额=670－75=595(万元)

(4) 管理费用中的业务招待费按实际发生额的 60%扣除:15×60%=9(万元)

业务招待费扣限除额:2 500×5‰=12.5(万元)

业务招待费按 60%扣除未超过扣除限额,准予扣除额为业务招待费发生额的 60%,不准予扣除额为实际发生额的 40%:15×40%=6(万元)

管理费用准予扣除额:480－6=474(万元)

(5) 财务费用 60 万元,准予据实扣除。

(6) 营业税金及附加 40 万元,准予据实扣除。

(7) 营业外收入为应税收入。

(8) 营业外支出中的公益性捐赠扣除限额：170×12%＝20.4(万元)

公益性捐赠额超出扣除限额：30－20.4＝9.6(万元)

税收滞纳金 6 万元不准予在税前扣除。

营业外支出准予扣除额：50－9.6－6＝34.4(万元)

(9) “职工福利费、工会经费和教育经费”的扣除限额：

150×(14%＋2%＋2.5%)＝27.75(万元)

“三项”费用实际支出额超出扣除限额：32－27.75＝4.25(万元)

应调增应纳税所得额 4.25 万元

应纳税所得额＝(2 500＋70)－(1 100＋595＋474＋60＋40＋34.4－4.25)

＝270.85(万元)

应纳所得税额＝270.85×25%＝67.7125(万元)

【方法二】用间接计算法计算应纳税所得额。

会计利润总额＝2 500－1 100－670－480－60－(160－120)＋70－50＝170(万元)

纳税调整项目金额有：

(1) 销售费用中的广告费用扣除限额：2 500×15%＝375(万元)

广告费用发生额超出扣除限额，调增所得额：450－(2 500×15%)＝75(万元)

(2) 管理费用中的业务招待费按发生额的 60%扣除：15×60%＝9(万元)

业务招待费最高扣除额：2 500×5‰＝12.5(万元)

业务招待费调增所得额：15－9＝6(万元)

(3) 公益性捐赠支出扣除限额：170×12%＝20.4(万元)

公益性捐赠支出超出扣除限额，调增所得额：30－20.4＝9.6(万元)

税收滞纳金不准予在税前扣除，调增所得额 6 万元

营业外支出应调增所得额：9.6＋6＝15.6(万元)

(4) 职工福利费、工会经费和教育经费扣除限额：150×(14%＋2%＋2.5%)＝27.75(万元)

实际支出额超出扣除限额，应调增所得额：32－27.75＝4.25(万元)

应纳税所得额＝会计利润总额±纳税调整项目金额

应纳税所得额＝170＋75＋6＋15.6＋4.25＝270.85(万元)

应纳所得税额＝270.85×25%＝67.7125(万元)

2. 境外所得抵扣税额的计算

我国居民企业取得的境内、外所得，均应按税法规定缴纳企业所得税。其中，境外所得已在境外缴纳的税额，可以从当期应纳税额中抵免，抵免限额为该项境外所得按我国税法规定计算的应纳税额。境外已缴纳的所得税额未超出抵免限额的，可全额抵免；超出抵免限额的部分，可以在次年起的 5 个年度内(连续计算)，用每年度抵免限额中的余额进行抵免。

抵免限额应当分国(地区)不分项计算，计算公式为：

$$抵免限额=境内、外所得应纳税总额\times\frac{来源于某国(地区)的应纳税所得额}{境内、外应纳税所得总额}$$

【例 11-4】 我国某居民企业在 A、B 两国设有分支机构，该企业 2015 年度境内外的应税所得额资料如下。要求计算该企业当年应缴纳的企业所得税。

(1) 境内所得额 2 500 万元。

(2) 在境外 A 国的分支机构，生产经营所得 400 万元，所得税率 25%；租赁所得 200 万元，所得税率 15%。

(3) 在境外 B 国的分支机构，生产经营所得 500 万元，所得税率 30%；特许权使用费所得 300 万元，所得税率 20%。

计算：

该企业境内、外所得应纳税总额=(2 500+400+2 00+500+300)×25%=975(万元)

在 A 国所得抵免限额=975×[(400+200)÷3 900]=150(万元)

在 A 国所得已纳税额=400×25%+200×15%=130(万元)

在 A 国所得已纳税额低于抵免限额，应全额抵免。

在 B 国所得抵免限额=975×[(300+500)÷3 900]=200(万元)

在 B 国所得已纳税额=500×30%+300×20%=210(万元)

在 B 国所得已纳税额高于抵免限额，应按限额抵免，当年超出抵免限额的部分，可以在 2015 年起的 5 个年度内(连续计算)，用每年度抵免限额中的余额进行抵免。

抵免后应纳所得税总额=975-200-130=645(万元)

【例 11-5】 根据下表资料(见表 11-3)计算我国某居民企业(所得税率 25%)连续四年在某国取得的所得已缴纳所得税以及我国予以抵免税额的情况。

表 11-3 某居民企业连续四年在某国取得的所得已缴纳所得税以及我国予以抵免税额的情况

项目/年度	2011	2012	2013	2014
某国所得额①(万元)	100	120	112	118
所得税率②(%)	30	30	20	20

计算过程及结果(见表 11-4)。

表 11-4 某居民企业 2011—2014 在某国取得的所得已缴纳所得税及其我国予以抵免税额的计算

单位：万元

项目/年度	2011	2012	2013	2014
某国所得额①	100	120	112	118
所得税率②	30%	30%	20%	20%
已纳税额③=①×②	30	36	22.4	23.6
抵免限额④=①×25%	25	30	28	29.5
实际抵免税额	25	30	28	29

续表

项目/年度	2011	2012	2013	2014
当年未抵免税额	5	6	0	
未抵免税额累计	5	11	5.4	—
备注	①	②	③	④

分析：

(1) 2011 年度已纳税额 30 万元，抵免限额 25 万元，实际抵免税额 25 万元，当年超出抵免限额 5 万元，可以在 2012 年起的 5 个年度内（连续计算），用每年度抵免限额中的余额进行抵免。

(2) 2012 年度已纳税额 36 万元，抵免限额 30 万元，实际抵免税额 30 万元，当年超出抵免限额 6 万元，可以在 2013 年起的 5 个年度内（连续计算），用每年度抵免限额中的余额进行抵免。

(3) 2013 年度已纳税额 22.4 万元，抵免限额 28 万元，当年度实际抵免税额 28 万元，实际抵免税额包括了三个部分：当年度已纳税额 22.4 万元；用抵免限额余额抵免了 2011 年度未抵免的税额 5 万元和 2012 年度未抵免的税额 0.6 万元。

(4) 2014 年度已纳税额 23.6 万元，抵免限额 29.5 万元，当年度实际抵免税额 29 万元，实际抵免税额包括当年度已纳税额 23.6 万元和用抵免限额余额抵免了 2012 年度未抵免的税额 5.4 万元。

3. 居民企业核定征收应纳税额的计算

(1) 核定征收企业所得税的范围。

居民企业纳税人具有下列情形之一的，核定征收企业所得税。

① 依照法律、行政法规的规定可以不设置账簿的。

② 依照法律、行政法规的规定应当设置但未设置账簿的。

③ 擅自销毁账簿或者拒不提供纳税资料的。

④ 虽设置账簿，但账目混乱或者成本资料、收入凭证、费用凭证残缺不全，难以查账的。

⑤ 发生纳税义务，未按照规定的期限办理纳税申报，经税务机关责令限期申报，逾期仍不申报的。

⑥ 申报的计税依据明显偏低，又无正当理由的。

需要说明的是，此办法不适用于特殊行业、特殊类型和一定规模以上的纳税人。

(2) 核定征收的办法。

税务机关应根据核定征收企业所得税的纳税人的具体情况，核定应税所得率或应纳所得税额。

具有下列情形之一的，核定其应税所得率。

① 能正确核算（查实）收入总额，但不能正确核算（查实）成本费用总额的。

② 能正确核算（查实）成本费用总额，但不能正确核算（查实）收入总额的。

③ 通过合理方法，能计算和推定纳税人收入总额或成本费用总额的。

纳税人不属于上述情形的，核定其应纳所得税额。核定方法包括如下几个。

① 参照当地同类或类似行业中经营规模和收入水平相近的纳税人的税负水平核定。

② 按照应税收入额或成本费用支出额定率核定。

③ 按照耗用的原材料、燃料、动力等推算或测算核定。

④ 按照其他合理方法核定。

采用两种以上的方法测算的应纳税额不一致时，可按测算的应纳税额从高核定。

采用应税所得率方式计算应纳所得税额的公式如下：

应纳税所得额＝应税收入额×应税所得率

或：

应纳税所得额＝成本（费用）支出额÷（1－应税所得率）×应税所得率

应纳所得税额＝应纳税所得额×所得税率

纳税人多业经营的，不论其经营项目是否单独核算，均由税务机关根据纳税人主营项目确定适用的应税所得率。应税所得率按表 11-5 规定的幅度标准确定。

表 11-5　应税所得率的幅度标准

行　　业	应税所得率(％)
农、林、牧、渔业	3～10
制造业	5～15
批发和零售贸易业	4～15
交通运输业	7～15
建筑业	8～20
饮食业	8～25
娱乐业	15～30
其他行业	10～30

纳税人的生产经营范围、主营业务发生重大变化，或者应纳税所得额或应纳税额增减变化达到 20％的，应及时向税务机关申报调整已确定的应纳税额或应税所得率。

4. 非居民企业应纳税额的计算

（1）计算应纳税所得额的方法。

① 股息、红利等权益性投资收益和利息、租金、特许权使用费所得，以收入全额为应纳税所得额。

② 转让财产所得，以收入全额减除财产净值后的余额为应纳税所得额。

③ 其他所得，参照前两项规定的方法计算应纳税所得额。

财产净值是指财产的计税基础减除已经按照规定扣除的折旧、折耗、摊销、准备金等后的余额。

（2）税率。

非居民企业减按 10％的税率征收企业所得税。

(3) 征收管理规定。

① 对非居民企业应缴纳的所得税，实行源泉扣缴，以支付人为扣缴义务人。扣缴义务人在每次向非居民企业支付或者到期应支付所得时，应从支付或到期应支付款项中扣缴企业所得税。

② 每次代扣代缴税款时，应当向其主管税务机关报送《中华人民共和国扣缴企业所得税报告表》及相关资料，并自代扣之日起 7 日内缴入国库。

③ 非居民企业可以适用的税收协定与国内相关法规有不同规定的，可申请执行税收协定规定，未提出执行税收协定规定申请的，按国内有关规定执行。

④ 非居民企业按国内有关规定缴税后，提出享受减免税或税收协定待遇申请的，主管税务机关经审核确认符合条件的，对其多缴的税款应予以退税。

⑤ 对非居民企业拒绝代扣税款的，扣缴义务人应当暂停支付相当于其应纳税额的款项，并在 1 日内向主管税务机关报告，并报送书面情况说明。

⑥ 扣缴义务人未依法扣缴或者无法履行扣缴义务的，非居民企业应于扣缴义务人支付或者到期应支付之日起 7 日内，到所得发生地主管税务机关申报纳税。

⑦ 非居民企业在我国境内有多处所得发生地，并选定其中之一申报缴纳企业所得税的，该主管税务机关应将非居民企业申报缴纳所得税情况书面通知扣缴义务人所在地和其他所得发生地主管税务机关。

⑧ 非居民企业未依照有关规定申报缴纳企业所得税，由申报纳税所在地主管税务机关责令限期缴纳，逾期仍未缴纳的，可以收集、查实其在我国境内的其他收入项目及其支付人的相关信息，并向其他支付人发出《税务事项通知书》，从其他支付人应付的款项中，追缴该非居民企业的应纳税款和滞纳金。

⑨ 对多次付款的合同项目，扣缴义务人应当在履行合同最后一次付款前 15 日内，向主管税务机关报送合同全部付款明细、前期扣缴表和完税凭证等资料，办理扣缴税款清算手续。

(4) 非居民企业所得税核定征收办法。

非居民企业因会计账簿不健全，资料残缺难以查账，或者其他原因不能准确计算并申报其应纳税所得额的，税务机关有权采取以下方法核定其应纳税所得额。

① 按收入总额核定应纳税所得额。

$$应纳税所得额=收入总额\times税务机关核定的利润率$$

② 按成本费用核定应纳税所得额。

$$应纳税所得额=成本费用总额\div(1-核定的利润率)\times核定的利润率$$

③ 税务机关可按照以下标准确定非居民企业的利润率。

从事承包工程作业、设计和咨询劳务的，利润率为 15%～30%；从事管理服务的，利润率为 30%～50%；从事其他劳务或劳务以外经营活动的，利润率不低于 15%。

④ 非居民企业为我国境内客户提供劳务取得的收入，凡提供的服务全部发生在境内的，应全额在我国境内申报纳税。凡提供的服务同时发生在境内、外的，应合理划分其境内、外收入，并仅就其在我国境内取得的劳务收入申报纳税。

（八）特别纳税调整

1. 调整范围

指企业与关联方之间的业务往来，不符合独立交易原则而减少一方应纳税收入或者所得额的，税务机关有权按照合理方法调整。

(1) 关联方的认定。

关联方，是指与企业有下列关联关系之一的企业、其他组织或者个人。具体指：

① 在资金、经营、购销等方面存在直接或间接的控制关系；

② 直接或间接的同为第三方控制；

③ 在利益上具有相关联的其他关系。

(2) 关联企业之间关联业务的税务处理。

① 企业与其关联方共同开发、受让无形资产，或者共同提供、接受劳务发生的成本，在计算应纳税所得额时应当按照独立交易原则进行分摊。

② 企业与其关联方分摊成本时，应当按照成本与预期收益相配比的原则进行分摊，并在税务机关规定的期限内，按照要求报送有关资料。

③ 企业与其关联方分摊成本时违反上述①②规定的，其自行分摊的成本不得在计算应纳税所得额时扣除。

④ 企业可以向税务机关提出与其关联方之间业务往来的定价原则和计算方法，税务机关与企业协商、确认后，达成预约定价安排。

⑤ 企业向税务机关报送年度企业所得税纳税申报表时，应当就其与关联方之间的业务往来，附送年度关联业务往来报告表。

在税务机关进行关联业务调查时，企业及其关联方，以及与关联业务调查有关的其他企业，应当按照规定提供相关资料。主要有：与关联业务往来有关的价格、费用的制定标准、计算方法和说明等同期资料；关联业务往来所涉及的财产、财产使用权、劳务等的再销售价格或者最终销售(转让)价格的相关资料；与关联业务调查有关的其他企业应当提供的与被调查企业可比的产品价格、定价方式以及利润水平等资料；其他与关联业务往来有关的资料。

⑥ 由居民企业，或者由居民企业和我国居民控制的设立在实际税负明显低于25%的税率水平的国家(地区)的企业，并非由于合理的经营需要而对利润不作分配或减少分配的，其利润中应归属于该居民企业的部分，应当计入该居民企业的当期收入。

⑦ 企业从其关联方接受的债权性投资与权益性投资的比例超过规定标准而发生的利息支出，不得在计算应纳税所得额时扣除。

⑧ 母子公司间提供服务支付费用，应按照独立企业之间公平交易原则确定服务的价格，作为企业正常的劳务费用进行税务处理。母公司向多个子公司提供同类项服务，母公司与各子公司应签订服务费用分摊协议，以向子公司提供服务所发生的实际费用并附加一定比例利润作为收取的服务费。

2. 调整方法

对关联企业所得不实的，税法规定的调整方法如下所述。

（1）可比非受控价格法。是指按照没有关联关系的交易各方进行相同或者类似业务往来的价格进行定价的方法。

（2）再销售价格法，是指按照从关联方购进商品再销售给没有关联关系的交易方的价格，减除相同或者类似业务的销售毛利进行定价的方法。

（3）成本加成法，是指按照成本加合理的费用和利润进行定价的方法。

（4）交易净利润法，是指按照没有关联关系的交易各方进行相同或者类似业务往来取得的净利润水平确定利润的方法。

（5）利润分割法，是指企业与其关联方的合并利润或者亏损在各方之间采用合理标准进行分配的方法。

（6）其他符合独立交易原则的方法。

3. 核定征收

企业不提供与其关联方之间的业务往来资料，或者提供虚假、不完整资料，未能真实反映其关联业务往来情况的，税务机关有权依法核定其应纳税所得额。核定方法有：

（1）参照同类或类似企业的利润率水平核定；

（2）按照企业成本加合理的费用和利润的方法核定；

（3）按照关联企业集团整体利润的合理比例核定；

（4）按照其他合理方法核定。

企业对税务机关核定的应纳税所得额有异议的，应当提供相关证据，经税务机关认定后，可调整核定的应纳税所得额。

4. 加收利息

企业实施其他不具有合理商业目的的安排而减少其应纳税收入或者所得额的，税务机关有权按照合理方法调整。

税务机关依照规定进行特别纳税调整后，除了应当补征税款外，并按照国务院规定加收利息。利息计算自纳税年度的次年 6 月 1 日起至补缴税款之日止，利率按照税款所属年度与补税期间同期的人民币贷款基准利率加 5 个百分点计算。

企业与关联方之间的业务往来，不符合独立交易原则，或者实施其他不具有合理商业目的的安排，税务机关有权在该业务发生的纳税年度起 10 年内，进行纳税调整。

（九）征收管理

1. 纳税地点

（1）除税收法律、行政法规另有规定外，居民企业以企业登记注册地为纳税地点，但登记注册地在境外的，以实际管理机构所在地为纳税地点。

（2）居民企业在境内设立不具有法人资格的营业机构的，应当汇总计算并缴纳企业所得税。

（3）非居民企业在我国境内设立机构、场所的，应当就其所设机构、场所取得的来源于境内的所得，以及发生在境外但与其所设机构、场所有实际联系的所得，以机构、场所所在地为纳税地点。

非居民企业在我国境内设立两个或者两个以上机构、场所的，经税务机关审核批准，可以选择由其主要机构、场所汇总缴纳企业所得税。

(4) 非居民企业在我国境内未设立机构、场所的，或者虽设立机构、场所但取得的所得与其所设机构、场所没有实际联系的所得，以扣缴义务人所在地为纳税地点。

(5) 除国务院另有规定外，企业之间不得合并缴纳企业所得税。

2. 纳税期限

企业所得税按年计征，分月或者分季预缴，年终汇算清缴，多退少补。

企业所得税的纳税年度，自公历每年 1 月 1 日起至 12 月 31 日止。

企业在一个纳税年度的中间开业，或者由于合并、关闭等原因终止经营活动，使该纳税年度的实际经营期不足 12 个月的，应当以其实际经营期为一个纳税年度。企业清算时，应当以清算期间作为一个纳税年度。

自年度终了之日起 5 个月内，向税务机关报送年度企业所得税纳税申报表，并汇算清缴，结清应缴应退税款。

企业在年度中间终止经营活动的，应当自实际经营终止之日起 60 日内，向税务机关办理当期企业所得税汇算清缴。

3. 纳税申报

按月或按季预缴的，应当自月份或者季度终了之日起 15 日内，向税务机关报送预缴企业所得税纳税申报表，预缴税款。

企业在报送企业所得税纳税申报表时，应当按照规定附送财务会计报告和其他有关资料。

企业应当在办理注销登记前，就其清算所得向税务机关申报并依法缴纳企业所得税。

企业在纳税年度内无论盈利或者亏损，都应当依照企业所得税法规定的期限，向税务机关报送预缴企业所得税纳税申报表、年度企业所得税纳税申报表、财务会计报告和税务机关规定应当报送的其他有关资料。

4. 跨地区经营汇总纳税企业所得税征收管理

居民企业在境内跨地区(指跨省、自治区、直辖市和计划单列市，下同)设立不具有法人资格的营业机构、场所的，该居民企业为汇总纳税企业。

跨地区经营汇总纳税企业实行“统一计算、分级管理、就地预缴、汇总清算、财政调库”的企业所得税征收管理办法。

统一计算，是指企业总机构统一计算包括企业所属各个不具有法人资格的营业机构、场所在内的全部应纳税所得额、应纳税额。

分级管理，是指总机构、分支机构所在地的主管税务机关都有对当地机构进行企业所得税管理的责任，总机构和分支机构应分别接受机构所在地主管税务机关的管理。

就地预缴，是指总机构、分支机构应按本办法的规定，分月或分季分别向所在地主管税务机关申报预缴企业所得税。

汇总清算，是指在年度终了后，总机构负责进行企业所得税的年度汇算清缴，统一计算企业的年度应纳所得税额，抵减总机构、分支机构当年已就地分期预缴的企业所得税款后，多退少补税款。

财政调库，是指财政部定期将缴入中央国库的跨地区总分机构企业所得税待分配收

入,按照核定的系数调整至地方金库。

总机构和具有主体生产经营职能的二级分支机构,就地分期预缴企业所得税。三级分支机构的经营收入、职工工资和资产总额统一计入二级分支机构,不实行就地预缴企业所得税的办法。

5. 合伙企业所得税征收管理

(1) 合伙企业以每一个合伙人为纳税义务人。合伙人是自然人的,缴纳个人所得税;合伙人是法人和其他组织的,缴纳企业所得税。

(2) 合伙企业生产经营所得和其他所得采取"先分后税"的原则,具体应纳税所得额的计算按照国家有关规定执行。

合伙企业的合伙人按照下列原则确定应纳税所得额。

① 按照合伙企业的全部生产经营所得和合伙协议约定的分配比例确定应纳税所得额。

② 合伙协议未约定或约定不明确的,按照合伙人协商确定的分配比例确定应纳税所得额。

③ 协商不成的,按照合伙人实缴出资比例确定应纳税所得额。

④ 无法确定出资比例的,按照合伙人数量平均计算每个合伙人的应纳税所得额。

三、 重点与难点

【重点】 企业所得税的纳税义务人、征税对象及税率;企业所得税相关业务的税务处理、税收优惠与征收管理;企业所得税应纳税所得额与应纳税额的计算。

【难点】 企业所得税应纳税所得额的计算。

四、 基础练习

(一) 判断题

1. 我国的企业所得税是按综合所得计税的。 (　　)
2. 企业发生亏损的,可不申报缴纳企业所得税。 (　　)
3. 企业将自产的产品用于集体福利,应视同销售计算增值税额,但不计算应税所得额。 (　　)
4. 企业所得税的纳税对象为纳税人来源于境内的生产经营所得和其他所得。 (　　)
5. 企业所得税的计税依据为利润总额。 (　　)
6. 企业直接给予受赠人的捐赠,不能从应税所得额中扣除。 (　　)
7. 企业已作坏账处理的应收账款,在以后年度收回时应计入应税所得额。 (　　)
8. 企业境内、外机构之间的盈亏不得相互抵补。 (　　)
9. 企业境外机构之间的盈亏可以相互抵补。 (　　)
10. 企业业务招待费的扣除限额,计算基数用的是企业收入总额。 (　　)
11. 企业某年会计利润总额 285 000 元,在营业外支出中有公益性捐赠 15 000 元,无

其他纳税调整项目，则当期的公益性捐赠额全部准予扣除。（　　）

12. 事业单位、社会团体等有生产经营所得和其他所得的，也应缴纳企业所得税。（　　）

13. 企业用于公益、救济性的捐赠，按年度应税所得额12%以内的部分，准予扣除。（　　）

14. 企业的广告费支出与业务宣传费支出，按年度主营业务收入5%以内的部分，准予扣除。（　　）

15. 企业发生的差旅费、会议费支出，能提供合理的证明资料，均可以在税前扣除。（　　）

16. 企业发生年度亏损的，可以用以后5个年度的税前所得弥补，该弥补期限从亏损年度的下一年度算起，连续计算5个自然年度。（　　）

17. 用税前所得弥补以前年度亏损，指弥补前5年的亏损而不是弥补前5个亏损年度的亏损。（　　）

18. 我国税法对居民企业境外所得已纳税额的扣除，实行全额扣除。（　　）

19. 纳税人预缴所得税款超过全年应纳税额的，应办理退税或抵缴下一年度应缴纳的所得税。（　　）

20. 企业登记注册地与实际经营管理所在地不一致的，应在登记注册地税务机关申报纳税。（　　）

21. 企业集团的核心企业和其他成员企业，应分别向所在地缴纳所得税。（　　）

22. 总机构与成员企业经批准实行汇总纳税的，总机构统一核算盈亏，亏损可按税法规定逐年抵补，各成员企业不得再用以后年度的应税所得额进行亏损弥补。（　　）

23. 企业登记注册地或实际管理机构所在地在我国境内，符合两个条件之一的，就是居民企业。（　　）

24. 非居民企业在中国境内有代理人，且经常代其签订合同或储存、交付货物等，该代理人视为在中国境内设立的机构、场所。（　　）

25. 除了个人独资企业和合伙企业外，所有的企业都适用《企业所得税法》缴纳企业所得税。（　　）

（二）多项选择题

1. 下列收入计入应纳税所得额的是（　　）。

A. 出租房屋的收入　　B. 接受捐赠的收入

C. 国库券利息收入　　D. 财产盘盈的收入

2. 下列有关流转税返还的税务处理，正确的有（　　）。

A. 有指定用途的，不计入应税所得额

B. 增值税返还且未指定用途，计为营业外收入

C. 营业税返还且未指定用途，冲减营业税金

D. 营业税返还且未指定用途，计为营业外收入

3. 分期收款销售商品，确认销售实现的标志，下列说法不正确的是（　　）。

A. 发出货物的当天　　B. 购货方收到货物的当天
C. 收到货款的当天　　D. 合同约定收取货款的当天

4. 下列税金支出可以从应税所得额中扣除的有(　　)。
A. 应缴增值税支出　　B. 应缴消费税支出
C. 应缴城建税支出　　D. 代扣代缴的个人所得税支出

5. 某企业 2014 年营业收入 2 200 万元，如果全年业务招待费为 10 万元、15 万元或 20 万元，则计算应纳税所得额时准予扣除的业务招待费是(　　)。
A. 6 万元　　B. 9 万元　　C. 11 万元　　D. 12 万元

6. 房地产开发企业将待售开发产品做如下处理，应视同销售确认收入的有(　　)。
A. 转做经营性资产　　B. 临时出租
C. 用作对外投资以及分配给投资者　　D. 换取其他单位的非货币性资产

7. 企业所得税法中所指的固定资产大修理，应满足的条件有(　　)。
A. 修理支出达到固定资产计税基础 50%以上
B. 修理后的固定资产使用年限延长 2 年以上
C. 大修理所用时间 3 个月以上
D. 修理后的固定资产报废时净残值率 5%以上

（三）计算题

1. 资料：某企业某年度利润总额 500 万元，其中持有至到期投资(长期债权投资)的利息收入 15 万元，联营投资的利润 10 万元(联营方已按 25%的税率缴纳所得税)，国库券利息收入 2 万元，罚款收入 1 万元。

要求：根据所给资料计算该企业某年度的应纳所得税额。

2. 资料：某企业某年度利润总额 410 万元，其中有长期股权投资的股利 44.2 万元，接受投资方适用 15%的所得税率。

要求：根据所给资料计算该企业当年度的应纳所得税额。

3. 资料：某企业某年度营业收入总额 2 000 万元，营业成本总额 800 万元，营业费用、管理费用和财务费用合计 700 万元，公益性捐赠支出 40 万元，赞助支出 60 万元，购买某固定资产的价款和增值税支出共计 20 万元。

要求：根据所给资料计算该企业当年度的应纳所得税额。

4. 资料：某小型微利企业，某年度申报收入总额 150 万元，发生的直接成本 83 万元，其他费用 70 万元，全年亏损 3 万元。经税务机关检查，其成本、费用无误，但收入总额不能准确核算。假定应税所得率为 15%，按照核定征收企业所得税的办法。

要求：根据所给资料计算核定该企业当年度应纳所得税额。

5. 资料：某企业开业以来的获利情况见表 11-6。

表 11-6　某企业开业以来的获利情况　　单位：万元

年度	第 1 年	第 2 年	第 3 年	第 4 年	第 5 年	第 6 年	第 7 年	第 8 年
所得额	−60	−20	5	15	20	25	11	16

要求：分析计算该企业各年度应纳税所得额和应纳所得税额。

6. 资料：我国境内甲企业某年度，境内取得应纳税所得额360万元，适用企业所得税率25%；在A国设有分支机构取得应纳税所得额120万元人民币，A国企业所得税率40%；在B国设有分支机构取得应纳税所得额160万元人民币，B国企业所得税率20%。

要求：计算该企业年终汇算清缴时应纳所得税额。

7. 资料：某企业注册资本3 000万元，某年从关联方借款6 800万元，利率按金融机构同期贷款利率计算，发生借款利息408万元。

要求：计算该利息支出在计算应纳税所得额时准予扣除的金额是多少。

8. 资料：某企业某年度利润总额40万元，未调整公益性捐赠前的所得额为50万元，当年公益性捐赠5万元。

要求：计算该企业当年度应纳所得税额。

9. 某卷烟生产企业，某年全年销售额1 600万元，成本600万元，销售税金及附加460万元，各种费用400万元。已知上述成本费用中包括新产品研发费40万元、广告费支出250万元。

要求：计算该企业当年度应纳所得税额。

10. 资料：某企业转让一项自行研发的专利技术所有权，转让收入800万元，与转让有关的成本费用200万元。

要求：计算该项财产转让所得应纳所得税额。

11. 资料：某企业2015年主营业务收入5 000万元，营业外收入80万元，与收入配比的成本4 100万元，全年期间费用共计700万元，营业外支出60万元(其中公益性捐赠支出50万元)，2014年度经核定结转的亏损额30万元。

要求：计算2015年度应纳所得税额。

12. 资料：某饮料生产企业，某年利润总额600万元，其中投资收益100万元，包括非上市公司的股权投资按权益法确认的投资收益80万元，国债持有期间的利息20万元，假设无其他纳税调整项目。

要求：计算该企业应纳所得税额。

13. 资料：某企业某年度有关利润计算的数据如下(企业所得税率25%)：

(1) 利润总额180万元，向投资者分配利润27万元；

(2) 全年工资总额200万元，提取的职工福利费、教育经费、工会经费共计41万元，该地方政府规定税前工资性“三项”费用总计提率为18.5%；

(3) 主营业务收入2 000万元，产品广告费支出35万元；

(4) 业务招待费15万元，新技术研发费26万元；

(5) 支付客户违约金3万元，缴纳违法经营所致的某项罚款10万元。

要求：根据所给资料，计算该企业本期应纳所得税额。

五、复习思考题

1. 企业所得税的纳税义务人根据纳税义务不同分为哪两类？

2. 居民企业和非居民企业的判断标准是什么？

3. 企业所得税的基本税率、低税率和其他优惠税率适用的情形？
4. 应纳税所得额的两种计算方法有何异同？
5. 计算应纳税所得额需要调整哪些项目，每个项目的调整方法怎样？
6. 如何用税前所得弥补以前年度亏损？
7. 境外已纳税额抵免为什么用限额法，已纳税额未予抵免部分怎样处理？
8. 我国企业所得税的税收优惠政策主要有哪些？
9. 跨地区经营汇总纳税企业所得税的征管方法？

六、知识拓展阅读

美国的税收制度

美国联邦和州共开征 80 多个税种，实行以所得税为主体的复合税制。在美国联邦财政收入中，个人所得税约占 35%，社会保障税约占 30%，公司所得税占 7% 左右，其他税占 7% 左右，非税收入占 20% 左右。

1. 个人所得税

美国征收联邦个人所得税，除阿拉斯加等 7 州外的各州还征收州个人所得税。

(1) 美国个人所得税征收遵循属人原则，凡美国公民，均就其来自美国国内外的所有收入纳税；非美国公民的外国人，只就其来自美国国内的收入纳税。

(2) 课税范围主要包括：雇员的工资、薪金、退休金；独资或合伙经营取得的商业利润；利息、股息、租金、特许权使用费、资本利得、农业收入及其他收入。

(3) 联邦个人所得税实行 15%～39.6% 的五档税率。非居住的外国人在美国取得的与工商业活动直接有关的所得，比照美国公民适用的累进税率纳税；取得与工商业活动无直接关系的所得，除税收条约另有规定外，按 30% 的比例税率纳税。州个人所得税税率一般为 1%～11%。

(4) 应纳税所得额为纯所得减去减免项目后的余额，纯所得为调整毛所得减去扣除项目后的余额，调整毛所得为总所得减去不予计列项目和经营费用后的余额。总所得中不予计列项目有：资本利得的半数，州和地方政府公债的利息，雇主提供的医药费，教师的讲学金，失业救济金，慈善机构赠予的救济款，亲友馈赠的礼金，战争负伤抚恤费，债务支出、债权收入等。从调整毛所得中可以扣除的项目，分为标准扣除和分项扣除，标准扣除是对单身或夫妻联合申报分别核定一个普遍性的减免额；分项扣除的项目包括州与地方政府的税款、抵押借款、医药费、给慈善机构的捐款、幼儿保育支出、工会会费、意外事故损失、与工商业有关的直接费用支出等。从纯所得中可以减免的项目，包括纳税人个人及其配偶等家庭成员每人每年可享受的 3 000 美元左右的免税额。为鼓励购房，个人购房支出也可在税前扣除。

(5) 个人所得税采取先按季预缴，再按年申报清缴和部分预扣两种方式。即：职业固定的雇员，其工薪收入的应纳税款由雇主预扣代缴，年终由纳税人申报结算；纳税人的其他收入，按季自报缴纳，年终结算；资本利得税在出售股票、财产取得收入时课征，年终不再申报；外国人在美国按总额单一税率所纳税款在取得收入时预扣，年终不再申报。

2. 公司所得税

(1) 美国采取登记注册标准,将公司所得税纳税人区分为美国公司和外国公司。即:凡根据各州法律成立并向州政府注册的公司,不论设在国内国外、其股权归谁,都是美国公司;凡根据外国法律成立并向外国政府注册的公司,不论其设在何处、股权归谁,都是外国公司。

(2) 课税对象:美国公司来源于国内外的收入和外国公司来源于美国境内的收入。

(3) 应税所得额为收入减去可扣除费用后的余额。联邦公司所得税的可扣除费用主要包括:经营费用(销售费用、管理费用、律师费用等);税收(已纳州、地方和外国政府的税收);营业损失(呆账损失、自然灾害等);折旧与损耗(固定资产折旧、油井损耗等)和其他扣除。州公司所得税应纳税所得额则在此基础上有所调整。

(4) 联邦公司所得税税率为15%~30%,超额累进征收。外国公司在美国取得的与工商经营无直接关系的收入,由付款单位按30%的比例税率预扣税款,不再办理申报结算。州公司所得税税率从5%~10%,各州不一。

(5) 允许公司自行选定纳税年度,并在纳税年度终了后两个半月内申报纳税,逾期按每日5‰加收滞纳金。纳税人的纳税年度一经确定,不能随便变动。

3. 社会保障税

社会保障税也称薪工税,该税现已成为美国第二大税种。

(1) 社会保障税由联邦保险税、铁路公司退职税、联邦失业税和个体业主税四税组成。现已有98%以上的工资收入者(含个体职业者)缴纳此税。

(2) 社会保障税采用15.3%的单一税率,由雇主和雇员各付一半,雇员应负担的部分由雇主在支付工资时扣交,并代其报税。

(3) 只对纳税人年度工薪收入超过72 000美元的部分征税。

4. 财产税

财产税是一种对物税,课税基础是财产的价值。美国财产税尤其是房地产税是各州政府收入的支柱,财产税一般占州税收收入的80%以上。

(1) 财产税的课税基础是税务部门为税收目的而估定的财产价值,纳税人必须据此纳税。

(2) 应税财产主要指有形财产,包括不动产和动产,只有少数州对无形资产征税,但税率都很低。

(3) 大部分州的财产税税率在2%~4%之间,少数州及大城市(如纽约)的税率则较高。

(4) 购房的银行贷款利息可在税前扣除。

5. 销售税

州政府对商品和劳务的销售额课征普通销售税,联邦政府则对某些特殊商品征收,如酒税、烟税和限制特定消费或行为的麻药税、赌博税等。除新罕布什尔、俄勒冈、蒙大拿、特拉华和阿拉斯加等5州外,其他都征收销售税,税率大多为4%~5%,其中有10个州超过5%(如加州为7.75%)。

6. 遗产税与赠予税

联邦政府和州政府都可征收此税。有些州政府不仅对遗产征税，而且对接受遗产的人还要再征一次税。

(1) 遗产税对死亡者的总遗产课征，由遗嘱执行人纳税。遗嘱执行人在未纳税前不得将遗产分给继承人。

(2) 计算应税遗产时，准予扣除税法规定的统一税收抵免额和配偶遗产税减免额。统一税收抵免额逐年变动，配偶遗产减免额为 50 万美元。

(3) 税率为 10%～70%的 21 档全额累进税率。

(4) 每个公民的终身免税额为 675 000 美元，每人每年赠送额在 1 万美元以上的可免税，超过 1 万美元的部分就可使用自己的终身免税额度。

除上述主要税种外，美国还有商业税、泊车税、公用事业税、酒店税、体育馆税、汽油税等。美国没有单独的农业税收，农业收入也按统一的税种征税，但享受更多的优惠。

（资料来源：百度文库，2012-12-23.）

第十二章

个人所得税法

一、学习目标

【了解】 我国个人所得税的税目及其税率；纳税义务人与代扣代缴义务人。

【理解】 我国个人所得税的概念及其特点；税收优惠；纳税期限与纳税地点。

【掌握】 个人所得税各税目应纳税所得额及应纳税额的计算。

二、学习要点与内容提要

（一）个人所得税的概念及其特点

个人所得税是以自然人取得的各类应税所得为征税对象而征收的一种所得税。征税对象不仅包括个人还包括具有自然人性质的企业，例如个人独资企业、合伙制企业。

个人所得税具有以下特点。

(1) 实行分类所得税制。我国现行的个人所得税，按个人收入性质差别分为 11 个征税项目，适用不同的税率，采取不同的计征办法。

(2) 比例税率、超额累进税率与减征并用。我国个人所得税的基本税率是 20%，并运用了税率超额累进和减征等优惠形式。例如，工资薪金所得适用七级超额累进税率；稿酬所得基本税率 20%，但减征 30%；财产转让所得、租赁所得、偶然所得等适用 20%税率。

(3) 费用扣除采用定额扣除和定率扣除方法。例如，工资、薪金所得计算为每月定额扣除 3 500 元费用；劳务报酬所得计算为每次收入不超过 4 000 元的定额扣除 800 元，4 000元以上的定率扣除 20%的费用。

(4) 采取源泉扣缴制和自行申报制两种方法。我国现行个人所得税规定由支付单位代扣代缴，并对纳税人有多处所得、应纳税额较大、没有扣缴义务人和不便于扣缴的情况，规定了自行申报，以有效地防止税收流失，增强纳税人的纳税意识。

（二）纳税义务人

个人所得税的纳税义务人，包括我国公民、个体工商业户、个人独资企业、合伙企业投资者以及在我国有所得的外籍人员和港、澳、台同胞。

依据纳税义务人的住所和居住时间两个标准，将其分为居民和非居民纳税义务人，承担不同的纳税义务。

1. 居民纳税义务人及其纳税义务

居民纳税义务人，是指在我国境内有住所，或者无住所而在我国境内居住满 1 年的个人。

居民纳税义务人负无限纳税义务，应就来源于境内、外的所得，向我国缴纳个人所得税。

在我国境内有住所，是指因户籍、家庭、经济利益关系，而在我国境内习惯性居住的个人。习惯性居住，是判定纳税义务人属于居民还是非居民的一个重要依据。它是指个人因学习、工作、探亲等原因消除之后，没有理由在其他地方继续居留时，所要回到的地方，而不是指实际居住或在某一个特定时期内的居住地。例如，一个纳税人因学习、工作、探亲、旅游等原因在境外居住，但是在这些原因消除之后，回到我国境内居住的，其习惯性居住地应认定为是在我国境内。

在我国境内居住满 1 年，是指在一个纳税年度(即公历 1 月 1 日起至 12 月 31 日止，下同)内，在我国境内居住满 365 日。在计算居住天数时，对临时离境不扣减其在境内居住的天数。临时离境，是指在一个纳税年度内，一次不超过 30 日或者多次累计不超过 90 日的离境。

由上述可见，个人所得税的居民纳税义务人可以划分为以下两类。

(1) 在我国境内定居的中国公民和外国侨民。但不包括虽具有中国国籍，却并没有在中国大陆定居，而是侨居海外的华侨和居住在我国香港、澳门、台湾地区的同胞。

(2) 从公历 1 月 1 日起至 12 月 31 日止，居住在我国境内的外国人、海外侨胞和我国香港、澳门、台湾地区的同胞。这些人如果在一个纳税年度内，一次离境不超过 30 日，或者多次离境累计不超过 90 日的，仍应被视为全年在我国境内居住。

税法中的我国境内，是指我国大陆地区，目前还不包括我国香港、澳门和台湾地区。

2. 非居民纳税义务人及其纳税义务

非居民纳税义务人，是指不符合居民纳税义务人判定标准(条件)的纳税义务人，具体是指在我国境内无住所又不居住或者无住所而在境内居住不满 1 年的个人。

非居民纳税义务人负有限纳税义务，仅就其来源于我国境内的所得，向我国缴纳个人所得税。

在我国境内无住所，是指其习惯性居住地不在我国境内的个人，主要指外籍人员、海外侨胞和我国香港、澳门、台湾地区的同胞。

对在我国境内无住所的个人，计算其在我国境内居住的天数，以便判定其应负何种纳税义务时，应以个人实际在华逗留天数计算，其入境、离境、往返或多次往返的当日均按 1 天计算。

对在我国境内、境外机构同时担任职务或仅在境外机构任职的境内无住所个人，计算其境内工作期间时，对其入境、离境、往返或多次往返境内外的当日，均按半天计算。

(三) 征税范围

个人所得税以个人取得的各项所得为征税对象。我国现行的个人所得税列举了 11 项应税所得，明确了个人所得税的征税对象和范围。

1. 工资、薪金所得

工资、薪金所得，是指个人因任职或者受雇而取得的工资、薪金、奖金、年终加薪、劳动分红、津贴、补贴以及与任职或者受雇有关的其他所得。

下列项目也属于工资薪金所得：实行内部退养的个人在其办理内部退养手续后至法定离退休年龄之间从原任职单位取得的工资、薪金；公司职工取得的用于购买企业国有股权的劳动分红；出租汽车经营单位对出租车驾驶员采取单车承包或承租方式运营，出租车驾驶员从事客货营运取得的收入。

企业和单位对其营销业绩突出的雇员，以培训班、研讨会、工作考察等名义组织旅游活动，通过免收差旅费、旅游费对个人实行的营销业绩奖励，应根据所发生费用的全额计入该营销人员当期的工资、薪金所得，由企业和单位代扣代缴个人所得税。

2. 个体工商户的生产、经营所得

个体工商户的生产、经营所得，是指个人经政府有关部门批准从事生产、经营活动或其他有偿服务活动取得的所得。

个体工商户取得与生产、经营活动无关的其他应税所得，应按照其他应税项目的规定，分别计算个人所得税。例如，取得银行存款的利息所得、对外投资取得的股息所得，应按"股息、利息、红利"税目的规定计征个人所得税。

个人独资企业、合伙企业的个人投资者以企业资金为本人、家庭成员及相关人员支付与企业生产经营无关的消费性支出及购买汽车、住房等财产性支出，应视为企业对个人投资者的利润分配，并入投资者个人的生产经营所得，依照"个体工商户的生产、经营所得"项目计征个人所得税。

从事个体租车运营的出租车驾驶员取得的收入，依照"个体工商户的生产、经营所得"项目计征个人所得税。

3. 对企事业单位的承包经营、承租经营的所得

对企事业单位的承包经营、承租经营所得，是指个人承包经营或承租经营以及转包、转租取得的所得。承包项目可分多种，例如生产经营、采购、销售、建筑安装等各种承包。转包包括全部转包或部分转包。该所得应包括承租者为自己支付的工资薪金。

4. 劳务报酬所得

劳务报酬所得，是指个人独立从事各种非雇佣的劳务所取得的所得。具体指个人受托独立从事设计、装潢、安装、制图、化验、测试、医疗、法律、会计、咨询、讲学、新闻、广播、翻译、审稿、书画、雕刻、影视、录音、录像、演出、表演、广告、展览、技术服务、介绍服务、经纪服务、代办服务或其他劳务。

企业和单位对其营销业绩突出的非雇员，以培训班、研讨会、工作考察等名义组织旅游活动，通过免收差旅费、旅游费对个人实行的营销业绩奖励，应根据所发生费用的全额作为该营销人员当期的劳务报酬所得，由企业和单位代扣代缴个人所得税。

5. 稿酬所得

稿酬所得，是指个人因其作品以图书、报刊形式出版、发表而取得的所得。稿酬所得相对较低，在税率上给予适当优惠照顾。

6. 特许权使用费所得

特许权使用费所得，是指个人提供专利权、商标权、著作权、非专利技术以及其他特许权的使用权取得的所得。

专利权，是由国家专利主管机关依法授予专利申请人或其权利继承人在一定期间内实施其发明创造的专有权。对于专利权，许多国家只将提供他人使用取得的所得，列入特许权使用费。而将转让专利权所得列为资本利得税的征税对象。我国没有开征资本利得税，故将个人提供和转让专利权取得的所得都列入特许权使用费所得征收个人所得税。

商标权，即商标注册人享有的商标专用权。

著作权，即版权，是作者依法对文学、艺术和科学作品享有的专有权。

非专利技术，又称专有技术，是指未经公开也未申请专利，但在生产经营活动中已采用了的、不享有法律保护，但为发明人所垄断，具有实用价值的各种技术和经验。例如：设计图纸、资料、数据、技术规范、工艺流程、材料配方、管理制度和方法等。

个人转让专利权、商标权、著作权、专有技术或技术秘密、技术诀窍以及其他特许权的使用权取得的所得，应依法缴纳个人所得税。

7. 利息、股息、红利所得

利息、股息、红利所得，是指个人拥有债权、股权而取得的利息、股息、红利所得。其中，利息，是指个人拥有债权而取得的利息，包括存款利息、贷款利息和各种债券的利息。股息、红利，指个人拥有股权取得的股息、红利。

8. 财产租赁所得

财产租赁所得，是指个人出租建筑物、土地使用权、机器设备、车船以及其他财产取得的所得。个人取得的财产转租收入，也属于"财产租赁所得"的征税范围，由财产转租人缴纳个人所得税。在确认纳税义务人时，应以产权凭证为依据；对无产权凭证的，由主管税务机关根据实际情况确定；产权所有人死亡，在未办理产权继承手续期间，该财产出租而有租金收入的，以领取租金的个人为纳税义务人。

9. 财产转让所得

财产转让所得，是指个人转让有价证券、股权、建筑物、土地使用权、机器设备、车船以及其他财产取得的所得。

(1) 股票转让所得。根据我国实际情况，国务院决定，目前对股票转让所得暂不征收个人所得税。

(2) 量化资产股份转让。集体所有制企业在改制为股份合作制企业时，对职工个人以股份形式取得的拥有所有权的企业量化资产，暂缓征收个人所得税；待个人将股份转让时，就其转让收入额，减除个人取得该股份时实际支付的费用支出和合理转让费用后的余额，按"财产转让所得"项目计征个人所得税。

(3) 个人出售自有住房。个人出售自有住房取得的所得应按照"财产转让所得"项目征收个人所得税。并按以下规定进行税务处理。

① 个人出售已购公有住房应纳税所得额的确定：

个人出售已购公有住房应纳税所得额＝个人出售已购公有住房的销售价－住房面积标准的经济适用房价款－原支付超过住房面积标准的房价款－向财政或原产权单位缴纳

的所得收益－税法规定的合理费用后的余额

② 职工以成本价(或标准价)出资的集资合作建房、安居工程住房、经济适用住房以及拆迁安置住房，比照已购公有住房确定应纳税所得额。

③ 企事业单位将自建住房以低于购置或建造成本价格销售给职工个人的所得税的征税规定。

根据住房制度改革政策的有关规定，国家机关、企事业单位及其他组织在住房制度改革期间，按照所在地县级以上人民政府规定的房改成本价格向职工出售公有住房，职工因支付的房改成本价格低于房屋建造成本价格或市场价格而取得的差价收益，免征个人所得税。

除上述规定情形外，单位按低于购置或建造成本价格出售住房给职工，职工因此而少支出的差价部分(职工实际支付的购房价款低于该房屋的购置或建造成本价格的差额)，属于个人所得税应税所得，应按照"工资、薪金所得"项目缴纳个人所得税。前款所称差价部分，是指职工实际支付的购房价款低于该房屋的购置或建造成本价格的差额。

对职工取得的上述应税所得，比照全年一次性奖金的征税办法，计算征收个人所得税。

④ 个人换购住房的税收政策。为鼓励个人换购住房，对出售自有住房并拟在现住房出售后1年内按市场价重新购房的纳税人，其出售现住房所应缴纳的个人所得税，视其重新购房的价值可全部或部分予以免除。

个人现自有住房房产证登记的产权人为1人，在出售后1年内又以产权人配偶名义或产权人夫妻双方名义按市场价重新购房的，产权人出售住房所得应缴纳的个人所得税，可以全部或部分予以免税；以其他人名义按市场价重新购房的，产权人出售住房所得应缴纳的个人所得税，不予免税。

具体办法如下所述。

A. 个人出售现住房所应缴纳的个人所得税税款，应在办理产权过户手续前，以纳税保证金形式向当地主管税务机关缴纳。税务机关在收取纳税保证金时，应向纳税人正式开具"中华人民共和国纳税保证金收据"，并纳入专户存储。

B. 个人出售现住房后1年内重新购房的，按照购房金额大小相应退还纳税保证金。购房金额大于或等于原住房销售额(原住房为已购公有住房的，原住房销售额应扣除已按规定向财政或原产权单位缴纳的所得收益，下同)的，全部退还纳税保证金；购房金额小于原住房销售额的，按照购房金额占原住房销售额的比例退还纳税保证金，余额作为个人所得税缴入国库。

C. 个人出售现住房后1年内未重新购房的，所缴纳的纳税保证金全部作为个人所得税缴入国库。

10. 偶然所得

偶然所得，是指个人得奖、中奖、中彩以及其他偶然性质的所得。偶然所得应缴纳的个人所得税，一律由发奖单位或机构代扣代缴。

11. 其他所得

除上述列举的各项个人应税所得外，其他确有必要征税的个人所得，由国务院财政部

门确定。个人取得的所得，难以界定应纳税所得项目的，由主管税务机关确定。

（四）税率与应纳税额的计算

1. 工资、薪金所得

（1）适用税率。工资、薪金所得适用七级超额累进税率，税率见表 12-1。

表 12-1　工资、薪金所得适用税率与速算扣除数表

级数	全月含税应纳税所得额（元）	全月不含税应纳税所得额（元）	税率（%）	速算扣除数
1	不超过 1 500 元的部分	不超过 1 455 元的部分	3	0
2	超过 1 500～4 500 的部分	超过 1 455～4 155 的部分	10	105
3	超过 4 500～9 000 的部分	超过 4 155～7 755 的部分	20	555
4	超过 9 000～35 000 的部分	超过 7 755～27 255 的部分	25	1 005
5	超过 35 000～55 000 的部分	超过 27 255～41 255 的部分	30	2 755
6	超过 55 000～80 000 的部分	超过 41 255～57 505 的部分	35	5 505
7	超过 80 000 的部分	超过 57 505 的部分	45	13 505

（2）应纳税所得额的确定。

工资、薪金所得按月纳税，每月应纳税所得额为每月收入额减除费用 3 500 元后的余额。考虑到外籍人员和在境外工作的中国公民的生活费用比国内要高，对其规定了附加减除费用，是在每月减除 3 500 元费用的基础上，再减除 1 300 元。

（3）应纳税额的计算。

工资、薪金所得应纳税额的计算公式为：

$$应纳税额 = \sum 应纳税所得额 \times 适用税率$$

需要注意的是，由于工资、薪金所得适用超额累进税率，因此，计算税额时应根据不同级距的所得额分别适用相应等级的所得税率，计算比较烦琐。为了简化计算过程，可以运用速算扣除数计算法。采用该方法的计算公式为：

应纳税额＝应纳税所得额×适用税率－速算扣除数

上式的推导过程为：

根据：速算扣除数＝按全额累进税率计算的税额－按超额累进税率计算的税额

可得出：按超额累进税率计算的税额＝按全额累进税率计算的税额－速算扣除数

速算扣除数的计算如下。

以二级、三级累进税率为例，应纳税所得额为 P：

二级累进税率的速算扣除数＝P×10%－[1 500×3%＋(P－1 500)×10%]＝105

三级累进税率的速算扣除数＝P×20%－[1 500×3%＋(4 500－1 500)×10%＋(P－4 500)×20%]＝555

【例 12-1】 某单位职工甲 2015 年 9 月工资 6 700 元，单位特聘的外籍专家乙 2015 年 9 月工资 40 000 元，计算单位应代扣代缴二人的个人所得税额。

计算：

甲应税所得额＝6 700－3 500＝3 200(元)

用超额累进税率计算：甲应纳个人所得税额＝1 500×3%＋(3 200－1 500)×10%＝215(元)

用速算扣除数计算：甲应纳个人所得税额＝3 200×10%－105＝215(元)

乙应税所得额＝40 000－3 500－1 300＝35 200(元)

用速算扣除数计算：乙应纳个人所得税额＝35 200×30%－2 755＝7 805(元)

用超额累进税率计算：

乙应纳个人所得税额＝1 500×3%＋(4 500－1 500)×10%＋(9 000－4 500)×20%
＋(35 000－9 000)×25%＋(35 200－35 000)×30%
＝45＋300＋900＋6 500＋60＝7 805(元)

2. 个体工商户、个人独资企业和合伙企业的生产经营所得

(1) 适用税率。个体工商户的生产经营所得适用五级超额累进税率，税率见表12-2。

表12-2　个体工商户的生产经营所得适用税率及速算扣除数表

级数	全年含税应纳税所得额	全年不含税应纳税所得额	税率(%)	速算扣除数
1	不超过15 000元的部分	不超过14 250元的部分	5	0
2	超过15 000～30 000元的部分	超过14 250～27 750元的部分	10	750
3	超过30 000～60 000元的部分	超过27 750～51 750元的部分	20	3 750
4	超过60 000～100 000元的部分	超过51 750～79 750元的部分	30	9 750
5	超过100 000元的部分	超过79 750元的部分	35	14 750

(2) 个体工商户应纳税所得额的确定。

个体工商户个人所得税计算征收的有关规定如下所述。

① 个体工商户业主的费用扣除标准，每月3 500元；每年42 000元。

② 向从业人员实际支付的合理的工资、薪金支出，允许在税前据实扣除。

③ 拨缴的工会经费、发生的职工福利费、职工教育经费支出分别在工资、薪金总额的2%、14%和2.5%的标准内据实扣除。

④ 每一纳税年度发生的广告费和业务宣传费不超过当年销售(营业)收入15%的部分，可据实扣除；超过部分，准予在以后纳税年度结转扣除。

⑤ 每一纳税年度发生的与生产经营业务直接相关的业务招待费支出，按照发生额的60%扣除，但最高不得超过当年销售(营业)收入的5‰。

⑥ 在生产经营期间借款利息支出，凡有合法证明的，不高于按金融机构同类、同期贷款利率计算的数额的部分，准予扣除。

⑦ 个体工商户或个人专营种植业、养殖业、饲养业、捕捞业，应对其所得免征个人所得税。兼营上述四业并且四业的所得不能单独核算的，对属于征收个人所得税的，应与其他行业的生产、经营所得合并计征个人所得税；对于四业的所得能够单独核算的，应就其所得免征个人所得税。

⑧ 个体工商户和从事生产经营的个人，取得的与生产、经营活动无关的各项应税所得，应分别适用各应税项目的规定计征个人所得税。

(3) 个体工商户生产经营所得应纳税额的计算。

个体工商户生产经营所得应纳税额的计算公式为：

应纳税额＝应纳税所得额×适用税率－速算扣除数

【例 12-2】 个体工商户某年度生产经营总收入 18 万元，税前可列支的成本、费用和税金支出共 11 万元。计算个体工商户当年度应缴纳的个人所得税额。

应纳税额＝(180 000－110 000)×30%－9 750＝11 250(元)

(4) 个人独资企业和合伙企业生产经营所得应纳税额的计算。

个人独资企业和合伙企业生产经营所得，其个人所得税应纳税额的计算有以下两种方法。

第一种，查账征收。扣除费用规定如下所述。

① 个人独资企业和合伙企业投资者本人的费用扣除标准，每月 3 500 元；每年 42 000元。

② 投资者及其家庭发生的生活费用与企业生产经营费用混合在一起，并且难以划分的，全部视为投资者及其家庭发生的生活费用，不允许在税前扣除。

③ 企业生产经营与投资者及其家庭生活共用固定资产的，并且难以划分的，由税务机关根据企业生产经营情况，核定准予在税前扣除的折旧费用的数额或比例。

④ 向从业人员实际支付的合理的工资、薪金支出，允许在税前据实扣除。

⑤ 拨缴的工会经费、发生的职工福利费、职工教育经费支出分别在工资、薪金总额的 2%、14%和 2.5%的标准内据实扣除。

⑥ 每一纳税年度发生的广告费和业务宣传费不超过当年销售(营业)收入 15%的部分，可据实扣除；超过部分。准予在以后纳税年度结转扣除。

⑦ 每一纳税年度发生的与生产经营业务直接相关的业务招待费支出，按照发生额的 60%扣除，但最高不得超过当年销售(营业)收入的 5‰。

⑧ 在生产经营期间借款利息支出，凡有合法证明的，不高于按金融机构同类、同期贷款利率计算的数额的部分，准予扣除。

⑨ 企业计提的各种准备金不得扣除。

⑩ 投资者独资兴办两个或两个以上企业，年度终了，应汇算清缴。

$$\text{应纳税所得额} = \sum \text{各个企业的经营所得}$$

$$\text{应纳税额} = \text{应纳税所得额} \times \text{适用税率} - \text{速算扣除数}$$

$$\text{每个企业应纳税额} = \text{应纳税额} \times \text{每个企业的经营所得} \div \sum \text{各个企业的经营所得}$$

$$\text{每个企业应补缴的税额} = \text{每个企业应纳税额} - \text{每个企业预缴的税额}$$

第二种，核定征收。包括定额征收、核定应税所得率征收以及其他合理的征收方式，实行核定应税所得率征收方式的，计算公式为：

应纳所得税额＝应纳税所得额×适用税率

应纳税所得额＝收入总额×适用税率

或 =成本费用支出额 ÷(1 - 应税所得率)× 应税所得率

应税所得率按表 12-3 规定的标准执行。

表 12-3 个人所得税应税所得率表

行　业	应税所得率(%)
工业、交通运输业、商业	5～20
建筑业、房地产开发业	7～20
饮食服务业	7～25
娱乐业	20～40
其他行业	10～30

3. 对企事业单位的承包经营、承租经营所得

对企事业单位的承包经营、承租经营所得适用税率，与个体工商户适用税率相同。其个人所得税计算公式为：

应纳税额 =应纳税所得额 × 适用税率 - 速算扣除数

或 =(纳税年度收入总额 - 必要费用)× 适用税率 - 速算扣除数

在一个纳税年度中，经营期限不足一年的，以其实际经营期为纳税年度。

【例 12-3】 某个人与事业单位签订承包合同经营招待所，某年度招待所实现承包经营利润 280 000 元，按合同规定承包人应从承包经营利润中上缴 45%，承包人每月生活费用扣除 3 500 元。计算承包人当年度应缴的个人所得税。

应纳税所得额=280 000×(1-45%)-12×3 500=112 000(元)

应纳税额=112 000×35%-14 750=24 450(元)

4. 劳务报酬所得

(1) 适用税率。

劳务报酬所得适用比例税率 20%，并对一次收入畸高的，实行加成征收。具体规定为：

一次劳务报酬应纳税所得额超过 20 000～50 000 元的部分，依照税法规定计算应纳税额后，加征五成；超过 50 000 元的部分，加征十成。因此，劳务报酬所得实际上适用 20%、30%、40%的三级超额累进税率(见表 12-4)。

表 12-4 劳务报酬所得适用税率表

级　数	每次应纳税所得额(元)	税率(%)	速算扣除数
1	不超过 20 000 的部分	20	0
2	超过 20 000～50 000 的部分	30	2 000
3	超过 50 000 的部分	40	7 000

(2) 应纳税所得额的确定。

计算劳务报酬应纳税所得额，一次收入不超过 4 000 元的，定额减除 800 元费用；一

次收入超过 4 000 元的，定率减除 20%的费用。

税法规定劳务报酬所得以“次”计算应纳税额：只有一次性收入的，应以每次提供劳务取得的收入为一次；属于同一项目连续性收入的，以一个月内取得的收入为一次。

(3) 应纳税额的计算。

应纳税额=应纳税所得额×适用税率

【例 12-4】 有 5 名歌星参加一场商业演出，报酬分别为税前 3 000 元、5 000 元、24 000 元、60 000 元和 80 000 元。计算每人的演出劳务报酬应缴纳的个人所得税。

计算过程见表 12-5。

表 12-5　5 名歌星的个人所得税计算表　　单位：元

纳税人	劳务报酬	扣除费用	应纳税所得额	应纳税额计算
歌星 1	3 000	800	2 200	2 200×20%=440
歌星 2	5 000	5 000×20%=1 000	5 000−1 000=4 000	4 000×20%=800
歌星 3	24 000	24 000×20%=4 800	24 000−4 800=19 200	19 200×20%=3 840
歌星 4	60 000	60 000×20%=12 000	60 000−12 000=48 000	20 000×20%+(48 000−20 000)×30%=12 400
歌星 5	80 000	80 000×20%=16 000	80 000−16 000=64 000	20 000×20%+(50 000−20 000)×30%+(64 000−50 000)×40%=18 600

(4) 按月计算应纳税额。

一个月有同一性质事项多次收入的，以 1 个月内取得的收入为 1 次，即按月汇总计算纳税。

【例 12-5】 A、B、C 三位教师用业余时间为某单位培训职工，每周一次，每次每人收入分别是 900 元、2 000 元和 10 000 元。计算三人各自取得的劳务报酬应缴纳的所得税额。

计算：

教师 A 应纳个人所得税额=(900×4−800)×20%=560(元)

教师 B 应纳个人所得税额=2 000×4×(1−20%)×20%=1 280(元)

教师 C 应纳个人所得税额=10 000×4×(1−20%)×30%−2 000=7 600(元)

(5) 劳务报酬为税前的应纳税所得额计算。

劳务报酬为税前 4 000 元，应纳税额=(4 000−800)×20%=640(元)，则税后为 3 360元。

① 劳务报酬(税后)小于 3 360 元时，应纳税所得额的计算公式推导：

由：税前收入−800=应税所得额

税前收入−税额=税后收入

得：应税所得额+800 =税后收入+税额

=税后收入+应税所得额×税率

将此式整理得：应税所得额=(税后收入−800)÷(1−税率)

② 劳务报酬(税后)大于 3 360 元时,应纳税所得额的计算公式推导:

由:税前收入×(1－20%)＝应税所得额

税后收入＝税前收入－税额

＝税前收入－[税前收入×(1－20%)×税率－速算扣除数]

＝应税所得额÷(1－20%)－[应税所得额×税率－速算扣除数]

将此式整理得:

应税所得额＝(税后收入－速算扣除数)×(1－20%)÷[1－税率×(1－20%)]

综上,劳务报酬应纳税额计算见表 12-6。

表 12-6　劳务报酬应纳税额计算表

劳务报酬	金　　额	应纳税所得额计算	应纳税额计算
税前	小于 4 000	收入－800	应纳税所得额×适用税率
	大于 4 000	收入×(1－20%)	
税后	小于 3 360	(收入－800)÷(1－税率)	
	大于 3 360	(收入－速算扣除数)×(1－20%)÷[1－税率×(1－20%)]	

【例 12-6】 甲工程师从某企业取得一次性劳务报酬 48 000 元(税后),计算该企业应为甲工程师代扣代缴的个人所得税额。

方法 1:直接代入应税所得额的计算公式。

该劳务报酬适用所得税率 30%,速算扣除数 2 000。

应税所得额＝(48 000－2 000)×(1－20%)÷〔1－30%×(1－20%)〕＝48 421.04(元)

应代扣代缴个人所得税＝48 421.04×30%－2 000＝12 526.31(元)

方法 2:设:税前收入为 X,适用税率 30%,速算扣除数 2 000。

则:X－[X(1－20%)×30%－2 000]＝48 000

解方程得:X＝60 526.31

应税所得额＝60 526.31×(1－20%)＝48 421.04(元)

在本例中,如果设税前收入 X,适用所得税率 40%,速算扣除数 7 000。

根据 X－[X(1－20%)×40%－7 000]＝48 000(元)

解方程得:X＝60 294.11(元)

应税所得额＝60 294.11×(1－20%)＝48 235.28(元)

经分析,该所得额与假设所适用的税率 40%不匹配,表明此计算不正确。

5. 稿酬所得

(1) 适用税率。

稿酬所得适用比例税率 20%,并按应纳税额减征 30%,即实际税率为 14%。

(2) 应纳税所得额的确定。

计算稿酬应纳税所得额,扣除费用的数额或比例与劳务报酬的费用扣除相同。即一次出版、发行的收入不超过 4 000 元的,定额减除 800 元费用;一次收入超过 4 000 元的,定率减除 20%的费用。

稿酬所得，以每次出版、发表取得的收入为一次。具体又可细分为：

① 同一作品再版取得的所得，应视作又一次稿酬计征个人所得税。

② 同一作品先继在报刊上连载和编辑成图书出版，应视为两次稿酬计征个人所得税。

③ 同一作品在报刊上连载，不论收入如何结算，以连载完成后取得的所有收入合并为一次，计征个人所得税。

④ 同一作品出版、发表后，因添加印数而追加稿酬的，应与此前出版、发表时取得的稿酬合并计算为一次，计征个人所得税。

⑤ 一部作品，由两个以上的纳税人共同完成，每个人均按自身分得的收入计税，并可扣减相应的费用。

(3) 应纳税额的计算。

应纳税额＝应纳税所得额×适用税率×(1－30%)

【例 12-7】 某学者在报纸上连载调研报告，分三期取得稿酬，分别是 2 000 元、3 000 元和 5 000 元。后来又将其编辑成书出版，出版社给付稿酬 10 000 元。之后因该书畅销，出版社又加印 2 000 册，学者再次取得稿酬 1 800 元。计算上述情况该学者应缴纳的个人所得税。

分析：学者应按取得两次稿酬计算缴纳个人所得税。

① 在报纸上刊登文章的稿酬所得。

第一期取得稿酬应纳税额＝(2 000－800)×14%＝168(元)

第二期取得稿酬应纳税额＝(3 000－800)×14%＝308(元)

第三期(最后一期)取得稿酬应纳税额＝(2 000＋3 000＋5 000)×(1－20%)×14%－168－308＝1 120－168－308＝644(元)

说明：作品一次出版或发表而分期结算稿酬的，每期应预缴税款，最后一期汇算清缴。如果第三期(最后一期)取得稿酬应纳个人所得税＝5 000×(1－20%)×14%＝560(元)，不进行汇算清缴，会导致税款少缴 84 元。

② 出版书的稿酬所得。

第一次出版的稿酬应纳税额＝10 000×(1－20%)×14%＝1 120(元)

增加印刷数量的稿酬应纳税额＝1 800×(1－20%)×14%＝201.6(元)

6. 特许权使用费所得

(1) 适用税率。特许权使用费所得适用比例税率 20%。

(2) 应纳税所得额的确定。

计算特许权使用费应纳税所得额，扣除费用的数额或比例与稿酬的费用扣除相同。即每次特许权使用费收入不超过 4 000 元的，定额减除 800 元费用；超过 4 000 元的，定率减除 20%的费用。

特许权使用费所得，以某项使用权的一次转让所取得的收入为一次。 个纳税人，可能不仅拥有一项特许权利，每一项权利也可能不止一次地向他人提供。每次转让收入都应当计税，每次计税都准予扣除相应费用。

（3）应纳税额的计算。

应纳税额＝应纳税所得额×20％

【例 12-8】 李某将一项创新技术的使用权提供给三家企业，分别取得收入 20 000 元、10 000 元和 3 000 元。计算李某转让技术使用权取得收入应缴纳的个人所得税额。

计算：

收入 20 000 元应纳税额＝20 000×(1－20％)×20％＝3 200(元)

收入 10 000 元应纳税额＝10 000×(1－20％)×20％＝1 600(元)

收入 3 000 元应纳税额＝(3 000－800)×20％＝440(元)

7. 财产转让所得

（1）适用税率。财产转让所得适用比例税率 20％。

（2）应纳税所得额的确定。

财产转让所得，以转让财产的收入额减除财产原值和合理费用后的余额为应纳税所得额。

（3）应纳税额的计算。

应纳税额＝应纳税所得额×20％＝(收入总额－财产原值－合理税费)×20％

【例 12-9】 某人转让一处房产，价款收入 50 万元，支付各种转让税费 1 万元，房产原值 42 万元。计算房产转让收入应缴纳的个人所得税额。

应纳税额＝(50－42－1)×20％＝1.4(万元)

8. 财产租赁所得

（1）适用税率。财产租赁所得适用比例税率 20％。

（2）应纳税所得额的确定。

财产租赁所得，指个人出租土地使用权、建筑物、机械设备、车船以及其他财产取得的所得，个人取得转租财产的收入，也应按此税目计税。

财产租赁所得一般以个人每次取得的收入，定额或者定率减除规定费用后的余额为应纳税所得额。每次收入不超过 4 000 元的，定额减除 800 元费用；超过 4 000 元的，定率减除 20％的费用。财产租赁所得以 1 个月内取得的收入为 1 次。

在确定财产租赁的应纳税所得额时，纳税人在出租财产过程中缴纳的税金和教育费附加，可持完税(缴款)凭证，从其财产租赁收入中扣除；由纳税人负担的为出租财产发生的修缮费用，能提供有效、准确凭证的，准予扣除，但每次以 800 元为限，直到扣完为止。

（3）应纳税额的计算。

① 每次(月)收入不超过 4 000 元的：

应纳税所得额＝每次(月)收入额－准予扣除项目－修缮费用(800 元为限)－800 元

② 每次(月)收入超过 4 000 元的：

应纳税所得额＝[每次(月)收入额－准予扣除项目－修缮费用(800 元为限)]×(1－20％)

【例 12-10】 某人将自有房屋出租给某企业，为出租房屋发生装修费用 3 000 元，租期半年，每月取得租金 2 800 元，按规定每月缴纳各种税费 400 元。计算每月房产租金收入应缴纳的个人所得税额。

1～3 月每月应纳税额＝(2 800－400－800－800)×20%＝160(元)

4 月应纳税额＝(2 800－400－600－800)×20%＝200(元)

5～6 月每月应纳税额＝(2 800－400－800)×20%＝320(元)

说明：前 3 个月每月扣装修费 800 元，第 4 个月扣 600 元。

9. 利息、股息、红利所得，偶然所得，其他所得

以每次收入为 1 次计税，适用比例税率 20%，按收入计征，无费用扣除。

【例 12-11】 某人为单位集资 8 万元，年底分得红利 1 万元；购买福利彩票，中奖现金 5 万元，一辆轿车价值 30 万元；购买国库券取得利息收入 0.6 万元。则：

应纳个人所得税额＝(1＋5＋30)×20%＝7.2(万元)

10. 应纳税额计算中的特殊问题

(1) 个人取得全年一次性奖金应纳税额的计算。

全年一次性奖金，是指行政机关、企事业单位等根据其全年经济效益和对职工全年工作业绩的综合考核情况，向雇员发放的一次性奖金。该奖金应单独作为 1 个月工资、薪金所得计算纳税，且计算所得额时不应再减除费用。因为每月计税时均已扣除了相应的费用。但如果当月工资收入不足 3 500 元的，可以将工资与 3 500 元的差额部分在计算奖金所得额时扣除。所适用的税率和速算扣除数，按平均每个月的奖金额计算(用一次性奖金除以 12 个月所得商数确定)。

在 1 个纳税年度内，对每个纳税人，该计税办法只允许用 1 次。其他各种名目的奖金，一律与当月工资收入合并计税。

【例 12-12】 某人 12 月份取得年终奖 24 000 元，计算 12 月份的工资收入若为 5 700 元或 2 800 元的情况下应缴纳的个人所得税额。

① 12 月份工资收入为 5 700 元时：

工资收入应纳个人所得税额＝(5 700－3 500)×10%－105＝115(元)

全年一次性奖金按月平均计算：24 000÷12＝2000(元)，故适用税率 10%，速算扣除数 105。

一次性奖金应纳个人所得税额＝24 000×10%－105＝2 295(元)

② 12 月份工资收入为 2 800 元时：

工资收入小于费用扣除额，无应纳税所得额。

全年一次性奖金先扣除工资收入与费用扣除额的差额：24 000－(3 500－2 800)＝23 300(元)

按月平均计算，23 300÷12≈1 942(元)，故适用税率 10%，速算扣除数 105。

一次性奖金应纳个人所得税额＝23 300×10%－105＝2 225(元)

(2) 取得不含税全年一次性奖金收入个人所得税的计算方法。

① 按照不含税的全年一次性奖金收入除以 12 的商数，查找相应适用税率 A 和速算扣除数 A。

② 含税的全年一次性奖金收入＝(不含税的全年一次性奖金收入－速算扣除数 A)÷(1－适用税率 A)。

③ 按含税的全年一次性奖金收入除以 12 的商数，重新查找适用税率 B 和速算扣除

数 B。

④ 应纳税额＝含税的全年一次性奖金收入×适用税率 B－速算扣除数 B。

⑤ 如果纳税人取得不含税全年一次性奖金收入的当月工资薪金所得，低于税法规定的费用扣除额，应先将不含税全年一次性奖金减去当月工资薪金所得低于税法规定费用扣除额的差额部分后，再按照上述第(1)条规定处理。

⑥ 根据企业所得税和个人所得税的现行规定，企业所得税的纳税人、个人独资和合伙企业、个体工商户为个人支付的个人所得税款，不得在所得税前扣除。

【例 12-13】 中国公民王某 2014 年 12 月，每月工资均为 5 500 元，12 月 31 日取得不含税全年一次性奖金 60 000 元。计算王某取得的不含税全年一次性奖金应缴纳的个人所得税额。

① 查找不含税全年一次性奖金的适用税率和速算扣除数 60 000÷12＝5 000，适用税率 20%和速算扣除数 555。

② 计算含税全年一次性奖金：应纳税所得额＝(60 000－555)÷(1－20%)＝74 306.25(元)

③ 74 306.25÷12＝6 192.19，适用税率 20%和速算扣除数 555。

④ 应纳税额＝74 306.25×20%－555＝14 306.25(元)

(3) 在中国境内无住所的个人取得工资、薪所得的征税问题。

关于工资、薪金所得来源地的确定：根据规定，属于来源于中国境内的工资薪金所得应为个人实际在中国境内工作期间取得的工资薪金，即：个人实际在中国境内工作期间取得的工资薪金，不论是由中国境内还是境外企业或个人雇主支付，均属来源于中国境内的所得；个人实际在中国境外工作期间取得的工资薪金，不论是由中国境内还是境外企业或个人雇主支付：均属于来源于中国境外的所得。

表 12-7 在中国境内无住所的个人取得工资薪所得的征税规定

		境内所得		境外所得	
居住时间	纳税人性质	境内支付	境外支付	境内支付	境外支付
不超过 90 日、183 日	非居民	√	免税	×高管要交	×
超过 90 日、183 日～1 年	非居民	√	√	×高管要交	×
1～5 年	居民	√	√	√	免税
5 年以上	居民	√	√	√	√

计算公式为：

(不超过 90 日、183 日)应纳税额＝(当月境内外工资薪金应纳税所得额×适用税率－速算扣除数)×当月境内支付工资/当月境内外支付工资总额×当月境内工作天数/当月天数

(超过 90 日、183 日～1 年)应纳税额＝(当月境内外工资薪金应纳税所得额×适用税率－速算扣除数)×当月境内工作天数/当月天数

(1～5 年)应纳税额＝(当月境内外工资薪金应纳税所得额×适用税率－速算扣除

数)×(1－当月境外支付工资/当月境内外支付工资总额×当月境外工作天数/当月天数)

【例 12-14】 某外籍个人在 2014 年 1 月 1 日起担任中国境内某外商投资企业的副总经理,由该企业每月支付其工资 20 000 元,同时,该企业外方的境外总机构每月也支付其工资 4 000 美元。其大部分时间是在境外履行职务,2014 年来华工作时间累计为 180 天。根据规定,其 2010 年度在我国的纳税义务确定为如下内容。

① 由于其属于企业的高层管理人员,因此,根据规定,该人员于 2014 年 1 月 1 日起至 12 月 31 日在华任职期间,由该企业支付的每月 20 000 元工资、薪金所得,应按月依照税法规定的期限申报缴纳个人所得税。

② 由于其 2014 年来华工作时间未超过 183 天,境外雇主按每月 4 000 美元:

有协定:免予申报纳税;

无协定:凡属于在中国境内 180 天工作期间取得的部分,应与中国境内企业每月支付的 20 000 元工资合并纳税。

(4) 对在中国境内无住所个人一次取得的数月奖金或年终加薪、劳动分红的计税办法。

个人取得上述奖金,可单独作为一个月的工资、薪金所得,不减除费用、全额计税并且不再按居住天数进行划分计算。上述个人应在取得奖金月份的次月 7 日内申报纳税。

特殊情况,即:在中国境内无住所的个人在担任境外企业职务的同时,兼任该外国企业在华机构的职务,但并不实际或不经常到华履行该在华机构职务,对其一次取得的数月奖金中属于全月未在华的月份奖金,可不作为来源于中国境内的奖金收入计算纳税。

(5) 公司雇员以非上市公司股票期权形式取得的所得征收个人所得税问题。

① 按工资、薪金所得:比照全年一次性奖金的征税办法,计算征收个人所得税。

② 纳税义务发生时间:雇员实际购买日,其所得额为其从公司取得非上市股票的实际购买价低于购买日该股票价值的差额。

③ 购买日股票价值可暂按其境外非上市母公司上一年度经中介机构审计的会计报告中每股净资产数额来确定。

(6) 特殊行业工资所得应纳税额的计算。

在采掘业、远洋运输业、远洋捕捞业,由于季节、产量等因素的影响,其职工工资、薪金收入呈现较大幅度的波动,为了照顾这三个特定行业,规定其职工工资、薪金所得,可按月预缴,年度终了后 30 日内,再按全年平均每月的应纳税额,进行多退少补。用公式表示为:

全年应纳所得税额=[(全年工资、薪金收入÷12－费用扣除标准)×适用税率－速算扣除数]×12

【例 12-15】 采掘企业某职工在一年内各月领取的工资收入和预缴税款见表 12-8。试计算全年汇总平均计算时应多退少补的税额。

表 12-8　某职工在一年内各月领取的工资收入和预缴税款

全　年	工资收入	预缴税额
1～5 月	每月 3 000 元	0

续表

全　　年	工资收入	预缴税额
6～11月	每月8 000元	345元
12月	12 000元	1 145元
合计	75 000元	3 215元

计算：

全年平均每月工资额＝75 000÷12＝6 250(元)

全年应纳个人所得税额＝[(6 250－3 500)×10%－105]×12
＝170×12＝2 040(元)

应退回多缴的税额＝3 215－2 040＝1 175(元)

(7) 个人取得公务交通、通信补贴收入征税问题。

个人因公务用车和通信制度改革而取得的公务用车、通信补贴收入，扣除一定标准的公务费用后，按照“工资、薪金”所得项目计征个人所得税。按月发放的，并入当月“工资、薪金”所得合并后计征个人所得税；不按月发放的，分解到所属月份并与该月份“工资薪金”所得合并征税。

(8) 关于保险费(金)征税问题。

企事业单位及其职工个人按照国家规定比例缴纳的失业保险费，不计入职工个人当期工资、薪金收入，免予征收个人所得税；超过规定比例的部分，应计入职工个人当期工资、薪金收入，依法计征个人所得税。符合规定条件的失业人员，领取的失业保险金，免予征收个人所得税。

(9) 在外商投资企业、外国企业和外国驻华机构工作的中方人员取得的工资、薪金所得应纳税额的计算。

在外商投资企业、外国企业和外国驻华机构工作的中方人员取得的工资、薪金收入，凡由雇佣单位和派遣单位分别支付的，采取由支付者中的一方减除费用的方法，一般由雇佣单位在支付工资、薪金时进行费用减除，计算扣缴个人所得税；派遣单位支付的工资、薪金不再减除费用，以支付金额直接确定适用税率，计算扣缴个人所得税。

每月末，个人应持两处支付单位提供的工资明细和完税凭证原件，选择并固定到一地税务机关申报每月工资、薪金收入，汇算清缴税额，多退少补。

【例 12-16】 某人在我国境内的A、B企业都任职，每月从A企业取得工资收入8 500元，从B企业取得工资收入2 400元，由A企业在计算应税所得额时扣除费用。计算某人工资所得应缴纳的个人所得税额。

A企业代扣代缴税额＝(8 500－3 500)×20%－555＝445(元)

B企业代扣代缴税额＝2 400×10%－105＝135(元)

某人每月汇总计算应纳税额＝(8 500＋2 400－3 500)×20%－555＝925(元)

某人每月应补缴税额＝925－445－135＝345(元)

(10) 两个或两个以上的纳税义务人共同取得同一项所得的(如共同写作一部著作而

取得稿酬所得)，可以对每个人分得的收入分别减除费用，并计算各自应纳税款。

(11) 个人取得退职费收入的计税问题。

对于按规定条件退职而取得退职费的，免征个人所得税；对于未按规定退职取得退职费的，在取得当月按工资薪金所得计征个人所得税。如果对一次性取得较高退职费的，可视为一次性取得数月的工资、薪金收入，以原工资、薪金为标准，划分为若干月(最长不得大于 6 个月，大于 6 个月的，按 6 个月计算)工资薪金后，计算应纳税额。

(12) 个人提前退休取得一次性补贴收入征收个人所得税问题公告如下所述。

机关、企事业单位对未达到法定退休年龄、正式办理提前退休手续的个人，按照统一标准向提前退休工作人员支付一次性补贴，不属于免税的离退休工资收入，应按照“工资、薪金所得”项目征收个人所得税。

个人因办理提前退休手续而取得的一次性补贴收入，应按照办理提前退休手续至法定退休年龄之间所属月份平均分摊计算个人所得税。计税公式：

应纳税额＝{[(一次性补贴收入÷办理提前退休手续至法定退休年龄的实际月份数)
－费用扣除标准]×适用税率－速算扣除数}
×提前办理退休手续至法定退休年龄的实际月份数

(13) 对于个人取得因解除劳动合同的经济补偿的征税规定：对于是因企业破产取得的一次性安置费收入，免征个人所得税。对于是因与用人单位解除劳动关系而取得的一次性补偿收入，按以下规定进行处理。

如果取得的一次性补偿收入不超过当地上年职工平均工资 3 倍数额以内的部分，免征个人所得税；对于超过 3 倍数额的，就超过部分视为一次性取得数月的工资、薪金所得，允许在期限内平均计算月工资、薪金所得。具体期限规定是：以超过部分除以个人在本企业的工作年限(超过 12 年的按 12 年)，得出的商数为年工资薪金所得。

【例 12-17】 刘某取得与用人单位解除劳动关系而取得的一次性补偿收入 9 万元，其在该企业工作 2 年，当地上年职工年平均工资为 2 万元，计算刘某应纳税额。

年工资总额为：(15－2×3)÷2＝4.5(万元)

应纳税额：[(45 000÷12－2 000)×10%－25]×12 月＝1 800(元)

(14) 个人兼职和退休人员再任职取得的收入征收个人所得税的方法。

个人兼职取得的收入应按照“劳务报酬所得”应税项目缴纳个人所得税。退休人员再任职取得的收入，在减除按个人所得税法规定的费用扣除标准后，按“工资、薪金所得”应税项目缴纳个人所得税。

(15) 企业改组改制过程中职工个人以股份形式取得的企业量化资产，仅作为分红依据，不拥有所有权的，不征收个人所得税；拥有所有权的，暂缓征收个人所得税，将其转让时，按“财产转让所得”项目计税；参与企业分配获得的“股息、红利”，按“利息、股息、红利”项目计税。

(16) 个人取得有奖发票资金征免个人所得税。个人取得单张有奖发票奖金所得不超过 800 元(含 800 元)的，暂免征收个人所得税；个人取得单张有奖发票奖金所得超过 800 元的，应全额按照《个人所得税法》规定的“偶然所得”项目征收个人所得税。

(17) 办理补充养老保险退保和提供担保个人所得税的征税方法。

单位为职工个人购买商业性补充养老保险等，在办理投保手续时应作为个人所得税的"工资、薪金所得"项目，按税法规定缴纳个人所得税；因各种原因退保，个人未取得实际收入的，已缴纳的个人所得税应予以退回。注意，对于企业为职工购买的商业补充养老保险，不得在计算企业所得税时扣除。

个人提供担保取得的收入，按"其他所得"征收个人所得税。

(18) 股票期权的相关个税涉税规定。

① 员工接受实施股票期权计划企业授予的股票期权时，除另有规定外，一般不作为应税所得征税。

② 员工行权时，其从企业取得股票的实际购买价(施权价)低于购买日公平市场价(指该股票当日的收盘价，下同)的差额，是因员工在企业的表现和业绩情况而取得的与任职、受雇有关的所得，应按"工资、薪金所得"适用的规定计算缴纳个人所得税。

对因特殊情况，员工在行权日之前将股票期权转让的，以股票期权的转让净收入，作为工资、薪金所得征收个人所得税。

员工行权日所在期间的工资、薪金所得，应按下列公式计算工资、薪金应纳税所得额：

股票期权形式的工资、薪金应纳税所得额＝(行权股票的每股市场价－员工取得该股票期权支付的每股施权价)×股票数量

③ 员工将行权后的股票再转让时获得的高于购买日公平市场价的差额，是因个人在证券二级市场上转让股票等有价证券而获得的所得，应按照"财产转让所得"适用的征免规定计算缴纳个人所得税。

④ 员工因拥有股权而参与企业税后利润分配取得的所得，应按照"利息、股息、红利所得"适用的规定计算缴纳个人所得税。

(19) 其他特殊情形下的应纳税额计算，分别根据有关规定执行。

(五) 税收优惠

1. 个人所得税免征项目

(1) 省级人民政府、国务院部委和中国人民解放军以上单位，以及外国组织颁发的科学、教育、技术、文化、卫生、体育、环境保护等方面的奖金。

(2) 由财政部发行的债券和经国务院批准发行的金融债券的利息。

(3) 按照国务院规定发放的政府特殊津贴，发给中国科学院、中国工程院院士的院士津贴，以及国务院规定免纳个人所得税的补贴、津贴。

(4) 福利费、抚恤金、救济金。这里所说的福利费，是指根据国家有关规定，从企业、事业单位、国家机关、社会团体提留的福利费或者工会经费中支付给个人的生活补助费；所说的救济金，是指国家民政部门支付给个人的生活困难补助费。

(5) 保险赔款。

(6) 军人的转业费、复员费。

(7) 按照国家统一规定发给干部、职工的安家费、退职费、退休工资、离休工资、离休生活补助费。

(8) 依照我国有关法律规定应予免税的各国驻华使馆、领事馆的外交代表、领事官员和其他人员的所得。

(9) 我国政府参加的国际公约以及签订的协议中规定免税的所得。

(10) 经主管税务机关核准，由乡、镇（含乡、镇）以上人民政府或经县级（含县级）以上人民政府主管部门批准成立的见义勇为基金或者类似组织，发给见义勇为者的奖金或奖品。

(11) 企业和个人按照省级以上人民政府规定的比例缴付的住房公积金、医疗保险金、基本养老保险金、失业保险金。超过规定比例缴付的部分征税，个人领取时免税。

(12) 个人转让自用达 5 年以上并且是唯一的家庭住房取得的所得。

(13) 经国务院财政部门批准免税的所得。

2. 个人所得税减征项目

(1) 残疾、孤老人员和烈属的所得。

(2) 因严重自然灾害造成重大损失的。

(3) 其他经国务院财政部门批准减税的。

（六）境外所得的税额扣除

个人取得的境外所得已在境外缴纳的所得税额，可以从其当期应纳税额中扣除，扣除限额为境外所得按我国税法规定计算的应纳税额。境外已缴纳的税额，未超出扣除限额的可从当期应纳税额中全额扣除；超出扣除限额的部分，可以在次年起的 5 个年度内（连续计算），用每年度扣除限额中的余额进行补扣。

扣除限额应当区别不同国家（地区）的不同应税项目具体计算。

【例 12-18】 某纳税人在某纳税年度从 A、B 两国取得应税收入。其中，从 A 国一家公司取得劳务报酬 46 000 元，提供一项专利技术使用权取得收入 70 000 元，两项收入在 A 国缴纳个人所得税 18 200 元；在 B 国出版著作，获得稿酬收入（版税）35 000 元，缴纳个人所得税 4 200 元。试计算境外所得已纳税额的可扣除额。

(1) 在 A 国已纳税额的扣除限额：

扣除限额＝46 000×(1－20%)×30%－2 000＋70 000×(1－20%)×20%

＝9 040＋11 200＝20 240(元)

在 A 国已纳税额低于扣除限额，应按全额扣除。

(2) 在 B 国已纳税额的扣除限额：

扣除限额＝35 000×(1－20%)×14%＝3 920(元)

在 B 国已纳税额高于扣除限额，应按限额扣除，未扣除部分 280 元(4 200－3 920)可以在次年起 5 个年度内在 B 国已纳税额的扣除限额余额中补扣。

(3) 纳税人申请扣除境外所得已纳税额时，应当提供境外税务机关填发的完税凭证原件。

(4) 纳税人从境内、境外取得的所得，应当分别计算应纳税额。

（七）征收管理

个人所得税的纳税办法，有自行申报纳税和代扣代缴纳税两种。

1. 自行申报纳税

自行申报纳税，是由纳税人自行在税法规定的纳税期限内，向税务机关申报取得的应税所得项目和数额，如实填写个人所得税纳税申报表，按照税法规定计算缴纳个人所得税的一种方法。

（1）自行申报纳税的纳税义务人。

① 年所得12万元以上的（不包括非居民纳税人）。

② 从我国境内两处或者两处以上取得工资、薪金所得的。

③ 从我国境外取得所得的（指居民纳税人）。

④ 取得应税所得没有扣缴义务人的。

⑤ 国务院规定的其他情形。

其中，年所得12万元以上的纳税人，应当于纳税年度终了后向主管税务机关办理纳税申报；其他自行申报的纳税人，应当按规定于取得所得后向主管税务机关办理纳税申报。

（2）年所得的计算方法。

① 工资、薪金所得，按照未减除费用的收入额计算。

② 劳务报酬所得、特许权使用费所得，不得减除缴纳的有关税费。

③ 财产租赁所得，不得减除缴纳的有关税费。对于一次取得跨年度财产租赁所得的，全部视为取得所得当年度的所得。

④ 个人转让住房所得，采取核定征收个人所得税的，按照实际征收率换算为应税所得率，据此计算年所得。

⑤ 股票转让所得，以1个纳税年度内股票转让盈亏相抵后的正数未申报所得数额，盈亏相抵为负数的，此项按零填写。

（3）申报期限。

① 年所得12万元以上的纳税人，在纳税年度终了后3个月内向主管税务机关办理纳税申报。

② 个体工商户和个人独资、合伙企业投资者取得的生产、经营所得应纳税款，分月（季）预缴的，在每月（季）终了后15日内办理纳税申报；在纳税年度终了后3个月内进行汇算清缴。

③ 纳税人年终一次性取得对企事业单位的承包经营、承租经营所得的，自取得所得之日起30日内办理纳税申报；在1个纳税年度内分次取得承包经营、承租经营所得的，在每次取得所得后的次月15日内申报预缴；纳税年度终了后3个月内汇算清缴。

④ 从我国境外取得所得的纳税人，在纳税年度终了后30日内向我国境内主管税务机关办理纳税申报。

⑤ 除以上规定的情形外，纳税人取得其他各项所得须申报纳税的，在取得所得的次月15日内向主管税务机关办理纳税申报。

⑥ 纳税人不能按照规定的期限办理纳税申报，需要延期的，按照有关规定办理。

(3) 申报方式。

纳税人可以采取数据电文、邮寄等方式申报，也可以直接到主管税务机关申报，或者采取符合主管税务机关规定的其他方式申报。也可以委托有税务代理资质的中介机构或他人代为办理纳税申报。

(4) 申报地点。

① 年所得12万元以上的纳税人，纳税申报地点分别为：

A. 在中国境内有任职、受雇单位的，向任职、受雇单位所在地主管税务机关申报；

B. 在中国境内有两处或者两处以上任职、受雇单位的，选择并固定向其中一处单位所在地主管税务机关申报；

C. 在中国境内无任职、受雇单位，年所得项目中有个体工商户的生产、经营所得或者对企事业单位的承包经营、承租经营所得(以下统称生产、经营所得)的，向其中一处实际经营所在地主管税务机关申报；

D. 在中国境内无任职、受雇单位，年所得项目中无生产、经营所得的，向户籍所在地主管税务机关申报。在中国境内有户籍，但户籍所在地与中国境内经常居住地不一致的，选择并固定向其中一地主管税务机关申报。在中国境内没有户籍的，向中国境内经常居住地主管税务机关申报。

② 其他取得所得的纳税人，纳税申报地点分别为：

A. 从两处或者两处以上取得工资、薪金所得的，选择并固定向其中一处单位所在地主管税务机关申报；

B. 从中国境外取得所得的，向中国境内户籍所在地主管税务机关申报。在中国境内有户籍，但户籍所在地与中国境内经常居住地不一致的，选择并固定向其中一地主管税务机关申报。在中国境内没有户籍的，向中国境内经常居住地主管税务机关申报；

C. 个体工商户向实际经营所在地主管税务机关申报；

D. 个人独资、合伙企业投资者兴办两个或两个以上企业的，区分不同情形确定纳税申报地点：

兴办的企业全部是个人独资性质的，分别向各企业的实际经营管理所在地主管税务机关申报；

兴办的企业中含有合伙性质的，向经常居住地主管税务机关申报；

兴办的企业中含有合伙性质，个人投资者经常居住地与其兴办企业的经营管理所在地不一致的，选择并固定向其参与兴办的某一合伙企业的经营管理所在地主管税务机关申报(除特殊情况外，5年以内不得变更)。

除以上情形外，纳税人应当向取得所得所在地主管税务机关申报。

(5) 自行申报纳税的申报管理。

① 主管税务机关应当将各类申报表，登载到税务机关的网站上，或者摆放于税务机关受理纳税申报的服务厅，免费供纳税人随时下载或取用。

② 在每年法定申报期间，主管税务机关应当通过适当方式，提醒年所得12万元以上的纳税人办理自行纳税申报。

③ 主管税务机关应根据纳税人的申报情况，按照规定办理税款的征、补、退、抵手续。

④ 主管税务机关按照规定为已经办理纳税申报并缴纳税款的纳税人开具完税凭证。

⑤ 税务机关依法为纳税人的纳税申报信息保密。

⑥ 纳税人不得随意变更纳税申报地点，因特殊情况变更纳税申报地点的，须报原主管税务机关备案。原税务机关应当及时将纳税人变更纳税申报地点的信息及时传递给新的主管税务机关。

⑦ 主管税务机关对已办理纳税申报的纳税人建立纳税档案，实施动态管理。

2. 代扣代缴纳税

代扣代缴纳税，是指按照税法规定负有扣缴税款义务的单位或者个人，在向个人支付应纳税所得时，应计算应纳税额，从其所得中扣除并缴入国库，同时向税务机关报送扣缴个人所得税报告表。

(1) 扣缴义务人与代扣代缴的范围。

凡支付个人应纳税所得的企业(公司)、事业单位、机关、社团组织、军队、驻华机构、个体户等单位或者个人，为个人所得税的扣缴义务人。

个体工商户的生产经营所得，应自行申报纳税；其他个人所得项目，均属于代扣代缴的范围。

扣缴义务人向个人支付应纳税所得(包括现金、实物和有价证券)时，不论纳税人是否属于本单位人员，均应代扣代缴其应纳的个人所得税税款。其中，支付包括现金支付、汇拨支付、转账支付和以有价证券、实物以及其他形式的支付。

(2) 扣缴义务人的义务及应承担的责任。

① 扣缴义务人应指定支付应纳税所得的财务会计部门或其他有关部门的人员为办税人员，由办税人员具体办理个人所得税的代扣代缴工作。

② 扣缴义务人的法人代表(或单位主要负责人)、财会部门的负责人以及具体办理代扣代缴税款的有关人员，共同对依法履行代扣代缴义务负法律责任。

③ 同一扣缴义务人的不同部门支付应纳税所得时，应报办税人员汇总。

④ 扣缴义务人代扣税款，应向纳税人开具正式的代扣代收税款凭证，或通过恰当的形式告知纳税人。纳税人为持有完税证明而向扣缴义务人索取代扣代收税款凭证的，扣缴义务人不得拒绝。

⑤ 扣缴义务人未对纳税人的应纳税款履行扣缴义务的，应纳税款仍有纳税人缴纳，扣缴义务人应承担应扣未扣税款50%以上至3倍的罚款。

⑥ 扣缴义务人应设立代扣代缴税款账簿，正确反映个人所得税的扣缴情况，并如实填写《扣缴个人所得税报告表》及其他有关资料。

(3) 代扣代缴期限。

扣缴义务人每月所扣的税款，应当在次月7日内缴入国库，并向主管税务机关报送《扣缴个人所得税报告表》、代扣代收税款凭证、包括每一纳税人姓名、单位、职务、收入、税款等内容的支付个人收入明细表以及税务机关要求报送的其他有关资料。

扣缴义务人违反上述规定不报送或者报送虚假纳税资料的，一经查实，其未在支付个人收入明细表中反映的向个人支付的款项，在计算扣缴义务人应纳税所得额时不得作为

成本费用扣除。

扣缴义务人因有特殊困难不能按期报送《扣缴个人所得税报告表》及其他有关资料的，经县级税务机关批准，可以延期申报。

三、重点与难点

【重点】 个人所得税的纳税人、征税对象及其税率；个人所得税的税收优惠与征收管理。

【难点】 个人所得税各税目的计税依据及应纳税额的计算。

四、基础练习

（一）判断题

1. 个人年所得12万元以上，应自行申报纳税，该所得是指按规定扣除费用后的所得额。（　）

2. 扣缴义务人对纳税人应扣未扣的税款应进行补缴，并承担税款50%以上至3倍的罚款。（　）

3. 非居民纳税义务人负有限纳税义务，仅就来源于我国境内的所得，在我国缴纳个人所得税。（　）

4. 具有我国国籍，但未在我国境内定居，而是侨居海外的华侨，属于居民纳税义务人。（　）

5. 我国税法中“中国境内”的概念，仅指中国大陆地区，不包括我国香港、澳门和台湾地区。（　）

6. 速算扣除数是对应税所得额按全额累进税率计算税额与按超额累进税率计算税额之差。（　）

7. 工资、薪金所得的纳税期限固定为1个月。（　）

8. 企业执行国家政策，向职工支付独生子女补贴，随工资发放，但不属于职工的劳动所得，不计入应税工资总额交纳个人所得税。（　）

9. 个体工商户的生产、经营所得，纳税期限为按年计算，适用五级超额累进税率。（　）

10. 企事业单位的承包、承租人，若对生产经营成果不拥有所有权，只是按照协议取得一定所得，应按工资、薪金税目计税。（　）

11. 对企事业单位的承包、承租人所得计征个人所得税，不再计算企业所得税。（　）

12. 在合伙企业，投资者的所得按个体工商户的生产、经营所得交纳个人所得税；受雇的个人有劳动合同的，按工资所得交纳个人所得税；无劳动合同的，按劳务报酬所得交纳个人所得税。（　）

13. 合伙企业投资者和从业人员的工资所得，均可以在税前扣除。（　）

14. 投资者举办两个以上的独资企业，年终应进行汇总清算。（　）

15. 合伙企业的所得,只交纳个人所得税。有限责任公司的所得,应交纳企业所得税和个人投资人的个人所得税。 ( )

16. 企、事业单位的承包、承租人所得,不论哪种报酬方式,一律适用五级超额累进税率征税。 ( )

17. 个人兼职取得的收入按照“劳务报酬所得”交纳个人所得税。 ( )

18. 个人在其任职的企业进行新产品研发取得“补助”,按“劳务报酬”项目计税。 ( )

19. 劳务报酬的纳税期限,可以按月或按次计算。 ( )

20. 提供劳务只有一次性收入的,应按次计算所得税。 ( )

21. 个人向某单位提供劳务,一个月有多次,应按月计算劳务报酬总额交纳个人所得税。 ( )

22. 计算稿酬所得的应税所得额,费用扣除率为20%。 ( )

23. 作品以不同形式出版,应按多次稿酬所得分别计算所得税。 ( )

24. 作品出版后,又增加印刷数量的,应按又一次稿酬所得计算所得税。 ( )

25. 每次计算稿酬所得,都可以定额或定率扣除费用后计算所得税。 ( )

26. 我国个人所得税为分类税制,大多数适用20%的比例税率。 ( )

27. 个人多次转让特许权使用费,应多次计算个人所得税,每次计算应税所得额都可以定额扣除费800元或定率扣除费用20%。 ( )

28. 个人转让住房申报的成交价格明显低于市场价格又无正当理由的,税务机关有权核定其转让收入,但应保证各税种计税价格一致。 ( )

29. 企业为股东购买车辆并将所有权办到股东个人名下,该项支出不计为企业资产,不得在所得税前扣除,应视为对股东进行红利性质的实物分配,按照“利息、股息、红利所得”扣缴个人所得税。考虑到该车辆同时也用于企业的实际情况,允许合理减除部分所得。 ( )

(二)单项选择题

1. 我国个人所得税的税目有( )。

A. 14个　　B. 13个　　C. 11个　　D. 9个

2. 合伙会计师事务所适用个人所得税法缴纳所得税,按下列哪个应税项目征税。( )

A. 工资所得

B. 个体工商户的生产、经营所得

C. 劳务报酬所得

D. 对企、事业单位的承包经营、承租经营所得

3. 个人从任职单位取得公务交通、通信补贴收入,应按下列哪个项目计算个人所得税。( )

A. 工资所得　　B. 劳务报酬所得　　C. 其他所得　　D. 偶然所得

4. 两人合作出版一部小说,甲取得稿酬17 000元,乙取得稿酬3 000元,两人共计缴

纳个人所得税的算式为(　　)。

A. 17 000×(1－20%)×20%×(1－30%)＋(3 000－800)×20%×(1－30%)＝2 212(元)

B. (17 000＋3 000)×(1－20%)×20%×(1－30%)＝2 240(元)

C. (17 000＋3 000)×20%×(1－30%)＝2 800(元)

D. (17 000＋3 000)×(1－20%)×20%＝3 200(元)

5. 某人受聘为某次大型的招商会提供翻译服务，收入 52 000 元，应缴个人所得税的计算为(　　)。

A. (52 000－800)×20%＝10 240

B. 52 000×(1－20%)×20%＝8 320

C. 52 000×(1－20%)×30%－2 000＝10 480

D. 52 000×(1－20%)×40%－7 000＝9 640

6. 个人独资企业的应纳税所得额为(　　)。

A. 纳税年度的收入总额

B. 纳税年度的收入总额，减除准予扣除的成本、费用以及损失后的余额

C. 纳税年度的利润总额

D. 纳税年度利润分配后的余额

(三) 多项选择题

1. 下列属于居民纳税人的有(　　)。

A. 在我国境内定居的中国公民

B. 在我国境内定居的外国侨民

C. 有我国国籍但侨居海外的华侨

D. 居住在我国香港、澳门、台湾地区的同胞

2. 个人所得税在计税时间上规定了多种方式，有(　　)。

A. 按月　　B. 按次　　C. 按日　　D. 按年

3. 下列所得适用 20%比例税率的有(　　)。

A. 偶然所得　　B. 财产转让所得

C. 承包人所得　　D. 财产租赁所得

4. 计算个人转让住房所得，允许从转让收入中减除的费用有(　　)。

A. 房屋原值

B. 房屋折旧后的价值

C. 房屋装修费用

D. 转让房屋应缴纳的各种税金及支付的费用

5. 个人转让住房应缴纳下列哪些税(　　)。

A. 营业税　　B. 土地增值税　　C. 契税　　D. 个人所得税

6. 下列各项应按劳务报酬征收个人所得税的有(　　)。

A. 个人兼职会计所得　　B. 个人受聘从事翻译所得

C. 记者在本报发稿所得　　D. 个人应邀做学术报告

7. 下列各项属于按次数征收个人所得税的有(　　)。

A. 稿酬所得　　B. 财产转让所得

C. 特许权使用费所得　　D. 利息、股息、红利所得

8. 下列各项属于按年征收个人所得税的有(　　)。

A. 工资、薪金所得　　B. 个体工商户的生产、经营所得

C. 对企事业单位的承包、承租经营所得　　D. 财产租赁所得

9. 个人财产转让所得,是指转让财产的收入减除下列哪些项目后的余额(　　)。

A. 财产原值　　B. 财产净值　　C. 财产重置成本　　D. 转让税费

10. 下列属于居民纳税人的是(　　)。

A. 2013 年 7 月 1 日—2014 年 8 月 1 日来我国境内工作的外国专家

B. 2014 年回国定居的美籍华人

C. 到国外进修半年的我国某单位职员

D. 在深圳有房产出租收入的中国香港居民

11. 个人所得税附加减除费用,适用的纳税人是(　　)。

A. 外籍人员　　B. 在境外工作的我国公民

C. 中国香港、澳门、台湾地区的同胞　　D. 华侨

12. 个人所得用于资助非关联的科研机构和高等学校的研究开发经费,可以全额从应纳税所得额中扣除。可扣除的个人所得不包括下列(　　)。

A. 偶然所得　　B. 其他所得

C. 利息、股息、红利所得　　D. 劳务报酬所得

13. 个人的公益性捐赠,是指通过我国境内的社会团体和国家机关,向下列公益性事项进行的捐赠(　　)。

A. 救助灾害、贫困、残疾人等困难的社会群体和个人

B. 教育、科学、文化、卫生、体育事业

C. 环境保护、社会公共设施建设

D. 促进社会发展和进步的其他社会公共和福利事业

14. 个人财产租赁收入,在计算缴纳个人所得税时,扣除费用的项目和顺序是(　　)。

A. 缴纳的税费　　B. 实际开支的修缮费

C. 税法规定的费用扣除标准　　D. 租赁期间的折旧费

15. 个人将承租房屋转租取得的租金收入,应按"财产租赁所得"项目计算缴纳个人所得税,扣除费用的项目和顺序是(　　)。

A. 缴纳的税费　　B. 实际开支的修缮费

C. 税法规定的费用扣除标准　　D. 支付出租方的租金

16. 个人转让住房应缴纳下列哪些税(　　)。

A. 营业税　　B. 土地增值税　　C. 城市维护建设税　　D. 印花税

17. 个人转让住房不缴纳下列哪些税(　　)。

A. 契税　　B. 房产税　　C. 增值税　　D. 个人所得税

18. 个人转让所投资企业股权(份)，申报的转让价格属于下列哪些情形且无正当理由的，可视为计税价格明显偏低。(　　)

A. 低于初始投资成本或低于取得该股权所支付的价款及相关税费

B. 低于对应的净资产份额

C. 低于相同或类似条件下同一企业同一股东或其他股东股权转让的价格

D. 低于相同或类似条件下同类行业的企业股权转让的价格

19. 个人转让所投资企业股权(份)，申报的转让价格明显偏低，属于下列哪些情形时可确定为有正当理由(　　)。

A. 所投资企业连续3年以上(含3年)亏损

B. 因国家政策调整的原因而低价转让股权

C. 将股权转让给配偶、直系亲属以及对转让人承担直接抚养或者赡养义务的抚养人或者赡养人

D. 经主管税务机关认定的其他情形

20. 下列个人股票期权的征税方法表述正确的有(　　)。

A. 接受股票期权时不纳税

B. 行权时的差额按工资、薪金征税

C. 行权后转让股票的价格高于市场价的差额按“财产转让所得”项目征税，其中转让境内上市公司的免税，转让境外上市公司的正常纳税

D. 拥有股权参与利润分配，取得境内上市公司的所得额减半征税，取得境外上市公司的正常纳税

(四) 计算题

1. 资料：赵某2015年12月份取得以下收入：

(1) 向甲企业转让某项技术取得20 000元，向乙企业转让同一项技术取得3 800元；

(2) 取得一项偶然所得，价值20 000元；

(3) 该月取得工资收入5 100元。

要求：根据所给资料，计算赵某该月应缴纳的个人所得税额。

2. 王某出租一处房产，每天租金200元：

(1) 某月有1次出租，出租5天，收取租金1 000元；

(2) 某月有3次出租，共出租21天，收取租金4 200元；

(3) 与李某签订出租合同，租赁期半年，租金收入总额30 000元；

(4) 与李某签订出租合同，租赁期2年，租金收入总额90 000元。

要求：分别根据上述四种情况，计算王某应缴纳的个人所得税额。

3. 某中国公民，2015年从A国取得特许权使用费收入10 000元，向A国缴纳了个人所得税1 650元；从B国讲学取得8 000元，向B国缴纳了个人所得税1 200元。

要求：计算分析这两项境外所得是否还应向我国缴纳个人所得税额。

4. 某人某月份发生以下事项：

(1) 将租入的一套房屋转租，当月向出租方支付月租金4 500元，转租收取月租金

6 500元，支付转租过程中的各种税费 500 元，均取得有效凭证。住房租赁所得的优惠税率为 10%；

(2) 转让一套两年前无偿受赠的房产，转让价格 160 万元。该房产受赠时的市场价格 95 万元，受赠及转让过程中缴纳税费 10 万元；

(3) 在某商场取得按消费积分反馈的礼品，价值 1 300 元；参加商场的抽奖活动，抽中价值 5 000 元的奖品；

(4) 为某企业提供咨询取得劳务报酬 40 000 元，通过境内非营利性社会团体将其中的 9 000 元捐赠给贫困地区；通过国家机关将其中的 14 000 元捐赠给农村义务教育。

要求：计算分析各项目应缴纳的个人所得税额。

5. 资料：我国某公民是一家我国境内上市公司的大股东，同时也是一位作家，某月取得实物和现金收入如下：

(1) 公司为其购买了一辆轿车并将车辆所有权办到其名下，该车辆购买价税为 31 万元。经当地主管税务机关核定，公司在代扣个人所得税时允许减除的数额为 7 万元；

(2) 将本人一部长篇小说的著作权拍卖取得收入 5 万元；

(3) 拍卖一幅名人字画，取得收入 35 万元。经税务机关确认，该作品的原值及相关费用为 20 万元；

(4) 受邀为一家企业培训班讲课两天，取得讲课费 3 万元；

(5) 转让年初购入的境内某上市公司股票，净盈利 5 100 元；持有该股票期间取得该公司分配的红利 3 000 元；

(6) 当月有 1 张消费取得的定额发票中奖 1 000 元。

要求：计算分析各项目应缴纳的个人所得税额。

五、复习思考题

1. 个人所得税的纳税义务人按纳税义务不同分为哪两类？
2. 我国个人所得税的税目与税率有哪些？
3. 我国个人工薪所得适用什么税率？纳税期限？计算应纳所得税的方法？
4. 我国个人劳务报酬所得适用什么税率？纳税期限？计算应纳所得税的方法？
5. 我国个人所得税的税收优惠政策有哪些？
6. 应自行申报个人所得税的纳税人有哪些？
7. 个人所得税代扣代缴的相关规定主要有哪些？

六、知识拓展阅读

对我国个人所得税改进的思考

在我国现有的税制体系中，属于直接税的主要有企业所得税、个人所得税和房产税等。围绕逐步提高直接税比例这一目标，结合当前的经济发展形势和现实条件，目前我国个人所得税率提升的空间已经很小，逐步建立起以分类征收与综合征收相结合并向综合征收为主过渡，以源泉预征和个人年度申报纳税相结合并向个人年度申报纳税为主过渡，

应成为个人所得税改革的方向。具体而言：

一是要对现行个人收入的分类进行整合与归并。包括将个人的劳务报酬收入与工资薪金收入合并、将个人的财产性收入与投资性收入合并，等等。

二是要在整合归并个人收入种类的基础上，进一步简化个人所得税的税率、征管办法和征缴程序，提高税收征缴过程的透明度，降低税收征缴双方的成本。

三是要逐步从目前简单地考虑一个相同免征额的不尽公平合理的所得额扣除，逐步向更为全面合理地考虑个人实际赡养家庭费用的扣除转变，以更好地体现个人所得税税负的公平合理。

四是除了定期获得的诸如劳动报酬类收入可在源头做适当的预征外，其他一次性收入原则上可按年度计算，在次年规定的纳税申报期限内由个人进行申报纳税，并对上年度个人所得税纳税情况进行汇算清缴，多退少补。

要实现上述个人所得税制改革的目标，需要一系列配套性制度框架和政策措施的建立及其有效执行的支撑。应包括以下几项。

一是个人信息实名登记制度。登记内容包括个人的身份、就业单位、银行账户、家庭成员及其房产、诚信及其失信的记录等。

二是个人收入通过银行等第三方支付的制度。国家应明确规定，法人单位向个人支付各类收入要通过银行转账等第三方支付方式，把现金直接支付减少到最低限度。

三是个人信息可征询制度。税务、公安等国家行政管理与执法部门因工作需要，按规定程序履行相关手续后，可查询个人的相关信息，并在限定范围内使用。

四是个人信息全国联网制度。以高科技和信息化建设为基础，逐步形成全国统一的个人信息联网制度，最大限度地消除个人信息的区域性盲点。

个人所得税制度的改革与完善，关乎个人及其家庭的切身利益，关乎国家税收的征管成效与公平合理，各界应积极而稳妥地加以推进。

（资料来源：中国经济周刊，2015 年第 47 期.）

第十三章

国际税收

一、学习目标

【了解】 税收管辖权的分类;国际重复征税的产生原因;国际避税与反避税的做法。
【理解】 国际税收的概念;国际税收协定的主要内容。
【掌握】 国际重复征税的消除方法。

二、学习要点与内容提要

（一）国际税收的概念

国际税收,是指两个或两个以上的主权国家或地区,各自基于其课税主权,在对跨国纳税人进行分别课税而形成的征纳关系中,所发生的国家或地区之间的税收分配关系。

（二）税收管辖权

在国际税收领域,税收管辖权大致可以分为三类:居民管辖权、公民管辖权、地域管辖权,其中居民管辖权和公民管辖权遵循的是属人原则,而地域管辖权遵循的是属地原则。

居民管辖权,是指一个国家对凡是属于本国的居民取得的来自世界范围的全部所得行使征税权力。这种管辖权按照属人原则确立,对居民身份的确认,有的是按居住期限确定,也有的是依据是否有永久性住所确定等。

公民管辖权,是指一个国家依据纳税人的国籍行使税收管辖权,对凡是属于本国的公民取得的来自世界范围内的全部所得行使征税权力。这种管辖权也是按照属人原则确立的。公民是指取得一国法律资格,具有一国国籍的人。这里所使用的公民概念不仅包括个人,也包括团体、企业或公司,是一个广义的公民概念。公民有时也称国民,世界上多数国家使用的是公民概念,但是日本等少数国家是使用国民的概念。

地域管辖权又称收入来源地管辖权,是指一个国家对发生于其领土范围内的一切应税活动和来源于或被认为是来源于其境内的全部所得行使征税权力。这种管辖权按照属地原则确立,既体现了有关国家维护本国经济利益的合理性,又符合国际经济交往的要求和国际惯例,被各国公认为是一种较为合适的税收管辖权,并为绝大多数国家所接受。

（三）国际重复征税

1. 国际重复征税的概念

国际重复征税是指两个或两个以上国家对同一跨国纳税人的同一征税对象进行分别课税所形成的交叉重叠征税。

国际重复征税有狭义和广义之分。狭义的国际重复征税是指两个或两个以上国家对同一跨国纳税人的同一征税对象所进行的重复征税，它强调纳税主体与征税对象都具有同一性。广义的国际重复征税是指两个或两个以上国家对同一或不同跨国纳税人的同一课税对象或税源所进行的交叉重叠征税，它强调国际重复征税不仅要包括狭义的国际重复征税，而且还包括纳税主体具有非同一性时针对同一征税对象所发生的国际重复征税，以及因对同一笔所得或收入的确定标准和计算方法的不同所引起的国际重复征税。例如，甲国母公司从其设在乙国的子公司处取得股息收入，这部分股息收入是乙国子公司就其利润向乙国政府缴纳公司所得税后的利润中的一部分，依据甲国税法规定，母公司获得的这笔股息收入要向甲国政府缴纳公司所得税，因而产生了甲乙两国政府对不同纳税人（母公司和子公司）的实质性双重征税，因为征税对象均为同一笔所得，这笔所得同时负担了甲国和乙国的公司所得税，且二者税源具有同一性，均为子公司所创造的利润。

2. 国际重复征税产生的情形

(1) 居民（公民）管辖权同地域管辖权重叠下的国际重复征税。

因为各国普遍同时实行收入来源地管辖权和居民管辖权，而出现一笔跨国收入，可能在收入来源国和纳税人的居住国或国籍国被多次征税，导致国际重复征税。如果相关各国对跨国所得一致实行地域管辖权或居民（公民）管辖权，就不会产生重复征税的问题。

(2) 居民（公民）管辖权与居民（公民）管辖权重叠下的国际重复征税。

因为各国法律规定的确定纳税人居民身份的标准不同，而出现同一个跨国纳税人被有关国家同时确认为居民，导致国际重复征税。

上述分析也适用于相关各国对于跨国纳税人的跨国所得统一行使公民管辖权的情况。但国际上不仅实行公民管辖权的国家极少，而且能够具有双重国籍或同时成为两国法人的纳税人很少，因此这种公民管辖权的重叠造成国际重复征税的情况较少见。

如果相关各国依据属人原则在税收管辖权的选择上分别实施公民管辖权和居民管辖权，由于一个纳税人可能在成为一国公民的同时也被认定为另一国居民，那么这一纳税人的同一项所得可能被相关各国进行国际重复征税。

(3) 地域管辖权与地域管辖权重叠下的国际重复征税。

国际重复征税问题的产生有时与收入来源地的确认有关。各国对于跨国所得征税都行使地域管辖权，即收入来源地管辖权的情况下，如果有关各国采取了不同的标准来确定收入来源地，就会出现不同国家对同一笔收入同时行使地域管辖权而造成国际重复征税。例如，某个人为 A 国公民或居民，受本国雇主的委托，在 B 国从事信息采集业务，其劳务报酬由 A 国雇主支付。如果 A 国政府以报酬支付者所在地为依据而认定某人的该项劳务报酬所得来源地为 A 国，B 国政府以某人的劳务活动发生地为依据而认定该项劳务报酬所得来源地为 B 国，那么 A、B 两国都可以主张地域管辖权，这样就产生了由于相关各国对收入来源地的认定标准不同而导致的税收管辖权重叠。不仅是不同国家所行使的收入来源地管辖权的冲突或重叠，也是国际重复征税产生的一种形式。

3. 国际重复征税的经济影响

国际重复征税的存在，对投资者的利益、税负公平原则、国际经济交往以及国家间税收权益会产生各种消极的影响，主要表现在以下方面。

(1) 加重了跨国纳税人的税收负担，影响投资者对外投资的积极性。

国际重复征税造成跨国纳税人要向两个甚至两个以上国家纳税，不合理地加重了跨国纳税人的税收负担。对直接投资者加大了所投资企业的生产成本，影响了产品的价格和销售，进而影响到投资者投资的积极性，也加大了投资风险。

(2) 违背了税收公平原则。

资本投资到境外，所冒的风险大于国内，要求获得更多的风险收益以弥补风险环境下的机会成本。但国际重复征税的存在加重了跨国纳税人的税收负担，影响了税收公平原则的实现。

(3) 阻碍国际经济合作与发展。

经济国际化是全球性的大趋势，是生产力发展的必然选择。国际经济的合作与交流，能使各种资源要素在全世界范围内得到更合理的利用，促进国际性专业化分工，加速各国经济的发展。但国际重复征税提高了国际化贸易的成本，从而阻碍国际经济的发展。

(4) 影响有关国家之间的权利关系。

国际重复征税会引起国与国之间的税收权力和利益的冲突。当两个或两个以上国家同时对同一笔跨国所得征税时，必然产生税收权利的冲突。一国认为自己有权对某纳税人的所得征税，而另一国则认为对方国家的征税是对自己权利的侵犯。当各国互不相让无法协调时，利益冲突便不可避免。同时，纳税人也会利用各国税收管辖权的摩擦和税制的差异，千方百计地去规避纳税义务，侵犯国家税收权益，导致其与国家之间的税收矛盾。

(四) 国际重复征税消除的主要方法

处理国际重复征税问题所采用的具体方法，主要有免税法和抵免法两种，其中抵免法运用的较为普遍。

1. 免税法

免税法也称为豁免法，是指居住国政府对其居民来源于非居住国的所得额，在一定条件下放弃行使居民管辖权，免于征税。这种方法是以承认来源地管辖权的独占地位为前提，居住国政府完全或部分放弃对其居民来自国外的所得征税，将征税权力留给了所得的来源国政府。由于免税法使纳税人只需负担所得来源国的税收，因此它可以有效地消除国际重复征税。鉴于此，《经合组织范本》和《联合国范本》都将免税法列为避免国际重复征税的推荐方法之一。

免税法主要有以下两种具体做法：一是全额免税法。即居住国政府对其居民来自国外的所得全部免予征税，只对其国内所得征税，而且在决定国内所得适用的税率时，不考虑已被免予征税的国外所得；二是累进免税法。即居住国政府对其居民来自国外的所得不征税，只对其居民的国内所得征税，但在决定国内所得适用的税率时，有权将免于征税

的国外所得与国内所得汇总考虑。累进免税法的计算公式如下：

居住国应征所得税额＝居民的总所得×适用税率×(国内所得/总所得)

【例 13-1】 A 国甲公司在某一纳税年度内，国内、外总所得 100 万元，其中来自国内的所得 70 万元，来自国外分公司的所得 30 元。A 国实行超额累进税率，年所得 60 万元以下，税率为 30％；61 万～80 万元，税率为 35％；81 万～100 万元，税率为 40％。国外分公司所在国实行 30％比例税率。如果 A 国实行全额免税法，计算 A 国甲公司应纳所得税额。

(1) A 国采用全额免税法时，对甲公司在国外分公司的所得放弃行使居民税收管辖权，仅按国内所得额确定适用税率征税，应征所得税额为：

60×30％＋(70－60)×35％＝21.5(万元)

(2) 国外分公司已纳税额为：

30×30％＝9 (万元)

(3) A 国甲公司纳税总额为：

21.5＋9＝30.5 (万元)

【例 13-2】 在上例中，如果 A 国实行累进免税法，计算 A 国甲公司应纳所得税额。

(1) A 国采用累进免税法时，对甲公司在国外分公司的所得放弃行使居民税收管辖权，只对其国内所得征税，但要将免于征税的国外所得与国内所得汇总考虑，以确定其国内所得适用的税率。应征所得税额为：

[60×30％＋(80－60)×35％＋(100－80)×40％]×70/100＝23.1(万元)

(2) 国外分公司已纳税额为：

30×30％＝9(万元)

(3) A 国甲公司纳税总额为：

23.1＋9＝32.1(万元)

采用免税法的国家大多是发达国家。这些国家有着大量的相对过剩资本，为了给资本寻找出路，政府往往采取一系列包括税收方面的政策，以鼓励本国资本的输出。税收鼓励措施的一个重要内容，就是对输出资本所带来的跨国所得或收益不予征税。不过，实行免税法的国家，通常都在规定本国居民来自国外所得可以免税的同时，附加一些限制性条款。例如法国规定，法国的居民纳税人跨国所得，必须把其缴纳外国政府所得税后的剩余所得全部汇回法国，并在股东之间进行股息分配，否则不予实行免税方法。

2. 抵免法

抵免法，是指行使居民税收管辖权的国家，对其国内、外的全部所得征税时，允许纳税人将其在国外已缴纳的所得税额从应向本国缴纳的税额中抵扣。抵免法的计算公式如下：

居住国应征所得税额＝居民国内、国外全部所得×居住国税率
－允许抵免的已缴来源国税额

抵免法以承认收入来源地管辖权优先为前提，但来源地管辖权不具有独占性。即对跨国纳税人的同一笔所得，来源国政府可以对其征税，居住国政府也可以对之征税。但

是，来源国政府可以先于居住国政府行使税收管辖权，即来源国政府在所得形成之时课税，居住国政府在所得汇回国内时课税，并采取抵免的方法来解决双重征税问题。

抵免法既承认所得来源国的优先征税地位，又不要求居住国完全放弃对本国居民国外所得的征税权，有利于维护各国的税收权益，并可以有效地免除国际重复征税，因而得到了世界各国的普遍采用。我国企业所得税法也规定，居民企业来源于中国境外的应税所得已在境外缴纳的所得税税额，可以从其当期应纳税额中抵免。

在实际应用中，抵免法有两种具体运作形式，即直接抵免和间接抵免。

(1) 直接抵免。是指居住国的纳税人用其直接缴纳的外国税款冲抵在本国应缴纳的税款。一国居民直接缴纳外国税款，是指自然人居民到国外从事经济活动取得收入而向当地政府纳税，居住国的总公司设在国外的分公司(总公司与分公司在法律上属于同一法人实体)向所在国缴纳税款，居住国母公司从国外子公司取得股息、利息等投资所得而向子公司所在国缴纳预提税，等等。

前述抵免法的计算公式同样也适用于直接抵免法，其计算公式为：

居住国应征所得税额＝居民国内、国外全部所得×居住国税率
－允许抵免的已缴来源国税额

在直接抵免法的计算公式中，由于“允许抵免的已缴来源国税额”的计算方法不同，又可以把直接抵免法分为全额抵免和限额抵免两种。

① 全额抵免。是指居住国政府对跨国纳税人征税时，允许纳税人将其在收入来源国缴纳的所得税，在应向本国缴纳的税款中，全部给予抵免。其计算公式为：

居住国应征所得税额＝居民国内、国外全部所得×居住国税率－已缴来源国全部所得税额

【例 13-3】 A 国某居民总公司在 B 国设有一个分公司，某一纳税年度，总公司在本国取得所得 20 万元，设在 B 国的分公司所得 10 万元。分公司按 40％的税率向 B 国缴纳所得税 4 万元，A 国所得税税率为 30％。计算 A 国应对总公司征收的所得税额。

A 国应征所得税额＝(20＋10)×30％－4＝5(万元)

② 限额抵免。又称为普通抵免，是指居住国政府对跨国纳税人在国外直接缴纳的所得税款给予抵免时，不能超过抵免限额，该抵免限额是国外所得额按本国税率计算的应纳税额。其计算公式为：

居住国应征所得税额＝居民国内、国外全部所得×居住国税率
－允许抵免的已缴来源国税额

“允许抵免的已缴来源国税额”(以下简称“允许抵免额”)由“抵免限额”和“纳税人已缴收入来源国所得税额”孰低来确定。“抵免限额”的计算公式为：

抵免限额＝收入来源国的所得×居住国税率

在抵免限额小于纳税人已缴收入来源国所得税税额时，以抵免限额为“允许抵免额”；在抵免限额大于纳税人已缴收入来源国所得税税额时，以纳税人已缴收入来源国所得税额为“允许抵免额”。

实践中，如果收入来源国与居住国的税率相同，抵免限额就与纳税人已缴收入来源国的税额相等，纳税人在来源国的已纳税额，可以得到全部抵免；如果收入来源国的税率低于居住国的税率，抵免限额就大于纳税人已向收入来源国缴纳的税额，这样，纳税人在计

算应缴居住国税额时，抵免完来源国已纳税额后，还要向居住国补齐税款差额；如果收入来源国的税率高于居住国税率，抵免限额就小于纳税人已向收入来源国缴纳的税额，已缴纳未抵免的税额可以结转到以后年度延续抵免。

抵免限额根据限额的范围和计算方法不同，还可分为分国限额法与综合限额法、分项限额法与不分项限额法。

（2）间接抵免。

间接抵免是对跨国纳税人在非居住国非直接缴纳的税款，允许部分冲抵其居住国纳税义务，适用于跨国母子公司之间的税收抵免。对于居住国母公司的外国子公司所缴纳的外国所得税，由于子公司与母公司是两个不同的经济实体，所以这部分外国所得税不能视同于母公司直接缴纳，不可以从母公司应缴居住国政府所得税中直接抵免，而只能给予间接抵免。因此，在实践中，间接抵免一般可分为一层间接抵免和多层间接抵免两种方法。

① 一层间接抵免。适用于母公司与子公司之间的外国税收抵免，用此方法可以处理母公司与子公司因股息分配所形成的重复征税问题。在一层间接抵免中，母公司只能按其从子公司取得的股息所含税款还原数，间接推算相应的利润与税收抵免额。计算公式为：

$$\text{母公司来自子公司的所得}=\text{母公司股息}+\text{母公司股息承担的子公司所得税}$$

$$\text{母公司股息承担的子公司所得税}=\text{子公司所得税}\times\frac{\text{母公司股息}}{\text{子公司税后所得}}$$

母公司按其从外国子公司分得的股息占外国子公司缴纳所得税后的利润的比重，分摊外国子公司所得税额，即为母公司分得股息所承担的外国子公司所得税，该所得税才能作为间接抵免额从母公司应缴纳的所得税内扣除。

按照以上公式计算出的应属母公司承担的外国子公司所得税，应与抵免限额进行比较（抵免限额的计算同直接抵免方法相同）。在没有超过抵免限额的情况下，可以允许母公司从其应缴纳的居住国政府所得税中全部扣除，否则，只能按限额进行抵免。

【例 13-4】 A 国母公司在 B 国设立一个子公司，子公司在 B 国所得为 2 000 万元，B 国公司所得税税率为 30%，子公司缴纳 B 国所得税 600 万元（2 000×30%），并从其税后利润 1 400 万元中分给 A 国母公司股息 200 万元。A 国的企业所得税率为 35%，计算 A 国母公司应纳所得税额。

（1）母公司来自子公司的所得为：

$$200+600\times[200\div(2\,000-600)]=285.714\,3\ (\text{万元})$$

（2）母公司应承担的子公司所得税为：

$$600\times[200\div(2\,000-600)]=85.714\,2\ (\text{万元})$$

（3）间接抵免限额：

$$285.7143\times35\%=100(\text{万元})$$

（4）可抵免税额：

本例中的母公司已承担国外税额 85.714 2 万元，低于抵免限额，因此，国外已纳税额可以全部抵免，即可抵免税额为 85.714 2 万元。

(5) 母公司应缴 A 国所得税：

100－85.7142＝14.285 8(万元)

② 多层间接抵免。该方法的计算原理与一层间接抵免方法基本相同，可以类推，但具体计算步骤要复杂些。假定以两层"母子公司"为例，按照母公司、子公司、孙公司股息收入发生的顺序，多层间接抵免的计算方法如下所述。

(1) 由外国孙公司支付一部分股息给子公司，子公司收到的这部分股息，应该承担孙公司缴纳的外国所得税的计算公式为：

子公司应承担孙公司所得税＝孙公司所得税×(子公司股息/孙公司税后所得)

子公司用其来自外国孙公司的股息加上这部分股息应分摊的孙公司所得税，即为这部分股息还原的孙公司相应利润，也就是子公司来自孙公司的所得，其计算公式为：

子公司来自孙公司所得＝子公司股息＋孙公司所得税×(子公司股息/孙公司税后所得)

(2) 子公司用其本身(国内)的所得，加上来自外国孙公司的所得，为子公司总所得，再扣除缴纳当地政府的所得税(其中已包括外国孙公司所得税的抵免)，从其税后所得中按照股份份额或比例分配一部分股息给母公司，母公司收到子公司的股息，应该承担子公司和孙公司缴纳的外国所得税的计算公式为：

母公司应承担子孙公司所得税＝(子公司所得税＋子公司承担孙公司所得税)
×(母公司股息/子公司税后所得)

必须注意，上式所计算出来的应属母公司承担的外国子、孙公司所得税，在不超过抵免限额的条件下，可以允许母公司从其应缴居住国政府的所得税中进行扣除，否则应按照限额扣除。与此相应的是，母公司在缴纳所得税时，应并入本身(国内)所得计算的外国子、孙公司所得的计算公式为：

母公司来自子、孙公司的所得＝母公司股息＋母公司应承担的子、孙公司所得税

(五) 国际避税与反避税

国际重复征税加重了跨国纳税人承担的税负，损害跨国纳税人的切身经济利益，从而不利于国际经济活动的发展。而国际避税则是跨国纳税人减轻了其应该承担的税负，减少了有关国家的预期税收收入，而且涉及国际和国家经济效率和社会公平问题。所以，各国政府以及国际社会不仅要采取措施避免所得的国际重复征税，而且也要采取措施防范跨国纳税人的国际避税。

1. 国际避税的概念

避税，是指纳税人通过个人或企业事务的人为安排，利用税法的漏洞、特例和缺陷，规避、减轻或延迟其纳税义务的行为。其中，税法漏洞指税法遗漏的规定或规定的不完善之处；税法特例指规范的税法里针对某种特殊情况做出的某种特殊规定；税法缺陷指税法规定的错误之处。在国外，"避税"(tax avoidance)与"税务筹划"或"合法节税"(legal tax saving)基本上是一个概念，它们都是指纳税人利用税法的漏洞或不明之处，规避或减少纳税义务的一种不违法的行为。

国际避税，是指纳税人利用相关国家的税法和国家间的税收协定的漏洞、特例和缺陷，规避或减轻其全球总纳税义务的行为。

国际逃税，是指跨国纳税人采取虚报、谎报、隐瞒、伪造等各种非法的跨国税收欺诈手段，逃脱或减少其总纳税义务的违法行为。

国际避税与国际逃税都是某国纳税人减少其全球总纳税义务的涉税行为，都减少了有关国家预期的财政收入，使有关国家税收权益受到损害，但是两者的性质不同。国际避税采用不违法手段，而国际逃税则采用非法手段，属于违法行为。对于国际避税，有关国家一般只是要求纳税人必须对其行为的合理性进行解释和举证，对其不合理的收入和费用分配进行强制性调整，并要求补缴其规避的税款。为防止国际避税的再次发生，有关国家主要是通过加强国际合作，修改和完善有关的国内税法和税收协定，制定反避税法律、法规或条款，杜绝税法漏洞。但对于国际逃税，则一般要根据国内税法追究纳税人的法律责任：对不构成刑事犯罪的依照税法追缴税款、加处罚款，直至冻结银行存款、查封或扣押财产；对构成刑事犯罪的则还要根据刑法追究其刑事责任。

2. 国际避税的主要方法

(1) 采取人员流动避税。

在国际税收领域，常见以人员流动或转移方式躲避跨国纳税。做法有：一是转移住所。将个人住所或公司的管理机构真正迁出高税国，或者利用国内税法关于个人或公司的居民身份界限的不同规定虚假迁出，或者通过短暂迁出和成为别国临时居民等办法以求得对方国家的特殊税收优惠；二是税收流亡。在实行居民管辖权的国家里，对个人居民身份的确立，除了采用住所标准外，还采用时间标准，即以在一国境内连续或累计停留时间达到一定标准为界限。而对居住时间的规定，有的规定为半年(183天)，有的规定为1年(365天)，从而给跨国纳税人避税提供了可利用的机会。纳税人通过自由地游离于各国之间，确保自己不成为任何一个国家的居民，既能从这些国家取得收入，又可避免承担其中任何一个国家的居民纳税义务；三是税收协定的滥用。跨国纳税人通过种种手段，设法改变其居民身份，享受税收协定中的优惠待遇，从而达到减轻国际税负的目的。

(2) 通过资金或货物流动避税。

纳税人(主要是公司企业)通过把资金、货物或劳务等转移出高税国的方式避税，通常是利用常设机构和子公司以及所在国其他税法规定等进行流动。

(3) 选择有利的企业组织形式避税。

例如，在营业初期以分支机构形式进行经营，当分支机构转盈之后将其转变为子公司。

(4) 利用转让定价避税。

转让定价，通常是指关联企业之间内部转让交易所确定的价格。常见的方式是高税国向低税国或避税地以较低的内部转让定价销售商品和分配费用，或者从低税国或避税地向高税国以较高的内部转让定价销售商品和分配费用，从而使国际关联企业的整体税收负担减轻。

(5) 不合理保留利润避税。

跨国公司往往以不合理保留利润的方式，把应分给股东的股息以公积金的形式积存起来或转化为股东资本价值的增值额，以达到少纳税的目的。

(6) 不正常借款避税。

例如,子公司将其当年实现的利润不予股息分配或只少量分配,而借给其国外母公司,并供母公司长期使用。

(7) 利用税收优惠避税。

世界各国都有各种税收优惠政策规定,诸如加速折旧、投资抵免、差别税率、专项免税、亏损结转、减免税期、延缓纳税等。跨国公司、企业往往可以利用税收优惠进行国际避税。此外,一些跨国公司钻税法对新办企业缺乏严密界定的漏洞,利用新办企业可以享受免税、减税等规定进行国际避税。

(8) 利用避税地避税。

有的国家或地区为吸引外国资本流入,引进外国先进技术,繁荣本国或本地区的经济,在本国或本地区划出部分甚至全部区域和范围,鼓励外国政府和民间在此投资及从事各种经济、贸易等活动,在税收上享受不纳税或少纳税的优惠待遇。这种区域和范围在国际上一般被称为避税地。

国际避税地也称为避税港、避税乐园、税务天堂、税收避难所等。在国际避税地一般是轻税甚至于无税,外国人在此处取得收入或拥有资产,可以不必支付高税率税款。

国际避税地可以是一个国家或一个国家的某个地区,如港口、岛屿、沿海地区、交通方便的城市等,还包括自由港、自由贸易区、自由关税区等。

国际避税地的类型可以分为三种:第一种类型的避税地,是指没有所得税和一般财产税的国家和地区。也称之为"纯粹的"、"标准的"避税地。在这些国家和地区中,既没有个人所得税、公司所得税和资本利得税,也没有财产净值税、继承税、遗产税和赠予税。例如,英国殖民地开曼群岛就属于这一类型的避税港。外国人如果到开曼设立公司或银行,只要向当地有关部门注册登记,并每年缴纳一定的注册费,就可以完全免缴个人所得税、公司所得税和资本利得税。第二种类型的避税地,是指那些虽开征某些所得税和一般财产税,但税负远低于国际一般负担水平的国家和地区。在这类避税地中,大多数国家和地区对境外来源的所得和营业活动提供某些特殊优惠的税收待遇。如英属维尔京群岛、新加坡和瑞士等。还有些国家和地区对境外来源所得免税,只对来源于境内的收入按较低税率征税,如阿根廷、巴拿马、委内瑞拉等。第三种类型的避税地,是指在制定和执行正常税制的同时,提供某些特殊税收优惠待遇的国家或地区。其特点是在正常征税的同时,有较为灵活的税收优惠办法,对于某些投资经营给予特殊的税收优惠待遇。

3. 国际反避税的措施

国际反避税的措施,重点是运用法律,加强立法和执法的力度,加强国际间的合作,针对某些特殊的避税行为应采取强硬措施。

(1) 国际反避税的一般方法。

① 在税法中制定反避税条款。在税法中制定反避税条款,其一是在一般条款中,注意准确使用文字,设法堵塞漏洞;其二是制定特殊反避税条款,针对各种特定的避税和逃税行为制定明确具体的税法条文,不给纳税人在税法的解释上留下模棱两可的空子;其三是制定适用于全部税收法规的综合反避税条款;其四是制定针对国际避税中习惯做法的反避税条款,如对关联企业内部转让定价做出特殊规定的条款,对避税地所得规定特殊课

征办法的条款，等等。

② 以法律形式规定纳税人的特殊义务与责任。强化纳税义务与责任的措施，通常包括四个方面的内容：明确纳税人有延伸提供税收情报的义务；规定纳税人的某些交易行为有事先取得政府同意的义务；明确纳税人的举证责任；规定纳税人某些活动（例如能否享受优惠待遇）须获得税收裁定。

③ 加强税收征管工作。加强国际税收征收管理工作，一是提高涉外税务人员的素质，使其精通业务知识和技能；二是加强对跨国纳税人经营活动情况的调查，掌握充分的第一手资料；三是加强税务审计，提高对纳税人监督检查的有效性；四是积极主动地争取银行的配合与合作，通过对企业银行账户的检查，全面了解企业的经营活动情况，有效地打击跨国纳税人的避税活动。

④ 开展国际反避税合作。各国应寻求更多的机会并采取多边的方式以达到交换信息的目的，从法律和实践上消除税务机关获取涉税信息的严重阻碍，在技术上使信息交换更及时。此外，要延伸联合审计的运用、同期检查和预约定价协议等。

（2）完善转让定价的税制立法。

利用转让定价在跨国关联企业之间进行收入和费用的分配以及利润的转移是跨国公司进行国际避税最常用的手段之一。不合理的转让定价不仅造成收入和费用不合理的国际分配，影响有关国家的切身利益，而且也影响资源的合理配置，有悖于公平的市场竞争原则。

各国为了加强对转让定价的监控，防止跨国关联企业的利润向境外转移，纷纷制定转让定价税制和相应的法律措施。主要内容是对关联公司的关系、对关联公司之间的交易价格，税务机关有权力进行调查和确认。

（3）实施预约定价协议。

对转让定价的调整，属于事后调整，往往会引起争议，造成不良后果。实施预约定价协议（以下称预约定价安排）是国际税务管理理念和方法的重大变革。

预约定价安排是指企业就其未来年度关联交易的定价原则和计算方法，向税务机关提出申请，与税务机关按照独立交易原则协商、确认后达成的协议。

预约定价安排按照参与的国家税务主管当局的数量，可以分为单边、双边和多边三种类型。企业与一国税务机关签署的预约定价安排为单边预约定价安排，为企业提供一国内关联交易定价原则和方法的确定性。企业与两个或两个以上国家税务主管当局签署的预约定价安排，称为双边或多边预约定价安排，需要税务主管当局之间就企业跨境关联交易的定价原则和方法达成一致，可以有效避免国际重复征税，为企业转让定价问题提供确定性。

预约定价安排是税务机关和企业通过合作的方式处理企业转让定价问题的有效手段，对双方均具有约束力。企业应主动遵守安排的全部条款及要求，承担纳税义务；税务机关应依照安排，做好税收征管及监控工作。

（4）国际税收协定滥用的防范措施。

第三国居民滥用其他两国之间的税收协定，主要是为了规避有关国家的预提所得税。目前，绝大多数国家都把滥用税收协定的行为视为一种不正当的行为，并主张加以制止。

防止税收协定被滥用的措施,包括如下内容。

① 制定防止税收协定滥用的国内法规。目前,采取这种做法的国家主要是瑞士。瑞士规定,纳税人如果用享受税收协定优惠后的所得向无资格享受协定优惠的法人或个人支付股息、利息、特许权使用费,最多不能超过这笔所得的50%。该规定主要是为了限制第三国居民在瑞士建立中介性机构,然后利用瑞士与其他国家签订的税收协定减轻预提所得税的税负。

② 在双边税收协定中加进反滥用条款。为防范第三国居民滥用税收协定避税,在协定中加进一定的防范条款,具体做法有:一是排除法。即在协定中注明协定提供的税收优惠不适用于某一类纳税人;二是真实法。即规定不是出于真实的商业经营目的,只是单纯为了谋求税收协定优惠的纳税人,不得享受协定提供的税收优惠;三是纳税义务法。即一个中介性质公司的所得如果在注册成立的国家没有纳税义务,则该公司不能享受税收协定的优惠;四是受益所有人法。即规定协定提供的税收优惠的最终受益人必须是真正的协定国居民,第三国居民不能借助在协定国成立的居民公司而从协定中受益;五是渠道法。即如果缔约国的居民将所得的很大一部分以利息、股息、特许权使用费的形式支付给一个第三国居民,则这笔所得不能享受税收协定提供的预提税优惠。渠道法主要是限制第三国的居民公司在缔约国一方建立居民公司并利用两国缔结的税收协定规避预提税;六是禁止法。即不与被认为是国际避税地的国家(地区)缔结税收协定,以防止跨国公司在避税地组建公司作为其国际避税活动的中介性机构。

③ 严格对协定受益人资格的审查程序。以美国为例,美国在1997年规定,美国的非居民如果要就其来源于美国的所得享受预提所得税的协定减免,必须先向美国申请并由美国税务局鉴定其缔约国居民的身份。

(5) 限制资本弱化法规。

资本弱化又称资本隐藏、股份隐藏或收益抽取,是指跨国公司为了减少税额,采取贷款方式替代募股方式进行的投资或融资。由于大多数国家在公司(法人)所得税法的规定中允许将借款利息支出作为财务费用进行税前扣除,而对于股息、红利的投资所得是以税后利润进行分配。所以,两种方式对公司(法人)的税收负担影响相差很大。

防范资本弱化有两种主要方法:①正常交易方法。即在确定贷款或募股资金时,要看关联方的贷款条件是否与非关联方的贷款条件相同;如果不同,则关联方的贷款可能被视为隐蔽的募股,要按有关法规对利息征税。②固定比率方法(设置安全港)。如果公司资本结构比率超过特定的债务权益率,则超过的利息不允许税前扣除,并对超过的利息视同股息征税。

(6) 限制避税性移居。

跨国纳税人进行国际避税的手段之一,是从高税国移居到低税国或避税地,以摆脱高税国的居民身份,免除向高税国负有的无限纳税义务。一些国家(主要是发达国家)为了防范本国居民出于避税目的而向国外移居,采取一些立法措施,对自然人或法人居民向国外移居加以限制。

① 限制自然人移居的措施。一些发达国家(一般个人所得税税率较高)在立法上采取了有条件地延续本国向外移居者的无限纳税义务。例如,瑞典1966年实施的《市政税

法》规定，一个瑞典公民在移居到别国后的 3 年内，一般仍被认定为瑞典税收上的居民，仍要在瑞典负无限纳税义务，除非他(她)能够证明自己与瑞典不再有任何实质性联系，而且该举证责任由纳税人个人承担。此外，为了防止人们用临时移居、压缩居留时间的办法躲避本国的居民身份，许多国家都规定对纳税人中途临时离境不扣减其在本国的居住天数，即仍要计入其居留天数。例如，我国税法规定，纳税人在一个纳税年度中在我国境内居住满 365 日的，应就从我国境内和境外取得的所得缴纳个人所得税；临时离境一次不超过 30 日，或多次累计不超过 90 日的，不扣减在我国居住的日数。

② 限制法人移居的措施。各国判定法人居民身份的标准不同，限制法人移居的措施也就不同。一个国家同时以注册地标准和管理机构所在地标准判定法人居民身份，则法人移居后按照其注册地在该国或管理机构在该国，都还是该国的法人居民。而一个国家采用注册地标准判定法人居民身份的，则该国的居民公司若要移居他国，只能在本国注销而改在他国重新注册。为了防止本国的居民公司迁移到低税国，许多国家(如美国、英国、加拿大等)规定，如果本国居民公司改在他国注册或将总机构、有效管理机构移到国外，从而不再属于本国居民公司的，该公司必须视同进行清算，其资产视同销售后取得的资本利得，要在本国缴纳所得税。美国《国内收入法典》规定，本国居民公司若要在清理后并入外国居民公司，必须在 183 日内向税务局证明该公司向外转移没有规避美国税收的意图，否则公司向国外转移将受到法律的限制。

(7) 限制利用改变公司组织形式避税。

跨国公司有一种国际避税方式是适时地改变国外附属机构的组织形式。例如，当国外分公司开始盈利时，因为不能再用分公司的亏损冲减总公司的利润，所以将开始盈利的分公司重组为子公司。为了防止跨国公司利用这种方式避税，在法律上应采取一些防范性措施。例如，美国税法规定，外国分公司改为子公司以后，分公司过去的亏损所冲减的总公司利润必须重新计算清楚，并就这部分被国外分公司亏损冲减的利润进行补税。英国则用限制本国居民公司向非本国居民公司转让经营业务的方法，阻止本国公司将国外的分公司改组为子公司。例如，英国税法规定，除非经财政部同意，否则一个英国公司将自己一部分贸易或经营业务转让给国外的非居民公司就是违法。由于国外分公司是英国公司的一部分，并不具有外国居民公司的身份，所以这条法律并不限制英国公司将自己的一部分业务通过国外分公司去开展。但如果国外分公司改建为子公司，子公司就具有了外国居民公司的地位。这样，由于有上述规定，英国公司的业务就不能再通过该国外机构(子公司)开展，这就在客观上限制了英国公司用改变国外机构组织形式的方式进行避税。

(8) 加强防范国际避税的行政管理。

防范国际避税，除了运用相应的立法手段以外，还必须加强行政管理。主要包括：一是严格实施各项反避税的法规，采取的措施主要有加强纳税申报制度、把举证责任转移给纳税人、加强税务调查和税务审计以及与银行进行密切的合作。二是积极开展反避税的国际税务合作，各国除了以单边方式加强国内反避税的立法和行政措施外，还应采取双边或多边国际合作的形式，加强国际税收情报交换。

（六）国际税收协定

国际税收协定，是指两个或两个以上主权国家，为了协调相互间的税收分配关系和解决重复征税问题，经对等协商和谈判所缔结的一种书面协议或条约。这种协议或条约一般须经缔约国立法机构批准，并通过外交途径交换批准文件后方能生效。在协定全部有效期间，缔约国各方必须对协定中的一切条款承担义务。在有效期满后，缔约国任何一方经由外交途径发出中止通知，该协定即行失效。

国际税收协定就处理的税种不同来划分，一般分为所得税的国际税收协定、遗产税和赠予税的国际税收协定；就所涉及的缔约国数量来划分，可分为双边国际税收协定、多边税收协定；就处理问题的广度为标准，可分为综合性的国际税收协定、单项的国际税收协定。

国际税收协定以国内税法为基础，在两者的地位关系上有两种模式：一种模式是国际税收协定优于国内税法；另一种模式是国际税收协定与国内税法具有同等的法律效力，当出现冲突时按照“新法优于旧法”和“特别法优于普通法”等处理法律冲突的一般性原则来协调。

1. 国际税收协定的产生和发展

世界上最早的国际税收协定是1843年比利时和法国政府签订的。但在第二次世界大战结束以前，国际投资活动并没有在世界范围内真正得到迅速发展，所以国家之间缔结税收协定的情况并不普遍。直到第二次世界大战结束以后，国际税收协定才开始快速发展。

早期的国际税收协定并无一定之规，缔约双方一般要根据本国的税制情况和可接受的征税原则相互进行协商，然后将双方达成一致的内容写进协定。从早期国际税收协定的具体内容上看，相互之间存在着较大的差异。为了规范国际税收协定的内容，简化签订过程，一些国家和国际性组织开始研究和制定国际税收协定的范本。20世纪60年代《经合组织范本》和《联合国范本》这两个国际性税收协定范本产生，推动了国际税收活动的发展，对国际经济的发展起到了积极作用。

2. 国际税收协定范本

自国际税收协定产生以来，在国际上影响最大的《经合组织范本》和《联合国范本》起到了国际税收协定的样板作用，绝大多数国家对外谈签税收协定都是以这两个范本为依据。

(1)《经合组织范本》(OECD范本)。

1963年，经济合作与发展组织(简称经合组织或OECD)首次公布了《关于对所得和财产避免双重征税的协定范本(草案)》，之后进行了多次修订。该范本有两个基本前提：一是居住国应通过抵免法或免除法消除双重征税；二是来源国应力求缩减收入来源管辖权的征税范围，并且应大幅度地降低税率。该范本比较强调居民税收管辖权，对地域税收管辖权有所限制。经合组织成员国经济实力比较接近，资金、技术等基本均衡，较多地采用了此范本。在《经合组织2003年范本》中，增加了征税协助条款、转让股份产生的财产收益的征税问题条款、有关反有害税收竞争的条款、有关电子商务的征税规则等内容。

(2)《联合国范本》。

由于《经合组织范本》倾向于发达国家的利益，而发展中国家很难据此维护自己的利益，因而广大发展中国家迫切要求制定一个能反映其本身利益的国际税收协定范本。为此，联合国经济与社会理事会于 1967 年 8 月专门成立了一个由发达国家与发展中国家代表组成的专家小组，专家们以《经合组织范本》为样本，提出《发达国家与发展中国家间关于税收协定的指南》，1977 年专家小组进一步把这个指南修改成附有注释的协定范本，在 1979 年 12 月专家小组第八次全体会议上通过了《联合国关于发达国家与发展中国家间避免双重征税的协定范本(草案)》，简称为《联合国范本》或《UN 范本》。这个范本草案，是联合国用于协调发达国家与发展中国家税务关系的正式参考文件。

2001 年《联合国范本》发布了新版本，做出了自 1980 年出版以来的首次修订，主要在居民条款、常设机构条款、联属企业条款、财产所得条款和独立个人劳务条款五个方面发生了变化。

(3) 两个国际税收协定范本的比较。

《联合国范本》与《经合组织范本》在总体结构上基本一致，但它们之间存在着重要的差异，主要表现在：《联合国范本》较为注重扩大收入来源国的税收管辖权，主要目的在于促进发达国家与发展中国家之间双边税收协定的签订，同时也促进发展中国家相互间双边税收协定的签订。而《经合组织范本》虽然在某些特殊方面承认收入来源国的优先征税权，但其主导思想所强调的是居民税收管辖权原则，主要是为了促进经合组织成员国之间双边税收协定的签订。就收入来源国征税的权利而言，《联合国范本》强调，收入来源国对国际资本收入的征税应当考虑以下三点：一是考虑为取得这些收入所应分担的费用，以保证对这种收入按其净值征税；二是税率不宜过高，以免挫伤投资积极性；三是考虑同提供资金的国家适当地分享税收收入。尤其是对在来源国产生的即将汇出境的股息、利息和特许权使用费所征收的预提所得税，以及对国际运输的船运利润所征收的税款，应体现税收分享原则。《联合国范本》在注重收入来源地税收管辖权的同时兼顾了缔约国双方的利益，比较容易被发展中国家所接受，所以，发展中国家谈判和缔结双边税收协定时，较多地参照了《联合国范本》。

3. 国际税收协定的目标和主要内容

国际税收协定的目标，首先是要妥善处理国家之间对跨国所得和一般财产价值的双重征税问题；其次是要实行平等负担的原则，取消税收差别待遇；最后是要互相交换税收情报，防止或减少国际避税和国际偷逃税。

国际税收协定的主要内容如下所述。

(1) 协定适用范围。

国际税收协定的适用范围，包括缔约国双方或各方的人和税种的范围。这是协定执行的前提条件。

① 人的范围。协定适用的"人"必须是缔约国 方或者同时为双方居民的人。此处的"人"包括个人、公司和其他团体。

② 税种范围。税收协定通常限于能够引起缔约国各方税收管辖权交叉的，属于所得税或一般财产税类的税种。只要属于这两类税种，不论课税主权是缔约国各方的中央政

府还是地方政府，也不论其征收方式是源泉课征还是综合课征，都可按照协定的有关条款执行。

(2) 基本用语的定义。

对于在税收协定各条款中经常出现的基本用语的定义，必须经过缔约国各方协议，在协定内容中引入专门条款加以明确，以保证对协定的正确理解和执行。这些基本用语主要有“人”、“公司”、“缔约国一方企业”、“缔约国另一方企业”、“国际运输”、“主管当局”以及“居民”、“常设机构”等。对未下定义的用语，则按各国税法的规定解释。

(3) 对所得和财产的课税。

各缔约国在协定中必须明确各方都认可的所得的概念以及各类所得的内容和范围，避免在执行协定时发生争议。在国际税收协定中，国际认可的所得主要有经营所得、劳务所得、投资所得和财产所得等四大类，其中经营所得(营业利润)是税收协定处理重复征税问题的重点项目，因此，一般在协定中单独规定哪些营业利润可以归属常设机构，哪些利润应归属于总机构。

(4) 避免双重征税的办法。

国际税收协定的首要任务是国际双重征税的免除。缔约国各方对避免或免除国际双重征税所采取的方法和条件，以及同意给予饶让抵免的范围和程度，都必须要在协定中明确规定，而不论缔约国各方在其国内税法中有无免除重复征税方法的规定。

(5) 税收无差别待遇。

税收无差别待遇是谈签税收协定所要达到的目标之一，也是处理国际间税务关系的一项重要原则。税收无差别待遇反对任何形式的税收歧视，在缔约国的国内税收上，一方应保障另一方国民享受到与本国国民相同的待遇，包括国籍无差别、常设机构无差别、支付无差别、资本无差别等待遇。

(6) 防止国际偷、漏税和国际避税。

防止国际间的偷税、逃税和避税，是国际税收协定的主要内容之一，其采取的措施主要有情报交换和转让定价。

相互交换税收情报，包括交换为实施协定所需情报，与协定有关税种的国内法律资料，防止税收欺诈、偷税、漏税以及反国际避税的情报等，这是绝大多数国家之间签订税收协定中的一项特别规定条款。情报交换方式，分日常情报交换和专门情报交换两种。日常情报交换是缔约国各方定期交换从事国际经济活动的纳税人的收入和经济往来资料，通过这种情报交换，缔约国各方可以了解跨国纳税人在收入和经济往来方面的变化，以正确核定应税所得。专门情报交换是由缔约国一方提出需要调查核实的内容，由另一方帮助调查核实。

为了防止和限制国际逃避税收，缔约国各方必须密切配合、协调一致，并在协定中确定各方都同意的转让定价方法，一般都规定关联企业之间的转让定价以当地市场价格为标准，以避免跨国纳税人以价格的方式转移利润、逃避税收。

此外，在税收协定内容中，还有相互协商解决异议，相互给予对方外交官以应有的财政特权，以及协定生效和终止日期等特别规定和最后规定。

4. 我国参与或签订的国际税收协定

截至2014年3月月底，我国已对外正式签署99个避免双重征税协定，此外，我国中央政府还与香港、澳门两个特别行政区分别签署了《内地与中国香港对所得避免双重征税的安排》和《内地与中国澳门对所得避免双重征税的安排》。这些税收协定（安排）的签署对促进我国与缔约对方的经贸往来发挥了重要作用。

我国签订的国际税收协定遵循了以下原则。

（1）坚持所得地域税收管辖权的征税原则。

我国仍是一个发展中国家，在国际经济技术交往中，主要还是从国外吸引资金和技术，由此产生的营业利润和投资所得也主要是来源于我国。为了维护我国的权益，需要更多地采纳能较好体现所得来源地征税权，也就是地域税收管辖权的《联合国范本》，同时也不排除《经合发组织范本》所具有的参考价值。

（2）坚持平等互利原则。

平等互利原则是国际间开展经济交往所应共同遵守的准则，也是我国对外缔结税收协定所应遵循的一条重要原则。在我国对外签订的税收协定中，本着平等互利精神，承认双方国家都拥有征税权，反对由一方独占征税权，既维护我国的税收权益，又充分考虑对方国家的税收利益。

（3）税收饶让原则。

为确保我国所提供的税收优惠能真正落实到外来投资者身上，起到鼓励和吸引外来投资的作用，我国在对外谈签避免重复征税协定时，一般均尽力争取对方在采取抵免法免除重复征税时给予税收饶让抵免。从我国已签署的避免重复征税协定看，除少数协定外，其余均不同程度地列有税收饶让抵免条款。

三、重点与难点

【重点】 国际税收的概念；税收管辖权的分类；国际税收协定的地位、适用范围与内容；国际避税与反避税的方法。

【难点】 国际重复征税的情形；国际重复征税的消除方法。

四、基础练习

（一）判断题

1. 国际税收的研究对象是各国政府处理与其他国家之间的税收分配关系的准则和规范。（ ）

2. 国际税收是指各国税制中有关涉外的部分。（ ）

3. 假定A国居民公司在某纳税年度中总所得为10万元，其中来自A国的所得10万元，来自B国的所得4万元，来自C国的所6万元。A、B、C三国的所得税税率分别为30%、25%和30%，若A国采取分国限额抵免法，则A公司对B国所得的抵免限额为1万元，对C国所得的抵免限额为1.8万元。（ ）

4. 避税不违法但有违国家税收政策导向和意图，节税合法。（ ）

5. 以承认收入来源地管辖权独占地位为前提避免国际双重征税的是抵免法。 (   )

6. 对发展中国家较为有利的税收协定范本是《经合组织范本》。 (   )

7. 国际重复征税产生的根本原因是各国行使税收管辖权的重叠。 (   )

8. 在采用免税法的国家中,选择累进免税多于全额免税。 (   )

9. 常设机构的性质应表述为不具独立法人地位,但各国国内法及税收协定均将其视同独立实体对待。 (   )

10. 一家依加拿大法律登记注册的加拿大公司,其实际管理和经营控制中心设在邻国美国,则该公司应该既向美国纳税又向加拿大纳税。 (   )

11. 国际税收是指两个或两个以上国家政府在对跨国纳税人行使各自的征税权力中形成征纳关系从而发生的国家之间的税收分配关系。 (   )

12. 税收饶让是指在处理避免国际双重课税事务中,居住国政府对跨国纳税人从非居住国得到减免的那部分税收视同已经缴纳,给予抵免。 (   )

13. 居民管辖权是对纳税人的所得不论其来源于境内或境外,所在国政府均有权对其征税。 (   )

14. 跨国所得亦称“国际所得”,指一国投资者取得的来源于另一国的所得。 (   )

15. 属人原则是依据纳税人与本国政治法律的联系以及居住的联系,来确定其纳税义务,而不考虑其所得是否来源于本国地域之内。 (   )

16. 国际税收协定指由国际组织制定的避免对所得和资本双重征税和防止偷逃税的协定。 (   )

(二)单项选择题

1. 国际税收是关于(   )。

A. 发生在国家之间的一切税务关系　　B. 本国税制中有关涉外的部分

C. 发生在国家之间的税收分配关系　　D. 对某些外国税制所进行的比较研究

2. 下列选项中属于国际税收的研究范围的是(   )。

A. 所得税问题　　B. 土地税问题

C. 关税问题　　D. 消费税问题

3. 假定A国居民公司在某纳税年度中总所得为10万元,其中来自A国的所得8万元,来自B国的所得2万元。A、B两国的所得税税率分别为30%、25%,若A国采取全额免税法,则A国应征税额为(   )。

A. 2.9万元　　B. 3万元　　C. 2.5万元　　D. 2.4万元

4. 假定A国居民公司在某纳税年度中总所得为10万元,其中来自A国的所得5万元,来自B国的所得2万元,来自C国的所得3万元。A、B、C三国的所得税税率分别为30%、25%和30%,若A国采取综合限额抵免法,则该公司的抵免限额为(   )。

A. 1.4万元　　B. 1.6万元　　C. 1.5万元　　D. 3万元

5. 两大范本要求按照以下四个标准来判定纳税人的最终居民身份:① 国籍;②重要利益中心;③永久性住所;④习惯性住所。该判定过程是按照一定的顺序进行的,该顺序为(　　)。

A. ①②③④　　B. ①②④③　　C. ③④②①　　D. ③②④①

6. 一个国家以地域的概念作为其行使征税权力所遵循的指导思想原则，称为(　　)。

A. 国籍原则　　B. 领土原则　　C. 属地原则　　D. 属人原则

7. 国际避税行为形成的客观原因是(　　)。

A. 各国的所得税制度的差异　　B. 国别的差异

C. 经济体制的差异　　D. 收入来源地的差异

8. 当居住国税率高于来源国税率的情况下，采用免税法的结果是(　　)。

A. 实际免除的税额小于应免除的国内应纳税额

B. 实际免除的税额等于应免除的国内应纳税额

C. 实际免除的税额大于应免除的国内应纳税额

D. 应当根据具体情况判断

9. 投资所得是指(　　)。

A. 转让财产的价值　　B. 转让不动产的价值

C. 股息、利息和特许权使用费　　D. 临时或偶然所得

10. 下列选项中属于国际税收研究范围的是(　　)。

A. 国际税收与国际经济的关系　　B. 关于涉及的纳税人和征税对象问题

C. 国际税收与各国税制的关系　　D. 国际税收与国际经济法的关系

11. 在下列减轻纳税义务的行为中，违法的是(　　)。

A. 节税　　B. 避税　　C. 税收筹划　　D. 漏税

12. 在实行抵免法的情况下(　　)。

A. 居住国仅承认居民税收管辖权的优先权，而不是独占权

B. 居住国仅承认居民税收管辖权的独占权，而不是优先权

C. 居住国仅承认来源国税收管辖权的独占权，而不是优先权

D. 居住国仅承认来源国税收管辖权的优先权，而不是独占权

13. 下列哪种行为属于完全合法行为(　　)。

A. 节税　　B. 避税　　C. 偷税　　D. 漏税

14. 我国企业所得税在抵免限额上的规定是(　　)。

A. 综合抵免限额　B. 分国抵免限额　C. 分项抵免限额　D. 三者均可

15. 国际税收是关于(　　)。

A. 发生在国家之间的一切税务关系　　B. 本国税制中有关涉外的部分

C. 发生在国家之间的税收分配关系　　D. 对某些外国税制进行的比较研究

16. 下列机构中不具有独立法人地位的是(　　)。

A. 常设机构　　B. 子公司　　C. 孙公司　　D. 总公司

17. 一国政府对外国人(包括外国企业和个人)征收的各种税收统称为(　　)。

A. 涉外税收　　B. 国际税收　　C. 国家税收　　D. 外国税收

18. 为了维护国家主权与经济利益，发展中国家侧重于选用的税收管辖权是(　　)。

A. 居民税收管辖权　　B. 收入来源地税收管辖权

C. 公民税收管辖权　　D. 居民和公民税收管辖权

19. 普通抵免又称为(　　),是指居住国政府对跨国纳税人在国外直接缴纳的所得税款给予抵免时,不能超过最高抵免限额。

A. 直接抵免　　B. 间接抵免　　C. 全额抵免　　D. 限额抵免

(三) 多项选择题

1. 下列各项属于国际税收含义的有(　　)。

A. 国际税收不能脱离国家税收而单独存在

B. 国际税收是指发生在国家间的一切税收关系

C. 国际税收是对跨国所得的征税

D. 国际税收是一种国家与国家之间的税收分配关系

2. 下列税种属于国际税收的研究范围的有(　　)。

A. 增值税　　B. 房产税　　C. 所得税　　D. 遗产税

3. 下列税种中,不会引起国家间财权利益分配问题的有(　　)。

A. 所得税　　B. 遗产税　　C. 关税　　D. 增值税

4. 所得税的税收管辖权分为(　　)类型。

A. 地域管辖权　　B. 区域管辖权　　C. 居民管辖权　　D. 公民管辖权

5. 国际避税地的非税特征有(　　)。

A. 政治和社会稳定　　B. 出入境自由便利

C. 银行保密制度严格　　D. 对汇出资金不进行限制

6. 企业之间的关联关系主要反映在(　　)方面。

A. 技术　　B. 管理　　C. 控制　　D. 资本

7. 以下关于国际税收的说法,正确的是(　　)。

A. 国际税收与国家税收既有联系又有区别

B. 国际税收分配关系中一系列矛盾的产生都与税收管辖权有关

C. 国际税收即涉外税收

D. 国际税收并没有也不可能有自己独立于国家税收的特定征收者和缴纳者

8. 我国谈签税收协定的原则包括(　　)。

A. 坚持税收饶让的原则

B. 坚持收入来源国优先征税的原则

C. 坚持平等互利和对等协商的原则

D. 坚持所得来源国与居住国共享征税权的原则

(四) 计算题

1. 资料:某一纳税年度,某国一家公司来自本国所得 1 000 万美元,来自 A 国分公司所得 100 万美元,来自 B 国分公司所得 100 万美元。所得税税率本国为 40%,A 国为 50%,B 国为 30%。

要求:用综合限额抵免法计算该公司国外所得税可抵免数额以及该国政府可征

税款。

2. 资料：某一纳税年度，某国一家公司来自本国所得1 000万美元，来自A国分公司所得100万美元，B国分公司亏损50万美元。所得税税率本国为40%，A国为50%，B国为30%。

要求：用综合限额抵免法计算该公司国外所得税可抵免数额以及该国政府可征税款。

3. 资料：某一纳税年度，某国一家公司来自本国所得1 000万美元，来自A国分公司所得120万美元，来自B国分公司所得80万美元。所得税税率本国为40%，A国为50%，B国为30%。

要求：用分国限额抵免法计算该公司国外所得税可抵免数额以及该国政府可征所得税款。

4. 资料：某一纳税年度，某国一家公司来自本国所得1 000万美元，来自A国分公司所得120万美元，B国分公司亏损40万美元。所得税税率本国为40%，A国为50%，B国为30%。

要求：用分国限额抵免法计算该公司国外所得税可抵免数额以及本国政府可征所得税款。

5. 资料：某一纳税年度，某国一家总公司来自某国所得1 000万美元，适用税率为30%。来自A国分公司所得500万美元，其中利息所得为200万美元，适用税率为20%，已向A国缴纳所得税40万美元；其他所得为300万美元，适用税率为35%，已纳A国所得税105万美元。

要求：用单项限额抵免法计算该国总公司国外所得税可抵免数额以及本国政府可征所得税款。

6. 某国一家跨国集团母公司在A国设有一家子公司B公司。本国公司所得税率为40%，A国公司所得税率为50%。某月，母公司以500万元的成本生产了一批商品，本应将其以800万元的价格出售给B公司，B公司再把这批商品以1 200万元的价格在A国市场上销售给无关联公司。然而，事实上母公司并没有直接将这批商品出售给B公司，而是以600万元的价格卖给了其设在C国的子公司D公司，D公司又以1 000万元的价格卖给B公司，B公司再以1 200万元的价格在A国市场上销售。已知C国所得税率为20%。

试分析：(1)这个跨国公司集团是否存在避税行为？为什么？(2)如果存在避税行为，其公司所得税全球总纳税义务减轻了多少？

7. 资料：在某一纳税年度内，甲国总公司来自国内所得1 000万元，来自其设在乙国的分公司所得500万元，甲国所得税率为35%，乙国税法规定的所得税率为30%，并给予该分公司减半征收公司所得税的优惠待遇。

要求：运用税收饶让抵免计算该总公司应向甲国政府缴纳的所得税额。

五、复习思考题

1. 税收管辖权的种类有哪些？

2. 确立税收管辖权的原则有哪些？

3. 国际重复征税产生的原因是什么？
4. 跨国纳税人常用的避税方式有哪些？
5. 国际反避税措施有哪些？
6. 防范国际避税有何意义？
7. 预约定价协议的谈签步骤有哪些？

六、知识拓展阅读

中国加入国际反避税行动 开展国际税收情报交换

2014年11月15日—16日，二十国集团(G20)领导人峰会在澳大利亚海港城市布里斯班举行，参会的各国领导人对共同对抗跨国公司避税行为达成共识。这对中国而言，意味着通过全面加入国际反避税行动，提升自己的反避税水平，力堵跨国公司的避税通道。

目前的所得税国际规则是20世纪20年代在第一次世界大战结束以后建立起来的，当前，包括中国在内的全球利润至少50%以上涉及国际交易，跨国资本流动日益便利，加之“避税天堂”等低税率、零税率“洼地”的存在，使得不少跨国公司通过跨境转移利润等手段逃避纳税，国际社会必须携手改革现有国际税收规则体系。

这次G20确定的改革原则是，利润在经济活动发生地和价值创造地征税。G20税收共识总体上对中国等实体经济活动丰富的国家有利，对避税地和低税国家不利。

近年来，全球反避税合作行动一浪高过一浪，中国积极参与其中。2013年8月，中国成为《多边税收征管互助公约》的第56个签约方，这是中国签署的第一份国际多边税收协议。

根据G20峰会领导人共识，为防止跨境逃避税，近百个国家和地区承诺在对等基础上实施金融账户税收信息自动交换标准。中国全面加入国际反避税行动，开展国际间税收情报交换，是加强反避税的有效手段。

（资料来源：广州日报，2014-11-24.）

第十四章

税收征收管理法

一、学习目标

【了解】 税收征收管理法的立法目的及其适用范围;税务管理的主要内容;纳税担保与纳税评估。

【理解】 税款征收的原则、方式及具体制度;税务检查的形式、方法及职责。

【掌握】 违反税法规定行为的法律责任;纳税担保的法律责任。

二、学习要点与内容提要

(一) 税收征收管理法概述

1. 税收征收管理法的含义

狭义的税收征收管理法是指《中华人民共和国税收征收管理法》(以下简称《征管法》),广义的税收征收管理法是有关税收征收管理法律规范的总称,包括征管法及税收征收管理的有关法律、法规和规章。

2. 立法目的

税收征管法的立法目的是加强税收征收管理,规范税收征收和缴纳行为,保障国家税收收入,保护纳税人的合法权益,促进经济和社会发展。

3. 适用范围

我国税收的征收机关有税务、海关、财政等部门,税务机关征收各种工商税收,海关征收关税。《征管法》只适用于由税务机关征收的各种税收的征收管理。

农税征收机关负责征收的耕地占用税、契税的征收管理,由国务院另行规定;海关征收的关税及代征的增值税、消费税,适用其他法律、法规的规定。

目前还有一部分费用由税务机关征收,例如教育费附加,对这些费用不适用《征管法》,不能采取《征管法》规定的措施,其具体管理办法由各种费用的条例和规章决定。

4. 遵守主体及其权利与义务

(1) 遵守主体。

各级税务机关是税务行政主体;纳税人、扣缴义务人和其他有关单位是税务行政管理的相对人;地方各级人民政府应当对其行政区域内的税收管理工作进行领导或协调,政府有关部门和单位应当支持、协助税务机关执行职务。这些都是税收征管法的遵守主体。

(2) 税务机关和税务人员的权利和义务。

税务机关和税务人员的权利:

① 负责税收征收管理工作;

② 依法执行职务,任何单位和个人不得阻挠等。

税务机关和税务人员的义务:

① 税务机关应当广泛宣传税收法律、行政法规,普及纳税知识,无偿地为纳税人提供纳税咨询服务;

② 税务机关应当加强队伍建设,提高税务人员的政治业务素质;

③ 税务机关、税务人员必须秉公执法、忠于职守、文明服务,尊重和保护纳税人、扣缴义务人的权利,依法接受监督;

④ 不得索贿受贿、徇私舞弊、玩忽职守、不征或少征应征税款,不得滥用职权多征税款或者故意刁难纳税人和扣缴义务人;

⑤ 税务机关应当建立、健全内部制约和监督管理制度,负责征收、管理、稽查、行政复议等的职责应当明确,并相互分离、相互制约;

⑥ 上级税务机关应当对下级税务机关的执法活动依法进行监督;

⑦ 各级税务机关应对执行法律、行政法规和廉洁自律准则的情况监督检查;

⑧ 税务机关负责征收、管理、稽查、行政复议的人员的职责应当明确,并相互分离、相互制约;

⑨ 税务机关应为检举人保密,并按规定给予奖励;

⑩ 税务人员在核定应纳税额、调整税收定额、进行税务检查、实施税务行政处罚、办理税务行政复议时,与纳税人、扣缴义务人或者其法定代表人、直接责任人有可能影响其公正执法的利益关系时,应当回避。

(3) 纳税人、扣缴义务人的权利义务。

纳税人、扣缴义务人的权利:

① 有权向税务机关了解国家税收法律、行政法规的规定以及与纳税程序有关的情况;

② 有权要求税务机关为纳税人、扣缴义务人的情况保密。保密是指其商业秘密及个人隐私,税收违法行为不属于保密范围;

③ 依法享有申请减税、免税、退税的权利;

④ 对税务机关所做出的决定,享有陈述权、申辩权;依法享有申请行政复议、提起行政诉讼、请求国家赔偿等权利;

⑤ 有权控告和检举税务机关、税务人员的违法违纪行为。

纳税人、扣缴义务人的义务:

① 必须依照法律、行政法规的规定缴纳税款、代扣代缴、代收代缴税款;

② 按照国家有关规定如实向税务机关提供与纳税和代扣代缴、代收代缴税款有关的信息;

③ 接受税务机关依法进行的税务检查。

(4) 地方各级人民政府、有关部门和单位的权利义务。

地方各级人民政府、有关部门和单位的权利:

① 地方各级人民政府应当依法加强对本行政区域内的税收征收管理工作的领导或者协调，支持税务机关依法执行职务，依照法定税率计算税额，依法征收税款；

② 各有关部门和单位应当支持、协助税务机关依法执行职务；

③ 任何单位和个人都有权检举违反税收法律、行政法规的行为。

地方各级人民政府、有关部门和单位的义务：

① 任何机关、单位和个人不得违反法律、行政法规的规定，擅自做出税收开征、停征以及减税、免税、退税、补税和其他与税收法律、行政法规相抵触的决定；

② 收到检举的机关和负责查处的机关应当为检举人保密。

（二）税务管理

税务管理是税收征收管理的基础环节，包括税务登记管理，账簿、凭证管理和纳税申报管理等具体工作。

1. 税务登记管理

税务登记，又称纳税登记，是税务机关对纳税人的生产、经营活动进行登记并据此对纳税人实施税务管理的一种法定制度。它是税务机关对纳税人实施税收管理的首要环节和基础工作，是征纳双方法律关系成立的依据和证明，也是纳税人必须依法履行的义务。

我国税务登记制度大体包括开业税务登记，变更、注销税务登记，停业、复业登记，以及外出经营报验登记等内容。

(1) 开业税务登记。

开业税务登记的纳税人分为以下两类：①领取营业执照，从事生产、经营的纳税人。包括各类企业、企业在外地设立的分支机构和生产经营场所、个体工商户、从事生产经营的事业单位等。②其他纳税人。根据有关法规规定，不从事生产经营，但依照法律、法规规定负有纳税义务的单位和个人，除临时取得应税收入或发生应税行为以及只缴纳个人所得税、车船税的外，都应按规定向税务机关办理税务登记。

从事生产、经营的纳税人，应当自领取营业执照之日起 30 日内，向生产、经营地或者纳税义务发生地的主管税务机关申报办理税务登记，如实填写税务登记表并按照税务机关的要求提供有关证件、资料。上述规定以外的纳税人，除国家机关和个人外，应当自纳税义务发生之日起 30 日内，持有关证件向所在地的主管税务机关申报办理税务登记。

开业税务登记的内容通常包括：

① 单位名称、法定代表人或业主姓名及其居民身份证、护照或者其他证明身份的合法证件；

② 住所、经营地点；

③ 登记注册类型及所属主管单位；

④ 核算方式；

⑤ 行业、经营范围、经营方式；

⑥ 注册资金（资本）、投资总额、开户银行及账号；

⑦ 经营期限、从业人数、营业执照号码；

⑧ 财务负责人、办税人员；

⑨ 其他有关事项。

办理税务登记时应提供的证件、资料：

① 营业执照或其他核准执业证件及工商登记表，或其他核准执业登记表复印件；

② 有关机关、部门批准设立的文件；

③ 有关合同、章程、协议书；

④ 法定代表人和董事会成员名单；

⑤ 法定代表人（负责人）或业主居民身份证、护照或者其他证明身份的合法证件；

⑥ 组织机构统一代码证书；

⑦ 住所或经营场所证明；

⑧ 委托代理协议书复印件；

⑨ 属于享受税收优惠政策的企业，还应提供相应的证明、资料；

⑩ 税务机关需要的其他资料、证件。

税务登记表的种类及适用对象如下所述。

① 内资企业税务登记表。适用于工商行政管理机关批准登记，核发税务登记证的国有企业、集体企业、联营企业、股份制企业、私营企业等填用。

② 分支机构税务登记表。适用于核发注册税务登记证的各种类型企业的非独立核算分支机构填用。

③ 个体经营税务登记表。适用于核发税务登记证的个体工商业户填用。

④ 其他单位税务登记表。适用于除工商行政管理机关外，其他部门批准登记核发税务登记证的纳税人填用。

⑤ 涉外企业税务登记表。适用于中外合资经营企业、合作经营企业和外国企业填用。

(2) 变更税务登记。

变更税务登记，是纳税人税务登记内容发生重要变化时向税务机关申报办理的税务登记手续。

纳税人办理税务登记后，如发生下列情形之一，应当办理变更税务登记：改变名称；改变法定代表人；改变经济性质或经济类型；改变住所和经营地点（不涉及主管税务机关变动的）；改变生产经营或经营方式、增减注册资金（资本）；改变隶属关系；改变生产经营期限；改变或增减银行账号；改变生产经营权属以及改变其他税务登记内容的。

纳税人税务登记内容发生变化的，应当自工商行政管理机关或者其他机关办理变更登记之日起 30 日内，持有关证件向原税务登记机关申报办理变更税务登记。

(3) 注销税务登记。

注销税务登记，是指纳税人税务登记内容发生了根本性变化，需终止履行纳税义务时向税务机关申报办理的税务登记手续。

注销税务登记的适用范围包括：

① 纳税人因经营期限届满而自动解散；

② 企业由于改组、分立、合并等原因而被撤销；

③ 企业资不抵债而破产；

④ 纳税人住所、经营地址迁移而涉及改变原主管税务机关的；

⑤ 纳税人被工商行政管理部门吊销营业执照；

⑥ 纳税人依法终止履行纳税义务的其他情形。

注销税务登记的时间要求：

① 纳税人发生解散、破产、撤销以及其他情形，依法终止纳税义务的，应当在向工商行政管理机关办理注销登记前，持有关证件向原税务登记管理机关申报办理注销税务登记；按照规定不需要在工商行政管理机关办理注销登记的，应当自有关机关批准或宣告终止之日起 15 日内，申报办理注销税务登记；

② 纳税人因住所、经营场所变动而涉及改变主管税务机关的，应当在向工商行政管理机关办理变更或注销登记前，向原税务登记管理机关申报办理注销税务登记，并在 30 日内向迁达地主管税务机关申报办理税务登记；

③ 纳税人被工商行政管理机关吊销营业执照的，应当自营业执照被吊销之日起 15 日内，向原税务登记管理机关申报办理注销税务登记。

(4) 停业、复业登记。

实行定期定额征收方式的纳税人，在营业执照核准的经营期限内需要停业的，应当向税务机关提出停业登记，说明停业的理由、时间、停业前的纳税情况和发票的领、用、存情况，并如实填写申请停业登记表。税务机关经过审核，应当责成纳税人结清税款并收回税务登记证件、发票领购簿和发票，办理停业登记。

纳税人应当于恢复生产、经营之前，向税务机关提出复业登记申请，经确认后，办理复业登记，领回或启用税务登记证件和发票领购簿及领购的发票，纳入正常管理。

纳税人停业期满不能及时恢复生产经营的，应当在停业期满前向税务机关提出延长停业登记。在停业期满未按期复业又不申请延长停业的，税务机关应当视为纳税人已恢复营业，实施正常的税收征收管理。

(5) 外出经营报验登记。

① 纳税人到外县(市)临时从事生产经营活动的，应当在外出生产经营以前，向主管税务机关申请开具《外出经营活动税收管理证明》(简称《外管证》)。

② 税务机关按照一地一证的原则，核发《外管证》，有效期限一般为 30 日，最长不超过 180 天。

③ 纳税人在《外管证》注明地进行生产经营前，应当向当地税务机关报验登记，提交税务登记证件副本和《外管证》。进行货物销售的，还应填写《外出经营货物报验单》，申报查验货物。

④ 纳税人外出经营活动结束，应当向经营地税务机关填报《外出经营活动情况申报表》，并结清税款、缴销发票。

⑤ 纳税人应当在《外管证》有效期届满后 10 日内，持《外管证》回原税务机关办理《外管证》缴销手续。

(6) 税务登记证的作用和管理。

税务登记证是税务机关对办理税务登记的纳税人核发的一种证件，是纳税人纳入税务机关管理的证明，也是税务机关对纳税人实施税务管理的有效证明。

纳税人在办理下列事项时必须持税务登记证件：

① 在银行或其他金融机构开立基本存款账户或其他存款账户；

② 申请减税、免税、退税；

③ 申请办理延期申报、延期缴纳税款；

④ 领购发票；

⑤ 申请填开外出税收征管证明；

⑥ 申请办理增值税一般纳税人认定手续；

⑦ 其他有关税务事项。

税务登记证的管理规定如下所述。

① 税务机关对税务登记证件实行定期验证和换证制度。纳税人应当在规定的期限内持有关证件到主管税务机关办理验证或者换证手续。

② 纳税人应当将税务登记证件正本在其生产、经营场所或者办公场所公开悬挂，接受税务机关检查。

③ 纳税人遗失税务登记证件的，应当在 15 日内书面报告主管税务机关，并登报声明作废。同时凭遗失声明补办。

（7）非正常户管理。

已办理税务登记的纳税人未按照规定的期限申报纳税，在税务机关责令其限期改正后，逾期不改正的，税务机关应当派员实地检查，查无下落并且无法强制其履行纳税义务的，由检查人员制作非正常户认定书，存入纳税人档案，税务机关暂停其税务登记证件、发票领购簿和发票的使用。

纳税人被列入非正常户超过 3 个月的，税务机关可以宣布其税务登记证失效，其应纳税款的依法追征。

2. 账簿、凭证管理

账簿是纳税人、扣缴义务人连续地记录其各种经济业务的账册或簿籍。凭证是纳税人用来记录经济业务，明确经济责任，并据以登记账簿的书面证明。账簿、凭证管理是继税务登记之后税收征管的又一重要环节，在税收征管中占有十分重要的地位。

（1）对账簿、凭证设置的管理。

所有的纳税人和扣缴义务人都必须按照有关规定设置账簿，包括总账、明细账、日记账以及其他辅助性账簿。

从事生产、经营的纳税人应当在领取营业执照之日起 15 日内按照规定设置总账、明细账、日记账以及其他辅助性账簿，其中总账、日记账必须采用订本式。扣缴义务人应当自税收法律、行政法规规定的扣缴义务发生之日起 10 日内，按照所代扣、代收的税种，分别设置代扣代缴、代收代缴税款账簿。

生产、经营规模小又确无建账能力的纳税人，可以聘请经批准从事会计代理记账业务的专业机构或者经税务机关认可的财会人员代为建账和办理账务；聘请上述机构或者人员有实际困难的，经县以上税务机关批准，可以按照税务机关的规定，建立收支凭证粘贴簿、进货销货登记簿或者使用税控装置。

(2) 对会计核算的要求。

所有的纳税人和扣缴义务人都必须根据合法、有效的凭证进行账务处理。

纳税人建立的会计电算化系统应当符合国家有关规定，并能正确、完整核算其收入或者所得。

纳税人使用计算机记账的，应当在使用前将会计核算软件、使用说明书及有关资料报送主管税务机关备案。

(3) 对财务会计制度的管理。

纳税人和扣缴义务人必须将所采用的财务、会计制度和具体的处理办法，及时报主管税务机关备案；凡财务、会计制度和具体的处理办法与税收方面的规定相抵触的，纳税人和扣缴义务人必须按照税收方面的规定计缴税款。

(4) 账簿、凭证的保管。

从事生产经营的纳税人、扣缴义务人必须按照国务院财政、税务主管部门规定的保管期限保管账簿、记账凭证、完税凭证及其他有关资料，一般应保存 10 年，另有规定的按具体规定保存。

(5) 发票管理。

税务机关是发票的主管机关，负责管理和监督发票的印制、领购、开具、取得、保管、缴销。

发票印制管理。增值税专用发票由国务院税务主管部门指定的企业印制；其他发票，按照国务院税务主管部门的规定，分别由省、自治区、直辖市国家税务局、地方税务局指定企业印制。未经规定的税务机关指定，不得印制发票。

发票领购管理。依法办理税务登记的单位和个人，在领取税务登记证后，向主管税务机关申请领购发票。对无固定经营场所或者财务制度不健全的纳税人申请领购发票，主管税务机关有权要求其提供担保人，不能提供担保人的，可以视其情况，要求其提供保证金，并限期缴销发票。

发票开具、使用、取得的管理。单位、个人在购销商品、提供或者接受经营服务以及从事其他经营活动中，应当按照规定开具、使用、取得发票。普通发票的管理，应注意以下几点：

① 销货方按规定填开发票；

② 购买方按规定索取发票；

③ 纳税人进行电子商务必须开具或取得发票；

④ 发票要全联一次填写；

⑤ 发票限于领购单位和个人在本省(直辖市、自治区)内使用，不得跨省(直辖市、自治区)使用；

⑥ 开具发票要加盖财务印章或发票专用章；

⑦ 开具发票后，如发生销货退回需开红字发票的，必须收回原发票并注明“作废”字样或取得对方有效证明；发生销售折让的，在收回原发票并证明“作废”后，重新开具发票。

发票保管管理。税务机关和发票使用单位，都必须建立严格的发票保管制度，包括专人保管制度、专库保管制度、专账登记制度、保管交接制度、定期盘点制度。

发票缴销管理。发票缴销包括发票收缴和发票销毁。发票收缴是指用票单位和个人按照规定向税务机关缴回已经使用或者未使用的发票；发票销毁是指由税务机关统一将已使用或者未使用的发票进行销毁。收缴的发票一般要按照有关规定保存够一定时期后才能销毁。

(6) 税控管理。

税控管理是税收征收管理的重要组成部分。它是指税务机关利用税控装置对纳税人的生产经营情况进行监督和管理，以保障国家税收收入，防止税款流失，提高税收征管工作效率，降低征收成本的各项活动的总称。

纳税人应当按照规定安装、使用税控装置，不得损毁或者擅自改变税控装置。违反此规定的，由税务机关责令限期改正，并可以处以一定数额的罚款。

3. 纳税申报管理

纳税申报是纳税人按照税法规定的期限和内容，向税务机关提交有关纳税事项书面报告的法律行为，是纳税人履行纳税义务、界定纳税人法律责任的主要依据，也是税务机关税收管理信息的主要来源和税务管理的重要制度。

(1) 纳税申报的对象及内容。

纳税申报的对象为纳税人和扣缴义务人。纳税人在纳税期内没有应纳税款的，也应当按照规定办理纳税申报。纳税人享受减税、免税待遇的，在减税、免税期间应当按照规定办理纳税申报。

纳税申报的内容，主要体现在各税种的纳税申报表和代扣代缴、代收代缴税款报告表以及附报的财务报表和有关纳税资料中。一般包括：税种、税目、应纳税项目或者应代扣(收)代缴税款项目、计税依据、扣除项目及标准、适用税率、应退税项目及税额、应减免税项目及税额、应纳税额或者应代扣(收)代缴税额、税款所属期限、延期缴纳税款、欠税、滞纳金等。

(2) 纳税申报的期限。

纳税申报的期限有两种：一种是法律、行政法规明确规定的；另一种是税务机关按照法律、行政法规的原则规定，结合纳税人的具体情况予以确定的。两种期限具有同等的法律效力。

(3) 纳税申报的要求。

纳税人办理纳税申报时，应当如实填写纳税申报表，并根据不同的情况报送下列有关证件、资料：

① 财务会计报表及其说明材料；

② 与纳税有关的合同、协议书及凭证；

③ 税控装置的电子报税资料；

④ 外出经营活动税收管理证明和异地完税凭证；

⑤ 境内或者境外公证机构出具的有关证明文件；

⑥ 税务机关规定应当报送的其他有关证件、资料；

⑦ 扣缴义务人办理代扣代缴、代收代缴税款报告时，应当如实填写代扣代缴、代收代缴税款报告表，并报送代扣代缴、代收代缴税款的合法凭证以及税务机关规定的其他有关

证件、资料。

(4) 纳税申报的方式。

纳税人、扣缴义务人可以直接到税务机关办理纳税申报或者报送代扣代缴、代收代缴税款报告表，也可以按照规定采取邮寄、数据电文或者其他方式办理上述申报、报送事项。

纳税人采取电子方式办理纳税申报的，应当按照税务机关规定的期限和要求保存有关资料，并定期书面报送主管税务机关。

除上述方式外，实行定期定额缴纳税款的纳税人，可以实行简易申报、简并征期等申报纳税方式。

(5) 延期申报管理。

延期申报是指纳税人、扣缴义务人不能按照税法规定的期限办理纳税申报或扣缴税款报告。

纳税人因有特殊情况，不能按期进行纳税申报的，应当在规定的期限内向税务机关提出书面申请，经县以上税务机关核准，可以延期申报。如纳税人因不可抗力，不能按期办理纳税申报的，可以延期办理，但应当在不可抗力情形消除后立即向税务机关报告。

经核准延期办理纳税申报的，应当在纳税期内按照上期实际缴纳的税额或者税务机关核定的税额预缴税款，并在核准的延期内办理纳税结算。

(三) 税款征收

1. 税款征收的原则

(1) 税务机关是征税的唯一行政主体。

我国《税收征管法》规定，除税务机关、税务人员以及经税务机关依照法律、行政法规委托的单位和个人外，任何单位和个人不得进行税款征收活动，税务机关是征税的唯一行政主体。

(2) 税务机关依法征税原则。

税务机关只能依照法律、行政法规的规定征收税款，不得违反法律、行政法规的规定开征、停征、多征、少征、提前征收、延缓征收或者摊派税款。在税款征收过程中，不得擅自改变税目、调高或降低税率、加征或免征税款、提前征收或延缓征收税款以及摊派税款。

(3) 征收税款必须遵守法定权限和法定程序。

税务机关执法必须按照规定的权限和程序进行操作，例如，采取税收保全措施或强制执行措施时，办理减税、免税、退税时，核定应纳税额时，进行纳税调整时，针对纳税人的欠税进行清理时，都必须遵守法定的审批权限和程序，否则就是违法。

(4) 征收税款或扣押、查封货物或其他财产时，必须向纳税人开具完税凭证或扣押、查封货物的清单或收据。

(5) 税款、滞纳金、罚款统一由税务机关上缴国库。

(6) 税款优先原则。

我国《税收征管法》在法律上确定了税款征收在纳税人支付各种款项和偿还债务时的顺序。

① 税收优先于无担保债权(法律上另有规定的除外)。

② 纳税人发生欠税在前的,税收优先于抵押权、质权和留置权的执行。

③ 税收优先于罚款、没收非法所得。

2. 税款征收方式

税款征收方式,是指税务机关根据各税种的不同特点、征纳双方的具体条件而确定的计算征收税款的方法和形式。税款征收的方式主要有以下几种。

(1) 查账征收。

查账征收,是指税务机关按照纳税人提供的账表所反映的经营情况,依照适用税率计算缴纳税款的方式。适用于财务会计制度较为健全,能够认真履行纳税义务的纳税单位。

(2) 查定征收。

查定征收,是指税务机关根据纳税人的从业人员、生产设备、采用原材料等因素,对其产制的应税产品查实核定产量、销售额并据以征收税款的方式。适用于账册不够健全,但是能够控制原材料或进销货的纳税单位。

(3) 查验征收。

查验征收,是指税务机关对纳税人应税商品,通过查验数量,按市场一般销售单价计算其销售收入并据以征税的方式。适用于经营品种比较单一,经营地点、时间和商品来源不固定的纳税单位。

(4) 定期定额征收。

定期定额征收,是指税务机关通过典型调查,逐户确定营业额和所得额并据以征税的方式。适用于无完整考核依据的小型纳税单位。

(5) 委托代征税款。

委托代征税款,是指税务机关委托代征人以税务机关的名义征收税款,并将税款缴入国库的方式。适用于小额、零散税源的征收。

(6) 邮寄纳税。

适用于有能力按期纳税,但采用其他方式纳税又不方便的纳税人。

(7) 其他方式。

指利用网络申报、用 IC 卡纳税等方式。

3. 税款征收制度

(1) 代扣代缴、代收代缴税款制度。

对法律、行政法规没有规定负有代扣、代收税款义务的单位和个人,税务机关不得要求其履行代扣、代收税款义务。

税法规定的扣缴义务人必须依法履行代扣、代收税款义务。否则,要承担相应的法律责任。扣缴义务人依法履行代扣、代收税款义务时,纳税人不得拒绝。

扣缴义务人代扣、代收税款,只限于法律、行政法规规定的范围,并依照法律、行政法规规定的征收标准执行。

税务机关按照规定付给扣缴义务人代扣代收手续费,只能由县以上税务机关统一办理退库手续,不得在征收税款中坐支。

(2) 延期缴纳税款制度。

纳税人因有特殊困难,不能按期缴纳税款的,经省、直辖市、自治区国家税务局、地方

税务局批准，可以延期缴纳税款，但最长不得超过 3 个月，同一笔税款不得滚动审批。批准延期内免予加收滞纳金。

税务机关应当自收到申请延期缴纳税款报告之日起 20 日内作出批准或者不予批准的决定；不予批准的，从缴纳税款期限届满之日起加收滞纳金。

(3) 税收滞纳金征收制度。

纳税人未按照规定期限缴纳税款，扣缴义务人未按照规定期限解缴税款的，税务机关除责令限期缴纳外，从滞纳税款之日起，按日加收滞纳税款万分之五的滞纳金。拒绝缴纳滞纳金的，可以按不履行纳税义务实行强制执行措施，强行划拨或者强制征收。

(4) 减免税收制度。

办理减税、免税应注意下列事项。

① 减免税必须有法律、行政法规的明确规定，地方各级政府、政府主管部门、单位和个人违反法律、行政法规规定，擅自做出的减税、免税决定无效。税务机关不得执行，并向上级税务机关报告。其审批机关由税收法律、法规、规章设定。

② 纳税人申请减免税，应向主管税务机关提出书面申请，并按规定附送有关资料。

③ 减免税的申请，须经法律、行政法规规定的减税、免税审查批准机关审批。

④ 纳税人在享受减免税期间，仍应按规定办理纳税申报。

⑤ 纳税人享受减免税的条件发生变化时，应当自发生变化之日起 15 日内向税务机关报告，经税务机关审核后，停止其减免税；对既不报告，又不符合减免税条件的，税务机关有权追回已减免的税款。

⑥ 减免税期满，应当自期满之日起恢复纳税。

⑦ 减免税分为报批类减免税和备案类减免税。报批类减免税是指应由税务机关审批的减免税项目，纳税人享受报批类减免税，应提交相应资料，提出申请，经具有审批权限的税务机关审批确认后执行。未按规定申请或虽申请但未经有权税务机关审批确认的，纳税人不得享受减免税。备案类减免税是指取消审批手续和不需税务机关审批的减免税项目。纳税人享受备案类减免税，应提请备案，经税务机关登记备案后，自登记备案之日起执行。纳税人未按规定备案的，一律不得减免税。

⑧ 纳税人同时从事减免项目与非减免项目的，应分别核算，不能分别核算的，不能享受减免税；核算不清的，由税务机关按合理方法核定。

⑨ 纳税人依法可以享受减免税待遇，但未享受而多缴税款的，凡属于无明确规定须经税务机关审批或没有规定申请期限的，纳税人可以在规定的期限内申请减免税，要求退还多缴的税款，但不加算银行同期存款利息。

⑩ 减免税审批机关由税收法律、法规、规章设定。凡规定由国家税务总局审批的，经由各省、自治区、直辖市和计划单列市税务机关上报国家税务总局；凡规定应由省级税务机关及省级以下税务机关审批的，由各省级税务机关审批或确定审批权限，原则上由纳税人所在地的县(区)税务机关审批；对减免税金额较大或条件复杂的项目，各省、自治区、直辖市和计划单列市税务机关可根据效能与便民、监督与责任的原则，适当划分审批权限。

⑪ 纳税人申请报批类减免税的，应报送以下资料：减免税申请报告，列明减免税理由、依据、范围、期限、数量、金额等；财务会计报表、纳税申报表；有关部门出具的证明材

料；税务机关要求提供的其他资料。

⑫ 纳税人可以向主管税务机关申请减免税，也可以直接向有权审批的税务机关申请。由纳税人所在地主管税务机关受理、应由上级税务机关审批的申请，主管税务机关应当自受理申请之日起10个工作日内直接上报有权审批的上级税务机关。纳税人提交的申请材料不详或存在错误的，应当告知并允许纳税人更正；税务机关受理或者不予受理减免税申请，应当出具加盖本机关印章和注明日期的书面凭证。

⑬ 减免税申请符合法定条件的，主管税务机关应当做出准予减免税的书面决定。依法不予减免税的，应当说明理由，并告知纳税人享有申请行政复议或提起性质诉讼的权利。

⑭ 减免税期限超过一个纳税年度的，进行一次性审批。县(区)级税务机关负责审批的减免税，必须在20个工作日内做出审批决定；地(市)级税务机关负责审批的，必须在30个工作日内做出审批决定；省级税务机关负责审批的，必须在60个工作日内做出审批决定。在规定期限内不能做出决定的，经本级税务机关负责人批准，可以延长10个工作日，并将延长期限的理由告知纳税人。

⑮ 纳税人在执行备案类减免税之前，必须向主管税务机关申报以下资料备案：减免税政策的执行情况；主管税务机关要求提供的有关资料。主管税务机关应在受理纳税人减免税备案后的7个工作日内完成登记备案工作，并告知纳税人执行。

⑯ 纳税人已享受减免税的，应当纳入正常申报，进行减免税申报。享受减免税到期的，应当申报缴纳税款。税务机关应结合纳税检查、执法检查或其他专项检查，每年定期对纳税人减免税事项进行监督检查，主要内容包括：纳税人是否符合减免税的资格条件，是否以隐瞒情况或者提供虚假材料等手段骗取减免税；当享受减免税条件发生变化时，是否根据变化情况经税务机关重新审查后办理减免税；减免税款有规定用途的，是否按规定用途使用；有减免税期限规定的，是否到期恢复纳税；是否存在纳税人未经税务机关批准自行享受减免税的情况；已享受减免税是否未申报。

(5) 税额核定和税收调整制度(在第十一章中已述及)。

(6) 未办理税务登记以及临时从事生产经营的纳税人的税款征收制度。

对未按规定办理税务登记的从事生产、经营的纳税人，以及临时从事生产经营的纳税人，由税务机关核定应纳税额，责令缴纳；对不缴纳的，可以扣押其价值相当于应纳税款的货物，扣押后缴纳了税款的，税务机关立即解除扣押，归还扣押的货物；扣押后仍不缴纳税款的，经县以上税务局长批准，依法拍卖所扣押的货物，以拍卖所得抵缴税款。

(7) 税收保全措施。

税收保全措施，是指税务机关对可能由于纳税人的行为或者某种客观原因，致使以后税款的征收不能保证或难以保证的案件，采取限制纳税人处理或转移商品、货物或其他财产的措施。

可以采取的税收保全措施如下所述。

① 书面通知纳税人开户银行或者其他金融机构冻结纳税人的金额相当于应纳税款的存款。

② 扣押、查封纳税人的价值相当于应纳税款的商品、货物或者其他财产。其他财产

包括纳税人的房地产、现金、有价证券等不动产和动产。

采取税收保全措施应符合下列两个条件：

① 纳税人有逃避纳税义务的行为；

② 必须是在规定的纳税期之前和责令限期缴纳应纳税款的限期内。如果该期限届满，纳税人又没有缴纳税款的，应按规定采取强制执行措施。

采取税收保全措施的法定程序如下所述。

① 税务机关有根据认为从事生产、经营的纳税人有逃避纳税义务行为的，可以在规定的纳税期之前，责令限期缴纳应纳税款，主管税务机关应下达给有逃税行为的纳税人执行。

② 在限期内，纳税人有明显转移、隐匿货物、财产或应税收入迹象的，税务机关可以责成纳税人提供纳税担保。

③ 纳税人不能提供纳税担保的，经县以上税务局长批准，书面通知纳税人开户银行或者其他金融机构冻结纳税人的金额相当于应纳税款的存款。

④ 纳税人在开户银行或者其他金融机构中没有存款，或者税务机关无法掌握其存款情况的，税务机关可以扣押、查封纳税人的价值相当于应纳税款的货物或其他财产。

税收保全措施的终止。

税收保全的终止有两种情况：一是纳税人在规定的期限内缴纳了应纳税款的，税务机关必须立即解除税收保全措施；二是纳税人超过规定期限仍不缴纳税款的，经批准，终止保全措施，转入强制执行措施。纳税人在税务机关采取税收保全措施后，按照税务机关规定的期限缴纳税款的，税务机关应当自收到税款或者银行转回的完税凭证之日起 1 日内解除税收保全。

采取税收保全措施注意的问题如下。

① 该措施仅适用于纳税人，不适用于扣缴义务人和纳税担保人。

② 纳税担保人可以是具有纳税担保能力的公民、法人或其他经济组织，国家机关不得作为纳税担保人。

③ 扣押、查封货物或其他财产，必须由两名以上的税务人员执行，应开具收据或清单。同时应当通知被执行人或其成年家属到场。被执行人或其成年家属接到通知后拒不到场的，不影响执行。

④ 税务机关执行税收征管法的规定，扣押、查封价值相当于应纳税款的商品、货物或者其他财产时，参照同类商品的市场价、出厂价或者评估价估算。

税务机关按照前款方法确定应扣押、查封的商品、货物或者其他财产的价值时，还应当包括滞纳金和扣押、查封、保管、拍卖、变卖所发生的费用。

⑤ 税务人员私分扣押、查封的商品、货物或者其他财产，情节严重，构成犯罪的，依法追究刑事责任；尚不构成犯罪的，依法给予行政处分。

(8) 税收强制执行措施。

税收强制执行措施，是指当事人不履行法律、行政法规规定的义务，有关国家机关采用法定的强制手段，强迫当事人履行义务的行为。

《征管法》规定，从事生产经营的纳税人、扣缴义务人未按照规定的期限缴纳或者解缴税款,纳税担保人未按照规定的期限缴纳所担保的税款,由税务机关责令限期缴纳,逾期仍未缴纳的,经县以上税务局长批准,税务机关可以采取强制执行措施。

① 书面通知纳税人开户银行或其他金融机构,从纳税人的存款中扣缴税款。

② 依法变卖或拍卖扣押、查封的纳税人的货物或其他财产,以变卖或拍卖所得抵缴税款。

采取税收强制执行措施注意的问题如下。

① 对纳税人、扣缴义务人和纳税担保人未按规定履行纳税义务均适用。

② 应坚持告诫在先原则。即对当事人未按规定期限缴纳税款,应当先行责令其限期缴纳税款,采取税收保全措施,再采取强制执行措施。

③ 被执行人必要的生产工具、他本人及其抚养家属维持生活必须的住房和用品、不得对其进行扣押、查封或变卖。对扣押、查封的货物或其他财产,可以令被执行人保管,若被执行人继续使用不会减少其价值的应允许其继续使用。

④ 变卖扣押、查封的货物或其他财产,应采用合法、公允的方式,用变卖所得抵缴税款、滞纳金、罚款及变卖费用后,剩余部分应在3日内退还被执行人。

(9) 欠税清缴制度。

欠税,是指纳税人、扣缴义务人未按照规定期限缴纳或解缴税款的行为。

《征管法》规定,在欠税清缴方面可以采取以下措施。

① 严格控制欠缴税款的审批权限,缓缴税款的审批权限集中在省、自治区、直辖市国家税务局、地方税务局。

② 限期缴税时限,由税务机关发出限期缴纳税款通知书,责令缴纳或解缴税款的最长期限不得超过15日。

③ 建立欠税清缴制度,防止税款流失。主要有:执行离境清税,或提供纳税担保,或阻止出境制度;建立改制纳税人欠税的清缴制度;大额欠税(5万元以上)处分财产报告制度;对欠缴税款的纳税人行使代位权、撤销权;建立欠税公告制度。

(10) 税款的退还和追征制度。

税款的退还。《征管法》规定,纳税人超过应纳税额多缴的税款,税务机关发现后应当自发现之日起10日内办理退还手续;纳税人自缴纳税款之日起3年内发现的,可以向税务机关要求退还多缴的税款并加算银行同期存款利息,税务机关应当自接到申请之日起30日内查实并办理退还手续。

税款的追征。《征管法》规定,因税务机关责任,致使纳税人、扣缴义务人未缴或者少缴税款的,税务机关在3年内可要求纳税人、扣缴义务人补缴税款,但是不得加收滞纳金;因纳税人、扣缴义务人计算等失误,未缴或者少缴税款的,税务机关在3年内可以追征税款、滞纳金,特殊情况(累计数额在10万元以上)的追征期可以延长到5年,对偷税、抗税、骗税的,税务机关可无限期追征。

(11) 税款入库制度。

审计机关、财政机关依法进行审计、检查时,对税务机关的税收违法行为做出的决定,税务机关应当执行;发现被审计、检查单位有税收违法行为的,向其下达决定、意见书,责成其向税务机关缴纳应当缴纳的税款、滞纳金,税务机关应将税款、滞纳金按照预算级次

缴入国库。

税务机关应当自收到审计机关、财政机关的决定、意见书之日起30日内，将执行情况书面回复至审计机关、财政机关。

有关机关不得将其履行职责过程中发现的税款和滞纳金自行征收入库或以其他款项名义自行处理、占压。

（四）税务检查

1. 税务检查的形式

有重点检查、分类计划检查、集中性检查、临时性检查和专项检查。

2. 税务检查的方法

有全查法、抽查法、顺查法、逆查法、现场检查法、调账检查法、比较分析法、控制计算法、审阅法、核对法、观察法、外调法、盘存法、交叉稽核法等。

3. 税务检查的职责

(1) 检查纳税人、扣缴义务人的账簿、记账凭证、报表和有关资料。

(2) 到纳税人、扣缴义务人的生产经营场所，检查应纳税的货物、财产或有关情况。

(3) 责成纳税人、扣缴义务人提供与税款有关的文件、证明材料和有关资料。

(4) 询问纳税人、扣缴义务人与税款有关的问题和情况。

(5) 到车站、码头、机场、邮政企业等机构，检查纳税人托运、邮寄货物的有关单据凭证和资料。

(6) 经县以上税务局(分局)局长批准，凭全国统一格式的检查存款账户许可证明，查询纳税人、扣缴义务人在金融机构的存款账户。

(7) 税务机关进行税务检查时，发现纳税人有逃避纳税义务的行为，并有明显的转移、隐匿其应纳税的商品、货物、其他财产或者应纳税收入的迹象的，可以按照法定程序采取税收保全措施或者强制执行措施。税务机关采取税收保全措施的期限一般不得超过6个月，重大案件需要延长的，应当报国家税务总局批准。

(8) 税务机关调查税务违法案件时，对与案件有关的情况和资料，可以记录、录音、录像、照相和复制；对纳税人、扣缴义务人及其他当事人处以罚款或者没收违法所得时，应当开付罚没凭证。

(9) 税务人员进行税务检查时，应当出示税务检查证和税务检查通知书。

此外，纳税人、扣缴义务人必须接受税务机关依法进行的税务检查，如实反映情况，提供有关资料，不得拒绝、隐瞒。

（五）法律责任

1. 违反税务管理基本规定行为的处罚

(1) 根据《征管法》及其实施细则的规定，纳税人有下列行为之一的，由税务机关责令限期改正，可以处2 000元以下的罚款；情节严重的，处2 000元以上1万元以下的罚款。

① 未按照规定的期限申报办理税务登记、变更或者注销登记的。

② 未按照规定设置、保管账簿或者保管记账凭证和有关资料的。

③ 未按照规定将财务、会计制度或者财务、会计处理办法和会计核算软件报送税务机关备查的。

④ 未按照规定将其全部银行账号向税务机关报告的。

⑤ 未按照规定安装、使用税控装置，或者损毁或擅自改动税控装置的。

⑥ 未按照规定办理税务登记证件验证或者换证手续的。

(2) 纳税人不办理税务登记的，由税务机关责令限期改正；逾期不改正的，由工商行政管理机关吊销其营业执照。

(3) 纳税人未按照规定使用税务登记证件，或者转借、涂改、损毁、买卖、伪造税务登记证件的，处 2 000 元以上 1 万元以下的罚款；情节严重的，处 1 万元以上 5 万元以下的罚款。

2. 扣缴义务人违反账簿、凭证管理的处罚

《征管法》规定："扣缴义务人未按照规定设置、保管代扣(收)代缴税款账簿或者保管代扣(收)代缴税款记账凭证及有关资料的，由税务机关责令限期改正，可以处 2 000 元以下的罚款；情节严重的，处 2 000 元以上 5 000 元以下的罚款。"

3. 纳税人、扣缴义务人未按规定进行纳税申报的法律责任

《征管法》规定："纳税人、扣缴义务人未按照规定的期限办理纳税申报和报送纳税资料的，由税务机关责令限期改正，可以处 2 000 元以下的罚款；情节严重的，可以处 2 000 元以上 1 万元以下的罚款。"

4. 偷税的认定及其法律责任

(1)《征管法》规定："纳税人伪造、变造、隐匿、擅自销毁账簿、记账凭证，或者在账簿上多列支出或者不列、少列收入，或者经税务机关通知申报而拒不申报或者进行虚假的纳税申报，不缴或者少缴应纳税款的，是偷税。对纳税人偷税的，由税务机关追缴其不缴或者少缴的税款、滞纳金，并处不缴或者少缴的税款 50%以上 5 倍以下的罚款；构成犯罪的，依法追究刑事责任。"

"扣缴义务人采取前款手段，不缴或者少缴已扣、已收税款，由税务机关追缴其不缴或者少缴的税款、滞纳金，并处不缴或者少缴的税款 50%以上 5 倍以下的罚款；构成犯罪的，依法追究刑事责任。"

(2)《刑法》规定："纳税人采取欺骗、隐瞒手段进行虚假纳税申报或者不申报，逃避缴纳税款数额较大并且占应纳税额 10%以上的，处三年以下有期徒刑或者拘役，并处罚金；数额巨大并且占应纳税额 30%以上的，处三年以上七年以下有期徒刑，并处罚金。

扣缴义务人采取前款所列手段，不缴或者少缴已扣、已收税款，数额较大的，依照前款的规定处罚。

对多次实施前两款行为，未经处理的，按照累计数额计算。

有第一款行为，经税务机关依法下达追缴通知后，补缴应纳税款，缴纳滞纳金，已受行政处罚的，不予追究刑事责任；但是，五年内因逃避缴纳税款受过刑事处罚或者被税务机关给予二次以上行政处罚的除外。"

5. 进行虚假申报或不进行申报行为的法律责任

《征管法》规定："纳税人、扣缴义务人编造虚假计税依据的，由税务机关责令限期改

正,并处5万元以下的罚款。

纳税人不进行纳税申报,不缴或者少缴应纳税款的,由税务机关追缴其不缴或者少缴的税款、滞纳金,并处不缴或者少缴税款50%以上5倍以下的罚款。"

6. 逃避追缴欠税的法律责任

《征管法》规定:"纳税人欠缴应纳税款,采取转移或者隐匿财产的手段,妨碍税务机关追缴欠缴的税款的,由税务机关追缴欠缴的税款、滞纳金,并处欠缴税款50%以上5倍以下的罚款;构成犯罪的,依法追究刑事责任。"

《刑法》规定:"纳税人欠缴应纳税款,采取转移或者隐匿财产的手段,致使税务机关无法追缴欠缴的税款,数额在1万元以上不满10万元的,处3年以下有期徒刑或者拘役,并处或者单处欠缴税款1倍以上5倍以下罚金;数额在10万元以上的,处3年以上7年以下有期徒刑,并处欠缴税款1倍以上5倍以下罚金。"

7. 骗取出口退税的法律责任

《征管法》规定:"以假报出口或者其他欺骗手段,骗取国家出口退税款的,由税务机关追缴其骗取的退税款,并处骗取税款1倍以上5倍以下的罚款;构成犯罪的,依法追究刑事责任。"对骗取国家出口退税款的,税务机关可以在规定期间内停止为其办理出口退税。

《刑法》规定:"以假报出口或者其他欺骗手段,骗取国家出口退税款,数额较大的,处5年以下有期徒刑或者拘役,并处骗取税款1倍以上5倍以下罚金;数额巨大或者有其他严重情节的,处5年以上10年以下有期徒刑,并处骗取税款1倍以上5倍以下罚金;数额特别巨大或者有其他特别严重情节的,处10年以上有期徒刑或者无期徒刑,并处骗取税款1倍以上5倍以下罚金或者没收财产。"

8. 抗税的法律责任

《征管法》规定:"以暴力、威胁方法拒不缴纳税款的,是抗税,除由税务机关追缴其拒缴的税款、滞纳金外,依法追究刑事责任。情节轻微,未构成犯罪的,由税务机关追缴其拒缴的税款、滞纳金,并处拒缴税款1倍以上5倍以下的罚款。"

《刑法》规定:"以暴力、威胁方法拒不缴纳税款的,处3年以下有期徒刑或者拘役,并处拒缴税款1倍以上5倍以下罚金;情节严重的,处3年以上7年以下有期徒刑并处拒缴税款1倍以上5倍以下罚金。"

9. 在规定期限内不缴或者少缴税款的法律责任

《征管法》规定:"纳税人、扣缴义务人在规定期限内不缴或者少缴应纳或者应解缴的税款,经税务机关责令限期缴纳,逾期仍未缴纳的,税务机关除依照《税收征管法》第四十条规定采取强制执行措施追缴其不缴或者少缴的税款外,可以处不缴或者少缴税款50%以上5倍以下的罚款。"

10. 扣缴义务人不履行扣缴义务的法律责任

《征管法》规定:"扣缴义务人应扣未扣、应收而不收税款的,由税务机关向纳税人追缴税款,对扣缴义务人处应扣未扣、应收未收税款50%以上3倍以下的罚款。"

11. 不配合税务机关依法检查的法律责任

《征管法》规定:"纳税人、扣缴义务人逃避、拒绝或者以其他方式阻挠税务机关检查的，由税务机关责令改正，可以处1万元以下的罚款。”

12. 非法印制发票的法律责任

(1)《征管法》规定，违反规定非法印制发票的，由税务机关销毁非法印制的发票，没收违法所得和作案工具，并处1万元以上5万元以下的罚款；构成犯罪的，依法追究刑事责任。

(2)《刑法》中对非法印制增值税专用发票、普通发票和完税凭证犯罪行为的处罚，分别做出了如下规定。

① 伪造或者出售伪造的增值税专用发票的，处3年以下有期徒刑、拘役或者管制，并处2万元以上20万元以下罚金；数量较大或者有其他严重情节的，处3年以上10年以下有期徒刑，并处5万元以上50万元以下罚金；数量巨大或者有其他特别严重情节的，处10年以上有期徒刑或者无期徒刑，并处5万元以上50万元以下罚金或者没收财产。

单位犯本条规定之罪的，对单位判处罚金，并对其直接负责的主管人员和其他直接责任人员，处3年以下有期徒刑、拘役或者管制；数量较大或者有其他严重情节的，处3年以上10年以下有期徒刑；数量巨大或者有其他特别严重情节的，处10年以上有期徒刑或者无期徒刑。

② 伪造、擅自制造或者出售伪造、擅自制造的可以用于骗取出口退税、抵扣税款的其他发票的，处3年以下有期徒刑、拘役或者管制，并处2万元以上20万元以下罚金；数量巨大的，处3年以上7年以下有期徒刑，并处5万元以上50万元以下罚金；数量特别巨大的，处7年以上有期徒刑，并处5万元以上50万元以下罚金或者没收财产。

③ 伪造、擅自制造或者出售伪造、擅自制造的前款规定以外的其他发票的，处2年以下有期徒刑、拘役或者管制，并处或者单处1万元以上5万元以下罚金；情节严重的，处2年以上7年以下有期徒刑，并处5万元以上50万元以下罚金。

(3) 非法印制、转借、倒卖、变造或者伪造完税凭证的，由税务机关责令改正，处2 000元以上1万元以下的罚款；情节严重的，处1万元以上5万元以下的罚款；构成犯罪的，依法追究刑事责任。

13. 有税收违法行为而拒不接受税务机关处理的法律责任

从事生产、经营的纳税人、扣缴义务人，有《征管法》规定的税收违法行为，拒不接受税务机关处理的，税务机关可以收缴其发票或者停止向其发售发票。

14. 金融机构拒绝配合税务机关依法执行职务的法律责任

(1) 银行及其他金融机构未依照《征管法》的规定在从事生产、经营的纳税人的账户中登录税务登记证件号码，或者未按规定在税务登记证件中登录从事生产、经营的纳税人的账号的，由税务机关责令其限期改正，处2 000元以上2万元以下的罚款；情节严重的，处2万元以上5万元以下的罚款。

(2) 为纳税人、扣缴义务人非法提供银行账户、发票、证明或其他方便，导致未缴、少缴税款或者骗取国家出口退税款的，税务机关除没收其违法所得外，可以处未缴、少缴或者骗取的税款1倍以下的罚款。

(3) 拒绝接受税务机关依法检查纳税人、扣缴义务人存款账户，或者拒绝执行税务机关做出的冻结存款或者扣缴税款的决定，或者在接到税务机关的书面通知后帮助纳税人、

扣缴义务人转移存款，造成税款流失的，由税务机关处 10 万元以上 50 万元以下的罚款，对直接负责的主管人员和其他直接责任人员处 1 000 元以上 1 万元以下的罚款。

15. 税务机关违法行为的法律责任

(1) 擅自改变税收征管范围的法律责任。

税务机关擅自改变税收征管范围和税款入库预算级次的，责令限期改正，对直接负责的主管人员和其他直接责任人员依法给予降级或撤职的行政处分。

(2) 不移送的法律责任。

税务人员徇私舞弊，对纳税人、扣缴义务人违法行为应当移送司法机关追究刑事责任的不移送，情节严重的，依法追究刑事责任。

(3) 不依法行政的法律责任。

税务人员与纳税人、扣缴义务人勾结，唆使或者协助他们的违法行为，构成犯罪的，按照《刑法》关于共同犯罪的规定处罚；尚不构成犯罪的，依法给予行政处分。

税务人员私分扣押、查封的货物或者财产，情节严重，构成犯罪的，依法追究刑事责任；尚不构成犯罪的，依法给予行政处分。

(4) 渎职行为的法律责任。

税务人员利用职务上的便利，收受或者索取纳税人、扣缴义务人财物或者谋取其他不正当利益，构成犯罪的，依法追究刑事责任；尚不构成犯罪的，依法给予行政处分。

税务人员徇私舞弊或者玩忽职守，不征收或者少征收应征税款，致使国家税收遭受重大损失，构成犯罪的，依法追究刑事责任；尚不构成犯罪的，依法给予行政处分。

税务人员滥用职权，故意刁难纳税人、扣缴义务人的，调离税收工作岗位，并依法给予行政处分。

税务人员对控告、检举税收违法违纪行为的纳税人、扣缴义务人以及其他检举人进行打击报复，依法给予行政处分；构成犯罪的，依法追究刑事责任。

《刑法》规定："税务机关的工作人员徇私舞弊，不征或者少征应征税款，致使国家税收遭受重大损失的，处 5 年以下有期徒刑或者拘役；造成特别重大损失的，处 5 年以上有期徒刑。"

《刑法》规定：税务机关的工作人员违反法律、行政法规的规定，在办理发售发票、抵扣税款、出口退税工作中，徇私舞弊，致使国家利益遭受重大损失的，处 5 年以下有期徒刑或者拘役；致使国家利益遭受特别重大损失的，处 5 年以上有期徒刑。

(5) 不按规定征收税款的法律责任。

违反法律、行政法规的规定，提前征收、延缓征收或者摊派税款的，由其上级机关或者行政监察机关责令改正，对直接负责的主管人员和其他直接责任人员依法给予行政处分。

违反法律、行政法规的规定，擅自做出税收的开征、停征或者减税、免税、退税、补税以及其他同税收法律、行政法规相抵触的决定的，除依照本法规定撤销其擅自做出的决定外，补征应征未征税款，退还不用征收而征收的税款，并由上级机关追究直接负责的主管人员和其他直接责任人员的行政责任；构成犯罪的，依法追究刑事责任。

《征管法》规定：罚款额在 2 000 元以下的，可以由税务所决定。

16. 违反税务代理的法律责任

税务代理人违反税收法律、行政法规，造成纳税人未缴或者少缴税款的，除由纳税人缴纳或者补缴应纳税款、滞纳金外，对税务代理人处纳税人未缴或者少缴税款50%以上3倍以下的罚款。

（六）纳税评估管理办法

1. 纳税评估含义

纳税评估是指税务机关运用数据信息对比分析的方法，对纳税人和扣缴义务人纳税申报情况的真实性和准确做出定性和定量的判断，并采取进一步征管措施的管理行为。

2. 纳税评估主体

纳税评估工作主要由基层税务机关的税源管理部门及其税收管理员负责，重点税源和重大事项的纳税评估也可由上级税务机关负责。

3. 纳税评估对象

（1）纳税评估的对象为主管税务机关负责管理的所有纳税人及其应纳所有税种。

（2）纳税评估对象可采用计算机自动筛选、人工分析筛选和重点抽样筛选等方法。

4. 纳税评估方法

纳税评估可根据所辖税源和纳税人的不同情况采取灵活多样的评估分析方法，主要有如下内容。

（1）对纳税人申报纳税资料进行案头的初步审核比对，以确定进一步评估分析的方向和重点。

（2）通过各项指标与相关数据的测算，设置相应的预警值，将纳税人的申报数据与预警值相比较。

（3）将纳税人申报数据与财务会计报表数据进行比较、与同行业相关数据或类似行业同期相关数据进行横向比较。

（4）将纳税人申报数据与历史同期相关数据进行纵向比较。

（5）根据不同税种之间的关联性和钩稽关系，参照相关预警值进行税种之间的关联性分析，分析纳税人应纳相关税种的异常变化。

（6）应用税收管理员日常管理中所掌握的情况和积累的经验，将纳税人申报情况与其生产经营实际情况相对照，分析其合理性，以确定纳税人申报纳税中存在的问题及其原因。

（7）通过对纳税人生产经营结构，主要产品能耗、物耗等生产经营要素的当期数据、历史平均数据、同行业平均数据以及其他相关经济指标进行比较，推测纳税人实际纳税能力。

对纳税人申报纳税资料进行审核分析时，要包括以下重点内容。

（1）纳税人是否按照税法规定的程序、手续和时限履行申报纳税义务，各项纳税申报附送的各类抵扣、列支凭证是否合法、真实、完整。

（2）纳税申报主表、附表及项目、数字之间的逻辑关系是否正确，适用的税目、税率及

各项数字计算是否准确，申报数据与税务机关所掌握的相关数据是否相符。

(3) 收入、费用、利润及其他有关项目的调整是否符合税法规定，申请减、免、缓、抵、退税，亏损结转、获利年度的确定是否符合税法规定并正确履行相关手续。

(4) 与上期和同期申报纳税情况有无较大差异。

(5) 税务机关和税收管理员认为应进行审核分析的其他内容。

此外，对实行定期定额(定率)征收税款的纳税人以及未达到起征点的个体工商户，可参照其生产经营情况，利用相关评估指标定期进行分析，以判断定额(定率)的合理性是否已经达到起征点并恢复征税。

5. 评估结果处理

(1) 对纳税评估中发现的计算和填写错误、政策和程序理解偏差等一般性问题，或存在的疑点问题经约谈、举证、调查核实等程序认定事实清楚，不具有偷税等违法嫌疑，无须立案查处的，可提请纳税人自行改正。需要纳税人自行补充的纳税资料，以及需要纳税人自行补正申报、补缴税款、调整账目的税务机关应督促纳税人按照税法规定逐项落实。

(2) 对纳税评估中发现的需要提请纳税人进行陈述说明、补充提供举证资料等问题，应由主管税务机关约谈纳税人。

(3) 对评估分析和税务约谈中发现的必须到生产经营现场了解情况、审核账目凭证的，应经所在税源管理部门批准，由税收管理员进行实地调查核实。对调查核实的情况，要做认真记录。需要处理处罚的，要严格按照规定的权限和程序执行。

(4) 发现纳税人有偷税、逃避追缴欠税、骗取出口退税、抗税或其他需要立案查处的税收违法行为嫌疑的，要移交税务稽查部门处理。

(5) 对纳税评估工作中发现的问题要作出评估分析报告，提出进一步加强征管工作的建议，并将评估工作内容、过程、证据、依据和结论等记入纳税评估工作底稿。纳税评估分析报告和纳税评估工作底稿是税务机关内部资料，不发纳税人，不作为行政复议和诉讼依据。

6. 评估工作管理

(1) 基层税务机关及其税源管理部门要根据所辖税源的规模、管户的数量等工作实际情况，结合自身纳税评估的工作能力，制订评估工作计划，合理确定纳税评估工作量，对重点税源户，要保证每年至少重点评估分析一次。

(2) 从事纳税评估的工作人员，在纳税评估工作中徇私舞弊或者滥用职权，或为有涉嫌税收违法行为的纳税人通风报信致使其逃避查处的，或瞒报评估真实结果、应移交案件不移交的，或致使纳税评估结果失真、给纳税人造成损失的，不构成犯罪的，由税务机关按照有关规定给予行政处分；构成犯罪的，要依法追究刑事责任。

7. 纳税评估通用分析指标及其使用方法

纳税评估指标是税务机关筛选评估对象、进行重点分析时所选用的主要指标，分为通用分析指标和特定分析指标两大类，使用时可结合评估工作实际不断细化和完善。

纳税评估通用指标包括五类：收入类、成本类、费用类、利润类、资产类。

(1) 收入类评估分析指标。

主营业务收入变动率=(本期主营业务收入－基期主营业务收入)÷基期主营业务收入×100%

如主营业务收入变动率超出预警值范围,可能存在少计收入等问题。

(2) 成本类评估分析指标。

单位产成品原材料耗用率=本期投入原材料÷本期产成品成本×100%

运用该指标,可以判断纳税人是否存在账外销售、错误使用计价方法、人为调整产成品成本或应纳税所得额等问题。

主营业务成本变动率=(本期主营业务成本－基期主营业务成本)÷基期主营业务成本×100%

如主营业务成本变动率超出预警值范围,可能存在销售未计收入、多列成本费用、扩大税前扣除范围等问题。

(3) 费用类评估分析指标。

本期费用=本期营业费用＋本期管理费用＋本期财务费用

营业费用变动率=(本期营业费用－基期营业费用)÷基期营业费用×100%

管理费用变动率=(本期管理费用－基期管理费用)÷基期管理费用×100%

财务费用变动率=(本期财务费用－基期财务费用)÷基期财务费用×100%

成本费用率=本期费用÷本期主营业务成本×100%

成本费用利润率=利润总额÷(本期主营业务成本＋本期费用)×100%

如费用类指标与预警值相差较大,可能存在多列费用问题。

(4) 利润类评估分析指标。

主营业务利润变动率=(本期主营业务利润－基期主营业务利润)÷基期主营业务利润×100%

其他业务利润变动率=(本期其他业务利润－基期其他业务利润)÷基期其他业务利润×100%

如利润类指标与预警值相差较大,可能存在多结转成本或不计、少计收入问题。

(5) 资产类评估分析指标。

净资产收益率=净利润÷平均净资产×100%

总资产周转率=(主营业务收入＋其他业务收入)÷平均总资产×100%

存货周转率=主营业务成本÷平均存货成本×100%

应收账款变动率=(期末应收账款－期初应收账款)÷期初应收账款×100%

应付账款变动率=(期末应付账款－期初应付账款)÷期初应付账款×100%

资产负债率=负债总额÷资产总额×100%

如资产收益率、资产周转率与资产负债率与预警值相差较大,要考虑纳税人盈利能力、偿债能力有无问题及其对税收收入的影响。

进行纳税评估分析,还应包括指标的配比分析,分析的内容主要包括:主营业务收入变动率与主营业务利润变动率、主营业务成本变动率、主营业务费用变动率相互配比分析;资产利润率、资产周转率、销售利润率、存货变动率等的配比分析。

（七）纳税担保试行办法

1. 纳税保证

（1）纳税保证人。纳税保证人是指在中国境内具有纳税担保能力的自然人、法人或者其他经济组织。

有以下情形之一的，不得作为纳税保证人。

① 有偷税、抗税、骗税、逃避追缴欠税行为被税务机关、司法机关追究过法律责任未满 2 年的。

② 因有税收违法行为正在被税务机关立案处理或涉嫌刑事犯罪被司法机关立案侦查的。

③ 纳税信誉等级被评为 C 级以下的。

④ 在主管税务机关所在地的市（地、州）没有住所的自然人或税务登记不在本市（地、州）的企业。

⑤ 无民事行为能力或限制民事行为能力的自然人。

⑥ 与纳税人存在担保关联关系的。

⑦ 有欠税行为的。

（2）纳税担保范围。

纳税人有下列情况之一的，适用纳税担保。

① 税务机关有根据认为从事生产、经营的纳税人有逃避纳税义务行为，在规定的纳税期之前经责令其限期缴纳应纳税款，在限期内发现纳税人有明显的转移、隐匿其应纳税的商品、货物以及其他财产或者应纳税收入的迹象，责成纳税人提供纳税担保的。

② 欠缴税款、滞纳金的纳税人或者其法定代表人需要出境的。

③ 纳税人同税务机关在纳税上发生争议而未缴清税款，需要申请行政复议的。

④ 税收法律、行政法规规定可以提供纳税担保的其他情形。

（3）纳税保证责任。

纳税保证为连带责任保证，纳税人和纳税保证人对所担保的税款及滞纳金承担连带责任。保证人用于纳税担保的财产、权利的价值不得低于应当缴纳的税款、滞纳金，并考虑相关的费用。用于担保的财产、权利的价格估算，参照同类商品的市场价、出厂价或者评估价估算。

（4）纳税担保时限。

① 纳税担保书须经纳税人、纳税保证人签字盖章并经税务机关签字盖章同意方为有效。纳税担保从税务机关在纳税担保书签字盖章之日起生效。

② 保证期间为纳税人应缴纳税款期限届满之日起 60 日内，即税务机关自纳税人应缴纳税款的期限届满之日起 60 日内有权要求纳税保证人承担保证责任，缴纳税款、滞纳金。

履行保证责任的期限为 15 日，即纳税保证人应当自收到税务机关的纳税通知书之日起 15 日内履行保证责任，缴纳税款及滞纳金。

2. 纳税抵押

纳税抵押，是指纳税人或纳税担保人不转移对所列财产的占有，将该财产作为税款及滞纳金的担保。纳税人逾期未缴清税款及滞纳金的，税务机关有权依法处置该财产以抵缴税款及滞纳金。

（1）可以抵押的财产(共五项)。

① 抵押人所有的房屋和其他地上定着物。

② 抵押人所有的机器、交通运输工具和其他财产。

③ 抵押人依法有权处分的国有的房屋和其他地上定着物。

④ 抵押人依法有权处分的国有的机器、交通运输工具和其他财产。

⑤ 经设区的市、自治州以上税务机关确认的其他可以抵押的合法财产。

以依法取得的国有土地上房屋抵押的，该房屋占用范围内的国有土地使用权同时抵押。以乡(镇)、村企业的厂房等建筑物抵押的，其占用范围内的土地使用权同时抵押。

（2）不得抵押的财产：(共八项)。

① 土地所有权。

② 土地使用权，上述抵押范围规定的除外。

③ 学校、幼儿园、医院等以公益为目的的事业单位、社会团体、民办非企业单位的教育设施、医疗卫生设施和其他社会公益设施；学校、幼儿园、医院等以公益为目的的单位、社会团体，可以其教育设施、医疗卫生设施和其他社会公益设施以外的财产为其应缴纳的税款及滞纳金提供抵押。

④ 所有权、使用权不明或者有争议的财产。

⑤ 依法被查封、扣押、监管的财产。

⑥ 依法定程序确认为违法、违章的建筑物。

⑦ 法律、行政法规规定禁止流通的财产或者不可转让的财产。

⑧ 经设区的市、自治州以上税务机关确认的其他不予抵押的财产。

3. 纳税质押

纳税质押是指经税务机关同意，纳税人或纳税担保人将其动产或权利凭证移交税务机关占有，将该动产或权利凭证作为税款及滞纳金的担保。纳税人逾期未缴清税款及滞纳金的，税务机关有权依法处置该动产或权利凭证以抵缴税款及滞纳金。

纳税质押分为动产质押和权利质押。

（1）动产质押。

以动产提供质押担保的，应当填写纳税担保书和纳税担保财产清单并签字盖章。纳税担保书应当包括以下内容。

① 担保的税款及滞纳金数额、所属期间、税种名称、税目。

② 纳税人履行应缴纳税款及滞纳金的期限。

③ 质押物的名称、数量、价值、移交前所有权权属或使用权权属等。

④ 质押担保的范围及担保责任。

⑤ 纳税担保财产价值。

⑥ 税务机关认为需要说明的其他事项。

（2）权利质押。

纳税人以汇票、支票、本票、公司债券出质的，税务机关应当于纳税人背书清单上记载

“质押”字样。以存款单出质的,应由签发的金融机构核押。如果票据兑现日期先于纳税义务履行期或者担保期的,税务机关与纳税人约定将兑现的价款用于缴纳所担保的税款及滞纳金。

(3) 质押的处理。

① 纳税担保人以其动产或财产权利为纳税人提供纳税质押担保的,按照纳税人提供质押担保的规定执行;纳税担保书和纳税担保财产清单须经纳税人、纳税担保人签章盖章并经税务机关确认。

② 纳税人在规定的期限内未缴清税款及滞纳金的,税务机关应当在期限届满之日起15日内,书面通知纳税担保人自收到纳税通知书之日起15日内缴纳担保的税款及滞纳金。

③ 纳税担保人未按照规定的期限缴纳所担保的税款及滞纳金,税务机关应责令其限期15日内缴纳;限期内缴清的,税务机关应自缴清之日起的3个工作日内返还质押物;逾期仍未缴纳的,经县以上税务局(分局)局长批准,税务机关依法拍卖、变卖质押物,抵缴税款及滞纳金。

三、重点与难点

【重点】 税收征收管理法的立法目的及其适用范围;税务管理的主要内容;税款征收的原则、方式及具体制度;税务检查的形式、方法及职责;纳税担保办法。

【难点】 违反税法规定行为的法律责任;纳税评估主要运用的指标。

四、基础练习

(一) 判断题

1. 纳税人依法破产应先到工商行政管理机关办理注销登记,然后再到税务机关办理注销登记。 (　　)

2. 对外省来本地从事临时经营活动的单位和个人,本省税务机关可以售予其发票,但应要求提供担保人,或根据领购发票的票面限额与数量缴纳一定金额的保证金,并限期缴销发票。 (　　)

3. 无固定经营场所的纳税人领购发票,应提供担保人,不能提供担保人的,应提供保证金。 (　　)

4. 发票的使用应遵循本地使用、本单位使用、按规定范围使用的原则。 (　　)

5. 纳税人申请领购发票,税务机关有权要求其提供担保人或提供保证金。 (　　)

6. 根据《税收征管法》规定,税务机关负责管理和监督发票的印刷、领购、开具、保管及缴销。 (　　)

7. 税务机关对税务登记证件实行定期验证和换证制度。纳税人应当在规定的期限内持有关证件到主管税务机关办理验证或者换证手续。 (　　)

8. 经获准延期办理纳税申报的,应预缴税款。 (　　)

9. 经获准延期缴纳税款的,不加收滞纳金,可以收取利息。 (　　)

10. 流转税的纳税期限一般不超过1个月,对于实行定期定额缴纳税款的纳税人,经税务机关批准,可以采取按季度、半年或年度的方式缴纳税款。 (　　)

11. 税务机关有义务无偿地为纳税人提供纳税咨询服务,普及纳税知识。 (　　)

12. 延期缴税的审批权限集中在省、自治区和直辖市的国家税务局和地方税务局。 (　　)

13. 纳税人只能向主管税务机关申请减免税。 (　　)

14. 税务机关按规定给付扣缴义务人手续费的,可以从其征收的税款中坐支。 (　　)

15. 实施扣押、查封、变卖纳税人的货物或财产等措施时,应当通知被执行人到场。若被执行人接到通知后拒不到场的,不影响执行。但同时应通知有关单位,作为扣押、查封财产的见证人。 (　　)

16. 对个人纳税人采取税收保全措施时,其机动车辆不应在税收保全措施的范围内。 (　　)

17. 纳税人同时从事减免税项目与非减免税项目,不能分别核算的,不能享受减免税。 (　　)

18. 纳税人同时从事减免税项目与非减免税项目,核算不清的,由税务机关按合理方法核定减免税。 (　　)

19. 减免税项目分为报批类减免税和备案类减免税。 (　　)

20. 纳税人依法可以享受减免税待遇,但未享受而多缴税款的,不可以再要求退还多缴的税款。 (　　)

21. 对于备案类减免税,纳税人未按规定经税务机关备案的,一律不得减免税。 (　　)

22. 纳税人在出境前未结清应纳税款或未提供担保的,出境管理机关应阻止其出境。 (　　)

23. 欠缴税款数额较大(5万元以上)的纳税人,处分其不动产或大额资产之前应向税务机关报告。 (　　)

24. 税务机关可以对欠缴税款的纳税人行使税收优先权、代位权、撤销权。 (　　)

25. 扣缴义务人应扣未扣、应收未收的税款,税务机关应责令扣缴义务人代纳税人缴纳税款。 (　　)

26. 税务机关有权到纳税人的生活场所检查应纳税的商品、货物或其他财产。 (　　)

(二) 单项选择题

1.《税收征管法》规定,扣缴义务人依法履行代扣、代缴税款义务时,纳税人不得拒绝。纳税人拒绝的,扣缴义务人应当(　　)。

A. 及时报告税务机关处理

B. 书面通知纳税人开户银行暂停支付相当于应纳税额的存款

C. 立即停止支付纳税人的有关款项

D. 书面通知纳税人开户银行从其存款中扣缴应纳税额的存款

2. 纳税人办理税务登记后,下列哪项发生变化需要变更税务登记(　　)。

A. 注册资金(资本)　　B. 从业人数
C. 营业执照号码　　D. 财务负责人及办税人员

3.《税收征管法》规定的措施,不适用于(　　)。

A. 增值税　　B. 所得税
C. 教育费附加　　D. 契税

4. 税务管理的内容不包括下列哪项(　　)。

A. 税务登记管理　　B. 账簿、凭证管理
C. 纳税申报管理　　D. 应纳税款的计算

5. 延期缴纳税款,一般不得超过(　　)。

A. 1个月　　B. 3个月　　C. 4个月　　D. 5个月

6. 发票的主管机关是(　　)。

A. 财政机关　　B. 税务机关
C. 工商行政管理机关　　D. 审计机关

7. 税收保全措施是税务机关采取的一种紧急处理措施,适用于(　　)。

A. 从事生产经营的纳税人　　B. 不从事生产经营的纳税人
C. 扣缴义务人　　D. 纳税担保人

8. 采取税收强制执行措施的同时,可处以相应税款金额(　　)。

A. 5倍以下的罚款　　B. 50%以上5倍以下的罚款
C. 50%以上的罚款　　D. 50%以上5倍以下的罚金

9. 对于纳税人偷税的,税务机关除了追缴税款和滞纳金以外,并处以罚款,罚款额为(　　)。

A. 偷税数额的50%以上5倍以下的罚款
B. 偷税数额的50%以上3倍以下的罚款
C. 偷税数额的1倍以上5倍以下的罚款
D. 5万元以上50万元以下

10. 下列关于税收强制执行措施的表述中,正确的是(　　)。

A. 税收强制执行措施不适用于扣缴义务人
B. 作为家庭唯一代步工具的轿车,不在税收强制执行的范围之内
C. 税务机关采取强制执行措施时,可对纳税人未缴纳的滞纳金同时强制执行
D. 对未按期缴纳工薪收入个人所得税的个人,可以实施税收强制执行措施

11. 纳税人超过应纳税额缴纳的税款,纳税人自缴纳税款之日起(　　)发现的,可以向税务机关要求退还,并加算同期银行存款利息。

A. 1年内　　B. 3年内　　C. 10年内　　D. 无限期

12. 税务机关发现纳税人多缴税款,应予以退还,但不加算同期银行存款利息。退还时限的规定为(　　)。

A. 无限期　　B. 10年内　　C. 3年内　　D. 1年内

13. 延期申报纳税应经(　　)批准。

A. 县级以上税务机关　　B. 基层税务机关

C. 省级国家(地方)税务局　　D. 国家税务总局

14. 延期缴纳税款应经(　　)批准。

A. 国家税务总局　　B. 省级国家(地方)税务局

C. 县级以上税务机关　　D. 基层税务机关

15. 税务机关责令纳税人限期缴纳税款的期限一般不超过(　　)。

A. 7日　　B. 10日　　C. 15日　　D. 1个月

16 纳税人在规定期限届满未缴清税款的,纳税保证人在收到税务机关的书面通知之日起(　　)内,缴纳税款及滞纳金,履行担保责任。

A. 1个月　　B. 15日　　C. 10日　　D. 7日

17. 对纳税人未按规定期限进行纳税申报,情节严重的适用(　　)。

A. 2 000元以下罚款　　B. 2 000元以上10 000元以下罚款

C. 50 000元以下罚款　　D. 50%以上5倍以下罚款

18. 对纳税人不进行纳税申报适用(　　)。

A. 2 000元以下罚款　　B. 2 000元以上10 000元以下罚款

C. 50%以上5倍以下罚款　　D. 50 000元以下罚款

(三) 多项选择题

1.《税收征管法》的立法目的包括(　　)。

A. 加强税收征收管理　　B. 规范征收和缴纳行为

C. 保障国家税收收入　　D. 保护纳税人的合法权益

2.《税收征管法》的遵守主体包括(　　)。

A. 税务机关　　B. 纳税人

C. 扣缴义务人　　D. 有关单位和部门

3. 税务登记的种类有(　　)。

A. 开业税务登记　　B. 变更、注销税务登记

C. 外出经营报验登记　　D. 停业、复业登记

4. 下列情形,应由税务机关核发临时税务登记证及副本的有(　　)。

A. 境外企业在境内承包工程项目

B. 企事业单位的承包人有独立的生产经营权,上缴固定的承包费

C. 纳税人外出某地经营一年内超过180天

D. 企业跨地区设立分支机构或场所

5. 税务登记表的种类有(　　)。

A. 内资企业税务登记表　　B. 分支机构税务登记表

C. 个体经营税务登记表　　D. 涉外企业税务登记表

6.《税收征管法》的内容包括下列那些方面(　　)。

A. 税务管理　　B. 税款征收　　C. 税务检查　　D. 法律责任

7. 纳税人在办理注销登记前,应当向税务机关( )。

A. 结清应纳税款、滞纳金、罚款

B. 缴销发票和其他税务证件

C. 提供清缴欠税的纳税担保

D. 缴销会计账簿和凭证

8. 下列各项中,税务机关可以采取"核定征收"方式征税的有( )。

A. 擅自销毁账簿或拒不提供纳税资料的

B. 开业初期生产经营尚未正规的

C. 申报的计税依据明显偏低又无正当理由的

D. 财务会计人员严重不足的

9. 办理纳税申报的主体包括( )。

A. 有纳税义务的单位和个人

B. 有扣缴税款义务的单位和个人

C. 临时取得应税收入或发生应税行为的纳税人

D. 享有减税、免税待遇的纳税人

10. 建立欠税清缴制度,防止税款流失的措施包括( )。

A. 出境清税

B. 大额欠税处分财产报告制度

C. 对欠税纳税人税务机关可行使代位权、撤销权

D. 欠税公告制度

11. 下列行为,适用50%以上5倍以下罚款的( )。

A. 偷税

B. 逃避追缴欠税

C. 骗取出口退税

D. 抗税

12. 纳税担保人提供纳税担保的范围包括( )。

A. 税款

B. 征收税款和滞纳金的费用

C. 滞纳金

D. 罚款

13. 下列不可以作为纳税担保人的有( )。

A. 国家机关 B. 事业单位 C. 自然人 D. 社会团体

14. 纳税担保可以采用下列哪些方式( )。

A. 交存保证金

B. 财产抵押

C. 土地所有权抵押

D. 动产质押

15. 下列哪些行为,适用《刑法》规定,追究刑事责任( )。

A. 伪造或出售伪造增值税专用发票的

B. 伪造或出售伪造其他发票的

C. 伪造完税凭证的

D. 伪造或出售伪造的可用于骗取出口退税、抵扣税款的其他发票的

16. 税收强制执行措施适用于( )。

A. 从事生产经营的纳税人

B. 不从事生产经营的纳税人

C. 扣缴义务人

D. 纳税担保人

五、复习思考题

1. 税收征管理法的适用范围和适用主体分别是什么？
2. 税务管理的主要内容有哪些？
3. 税款征收的原则和措施主要包括哪些？
4. 纳税人违反税法规定的行为有哪些，应负什么法律责任？
5. 税务机关及税务人员违反税法规定的行为有哪些，应负什么法律责任？
6. 其他机构及人员违反税法规定的行为有哪些，应负什么法律责任？
7. 纳税评估运用哪些指标？
8. 纳税担保有哪些方法？

六、知识拓展阅读

美国的税务管理

美国的税务管理与联邦制相适应，税收管理体制也由联邦、州和地方三级构成，各级政府都有独立的课税权和固定的收入来源。联邦政府主要征收个人所得税、公司所得税、社会保障税、国内消费税、关税、遗产与赠予税，其中个人所得税和公司所得税为其主要收入来源。州政府主要征收销售税、州个人所得税、州公司所得税、州消费税等，销售税为其主要收入来源。地方政府则主要征收财产税、地方销售税、地方个人所得税等，其中财产税为其主要收入来源。在税收收入总额中，联邦税收收入占60%左右，州和地方占40%左右。

联邦税法由国会制定和修改，由财政部颁布实施细则，由税务局解释执行；各州和地方议会可自主制定各州或地方征收的税种和征收办法。

美国联邦、州、地方三套税务机构，分属各级政府，各司其职，不存在领导与被领导关系。美国国税局局长必须由总统提名，经国会通过后任命。国税局、州税局和地税局拥有独立的执法权，有权根据税法解释税法执行中的具体问题，如果纳税人不服，可申请法院裁决解释，其他部门无权干预；有权根据税法对欠税多少进行估算，欠税人如不服，须负举证责任。

美国人的纳税意识很强，大都能自觉如实报税、缴税。但美国公民和公司一般不亲自申报纳税，而是委托会计公司代办纳税。

在美国，除小额交易外，其他交易必须通过银行转账，否则就是违法。在银行开户必须有身份证明，每个美国人(含法人和自然人)都有一个社保号，银行按社保号把每个人的利息收入按税法规定报告给税务局。同时，联邦与地方税务局、税务局与海关等有关部门之间互通信息，使税务局能及时、全面地掌握每个纳税人的情况，防止税收流失。

美国税务局有权对纳税人有关账簿和记录进行稽查，有权召集纳税人到税务局接受调查、出示会计记录，以确定纳税人的应纳税额，判断是否有偷税行为。纳税人如不缴税，针对不同情况，税务局有权行使三种权利：一是抵押权，即有权以纳税人的房地产地契为抵押，督促纳税人付清欠税。二是强索权。即税务局可以冻结纳税人财产用于清缴税款。

三是占有权。指税务局有权依法处置纳税人财产，用以缴税。

美国十分重视运用先进技术管理税收。仅 1997 年，联邦就拨付 3.36 亿美元预算用于税务局的技术更新，其中改造计算机信息系统花费 2.06 亿美元。现在，税务局已能每天 24 小时直接处理纳税人的电子报税、电话报税，大大提高了工作效率。

美国各州税务局的内设机构一般有五个：法制机构，负责税法执行的一般解释、宣传、复议、应诉等；审计（稽查）机构，负责对纳税人纳税情况的调查及处理；研究统计机构，负责税收收入的统计和分析；征收机构，负责接受和处理纳税申报，进行税款征收；服务机构，负责人事、财务、接待。美国对税务审计很重视，如，夏威夷州税务局从事审计的人员占正式职工的 55%以上。

（资料来源：百度文库，2012-12-23.）

第十五章

税务行政法制

一、学习目标

【了解】 税务行政处罚的设定及执行。

【理解】 税务行政复议的概念;税务行政诉讼的概念和原则;税务行政处罚的概念和原则;税务行政复议的受理和决定;税务行政诉讼的审理和判决。

【掌握】 税务行政复议的受案范围、管辖和申请;税务行政诉讼的受案范围和起诉;税务行政处罚的程序。

二、学习要点与内容提要

(一)税务行政处罚

1. 税务行政处罚的概念

税务行政处罚是指公民、法人或者其他组织有违反税收征收管理秩序的违法行为,尚未构成犯罪,依法应当承担行政责任的,由税务机关给予行政处罚。

2. 税务行政处罚的原则

(1)法定原则。

法定原则包括四个方面的内容:①对公民和组织实施税务行政处罚必须有法定依据,无明文规定不得处罚;②税务行政处罚必须由法定的国家机关在其职权范围内设定;③税务行政处罚必须由法定的税务机关在其职权范围内实施;④税务行政处罚必须由税务机关按照法定程序实施。

(2)公正、公开原则。

公正,是指防止偏听偏信,使当事人了解其违法行为的性质,并给其申辩的机会。公开,是指税务行政处罚的规定要公开、处罚程序要公开。

(3)以事实为依据原则。

(4)过罚相当原则。

过罚相当是指在税务行政处罚的设定和实施方面,要根据税务违法行为的性质、情节、社会危害性的大小而定,防止畸轻畸重或者"一刀切"的行政处罚现象。

(5)处罚与教育相结合原则。

税务行政处罚只是手段,目的是纠正违法行为,教育公民自觉守法。因此,税务机关

在实施行政处罚时，要责令当事人改正或者限期改正违法行为，对情节轻微的违法行为不一定要实施处罚。

（6）监督、制约原则。

对税务机关实施行政处罚应实行两方面的监督制约：一方面是在税务机关内部，对违法行为的调查与做出处罚决定相分开，决定罚款的机关与收缴罚款的机构相分开，当场做出的处罚决定向所属行政机关备案等。另一方面是在税务机关外部，实行税务系统上下级之间的监督制约和司法监督，具体体现主要是税务行政复议和诉讼。

3. 税务行政处罚的设定和种类

（1）税务行政处罚的设定。

税务行政处罚的设定，是指由特定的国家机关通过一定形式首次独立规定公民、法人或者其他组织的行为规范，并规定违反该行为规范的行政制裁措施。

我国现行税收法制的原则是税权集中、税法统一，税收的立法权主要集中在中央。

① 全国人民代表大会及其常务委员会可以通过法律的形式设定各种税务行政处罚。

② 国务院可以通过行政法规的形式设定除限制人身自由以外的税务行政处罚。

③ 国家税务总局可以通过规章的形式设定警告和罚款。

税务行政规章对非经营活动中的违法行为设定罚款不得超过 1 000 元；对经营活动中的违法行为，有违法所得的，设定罚款不得超过违法所得的 3 倍，且最高不得超过 3 万元，没有违法所得的，设定罚款不得超过 1 万元；超过限额的，应当报国务院批准。

省、自治区、直辖市和计划单列市国家税务局、地方税务局及其以下各级税务机关，制定的税收法律、法规、规章以外的规范性文件，在税收法律、法规、规章规定给予行政处罚的行为、种类和幅度的范围内做出具体规定，是一种执行税收法律、法规、规章的行为，而不是对税务行政处罚的设定。

（2）税务行政处罚的种类。

税务行政处罚的种类随着税收法律、法规、规章设定的变化而变化。目前，我国税务行政处罚的种类主要有四种。

① 罚款。

② 没收非法所得。

③ 停止出口退税权。

④ 收缴发票和暂停供应发票。

4. 税务行政处罚的主体与管辖

（1）税务行政处罚的主体。

税务行政处罚的实施主体主要是县级以上的税务机关，能够独立行使税收征收管理职权，是具有法人资格的行政机关。

我国税务机关的组织构成包括国家税务总局；省、自治区、直辖市国家税务局和地方税务局；地（市、州、盟）国家税务局和地方税务局；县（市、旗）国家税务局和地方税务局四级。这些税务机关都具有税务行政处罚主体资格。

各级税务机关的内设机构、派出机构不具处罚主体资格，不能以自己的名义实施税务行政处罚。但《征管法》特别授权税务所可以实施罚款额在 2 000 元以下的税务行政处罚。

(2) 税务行政处罚的管辖。

根据我国《行政处罚法》和《征管法》的规定，税务行政处罚由当事人税收违法行为发生地的县(市、旗)以上税务机关管辖。

5. 税务行政处罚的程序

(1) 简易程序。

税务行政处罚的简易程序，是指税务机关及其执法人员对于公民、法人或者其他组织违反税收征收管理秩序的行为，当场做出处罚决定的程序。

简易程序的适用条件：一是违法行为案情简单、事实清楚、违法后果比较轻微且有法定依据应当给予处罚；二是给予的处罚较轻，仅适用于对公民处以 50 元以下和对法人或者其他组织处以 1 000 元以下罚款的违法案件。

实施简易程序的步骤：①向当事人出示税务行政执法身份证件；②告知当事人受到税务行政处罚的违法事实、依据和陈述申辩权；③听取当事人陈述申辩意见；④填写具有预定格式、编有号码的税务行政处罚决定书，并当场交付当事人。

税务行政执法人员当场制作的税务行政处罚决定书，应当报所属税务机关备案。

(2) 一般程序。

除了适用简易程序的税务违法案件外，对于其他违法案件，税务机关在做出处罚决定之前都要经过立案、调查取证(有的案件还要举行听证)、审查、决定、执行程序。

适用一般程序的案件一般是情节比较复杂、处罚比较重的案件。

(3) 税务行政处罚的执行。

税务行政处罚的执行，是指履行税务机关依法做出的行政处罚决定的活动。税务机关依法做出行政处罚决定后，当事人应当在行政处罚决定规定的期限内，予以履行。当事人在法定期限内不申请复议又不起诉，并且在规定期限内又不履行的，税务机关可以依法强制执行或者申请法院强制执行。

税务机关对当事人做出罚款处罚决定的，当事人应当在收到行政处罚决定书之日起 15 日内缴纳罚款，到期不缴纳的，税务机关可以对当事人每日按罚款数额的 3% 加处罚款。

税务人员当场收缴罚款，只适用于依法给予 20 元以下罚款或当场不收缴事后难以执行的情形。收取罚款必须向当事人出具合法的罚款收据，并应当自收缴罚款之日起 2 日内将罚款交至税务机关，税务机关应在 2 日内将罚款交付指定的银行或者其他金融机构。

除了当场收缴罚款的情形以外，实行作出罚款决定的税务机关与收缴罚款的机构分离。代收罚款的银行或其他金融机构，由国家税务总局与财政部、中国人民银行研究确定。各级地方税务机关的代收机构也可以由地方税务局与当地财政部门、中国人民银行分支机构研究确定。

(二) 税务行政复议

为了防止和纠正违法的或不当的税务具体行政行为，保护纳税人及其他税务当事人的合法权益，保障和监督税务机关依法行使职权，实行税务行政复议制度。

1. 税务行政复议的概念及其特点

税务行政复议是指当事人(纳税人、扣缴义务人、纳税担保人及其他税务当事人)不服税务机关及其工作人员做出的税务具体行政行为,依法向复议机关(上一级税务机关)提出申请,复议机关经审理,对原税务机关具体行政行为依法做出维持、变更、撤销等决定的活动。

税务行政复议具有以下特点。

(1) 以当事人不服税务机关及其工作人员做出的税务具体行政行为为前提。如果当事人认为税务机关的处理合法、适当,或税务机关还没有做出处理,当事人的合法权益没有受到侵害,就不存在税务行政复议。

(2) 因当事人的申请而产生。当事人不申请,就不会产生税务行政复议。

(3) 复议机关一般应为原税务机关的上一级税务机关。

(4) 税务行政复议与行政诉讼相衔接。

根据我国《行政诉讼法》和《行政复议法》的规定,一般行政案件,当事人都可以选择行政复议或者行政诉讼程序解决,当事人对行政复议决定不服的,还可以向法院提起行政诉讼。

对税务行政案件,在运用行政复议或者行政诉讼程序时有其特殊性。《征管法》规定,对于因征税问题引起的争议,税务行政复议是税务行政诉讼的必经前置程序,未经复议不能向法院起诉,经复议仍不服的,才能起诉;对于因处罚、保全措施及强制执行引起的争议,当事人可以选择适用复议或诉讼程序,如选择复议程序,对复议决定仍不服的,可以向法院起诉。

复议机关受理了复议申请后,在法定的复议期限内,当事人不得再向人民法院起诉;人民法院依法受理了行政诉讼后,当事人不得再申请行政复议。

2. 税务行政复议的受案范围

税务行政复议的受案范围仅限于税务机关做出的税务具体行政行为。

(1) 征税行为。包括确认纳税主体、征税对象、征税范围、减税、免税及退税、适用税率、计税依据、纳税环节、纳税期限、纳税地点以及税款征收方式等具体行政行为,征收税款、加收滞纳金,扣缴义务人的代扣(收)代缴行为,受税务机关委托的单位和个人做出的代征行为等。

(2) 行政许可、行政审批行为。

(3) 发票管理行为,包括发售、收缴、代开发票等。

(4) 税收保全措施、强制执行措施。

(5) 行政处罚行为,包括罚款、没收财物和违法所得、停止出口退税权等。

(6) 不依法履行职责的行为,如颁发税务登记、出具完税凭证或外出经营活动税收管理证明、行政赔偿、行政奖励等。

(7) 资格认定行为。

(8) 不依法确认纳税担保行为。

(9) 政府信息公开工作中的具体行政行为。

(10) 纳税信用等级评定行为。

（11）通知出入境管理机关阻止出境行为。

（12）其他具体行政行为。

申请人认为税务机关的具体行政行为所依据的下列规定（不包括规章）不合法，可以提出对有关规定的审查申请。

（1）国家税务总局和国务院其他部门的规定。

（2）其他各级税务机关的规定。

（3）地方各级人民政府的规定。

（4）地方人民政府工作部门的规定。

3. 税务行政复议的管辖

（1）对各级国家税务局的具体行政行为不服的，向其上一级国家税务局申请行政复议。

（2）对各级地方税务局的具体行政行为不服的，可以选择向该税务局的本级人民政府或其上一级地方税务局申请行政复议（另有规定的，从其规定）。

（3）对国家税务总局的具体行政行为不服的，向国家税务总局申请行政复议。对行政复议决定不服的，可以向人民法院提出行政诉讼，也可以向国务院申请裁决，国务院的裁决为最终裁决。

（4）其他规定。

① 对计划单列市税务局的具体行政行为不服的，向省税务局申请行政复议。

② 对税务所（分局）、各级税务局的稽查局的具体行政行为不服的，向其所属税务局申请行政复议。

③ 对两个以上税务机关共同做出的具体行政行为不服的，向共同上一级税务机关申请行政复议。对税务机关与其他行政机关共同做出的具体行政行为不服的，向其共同上一级行政机关申请行政复议。

④ 对被撤销的税务机关在撤销以前所做出的具体行政行为不服的，向继续行使其职权的税务机关的上一级税务机关申请行政复议。

⑤ 对税务机关做出逾期不缴纳罚款加处罚款的决定不服的，向做出行政处罚决定的税务机关申请复议；对已处罚款和加处罚款都不服的，一并向做出行政处罚决定的税务机关的上一级税务机关申请复议。

4. 税务行政复议申请人和被申请人

（1）税务行政复议的申请人。

① 合伙企业申请行政复议的，应当以工商行政管理机关核准登记的企业为申请人，由执行合伙事务的合伙人代表该企业参加行政复议；其他合伙组织申请行政复议的，由合伙人共同申请行政复议。

前款规定以外的不具备法人资格的其他组织申请行政复议的，由该组织的主要负责人代表该组织参加行政复议；没有主要负责人的，由共同推选的其他成员代表该组织参加行政复议。

② 股份制企业的股东大会、股东代表大会、董事会认为税务具体行政行为侵犯企业合法权益的，可以以企业的名义申请行政复议。

③ 有权申请行政复议的公民死亡的，其近亲属可以申请行政复议；有权申请行政复议的公民为无行为能力人或者限制行为能力人，其法定代理人可以代理申请行政复议。

有权申请行政复议的法人或者其他组织发生合并、分立或终止的，承受其权利义务的法人或者其他组织可以申请行政复议。

④ 行政复议期间，行政复议机关认为申请人以外的公民、法人或者其他组织与被审查的具体行政行为有利害关系的，可以通知其作为第三人参加行政复议。

行政复议期间，申请人以外的公民、法人或者其他组织与被审查的税务具体行政行为有利害关系的，可以向行政复议机关申请作为第三人参加行政复议。

第三人不参加行政复议，不影响行政复议案件的审理。

⑤ 非具体行政行为的行政管理相对人，但其权利直接被该具体行政行为所剥夺、限制或者被赋予义务的公民、法人或其他组织，在行政管理相对人没有申请行政复议时，可以单独申请行政复议。

⑥ 同一行政复议案件申请人超过 5 人的，应当推选 1～5 名代表参加行政复议。

（2）税务行政复议的被申请人。

① 申请人对具体行政行为不服申请行政复议的，作出该具体行政行为的税务机关为被申请人。

② 申请人对扣缴义务人的扣缴税款行为不服的，主管该扣缴义务人的税务机关为被申请人；对税务机关委托的单位和个人的代征行为不服的，委托税务机关为被申请人。

③ 税务机关与法律、法规授权的组织以共同的名义作出具体行政行为的，税务机关和法律、法规授权的组织为共同被申请人。

税务机关与其他组织以共同名义作出具体行政行为的，税务机关为被申请人。

④ 税务机关依照法律、法规和规章规定，经上级税务机关批准作出具体行政行为的，批准机关为被申请人。

申请人对经重大税务案件审理程序作出的决定不服的，审理委员会所在税务机关为被申请人。

⑤ 税务机关设立的派出机构、内设机构或者其他组织，未经法律、法规授权，以自己名义对外作出具体行政行为的，税务机关为被申请人。

⑥ 申请人、第三人可以委托 1～2 名代理人参加行政复议。申请人、第三人委托代理人的，应当向行政复议机构提交授权委托书。授权委托书应当载明委托事项、权限和期限。公民在特殊情况下无法书面委托的，可以口头委托。口头委托的，行政复议机构应当核实并记录在卷。申请人、第三人解除或者变更委托的，应当书面告知行政复议机构。

被申请人不得委托本机关以外人员参加行政复议。

5．税务行政复议申请

（1）申请人可以在知道税务机关做出具体行政行为之日起 60 日内提出行政复议申请。

因不可抗力或者被申请人设置障碍等原因耽误法定申请期限的，应当扣除被耽误时间。

（2）申请人对“征税行为”不服的，应当先申请行政复议；对复议决定不服的，可以向人民法院提起行政诉讼。

需要注意的是，申请人申请行政复议的，必须先依照税务机关根据法律、行政法规确定的税额、期限，缴纳或者解缴税款及滞纳金或者提供相应的担保，才可在实际缴清税款和滞纳金后或者所提供的担保得到税务机关确认之日起60日内提出行政复议申请。即申请人应先履行义务，后行使权利。

(3) 申请人对"征税行为"以外的其他具体行政行为不服的，可以申请行政复议，也可以直接向人民法院提起行政诉讼。

申请人对税务机关做出逾期不缴纳罚款加处罚款决定不服的，应当先缴纳罚款和加处罚款，再申请行政复议。

(4) 申请人可以在知道税务机关作出具体行政行为之日起60日内提出行政复议申请。

(5) 税务机关作出的具体行政行为对申请人的权利、义务可能产生不利影响的，应当告知其申请行政复议的权利、行政复议机关和行政复议申请期限。

(6) 申请人书面申请行政复议的，可以采取当面递交、邮寄或者传真等方式。有条件的复议机关也可以接受以电子邮件形式提出的复议申请。

(7) 申请人口头申请行政复议的，复议机构应当当场制作行政复议申请笔录，交申请人核对或向申请人宣读，并由申请人确认。

(8) 复议机关已经受理行政复议的，在法定期限内申请人不得再向人民法院提起行政诉讼。申请人向人民法院提起行政诉讼，人民法院已经依法受理的，申请人不得再申请行政复议。

6. 税务行政复议的受理

(1) 复议机关收到申请人行政复议申请后，应当在5日内进行审查，决定是否受理。复议申请符合下列规定的，复议机关应当受理。

① 属于行政复议范围。

② 在法定期限内提出。

③ 有明确的申请人和符合规定的被申请人。

④ 申请人与具体行政行为有利害关系。

⑤ 有具体的行政复议请求和理由。

⑥ 属于行政复议机关的职责范围。

⑦ 其他行政复议机关尚未受理该行政复议申请，人民法院尚未受理就该事项提起的行政诉讼。

(2) 对决定不予受理的行政复议，应当书面告知申请人。对符合规定的行政复议申请，自行政复议机构收到之日起即为受理；受理行政复议申请，应当书面告知申请人。

(3) 行政复议申请材料不齐全、表述不清楚的，行政复议机构可以自收到该行政复议申请之日起5日内书面通知申请人补正。补正通知应当载明需要补正的事项和合理的补正期限。无正当理由逾期不补正的，视为申请人放弃行政复议申请。

补正申请材料所用时间不计入行政复议审理期限。

(4) 上级税务机关认为行政复议机关不予受理行政复议申请的理由不成立的，可以

督促其受理；经督促仍然不受理的，责令其限期受理。

上级税务机关认为行政复议申请不符合法定受理条件的，应当告知申请人。

上级税务机关认为有必要的，可以直接受理或者提审由下级税务机关管辖的行政复议案件。

(5) 对应当先向行政复议机关申请行政复议，对行政复议决定不服再向人民法院提起行政诉讼的具体行政行为，行政复议机关决定不予受理或者受理以后超过行政复议期限不作答复的，申请人可以自收到不予受理决定书之日起或者行政复议期满之日起15日内，依法向人民法院提起行政诉讼。

依照本规则第八十三条规定延长行政复议期限的，以延长以后的时间为行政复议期满时间。

(6) 行政复议期间具体行政行为不停止执行。有下列情形的，可以停止执行：

① 被申请人认为需要停止执行的；

② 行政复议机关认为需要停止执行的；

③ 申请人申请停止执行，复议机关认为申请人要求合理，决定停止执行的；

④ 法律、法规规定停止执行的。

7. 税务行政复议证据

(1) 行政复议证据包括以下类别：书证、物证、视听资料、证人证言、当事人陈述、鉴定结论、勘验笔录、现场笔录。

(2) 被申请人对其做出的具体行政行为负有举证责任。

(3) 复议机关应当依法全面审查相关证据，定案证据应当具有合法性、真实性和关联性。

① 审查证据的合法性，主要看证据是否符合法定的形式，证据的取得是否符合法律、法规、规章和司法解释的规定，是否有影响证据效力的其他违法情形。

② 审查证据的真实性，主要看证据形成的原因、发现证据时的环境、证据是否为原件、提供证据的人与行政复议参加人是否有利害关系、是否有影响证据真实性的其他因素。

③ 审查证据的关联性，主要看证据与待证事实是否具有证明关系、证据与待证事实的关联程度以及影响证据关联性的其他因素。

(4) 在行政复议过程中，被申请人不得自行向申请人和其他有关组织或个人收集证据。

(5) 行政复议机构认为必要时，可以调查取证。调查取证时，工作人员不得少于2人。

(6) 申请人和第三人可以查阅被申请人提出的书面答复、做出具体行政行为的证据、依据和其他有关材料，除涉及秘密、商业秘密和个人隐私外，行政复议机关不得拒绝。

8. 税务行政复议审查和决定

(1) 行政复议机构应当自受理申请之日起7日内，将复议申请书副本或申请笔录的复印件等送达被申请人，要求其10日内提出书面答复，并提交当初做出具体行政行为的依据、证据和有关材料。

(2) 行政复议机构审理复议案件，应当由 2 名以上行政复议工作人员参加。

(3) 复议原则上采用书面审查的方法，必要时可听取申请人、被申请人和第三人的意见，并可向有关组织和人员调查了解情况。

(4) 复议机关应当全面审查被申请人的具体行政行为所依据的事实证据、法律程序、法律依据和设定的权利义务内容的合法性、适当性。

(5) 申请人在复议决定做出前撤回复议申请的，经复议机关同意，可以撤回。

(6) 申请行政复议时一并提出对有关规定的审查申请，复议机关对该规定有权处理的，应当在 30 日内依法处理；无权处理的，应当在 7 日内转送有权处理的行政机关，有权处理的行政机关应当在 60 日内依法处理。处理期间，中止对具体行政行为的审查。

(7) 复议机关对被申请人的具体行政行为审查后，按照下列规定做出行政复议决定。

① 具体行政行为认定事实清楚、证据确凿、适用依据正确、程序合法、内容适当的，决定维持。

② 被申请人不履行法定职责的，决定其在一定期限内履行。

③ 具体行政行为有主要事实不清、证据不足、适用依据错误、违反法定程序、超越职权等行为明显不当的，决定撤销、变更或者确认该具体行政行为违法。

(8) 复议机关责令被申请人重新做出具体行政行为的，被申请人应当在 60 日内重新做出具体行政行为。情况复杂需要延期的，经复议机关批准，延期不得超过 30 日。

(9) 申请复议时一并提出赔偿请求，复议机关经审查其符合国家赔偿法规定的范围，应当同时决定被申请人依法赔偿。

(10) 行政复议机关应当自受理申请之日起 60 日内作出行政复议决定。情况复杂，不能在规定期限内作出行政复议决定的，经行政复议机关负责人批准，可以适当延期，并告知申请人和被申请人；但是延期不得超过 30 日。

行政复议机关作出行政复议决定，应当制作行政复议决定书，并加盖行政复议机关印章。

行政复议决定书一经送达，即发生法律效力。

(11) 被申请人应当履行行政复议决定，其不履行或无理由拖延履行的，复议机关或有关上级税务机关应当责令其限期履行。

(12) 复议机关做出行政复议决定，应当制作行政复议决定书，并加盖印章。行政复议决定书一经送达，即发生法律效力。

9. 税务行政复议和解与调解

(1) 对下列行政复议事项，按照自愿、合法的原则，申请人和被申请人在行政复议机关作出行政复议决定以前可以达成和解，行政复议机关也可以调解。

① 行使自由裁量权做出的具体行政行为，如行政处罚、核定税额、确定应税所得率等。

② 行政赔偿。

③ 行政奖励。

④ 存在其他合理性问题的具体行政行为。

(2) 申请人和被申请人达成和解的，应当向行政复议机构提交书面和解协议。和解

内容不损害社会公共利益和他人合法权益的,行政复议机构应当准许。

(3) 经行政复议机构准许和解终止行政复议的,申请人不得以同一事实和理由再次申请行政复议。

(4) 调解应当符合下列要求。

① 尊重申请人和被申请人的意愿。

② 在查明案件事实的基础上进行。

③ 遵循客观、公正和合理原则。

④ 不得损害社会公共利益和他人合法权益。

(5) 行政复议机关按照下列程序调解。

① 征得申请人和被申请人同意。

② 听取申请人和被申请人的意见。

③ 提出调解方案。

④ 达成调解协议。

⑤ 制作行政复议调解书。

(三) 税务行政诉讼

1. 税务行政诉讼的概念及其特征

税务行政诉讼,是指公民、法人或其他组织认为税务机关及其工作人员的具体税务行政行为违法或者不当,侵犯了其合法权益,依法向人民法院提起行政诉讼,由人民法院对具体税务行政行为的合法性和适当性进行审理并做出裁决的司法活动。

税务行政诉讼具有以下特殊性。

(1) 税务行政诉讼是由人民法院进行审理并做出裁决的一种诉讼活动。其与税务行政复议是解决税务行政争议的两条重要途径。

(2) 税务行政诉讼的被告必须是税务机关,或经法律、法规授权的行使税务行政管理权的组织,而不是其他行政机关或组织。

(3) 税务行政诉讼解决的争议发生在税务行政管理过程中。

2. 税务行政诉讼的原则

税务行政诉讼除遵循共有原则外(如人民法院独立行使审判权,实行合议、回避、公开审理、辩论、两审终审等),还应遵循以下几个特有原则。

(1) 人民法院特定主管原则。指人民法院对税务行政案件只有部分管辖权,即只受理因具体行政行为引起的税务争议(不包括抽象行政行为)。

(2) 合法性审查原则。指人民法院只对具体税务行为是否合法予以审查,不直接判决变更。

(3) 不适用调解原则。税收行政管理权是国家权力的重要组成部分,税务机关无权依自己的意愿进行处置,因此,人民法院也不能对税务行政诉讼法律关系的双方当事人进行调解。

(4) 起诉不停止执行原则。即当事人不能以起诉为理由而停止执行税务机关做出的具体行政行为。如税收保全措施和税收强制执行措施。

(5) 税务机关负举证责任原则。由于税务行政行为是税务机关单方依一定事实和法律做出的，理应由其提供作出决定的证据。

(6) 由税务机关负责赔偿原则。税务机关及其工作人员因执行职务不当，给当事人造成人身及财产损害的，应负担赔偿责任。

3. 税务行政诉讼的管辖

税务行政诉讼管辖，是指人民法院受理第一审税务案件的职权分工。具体来讲，税务行政诉讼的管辖分为级别管辖、地域管辖和裁定管辖。

(1) 级别管辖。

级别管辖是上下级人民法院之间受理第一审税务案件的分工和权限。根据我国《行政诉讼法》的规定，基层人民法院管辖一般的税务行政诉讼案件；中高级人民法院管辖本辖区内重大、复杂的税务行政诉讼案件；最高人民法院管辖全国范围内重大、复杂的税务行政诉讼案件。

(2) 地域管辖。

地域管辖是同级人民法院之间受理第一审行政案件的分工和权限，分为一般地域管辖和特殊地域管辖两种。

一般地域管辖，是指按照最初做出具体行政行为的机关所在地来确定管辖法院。凡是未经复议直接向人民法院提起诉讼的，或者经过复议，复议裁决维持原具体行政行为，当事人不服向人民法院提起诉讼的，均由最初做出具体行政行为的税务机关所在地人民法院管辖。

特殊地域管辖，是指根据特殊行政法律关系来确定管辖法院。经过复议的案件，复议机关改变原具体行政行为的，由原告选择最初做出具体行政行为的税务机关或者复议机关所在地人民法院管辖。原告可以向任何一个有管辖权的人民法院起诉，最先收到起诉状的人民法院为第一审法院。

(3) 裁定管辖。

裁定管辖是指人民法院依法自行裁定的管辖，包括移送管辖、指定管辖及管辖权的转移三种情况。

移送管辖，是指人民法院将已经受理的案件，移送给有管辖权的人民法院审理。移送管辖必须具备三个条件：一是移送人民法院已经受理了该案件；二是移送法院发现自己对该案件没有管辖权；三是接受移送的人民法院必须对该案件确有管辖权。

指定管辖，是指上级人民法院以裁定的方式，指定某下一级人民法院管辖某一案件。有管辖权的人民法院因特殊原因不能行使对行政诉讼的管辖权的，由其上级人民法院指定管辖。人民法院对管辖权发生争议且协商不成的，也由它们共同的上级人民法院指定管辖。

管辖权的转移，是指上级人民法院有权审理下级人民法院管辖的第一审税务行政案件，也可以将自己管辖的第一审行政案件移交下级人民法院审判；下级人民法院对其管辖的第一审税务行政案件，认为需要由上级人民法院审判的，可以报请上级人民法院决定。

4. 税务行政诉讼的受案范围

税务行政诉讼的受案范围，是指人民法院对税务机关的哪些行为拥有司法审查权。

其除了税务行政复议的受案范围外，还包括税务机关的复议行为。

5. 税务行政诉讼的起诉和受理

税务行政诉讼起诉，是指公民、法人或者其他组织认为自己的合法权益受到税务机关具体行政行为的侵害，而向人民法院提出诉讼请求，要求人民法院行使审判权，依法予以保护的诉讼行为。

在税务行政诉讼中，起诉是法律赋予税务行政管理相对人用以保护其合法权益的权利和手段，是单向性的权利，税务机关不享有起诉权，只有应诉权。

纳税人、扣缴义务人等税务管理相对人在提起税务行政诉讼时，必须符合下列条件。

① 原告是认为具体税务行为侵犯其合法权益的公民、法人或者其他组织。

② 有明确的被告。

③ 有具体的诉讼请求和事实、法律根据。

④ 属于人民法院的受案范围和受诉人民法院管辖。

此外，提起税务行政诉讼，还必须符合法定的期限和必经的程序。对税务机关的征税行为提起诉讼，必须先经过复议；对复议决定不服的，可以在接到复议决定书之日起 15 日内向人民法院起诉。对其他具体行政行为不服的，当事人可以直接向人民法院起诉。

税务机关做出具体行政行为时，未告知当事人诉权和起诉期限，致使当事人逾期向人民法院起诉的，其起诉期限从当事人实际知道诉权或者起诉期限时计算，但最长不得超过 2 年。

人民法院接到诉状，应从以下几方面进行审查：①是否属于法定的诉讼受案范围；②是否具备法定的起诉条件；③是否已受理或正在受理；④是否有管辖权；⑤是否符合法定的期限；⑥是否经过必经的复议程序。经过审查，应当在规定的期限内立案或者做出裁定不予受理，原告对不予受理的裁定不服的，可以提起上诉。认为符合起诉条件并立案审理的，予以受理。

人民法院接到诉状，经过审查，应当在 7 日内立案或者作出裁定不予受理。原告对不予受理的裁定不服的，可以提起上诉。

6. 税务行政诉讼的审理和判决

人民法院审理行政案件的核心是审查被诉行政行为是否合法，即税务机关是否有做出该行为的税务管理权；是否依据一定的事实和法律做出；是否遵照了必备的程序等。

人民法院对受理的税务行政案件，经过调查、收集证据、开庭审理后，可分别做出如下判决。

① 维持判决。适用于具体行政行为证据确凿，适用法律、法规正确，符合法定程序的案件。

② 撤销判决。被诉的具体行政行为主要证据不足，适用法律、法规错误，违反法定程序，或者超越职权、滥用职权，人民法院应判决撤销或部分撤销，同时可判决税务机关重新做出具体行政行为。

③ 履行判决。税务机关不履行或拖延履行法定职责的，判决其在一定期限内履行。

④ 变更判决。税务机关处罚显失公正的，可以判决变更。

对一审法院的判决不服，当事人可以上诉(两审终审制度)。对发生法律效力的判决，当事人必须执行，否则人民法院有权依对方当事人的申请予以强制执行。

三、重点与难点

【重点】 税务行政复议的概念；税务行政诉讼的概念和原则；税务行政处罚的概念和原则；税务行政复议的受理和决定；税务行政诉讼的审理和判决。

【难点】 税务行政复议的受案范围和管辖；税务行政诉讼的受案范围和起诉。

四、基础练习

（一）判断题

1. 当事人不服税务机关审批的减免税金额，必须先经税务机关复议，对复议决定仍不服的，才可以向人民法院起诉。（　　）

2. 对税务违法行为设定罚款，应区分是否属于经营活动中的违法行为和是否有违法所得设置不同的罚款数额及比例。（　　）

3. 各级税务机关的内设机构、派出机构不具有处罚主体资格，不能以自己的名义实施税务行政处罚，但《征管法》特别授权税务所可以实施罚款额在 2 000 元以下的处罚。（　　）

4. 纳税人及其他税务当事人申请税务行政复议可以书面申请，也可以口头申请。（　　）

5. 纳税人对税务行政复议机关作出的复议决定仍不服，可以向国家税务总局申请再复议。（　　）

6. 在税务行政诉讼中，税务机关不享有起诉权，只有应诉权，且作为被告不能反诉。（　　）

7. 只要当事人有税收违法行为，不论其是主观故意还是过失，都可依法给予税务行政处罚。（　　）

8. 对轻微的税务违法行为，可以只要求其更正，不给予处罚。（　　）

9. 申请税务行政复议与提起税务行政诉讼可以同时进行。（　　）

10. 复议机关受理行政复议申请后，应向申请人收取适当费用。（　　）

11. 法院审理税务行政案件，是对具体税务行政行为是否合法予以审查，并做出判决。（　　）

（二）单项选择题

1. 税务机关对当事人作出罚款行政处罚决定，当事人逾期未缴纳罚款的，应按日加处罚款的（　　）。

A. 百分之一　　B. 百分之三　　C. 千分之一　　D. 万分之五

2. 税务行政处罚的执行机关是（　　）。

A. 税务机关　　B. 财政机关

C. 工商行政管理机关　　D. 公安机关

3. 我国税务行政处罚的地域管辖权实行的是(　　)。
   A. 居民或机构所在地原则　　B. 上级税务机构管辖原则
   C. 异地税务机构管辖原则　　D. 行为发生地原则

4. 下列属于税务机关作出的征税行为的有(　　)。
   A. 审批减免税和出口退税　　B. 作出税收保全措施
   C. 罚款　　D. 书面通知纳税人开户银行扣缴税款

5. 下列不属于税务行政处罚方式的是(　　)。
   A. 没收全部财产　　B. 停止出口退税权
   C. 行政罚款　　D. 没收非法所得

6. 税务机关行政执法人员当场收缴的罚款,应在(　　)交至税务机关,税务机关应在(　　)交至指定的银行。
   A. 当日　　B. 2日内　　C. 5日内　　D. 当月

(三) 多项选择题

1. 现行的税务行政处罚方式有(　　)。
   A. 罚款　　B. 收缴发票和停止供应发票
   C. 没收违法所得　　D. 停止出口退税权

2. 刑事处罚方式有(　　)。
   A. 罚金　　B. 没收财产　　C. 拘役或管制　　D. 徒刑

3. 下列机关有权设定税务行政处罚的是(　　)。
   A. 全国人民代表大会　　B. 国务院
   C. 国家税务总局　　D. 省税务局

4. 税务行政复议的受案范围包括税务机关做出的(　　)。
   A. 征收税款行为　　B. 取消增值税一般纳税人资格的行为
   C. 税务行政处罚行为　　D. 不予办理或答复有关事项的行为

5. 在税务行政复议期间,可以停止执行税务具体行政行为的情形有(　　)。
   A. 申请人认为需要停止执行的　　B. 被申请人认为需要停止执行的
   C. 复议机关认为需要停止执行的　　D. 申请人申请停止执行的

6. 我国税务行政处罚的法定原则是指(　　)。
   A. 由法定的国家机关在其职权范围内设定
   B. 由法定的税务机关在其职权范围内实施
   C. 必须按照法定程序实施
   D. 必须有法定依据,法无明文规定不得处罚

7. 我国税务行政处罚的设定形式,包括下列哪些(　　)。
   A. 以法律形式设定　　B. 以行政法规形式设定
   C. 以部门规章形式设定　　D. 以省级税务局的具体规定形式设定

8. 税务管理相对人向人民法院提起税务行政诉讼,应符合下列哪些条件(　　)。
   A. 符合法定的期限和必经的程序

B. 属于法院的受案范围和管辖范围

C. 有明确的被告

D. 有具体的诉讼请求和事实、法律根据

9. 税务行政处罚的简易程序,应包括下列哪些环节(　　)。

A. 出示税务行政执法的身份证件

B. 告知当事人的违法事实、认定依据和陈述申辩权

C. 听取当事人陈述申辩意见

D. 填写税务行政处罚决定书,并当场交付当事人

五、复习思考题

1. 税务行政处罚的原则有哪些?
2. 税务行政处罚的设定和种类有哪些?
3. 税务行政处罚的主体有哪些?
4. 税务行政复议的受案范围有哪些?
5. 申请税务行政复议的程序如何?
6. 税务行政诉讼的受案范围有哪些?

六、知识拓展阅读

美国的行政复议制度

美国是一个行政复议和裁判制度比较完备的国家。在对行政案件进行司法复审的过程中,"成熟"原则和"穷尽"原则体现了行政复议在解决行政争议中的作用。

1. 上诉与复审

行政相对人对美国行政机关的行政裁决不服,可以要求重新审查,称之为行政上诉;有关行政机关及官员据此对原行政裁决作重新审查,称之为行政复议。对行政裁决的上诉,是从行政相对人的权利而言的;对行政裁决的复议,是从复议机关的行为性质而言的。因此,上诉与复议是一个问题的两个方面。

美国行政相对人所拥有的行政上诉权是由1946年的《联邦行政程序法》授予的。

在美国的行政上诉制度中,当事人不服行政机关初审裁决,均可提起行政上诉。上诉不是向上一级行政机关提出,一般是向原机关的行政首长或专门机构提出。当事人不提起行政上诉,初审裁决便生效。

行政机关的复议裁决,是行政程序中的最后一道手续。根据《联邦行政程序法》第557第2款的规定,复议机关行使复议裁决权,拥有初审裁决所应有的一切权力,它可以维持、改变和撤销初审裁决。

作出复议裁决的程序,因行政机关类型的不同而不同,如果行政机关采用个人负责制,那么,行政首长有亲自裁决的责任。如果行政机关采用委员会制,例如联邦贸易委员会,那么应由法定人数的多数投票裁决。

2. 行政法官

美国有行政法官制度。行政法官原来又称为听证审查官,是1946年的《联邦行政程

序法》建立的制度。1972 年以后，听证审查官改称为行政法官。美国的行政法官不同于法国的行政法官，法国的行政法官是法国行政法院的审判官，而美国的行政法官是行政系统内的官员。美国行政法官的主要职责是主持行政机关作出裁决之前的听证，并按听证记录作出初步裁决。如果当事人不再要求行政机关首长复议或向法院提起诉讼，则行政法官的裁决就是该行政机关的最终裁决。所以就职能而言，美国的行政法官很类似我国的行政复议机构。他们的法律地位相当独立。他们服务于某行政机关，但不从属于该机关：行政法官由美国人事管理署负责考试管理，雇用他们的行政机关如果对其工作不满意，只能向功绩制度保护委员会提交免职、停职、降级、降薪或 30 日之内的强制性休假等建议以及相关事实，而功绩制度保护委员会在本委员会举行正式听证后，按记录做出决定；行政法官的工资由人事管理署决定，而不是由雇用他们的行政机关决定。行政法官在美国准司法活动中起到很大作用，其数量早已大大超过法官的数量。目前在联邦机关中大概有 3 600 名行政法官，这一数字是联邦法官的六倍。行政法官与法院的关系，也很像我国行政复议与行政诉讼的关系，即一般说来，行政机关或行政法官的裁决不是最终裁决，如果当事人以正当法律程序为由，可以要求司法审查。

（资料来源：中国政府法制信息网，http://www.chinalaw.gov.cn.）

第十六章

税务代理和税务筹划

一、学习目标

【了解】 税务代理以及税务筹划的概念。

【理解】 税务代理的范围以及税务筹划的切入点。

【掌握】 企业税务登记代理的内容、发票领购代理的内容、建账记账代理的内容、商品和劳务税纳税申报代理的内容、所得税纳税申报代理的内容、税务筹划的基本方法。

二、学习要点与内容提要

（一）推行税务代理的意义

1. 税务代理的概念

税务代理是指税务代理人在国家法律规定的代理范围内，以代理机构的名义，接受纳税人、扣缴义务人的委托，依据国家税收法律和行政法规的规定，代办各种涉税事项的民事法律行为的总称。

2. 税务代理的意义

实行税务代理是建立市场经济体制的客观要求，是加强税收征管的内在需要，也是发挥社会力量协税、护税的一种比较好的形式。

3. 税务代理的特点

（1）公正性。

税务代理机构是税收征纳双方之间的中介机构，站在公正的立场上，客观地评价被代理人的经济行为，按照税法规定为代理人办理涉税事宜，既维护国家利益，又保护委托人的合法权益。

（2）自愿性。

税务代理人应当是税务师事务所，由符合条件的注册税务师出资设立，是注册税务师的执业机构。纳税人与税务代理人的税务代理关系建立在双方自愿的基础上。

（3）有偿性。

税务代理机构是社会中介组织，同其他企事业单位一样，实行有偿服务、自负盈亏。

（4）独立性。

税务代理机构与国家机关、纳税人之间没有行政隶属关系，不受他们的干预和影响，

独立代办税务事宜。

(5) 确定性。

税务代理的业务范围，由法律、行政法规和行政规章予以确定。税务代理人不得超越规定的内容从事代理活动。

4. 税务代理关系成立的条件

主要有：委托项目必须符合法律规定；受托代理机构及专业人员应具有资格；不能以个人名义承接代理业务；必须签订委托代理协议书。

5. 税务代理的法律责任

(1) 委托方的法律责任。

因委托方违约影响了代理人履行协议的，委托人除了应承担自身的税收法律责任外，还应向代理人支付违约金和赔偿金。

(2) 受托方(代理人)的法律责任。

因代理人原因造成纳税人未缴或少缴税款的，纳税人仍应补交税款和滞纳金，对代理人处以未缴或少缴税款50%以上3倍以下的罚款。纳税人可另向代理人收取违约金和赔偿金，或拒绝向代理人支付费用。

双方合谋共同违法都可能承担刑事责任。

(二) 企业涉税基础工作的代理

1. 企业税务登记代理

企业税务登记代理相应的有：开业税务登记代理、变更税务登记代理、停业和复业登记代理、注销税务登记代理和纳税事项税务登记代理等。

(1) 开业税务登记代理。

代理人应以委托人的名义向税务机关办理税务登记证申报，应注意：

① 按规定期限申报；

② 认真填写《申请税务登记报告书》；

③ 备足登记所需的必备资料和复印件。

代理人应根据纳税人的经济类型，领取相应的税务登记表，填登完毕后将登记表及有关资料报送税务机关审核。

从事该项代理业务时应注意以下问题：

① 选择领取合适的登记表；

② 认真填写《税务登记表》；

③ 备足税务登记所需的相关资料；

④ 选择税务登记地点。

税务机关在规定的期限内将税务登记资料审核完毕，发放税务登记证件时，代理人应及时到税务机关领取，并将其交给纳税人。同时，还应进行税务登记证使用管理方面的辅导，保证税务登记证件的正确使用。

(2) 变更税务登记代理。

① 代理变更税务登记申报。

按规定需要变更税务登记的，需在规定的期限内、持相关资料办理变更税务登记申报。

纳税人税务登记内容发生变更的，应当自工商行政管理机关办理变更登记之日起 30 日内，持有关证件向原税务登记机关提出变更登记书面申请报告。

纳税人按照规定不需要在工商行政管理机关办理注册登记的，应当自有关机关批准或者宣布变更之日起 30 日内，持有关证件向原税务登记机关提出变更登记书面申请报告。

② 代理填写《税务登记变更表》提交税务机关审核。

③ 领取变更后的税务登记证及有关资料。

(3) 停业、复业登记代理。

代理人应按照规定的期限向主管税务机关办理停业、复业登记申报，填报停业、复业报告书，并向税务机关附报税法规定的相关证明文件和材料。

根据企业的实际情况，认真填写停业、复业登记表，并提交所在地主管税务机关。

代理领取纳税人停业、复业登记的有关批复文件，及时转交纳税人，并对纳税人进行辅导。

(4) 注销税务登记代理。

① 代理注销税务登记申报。

代理人应按照规定的期限以纳税人的名义向税务机关办理注销税务登记申报，填报《注销税务登记申请书》并附送下列资料：注销税务登记申请书；上级主管部门批文或董事会、职代会的决议；其他有关资料。

② 代理填报《注销税务登记申请审批表》。

根据企业的实际情况填写《注销税务登记申请审批表》，经企业盖章后报送税务机关办理审批手续。将已领购的或已购未用的发票、《发票领购簿》、《税务登记证》等税收票证交回税务机关审验核销。

③ 代理领取注销税务登记的有关批件。

税务机关在纳税人结清全部纳税事项后，核发《注销税务登记通知书》，对因生产、经营地点发生变化需改变主管税务机关的纳税人，核发《纳税人迁移通知书》，并附有“纳税人档案资料移交清单”。代理人应及时到税务机关领回有关注销税务登记的批件、资料，交给纳税人。

(5) 其他税务登记代理。

包括：增值税一般纳税人认定登记代理、税种认定登记代理、代扣代缴税款登记代理、外出经营报验登记代理。

2. 发票领购代理

(1) 代理自制发票审批业务。

代理人接受纳税人委托，办理自制发票时，应首先熟悉自制发票的有关规定（如自制发票仅限于普通发票等），然后按下列程序和要求办理：

① 要求用票单位根据业务特点和经营需要，设计发票式样，预计使用数量。

② 代理填写《自制发票申请审批表》，写明所需发票的种类、名称、格式、联次和需求

数量，连同发票式样一同提交主管税务机关审批。

③ 取得税务机关核准的《发票印制通知书》后，到指定的印刷厂印制。

④ 发票印制完毕，并向税务机关办理交验手续后，代理人应指导用票单位建立发票领用存的管理制度，按季度向主管税务机关报送《发票领用存情况报表》。

（2）代理统印发票的领购业务。

统印发票的领购方式有四种：批量供应、验旧购新、交旧购新和担保发售。代理人应根据委托人的不同情况选择不同的领购方式。

代理人应根据用票单位适用的发票领购方式，办理发票领购手续。

① 在初次办理统印发票的领购时，应填写《发票领购申请审批表》。

② 对于再次领购发票的用票单位，代理人应按税务机关发票保管与使用的规定，认真审查发票存根联的各项内容，对于发现的问题应提示用票单位予以纠正。

③ 对实行定量供应的，代理人可以凭《发票领购簿》及税务机关要求提供的证件、资料直接领购发票。

④ 对采用验旧购新或者交旧购新方式领购发票的，还要提供发票交验簿、发票存根。

3. 建账、记账代理

（1）代理建账建制。

① 代理建账企业的具体范围：有固定经营场所的个体、私营经济业户；名为国有或集体实为个体、私营经济业户；个人租赁、承包经营企业。

对于经营规模小、确无建账能力的业户，经县以上税务机关批准，可暂不建账或不设置账簿。

② 代理建账建制的基本内容。主要包括代建个体工商户会计制度和代建个体工商户财务制度。

（2）代理记账。

代理人代理记账，应购领统一格式的账簿凭证，启用账簿时送主管税务机关审验盖章。账簿和凭证要按发生的时间先后顺序填写、装订或粘贴，凭证和账簿不得涂改、销毁、挖补。对各种账簿、凭证、表格必须保存10年以上，销毁时须经主管税务机关审验和批准。

代理人应加强对原始凭证的审核：①原始凭证内容的真实性与完整性；②原始凭证取得的时效性与合法性。

代理人应根据纳税单位原始凭证的多寡和简繁情况，按月或旬到户代制记账凭证。

（3）代理编制会计账簿。

代理简易账的记账工作是以收支方式记录、反映生产情况并进行简易会计核算，在编制记账凭证后根据业务内容按时间顺序记入相关账户，实际上是俗称的流水账。

代记复式账的操作则应根据会计账户的特点来进行。代理人将有关账簿登记编制完毕，还要进行对账工作，进行账证核对、账账核对和账实核对，在会计期末即月份、季度和年度终了时进行结账，以确定本期收入、成本、费用和应税所得，同时也为编制会计报表准备数据。

（4）代为编制会计报表。

代理人按照个体户设置账户的类型，代为编制会计报表。设置复式账的个体工商户要编报资产负债表、应税所得表和留存利润表；设置简易账的仅要求编报应税所得表。编制会计报表的基本要求是：①数字真实，内容完整；②计算准确，报送及时。

(5) 代理纳税申报。

代理人代理建账、记账、编制会计报表的同时，可代理纳税申报事宜。填制相应的申报表连同附报资料报送主管税务机关。

(6) 代理纳税审查。

代理纳税审查的主要作用是帮助个体户正确、完整地履行纳税义务，避免因不了解税法或财务会计制度的规定而漏缴税款。审查的重点是审查应税所得表所列的各项是否符合个体工商户财务会计制度的规定。

（三）商品和劳务税纳税申报代理

1. 增值税代理申报

增值税纳税申报分为“一般纳税人”和“小规模纳税人”两种。其计税原始资料的稽核与办税程序均有不同的要求。

(1) 增值税一般纳税人代理申报。

增值税一般纳税人代理申报操作规程如下所述。

代理人应依据增值税的法律规定，审核销项税额和进项税额，计算应纳增值税额，据以填报《增值税纳税申报表》及其附列资料，并根据资料代理填报《增值税纳税申报表》及其附表，并按规定期限报送主管税务机关。审核的要点包括如下内容。

① 审核销项税额。审核销售凭证与相关账户计算当期货物与应税劳务的销售额。代理人必须掌握销售额的确定，选择适用税目、税率，据以计算销项税额。

② 审核进项税额。审核抵扣凭证，并与“应缴税费——应缴增值税”等账户核对，按照税法规定，计算允许抵扣的进项税额。特别注意不得抵扣进项税额的确认。合理分摊出口和内销货物的进项税额。审核转入本月抵扣的期初进项税额和上期留抵税额。

③ 计算应纳税额。将当期“应缴税费——应缴增值税”明细账的借方合计数与贷方合计数相抵，贷方余额为当期应纳税额，借方余额为留抵税额。

(2) 增值税小规模纳税人代理申报操作规程。

小规模纳税人由于计税方法简单，其纳税申报的操作也相对容易。

① 代理小规模纳税人的增值税申报，应在规定的期限内向主管税务机关报送纳税申报表和其他附送资料。

② 代理人在编制纳税申报表时，应按以下规范操作：

审核销售原始凭证及相关账户，稽核销售货物、应税劳务和视同销售的收入；

对于有经营免税项目或有混合销售、兼营非应税劳务的，应通过核查原始凭证及核算过程，正确区分征免税项目及非应税项目的销售收入；

审核“应交税费——应交增值税”明细账，将含税收入换算成不含税销售额乘以征收率计算出当期应纳税额。

(3) 生产企业“免、抵、退”税代理申报。

生产企业在货物出口并按会计制度的规定在财务上作销售后，先向主管征税机关的

征税部门或岗位(以下简称征税部门)办理增值税纳税和免、抵税申报,并向主管征税机关的征退税部门或岗位(以下简称退税部门)办理退税申报。退税申报期为每月 1～15 日(逢节假日顺延)。

代理人根据资料,代理填报《增值税纳税申报表》、《生产企业出口货物免、抵、退税申报明细表》、《生产企业出口货物免、抵、退税申报汇总表》等表格,并按规定期限报送主管税务机关。

①《增值税纳税申报表》有关项目的申报要求如下所述。

a. "出口货物免税销售额"填写享受免税政策出口货物销售额,其中实行"免、抵、退税办法"的出口货物销售额为当期出口并在财务上作销售的全部(包括单证不齐部分)免、抵、退出口货物人民币销售额。

b. "免、抵、退货物不得抵扣税额"按当期全部(包括单证不齐全部分)免、抵、退出口货物人民币销售额与征退税率之差的乘积计算填报,有进料加工业务的应扣除"免、抵、退税不得免征和抵扣税额抵减额";当"免、抵、退税不得免征和抵扣税额抵减额"大于"出口货物销售额乘征退税率之差"时,"免、抵、退货物不得抵扣税额"按零填报,其差额结转下期。

按"实耗法"计算的"免、抵、退税不得免征和抵扣税额抵减额",为当期全部(包括单证不齐全部分)进料加工贸易方式出口货物所耗用的进口料件组成计税价格与征退税率之差的乘积;按"购进法"计算的"免、抵、退税不得免征和抵扣税额抵减额",为当期全部购进的进口料件组成计税价格与征退税率之差的乘积。

c. "免、抵、退税货物已退税额"按照退税部门审核确认的上期《生产企业出口货物免、抵、退税汇总表》中的"当期应退税额"填报。

d. 若退税部门审核《生产企业出口货物免、抵、退税申报汇总表》的"累计申报数"与《增值税纳税申报表》对应项目的累计数不一致,企业应在下期增值税纳税申报时根据《生产企业出口货物免、抵、退税申报汇总表》中"与增值税纳税申报表差额"栏内的数据对《增值税纳税申报表》有关数据进行调整。

②《生产企业出口货物免、抵、退税申报明细表》的申报要求如下所述。

a. 企业按当期在财务上作销售的全部出口明细填报《生产企业出口货物免、抵、退税申报明细表》,对单证不齐无法填报的项目暂不填写,并在"单证不齐标志栏"内按填写表说明做相应标志。

b. 对前期出口货物单证不齐,当期收集齐全的,应在当期免、抵、退税申报时一并申请参与免、抵、退税的计算,可单独填报《生产企业出口货物免、抵、退税申报明细表》,在"单证不齐标志栏"内填写原申报时的所属期和申报序号。

③《生产企业出口货物免、抵、退税申报汇总表》的申报要求如下所述。

a. "出口销售额乘征退税率之差"按企业当期全部(包括单证不齐全部分)免抵退出口货物人民币销售额与征退税率之差的乘积计算填报。

b. "免、抵、退税不得免征和抵扣税额抵减额"按退税部门当期开具的《生产企业进料加工贸易免税证明》中"免、抵、退税不得免征和抵扣税额抵减额"填报。

c. "出口销售额乘退税率"按企业当期出口单证齐全部分及前期出口当期收齐单证

部分且经过退税部门审核确认的免、抵、退出口货物人民币销售额与退税率的乘积计算填报。

d. "免、抵、退税额抵减额"按退税部门当期开具的《生产企业进料加工贸易免税证明》中的"免、抵、退税额抵减额"填报。

e. "与增值税纳税申报表差额"为退税部门审核确认的"累计"申报数减《增值税纳税申报表》对应项目的累计数的差额，企业应作相应账务调整并在下期增值税纳税申报时对《增值税纳税申报表》进行调整。

f. 新发生出口业务的生产企业，12 个月内"应退税额"按零填报，"当期免、抵、税额"与"当期免、抵、退税额"相等。

④ 申报数据的调整。对前期申报错误的，当期可进行调整。前期少报出口额或低报征、退税率的，可在当期补报；前期多报出口额或高报征、退税率的，当期可以红字（或负数）差额数据冲减；也可用红字（或负数）将前期错误数据全额冲减，再重新全额申报蓝字数据。对于按会计制度规定允许扣除的运费、保险费和佣金，与原预估入账值有差额的，也按此规则进行调整。本年度出口货物发生退运的，可在下期用红字（或负数）冲减出口销售收入进行调整。

2. 消费税代理申报

对代理消费税的纳税申报，代理人必须掌握有关消费税的计税依据、税目税率、纳税环节和计税方法等。

(1) 消费税代理申报操作规程。

消费税纳税申报包括销售自产应税消费品的纳税申报、委托加工应税消费品代收代缴申报和出口应税消费品的免税或退税申报。

① 自产应税消费品于销售环节纳税，自产自用的于移送使用时纳税。代理自产应税消费品纳税申报应首先确定应税消费品适用的税目税率，核实计税依据，在规定的期限内向主管税务机关报送消费税纳税申报表。

② 委托加工应税消费品，由受托方办理代收代缴消费税申报。代理人首先应确定双方是否为委托加工业务，核查组成计税价格的计算，如为受托方代理申报应向主管税务机关报送代收代缴申报表；如为委托方代理申报，应向主管税务机关提供已由受托方代收代缴税款的完税证明。

③ 在零售环节缴纳消费税的消费品，由零售环节纳税人申报纳税。代理人首先应区分纳税人业务是否属于零售环节征税的范围。其次确定零售环节的计税依据。最后选择适用税率，计算申报缴纳消费税税额，在规定时限内向主管税务机关报送消费税纳税申报表。

④ 在代理申报允许从应纳税额中扣减外购已税消费品已纳税金时，代理人除按照正常情况确定并计算应纳税额外，要特别注意对外购消费品允许抵扣已纳税额的确定和计算。

⑤ 出口应税消费品。

a. 生产企业。代理有进出口经营权的生产企业自营或委托出口应税消费品的申报，代理人应向主管征税机关提供"两单一票"办理免税手续。如发生退关或国外退货，出口

时已予以免税的。经所在地主管税务机关批准，可暂不办理补税，待其转为国内销售时，再在当期办理补缴消费税的申报手续，在报送消费税纳税申报表的同时，提供“出口货物转内销证明”。

b. 外贸企业。外贸企业出口应税消费品退(免)税实行专用税票管理制度，其代理申报程序如下所述。

首先，生产企业将应税消费品销售给外贸企业出口，应到主管征税机关办理消费税专用税票开具手续，然后办理消费税纳税申报手续。

其次，应税消费品出口后外贸企业凭“两单两票”及消费税专用税票向主管退税机关办理退税手续，报送出口退税货物进货凭证申报明细表和出口货物退税申报明细表。

最后，出口的应税消费品办理退税后，发生退关或国外退货，外贸企业应在当期向主管退税机关申报补缴已退的消费税税款，办理“出口商品退运已补税证明”。

(2) 代理填制《消费税纳税申报表》。

根据情况，代理人应正确填制《消费税纳税申报表》(适用于销售或视同销售应税消费品的纳税申报)、《代收代缴消费税申报表》(适用于委托加工的应税消费品)、《消费税免税申报表》(适用于具有进出口经营权的生产企业自营或委托出口应税消费品)、《消费税退税申报表》(适用于外贸企业自营或委托代理出口应税消费品)。

3. 营业税代理申报

(1) 代理营业税纳税申报操作规范。

① 核查相关原始凭证，计算应税营业收入。

② 确认税前应扣除的营业额。

③ 核查兼营非应税；劳务、混合销售以及减免税项目的营业额，确认应税营业额和适用的税目税率。

④ 确认应扣缴税额。

⑤ 计算填表后按规定时间向税务机关报送。

(2) 代理人必须按照全国统 的《营业税纳税人纳税申报办法》进行纳税代理申报，报送《营业税纳税申报表》、《营业税扣缴报告表》、《金融保险业营业税纳税申报表》以及其他相应资料。

代理人按各种报表的填写说明填写，分别向国税、地税机关各报送一式三份，税务机关签收后一份退还纳税人，两份留存。

代理人可根据纳税人自身经营情况填写各项内容，没有开展的业务是否需要报相应的空表由各省税务机关根据实际情况决定。

(四) 所得税纳税申报代理

1. 企业所得税代理申报

(1) 企业所得税代理申报操作规程。

代理人应在纳税人月份或季度终了后 15 日内报送申报表及月份或季度财务报表，年度终了后 5 个月内向其所在地主管税务机关报送《企业所得税年度纳税申报表》和税务机关要求报送的其他资料。

(2) 纳税企业代理申报。

① 审核收入核算账户和主要的原始凭证,计算当期生产经营收入、财产转让收入、股息收入等各项应税收入。

② 审核成本核算账户和主要的原始凭证,根据行业会计核算制度,确定当期产品销售成本或营业成本。

③ 审核主要的期间费用账户和原始凭证,确定当期实际支出的销售费用、管理费用和财务费用。

④ 审核税金核算账户,确定税前应扣除的税金总额。

⑤ 审核损失核算账户,计算资产损失、投资损失和其他损失。

⑥ 审核营业外收支账户及主要原始凭证,计算营业外收支净额。

⑦ 代理人可据此计算出企业当期会计所得,再按税法规定进行纳税项目调整,调增或调减利润,计算当期应税所得额。

⑧ 根据企业适用的所得税税率,计算应纳所得税额。企业有境外投资收益、境内外分支机构应税所得,还要审核计算其应补缴税额并汇总申报。

⑨ 正确计算填报纳税申报表及其附表,审核无误后,同时附送财务会计报告和其他资料。

(3) 减免税企业代理申报。

① 审核企业减免税的政策依据和审批文件,确定减税免税的具体经营项目,适用的减免幅度和期限。

② 审核企业不符合减免税条件经营项目,或者减免税期满应恢复征税的所得。

③ 在明确征、免税项目后,按照企业纳税申报的操作规范,计算出应纳税所得额和减免所得税额,计算填报企业所得税纳税申报表,并向主管税务机关报送有关资料。

(4) 代理人要严格按照填表说明填制企业所得税纳税申报表和附表,并按规定时限报送主管税务机关。

2. 个人所得税代理申报

(1) 居民纳税义务人个人所得税代理申报规程。

① 审核有关工薪所得、劳务报酬所得和利息、股息、红利所得结算账户,审核支付单位工薪支付明细表,资金和补贴收入发放明细表,劳务报酬支付明细表,福利性现金或实物支出,集资债券利息、股息、红利支出,确定应税项目和计税收入。

② 审核税法有关税前扣除项目的具体规定,确定免予征税的所得,计算应税所得。

③ 审核外籍个人来源于中国境内由境外公司支付的收入,来源于中国境外由境内、境外公司支付的所得,根据有无住所或实际居住时间,以及在中国境内企业任职的实际情况,确认纳税义务。

④ 审核税款负担方式和适用税率,计算应纳税额,并于每月 7 日前向主管税务机关办理代扣代缴所得税申报手续。

(2) 非居民纳税义务人个人所得税代理申报规程。

① 核查外籍个人因任职、受雇、履约等出入境的实际日期,确定与其派遣公司或雇主的关系,通过出境签证、职业证件、劳务合同等来判定其所得适用的税目和发生纳税义务

的时间。

② 审核纳税义务人来源于中国境内分别由境内、境外支付的工薪所得明细表，根据税款负担方式和雇主为其负担税款情况，选择适用的计算公式，将不含税收入换算成含税收入。

③ 核查纳税义务人从中国境内企业取得的各种补贴、津贴及福利费支出明细，除税法规定免于征税的项目外，将其并入工薪所得计算纳税。

④ 核查纳税义务人劳务报酬所得支付明细表，通过审核外籍个人来华提供劳务服务与派遣公司的关系，判定其属于非独立劳务或独立劳务，前者应按工薪所得计税，后者则适用劳务报酬的计税方法。

⑤ 核查纳税义务人来源于中国境内的利息、股息、红利所得的计税资料，根据其投资的具体内容来判定征免。

⑥ 核查担任境内企业或外企商社高级职务的外籍个人来源于中国境内的工薪所得和实际履行职务的期间，据以计算应税所得。

⑦ 在对非居民纳税义务人工薪所得、劳务报酬所得、利息、股息、红利所得等全部计税资料进行核查后，分类计算应税所得，按一定的税款负担方式计算出支付单位应代扣代缴的个人所得税税额。

(3) 代理填制个人所得税纳税申报表及其附表。

个人所得税申报表主要设置了7类9种，其中较为常用的7种：个人所得税纳税申报表；个人所得税纳税申报表(适用于年所得12万元以上的纳税人申报)；扣缴个人所得税报告表；个人独资企业和合伙企业投资者个人所得税申报表；特定行业个人所得税月份申报表；特定行业个人所得税年度申报表；个体工商户所得税年度申报表。

代理人应严格按照填表说明填制，并按规定时限报送主管税务机关，同时附送税务机关要求报送的其他资料。

(五) 税务筹划

1. 税务筹划的概念及特点

(1) 概念。

税务筹划，是指在税法规定的范围内，通过对经营、投资、理财等活动的事先筹划和安排，尽可能地获得“节税”的税收利益。

税务筹划是纳税人的一项基本权利，纳税人在法律允许或不违反税法的前提下，所取得的收益应属合法收益。

(2) 税务筹划的特点。

税务筹划的特点包括：合法性、筹划性、目的性、风险性、专业性等。

(3) 税务筹划相关概念。

① 节税。是指纳税人利用税法的政策导向性，采取合法手段减少应纳税款的行为。节税具有合法性、政策导向性、策划性、倡导性的特征。

② 避税。是指纳税人利用税法的漏洞、特例或其他不足之处，采取非违法的手段减少应纳税款的行为。避税具有非违法性、策划性、权利性、规范性和非倡导性的特点。

③ 逃税与偷税。节税属于合法行为，避税属于非违法行为，漏税、偷税属于违法行为。

企业税务筹划的最终目的应是企业利益最大化。

2. 税务筹划的切入点

① 选择税务筹划空间大的税种为切入点。

② 以税收优惠政策为切入点。

③ 以纳税人构成为切入点。

④ 以影响应纳税额的几个基本因素为切入点。

⑤ 以不同的财务管理环节和阶段为切入点。

3. 税务筹划基本方法

(1) 利用税收优惠政策。

利用税收优惠政策筹划法，是指纳税人凭借国家的税法规定的优惠政策进行税务筹划的方法。

从总体角度来看，该方法主要包括：直接利用筹划法、地点流动筹划法、创造条件筹划法。

从税制构成要素的角度来探讨，利用税收优惠进行税务筹划主要利用以下几个优惠要素：①利用免税；②利用减税；③利用税率差异；④利用分劈技术；⑤利用税收扣除；⑥利用税收抵免；⑦利用退税。

利用税收优惠政策进行税务筹划时应注意以下事项：①尽量挖掘信息源，多渠道获取税收优惠政策；②充分利用税收优惠政策；③尽量与税务机关保持良好的沟通。

(2) 纳税期的递延法。

延期纳税如果能够使递延项目最多化、递延期最长化，则可以达到节税的最大化。

(3) 利用转让定价筹划法。

利用转让定价筹划法主要是通过关联企业不符合营业常规的交易形式进行的税务筹划。

企业之间转移收入或利润时定价的主要方式有：①以内部成本为基础进行价格转让；②以市场价格为基础进行价格转让。

关联企业之间进行转让定价的方式一般来说主要包括以下内容。

① 利用商品交易进行筹划。

② 利用原材料及零部件购销进行筹划。

③ 利用关联企业之间相互提供劳务进行筹划。

④ 利用无形资产价值评定困难进行筹划。

另外还有利用租赁机器设备、利用管理费用等进行税务筹划。

为保证转让定价税务筹划的有效性，筹划时应注意：一要进行成本效益分析；二要考虑价格的波动应在一定的范围内，以防被税务机关调整而增加税负；三是纳税人可以运用多种方法进行全方位、系统地筹划安排。

(4) 利用税法漏洞筹划法。

纳税人可以利用税法漏洞争取自己并不违法的合理权益。

漏洞主要是指税法对某些内容的文字规定，因语法或字词有歧义而导致对税法理解

的多样性以及税法应该具有而实际操作时有较大部分的忽略。

利用税法漏洞进行避税筹划的方法：

① 利用税法中的矛盾进行筹划。

② 利用税务机构设置不科学进行筹划。

③ 利用税收管辖权进行筹划。

利用税法漏洞进行避税筹划应注意：一是需要精通财务与税务的专业化人才；二是操作人员应具有一定的纳税操作经验；三是要有严格的财会纪律和保密措施；四是要进行风险—效益分析。

(5) 利用会计处理方法筹划法。

① 存货计价方法的选择。

盈利企业：由于盈利企业的存货成本可最大限度地在本期所得额中税前抵扣，因此，应选择能使本期成本最大化的计价方法。

亏损企业：亏损企业选择计价方法应与亏损弥补情况相结合。选择的计价方法，必须使不能得到或不能完全得到税前弥补的亏损年度的成本费用降低，使成本费用延迟到以后能够完全得到抵补的时期，保证成本费用的抵税效果得到最大限度的发挥。

享受税收优惠的企业：选择减免税优惠期间内存货成本最小化的计价方法，减少存货费用的当期摊入，扩大当期利润。相反，处于非税收优惠期间时，应选择使存货成本最大化的计价方法，将当期的存货费用尽量扩大，以达到减少当期利润，推迟纳税期的目的。

② 固定资产折旧的税务筹划。

固定资产价值是通过折旧形式转移到成本费用中的，折旧额的多少取决于固定资产的计价、折旧年限和折旧方法。

a. 固定资产计价的税务筹划。由于折旧费是在未来较长时间内陆续计提的，为降低本期税负，新增固定资产的入账价值要尽可能地低。

b. 固定资产折旧年限的税务筹划。需要注意的是，税法对固定资产规定了最低的折旧年限，税务筹划不能突破关于折旧年限的最低要求。

c. 固定资产折旧方法的税务筹划。按照会计准则的规定，固定资产折旧的方法主要有平均年限法、工作量法等直线法和双倍余额递减法、年数总和法的加速折旧法。

d. 固定资产计价和折旧的税务筹划方法的综合运用。

4. 税务筹划的基本步骤

(1) 熟练掌握有关法律规定。

(2) 了解纳税人的情况和要求。

(3) 签订委托合同。

(4) 制订税务筹划计划并实施。

(5) 控制税务筹划计划的运行。

三、重点与难点

【重点】 企业税务登记代理的内容、发票领购代理的内容、建账记账代理的内容、商品和劳务税纳税申报代理的内容、所得税纳税申报代理的内容、税务筹划的切入点、税务筹划的基本方法。

【难点】 商品和劳务税纳税申报代理的内容；所得税纳税申报代理的内容；税务筹划的基本方法。

四、基础练习

（一）判断题

1. 委托税务代理人代为办理税务事宜是纳税人、扣缴义务人自愿采取的一种办税方式，无论是税务代理人还是任何国家机关都不能强制纳税人、扣缴义务人进行税务代理，这属于税务代理特点的法定性。（ ）

2. 生产经营规模小确无建账能力的纳税人，只能聘请经批准从事会计代理记账业务的专业机构或者经税务机关认可的财务人员代为建账和办理账务。（ ）

3. 税务代理人违反法律、法规，造成纳税人未缴少缴税款的，对税务代理人处纳税人未缴或少缴税款50%以上5倍以下的罚款。（ ）

4. 纳税人可以委托税务代理人代为办理税务事宜，但扣缴义务人不能委托税务代理人代为办理税务事宜。（ ）

5. 英国是推行税务代理制最早的国家之一。（ ）

6. 税务代理法律关系的确立以双方意思一致为标志。（ ）

7. 对税务机关规定必须由纳税人、扣缴义务人自行办理的税务事宜，注册税务师也可代理。（ ）

8. 代理人必须以被代理人名义与第三人进行有实际意义的活动。（ ）

9. 税务代理法律关系的确立以委托代理协议书的签定为标志。（ ）

10. 省级注册税务师管理中心检查税务事务所执业情况时，可查阅税务代理档案。（ ）

11. 代理制度是商品经济发展的产物。（ ）

12. 免税属于相对节税。（ ）

13. 纳税人有依法纳税的义务，也有依据税法、经过合理的甚至巧妙的安排以实现尽量少负担税款的权利。（ ）

14. 税务筹划的主要目标是寻求最低税负点和递延纳税，税务筹划有利于促进国家税收政策目标的实现。（ ）

15. 节税是一种逆法意识，避税是一种顺法意识。（ ）

16. 税务筹划的最本质特征是合法性和不违法性。（ ）

17. 纳税成本最低化是税务筹划的基础目标。（ ）

18. 税务筹划有利于贯彻国家的宏观调控政策。（ ）

19. 利用选择性条款的避税形式是针对税法中过于抽象、过于简单的条款，纳税人根据自己的理解，从有利于自身利益的角度去进行筹划。（ ）

20. 税基式纳税筹划是指通过缩小计税基础的方式来减少纳税总额。（ ）

（二）单项选择题

1. 纳税人税务登记内容发生变化的，应当向原税务机关申报办理变更税务登记。纳税人已在工商行政管理机关办理变更登记的，应当自工商行政管理变更登记之日起（　　）日内，向税务机关办理变更税务登记申报。

A. 10　　B. 15　　C. 30　　D. 45

2. 企业发生下列变动情形时，需要向原税务机关办理注销税务登记的是（　　）。

A. 被工商行政管理机关吊销营业执照　　B. 增设分支机构

C. 减少注册资本　　D. 改变法人代表

3. 扣缴义务人应当自扣缴义务发生之日起（　　）日内，向所在地主管税务机关申报办理扣缴税款登记。

A. 15　　B. 30　　C. 40　　D. 60

4. 纳税人外出经营活动结束后，代理人应当在《外出经营活动税收管理证明》有效期（　　）内，持该证明回原税务登记地税务机关办理缴销手续。

A. 届满前 10 日　　B. 届满前 15 日　　C. 届满后 10 日　　D. 届满后 15 日

5. 注册会计师为个体工商户无论是建立复式账，还是建立简易账，均需按月编制（　　），报送主管财政、税务机关。

A. 资产负债表　　B. 应税所得表　　C. 留存利润表　　D. 利润分配表

6. 除特殊规定外，对各种账簿、凭证、表格必须保存（　　）以上，销毁时须经主管税务机关审验和批准。

A. 1 年　　B. 2 年　　C. 5 年　　D. 10 年

7. 根据发票管理办法的有关规定，下列说法错误的是（　　）。

A. 凡有固定生产经营场所，财务核算和发票管理制度健全，发票使用量较大的单位，可以申请印制印有本单位名称的发票即自制发票

B. 纳税人自制发票仅限于增值税专用发票

C. 纳税人自制发票需要到指定的印刷厂印制

D. 统印发票的领购方式包括：批量供应、验旧购新、交旧购新和担保发售四种

8. 临时到本省、自治区、直辖市行政区域以外从事经营活动的单位和个人，应凭所在地税务机关证明，向经营地税务机关申请领购经营地的发票，经营地税务机关可以要求其提供保证人或者根据所领购发票的票面限额及数量缴纳（　　）的保证金，并限期缴销发票。

A. 不超过 5 000 元　　B. 不超过 10 000 元

C. 5 000 元　　D. 10 000 元

9. 下列关于建账建制的说法，符合有关规定的是（　　）。

A. 经营规模小、确无建账能力的业户，经市以上税务机关批准，可暂不建账或不设置账簿

B. 对各种账簿、凭证、表格必须保存 10 年以上，销毁时经董事会批准就可

C. 个体、私营业户只能聘请社会中介机构代理建账、记账

D. 注册税务师不得代理登记银行存款日记账

10. 狭义的税务筹划是指(　　)。

A. 节税　B. 避税　C. 骗税　D. 逃税

11. 以下说法正确的是(　　)。

A. 节税优于避税　B. 避税是完全不合法的

C. 欠税是违法的　D. 偷税行为都要追究刑事责任

12. 税务筹划的最基本原则是(　　)。

A. 保护性原则　B. 不违法原则

C. 时效性原则　D. 整体综合性原则

13. 某企业准备利用自有的办公楼对外投资,接受被投资方利润分配,共同承担风险,针对营业税来讲,属于(　　)筹划方法。

A. 利用减税　B. 利用免税　C. 利用税率差异　D. 利用退税

14. 下列哪种选项不属于税负转嫁的一般方法(　　)。

A. 税负前转　B. 税负后转　C. 税负消转　D. 税收资本化

E. 纳税人身份转换

15. 不能达到节税目的租金支出的节税筹划是(　　)。

A. 使租金支出费用极大化

B. 合理分配跨期间费用

C. 取得合法凭证

D. 在支出水平相等的情况下,以融资租赁方式承租

(三)多项选择题

1. 下列各项中,属于税务代理业务范围的有(　　)。

A. 办理纳税申报　B. 制作涉税文书

C. 办理增值税一般纳税人资格认定申请　D. 办理增值税专用发票领购手续

2. 下列项目中,属于税务登记表的主要内容的有(　　)。

A. 注册资金、投资总额　B. 纳税人开户银行和账号

C. 登记类型　D. 核算方式

3. 企业发生下列变动情形时,需要向税务机关申报办理变更税务登记的有(　　)。

A. 改变生产经营期限

B. 改变开户银行和账号

C. 改变经营地点(涉及改变主管税务机关)

D. 改变法人代表

4. 纳税人已在工商行政管理机关办理变更登记的,应当自工商行政管理变更登记之日起30日内,向税务机关办理变更税务登记申报。纳税人在办理变更税务登记申报时,应向税务机关提供的证件、资料有(　　)。

A. 工商营业执照　B. 工商登记变更表

C. 原税务登记证件　D. 财务报表

5. 纳税人如果变更税务登记的内容涉及(　　)变化的,应在变更税务登记之后重新申请税种认定登记,并附送申请报告。

A. 税种　　B. 税目　　C. 税率　　D. 纳税期限

6. 以下属于统印发票领购方式的有(　　)。

A. 按需供应　　B. 交旧购新　　C. 验旧购新　　D. 抵押发售

7. 税种认定登记代理的主要内容包括(　　)。

A. 代理税种认定

B. 在取得主管税务机关税种认定的通知之后,代理人应指导纳税人具体的办税事宜

C. 纳税人如果发生变更税务登记,且内容涉及税种、税目、税率变化的,应在变更税务登记之后重新申请税种认定登记,并附送申请报告

D. 纳税人如果发生变更税务登记,均应重新申请税种认定登记

8. 下列关于代理记账的凭证、账本和报表的相关陈述,正确的有(　　)。

A. 设置复式账的个体工商户要编报资产负债表、应税所得表和留存利润表

B. 设置简易账的要求编报资产负债表、应税所得表

C. 明细分类账一般采用活页式账簿

D. 对各种账簿、凭证、表格必须保存 12 年以上,销毁时须经主管税务机关审验和批准

9. 代理人为个体工商户建立复式账簿,应按个体户会计制度的规定,设置和使用会计科目,需要按月编制的资料有(　　)。

A. 资产负债表　　B. 损益袁　　C. 应税所得表　　D. 留存利润表

10. 下列关于盈利企业税务筹划的说法中,正确的有(　　)。

A. 购置固定资产时,购买费用应尽可能计入当期费用而不通过扩大固定资产原值

B. 折旧年限应尽可能的延长

C. 选择折旧方法,宜采用加速折旧方法

D. 选择折旧方法,不宜采用加速折旧方法

11. 以下关于纳税人存货计价税务筹划的策略正确的有(　　)。

A. 正处于征税期的企业,在价格不断上涨时,存货可加权平均

B. 盈利企业,在价格不断上涨时,存货应加权平均

C. 享受所得税优惠的企业,在价格不断上涨时,存货应先进先出

D. 纳税人存贷计价方法一经确定,不得随意改变。如确需改变的应在下一季度开始前报主管税务机关批准

12. 税务筹划的内容包括以下哪些主要方面(　　)?

A. 避税　　B. 节税　　C. 规避税务陷阱

D. 转嫁税负　　E. 涉税零风险　　F. 逃税

13. 税务筹划的意义有(　　)。

A. 提高纳税人纳税意识　　B. 实现纳税人财务利益最大化

C. 促进纳税人经营、财务管理水平　　D. 有利于优化产业结构和资源配置
E. 有利于提高纳税人竞争力　　F. 有利于促进税制改革

14. 税务筹划的基本特征包括(　　)。
A. 合法性　　B. 超前性　　C. 时效性
D. 综合性　　E. 专业性　　F. 目的性

15. 税务筹划有哪些风险(　　)。
A. 违法风险　　B. 投资风险　　C. 经营损益风险
D. 税款支付风险　　E. 成本风险

16. 税务筹划的基本思路是(　　)。
A. 绝对节税　　B. 合理避税
C. 相对节税　　D. 税务利益最大化

17. 纳税人采用税基式避税主要有(　　)。
A. 采用改变存货计价法　　B. 负债避税法　　C. 费用分摊法
D. 融资租赁法　　E. 折旧计算法　　F. 税率选择法

18. 税务筹划的切入点包括：(　　)。
A. 选择税种　　B. 选择税收优惠
C. 选择纳税人　　D. 选择不同的财务管理环节和阶段

19. 利用税收优惠进行税收筹划时，主要利用的优惠要素有：(　　)。
A. 利用减税　　B. 利用免税
C. 利用税率差异　　D. 利用税收抵免

20. 税务代理作为民事代理中的一种委托代理，主要特点有：(　　)。
A. 公正性　　B. 自愿性　　C. 有偿性
D. 独立性　　E. 确定性

(三) 计算题

1. 张某2014年1月15日在河北省某县城注册成立了一家食品批发企业(当日领取营业执照)，由张某担任企业法定代表人。企业购入某商场的一层作为营业场所，为了吸引人气，将一部分摊位出租给当地的小吃商。注册资本金70万元，其中以自有房产出资作价20万元，职工人数10人。张某想让当过商业会计工作十年的妻子担任会计工作，并就以下问题咨询注册税务师：(1)办理税务登记的时限；(2)设置账簿的时限；(3)需要设置哪些账簿；(4)需要办理哪些税种、税率认定；(5)若可以申请一般纳税人是否需要辅导期管理，其管理期限是多久。

请就上述问题作出回复，涉及时限的不要求说明具体日期，只需要说明税法规定时限即可。

2. 甲企业为工业企业，主要生产计算机；乙企业为商业企业，主要经营各类产品的销售。2013年乙企业销售甲企业生产的计算机1 000万台，共给甲企业带来900万元的利润，因此甲企业决定将自己的一栋自建的办公楼奖励给乙企业。已知甲企业建造该办公楼的成本为100万元，成本利润率为10%；同类房地产的市场销售价格为150万元。

甲企业有两套方案选择：一是将该办公楼直接无偿赠送给乙企业；二是将该办公楼以参与利润分配、共担风险的形式作价 150 万元投资给乙企业。

假设你是注册会计师：

(1) 请分析甲企业应采用何种方式，并说明理由以及得出结论运用的税收筹划的方法；

(2) 从营业税角度计算两套方案比较的情况下甲企业可以节税的金额。

3. 某高校退休教师钟某，2010 年 10 月与他人合资成立公司制的税务师事务所，注册资本 50 万元，钟老师占股 60%，另约定股东对开办初期的运营设施不足有筹措义务。钟老师准备将自己拥有的一辆二手车和一套门面房注资或协议出租给事务所，可供选择的方案有以下两种：

方案 1：二手车作价 30 万元作为注册资本投入，门面房以年租金 3 万元出租给事务所使用；

方案 2：门面房作价 30 万元作为注册资本投入，二手车以年租金 3 万元出租给事务所使用。

要求：根据上述资料，按序号回答下列问题(无须计算金额)。

(1) 方案 1 中，钟老师二手车注资行为是否需要纳增值税(营业税)？简要说明理由。

(2) 方案 1 中，钟老师门面房出租行为应缴纳哪些税费。

(3) 方案 2 中，钟老师门面房注资行为是否需要纳增值税(营业税)？简要说明理由。

(4) 方案 2 中，钟老师二手车出租行为应缴纳哪些税费。

4. 洪福家具城成立于 2007 年，属于增值税一般纳税人，多年以来的销售状况一直良好，2012 年为了扩大经营规模，准备引进一个新的供应商。现准备购入一批固定款式的家具，发出要约邀请后，收到两份要约：

(1) 甲公司是增值税一般纳税人，销售家具的不含税价为 80 万元，开具增值税专用发票；

(2) 乙公司是小规模纳税人，销售家具的含税价为 60 万元，可以开具普通发票；

已知，洪福家具城就该批家具的对外销售不含税价为 100 万元。

请问从净利润的角度分析，洪福家具城应选择从哪家公司手中购买货物对其最有利？(假定：城建税税率 7%，教育费附加 3%。)

五、复习思考题

1. 简述节税筹划与避税筹划的区别。
2. 简述税务筹划的切入点。
3. 简述税务筹划的方法。
4. 简述税务代理的业务范围。
5. 简述增值税一般纳税人代理申报的操作规程。
6. 简述消费税代理申报的操作规程。
7. 简述企业所得税代理申报的操作规程。
8. 简述个人所得税代理申报的操作规程。

9. 简述利用税收优惠进行税务筹划需要考虑的要素。

10. 简述盈利企业、亏损企业、享受税收优惠的企业应如何选择合适的存货计价方法。

六、知识拓展阅读

国外税收筹划产生与发展情况

税收筹划最早产生于西方，与税务咨询相伴而生，是税务咨询的一项重要业务。19世纪中叶，意大利就出现了税务专家，为纳税人提供税务咨询，这其中也包括为纳税人进行税收筹划。1959年在法国巴黎，由5个欧洲国家的从事税务咨询的专业团体发起，成立了欧洲税务联合会，使税务顾问和从事税务咨询及税收筹划的团体和人员有了自己的行业组织。欧洲税务联合会的成立标志着税收筹划得到了这些国家政府的认可，也表明税收筹划在欧洲走上了健康发展道路。

关于税收筹划的法律依据，英国和美国的两个判例有重大影响，这两个判例被认为是对纳税人税收筹划权利认可的法律依据。一个是发生在1935年英国的“国内税务专员与威斯特公爵诉讼案”，上议员汤姆林勋爵在这一案中提出了著名的司法声明：“任何人都有权根据恰当的法律来安排他的事务，使缴纳的税收比没有这样安排的要少，如果他成功地这样安排，使缴纳的税收减少了，那尽管国内税务局专员或其他纳税人可能不欣赏他的精心筹划，他也不能被强迫缴纳税收的。”从此英国及许多受英国影响的国家的税务案例，都有参照了这一判例的精神来处理纳税人税收筹划。另一个判例发生在1947年的美国，法官汉德在一个税务案件中有一段精彩的论述：“法院一直认为，人们安排自己的活动以达到低税负的目的，是无可指责的，每个人都可以这样做，不论他是富人，还是穷人。而且他这样做是完全正当的，因为他无须超过法律的承担国家税收。税收是强制课征，而不是自愿捐献，以道德的名义要求税收，纯粹是侈谈。”美国南加州大学W. B. 梅格斯博士在与别人合著的《会计学》中写道：“美国联邦所得税变得如此复杂，这使为企业提供详尽的税收筹划成为了一种谋生的职业。现在几乎所有的公司都有聘用专业的税务专家，研究企业主要经营决策上的税收影响，为合法地少纳税制订计划。”

有资料表明：德国伐克主编的《德国与国际税收百科全书》的“税收筹划”条目中所引用的最早文献是H. 肖肯霍夫写的《企业税收筹划》，它刊载在1959年出版的《工业企业计划》文集里。在20世纪50年代，税收筹划开始从企业计划里独立出来，引起了人们的重视，并因此带动了对包括个人税收筹划在内的税收筹划的全面研究，开辟出了一个新的研究领域——税收筹划学。随着各国税法的不断完善和日益复杂，税收筹划基本上得到了政府和纳税人的普遍认可。

（资料来源：税收筹划理论与实务国际研讨会，2009.）

附　录

基础练习参考答案

第一章　税法概述

(一) 判断题

1. ×　2. ×　3. √　4. ×　5. √　6. √　7. √　8. √　9. ×　10. ×
11. ×　12. √　13. ×　14. ×

(二) 单项选择题

1. C　2. B　3. D　4. D　5. A　6. C　7. B

(三) 多项选择题

1. ABD　2. ABC　3. ABC　4. ABCD　5. ABC　6. ABCD　7. AC　8. AC
9. BD　10. AB　11. ABC

第二章　增值税法

(一) 判断题

1. √　2. ×　3. ×　4. ×　5. √　6. √　7. ×　8. √　9. ×　10. ×
11. √　12. ×　13. √　14. ×　15. ×　16. ×　17. √　18. √　19. √
20. √　21. √　22. ×　23. ×　24. ×　25. ×　26. ×　27. √　28. ×
29. ×　30. ×

(二) 单项选择题

1. A　2. C　3. D　4. D　5. D　6. A　7. B　8. A　9. D　10. C　11. D

(三) 多项选择题

1. ABC　2. ABCD　3. BD　4. AD　5. ACD　6. CD　7. ABD　8. ABCD
9. CD　10. BD

（四）计算题

1. 应缴纳增值税＝50 000÷(1＋3％)×3％＋600＝2 056.31(元)

2. 应缴纳增值税＝(100 000＋20 000)÷(1＋3％)×3％＝3 495.15(元)

3. 销售使用过10年的旧设备应纳增值税＝3 200÷(1＋3％)×2％＝62.14(元)

销售使用过1年的设备应纳增值税＝21 500÷(1＋17％)×17％＝3 123.93(元)

销售给小规模企业货物应纳增值税＝20 000÷(1＋17％)×17％＝2 905.98(元)

4. 该农产品的账面成本6 055元。

其中运费400元，应转出运费部分的进项税＝400×11％＝44(元)

收购农产品的成本：6 055－400＝5 655元

该成本还原为收购农产品支付的价款：5 655÷87％＝6 500(元)

应转出按13％计算的进项税：6500×13％＝845(元)

5. 不能抵扣的进项税额＝(1 100＋1 200)×17％＝391(元)

视同销售的销项税额＝(13 000＋95 000＋25 000)×17％＝22 610(元)

6. 当期销项税额＝8 840＋100 000÷(1＋17％)×17％＋3 400＝22 192.99 (元)

当期准予抵扣的进项税额＝110＋3 000÷(1＋11％)×11％＋3 570＋3 468＝7 445.3 (元)

7. 当期销项税额＝(5 000＋2 000＋100＋500＋30＋20＋80＋200)×100×17％＝134 810(元)

当期不准予抵扣的进项税额＝10×40×17％＝68(元)

8. 当期准予抵扣的进项税额＝22 100＋50 000×13％＋3 060＋2 720＋6 800＝41 180(元)

当期销项税额＝176 800＋117 000÷(1＋17％)×17％＝193 800(元)

应缴纳增值税＝193 800－41 180＝152 620(元)

9. 当期准予抵扣的进项税额：64 600元。

当期销项税额＝(1 100＋150＋500＋300)×340×17％＋85 000×17％＋7 020÷(1＋17％)×17％＝133 960(元)

应缴纳增值税＝133 960－64 600＝69 360(元)

10. 当期不可抵扣的进项税额＝3 400×70 000÷(50 000＋70 000)＝1 983.33(元)

当期可抵扣的进项税额＝1 700＋(3 400－1 983.33)＝3 116.67(元)

当期销项税额＝50 000×17％＝8 500(元)

应缴纳增值税＝8 500－3 116.67＝5 383.33(元)

11. 当期准予抵扣的进项税额＝(16 000＋64 000)×13％＋3 900＋3 400＋1 700＋1 190＝35 890(元)

当期销项税额＝60 000÷(1＋17％)×17％＋13 600＝22 317.95(元)

应缴纳增值税＝22 317.95－35 890＝－13 572.05(元)

12. 当期发生的进项税额＝34 000＋27 030＋3 000×11％＝61 360(元)

当期应转出的进项税额＝(50 000＋10 000)×17％＝10 200(元)

出口不予退税额＝200 000×(17％－15％)＝4 000(元)

当期不予抵退的进项税额＝10 200＋4 000＝14 200(元)

出口产品退税限额＝200 000×15％＝30 000(元)

(1) 应缴纳增值税＝400 000×17％－(61 360－14 200)＝20 840(元)

分析：计算结果为正数，当期实际应缴纳增值税 20 840 元，出口退税限额 30 000 元全部抵扣了应缴增值税，当期无应收出口退税。

(2) 应缴纳增值税＝180 000×17％－(61 360－14 200)＝－16 560(元)

分析：计算结果为负数且小于出口退税限额，当期无应缴增值税，出口退税限额30 000 元抵扣了应缴增值税 13 440 元(30 000－16 560)，余额 16 560 元为应收出口退税额。

(3) 应缴纳增值税＝100 000×17％－(61 360－14 200)＝－30 160(元)

分析：计算结果为负数且大于出口退税限额，当期有未抵扣的增值税 160 元结转下期抵扣。出口退税限额 30 000 元未用于抵扣应缴增值税，全部为应收出口退税。

13. 应收出口退税额＝300 000×15％×80％＝36 000(元)

14. 应缴纳关税＝800 000×30％＝240 000(元)

应缴增值税、消费税的计税价格＝(800 000＋240 000)÷(1－5％)＝1 094 376.84(元)

应缴纳增值税＝1 094 376.84×17％＝186 105.26(元)

应缴纳消费税＝1 094 376.84×5％＝54 736.84(元)

15. 当期准予抵扣的进项税额＝68＋4.1×11％－1×17％－0.4×17％＝68.213(万元)

当期销项税额＝144.5＋0.68＝145.18(万元)

应缴纳增值税＝145.18－68.213＝76.967(万元)

16. 甲产品的销项税额 136 000 元。

乙产品的销项税额＝292 500÷(1＋17％)×17％＝42 500(元)

自用新产品的销项税额＝200 000×(1＋10％)×17％＝37 400(元)

购进原材料应抵扣的进项税额＝102 000＋6 600＝108 600 (元)

购进免税农产品应抵扣的进项税额＝(300 000×13％＋50 000×11％)×(1－20％)＝35 600(元)

应缴纳增值税＝136 000＋42 500＋37 400－108 600－35 600＝71 700(元)

第三章　消 费 税 法

(一) 判断题

1. √　2. ×　3. √　4. √　5. ×　6. ×　7. √　8. √　9. √　10. √
11. ×　12. √　13. √

(二) 单项选择题

1. C　2. B　3. A　4. A

(三) 多项选择题

1. AB　2. ABCD　3. ABCD　4. ABCD

(四) 计算题

1. (1)应缴消费税额=(600 000×56%+30×150)−162 000×30%=291 900(元)

(2) 本月生产领用烟丝=135 000+185 000−150 000=170 000(元)

应缴纳消费税=300 000×36%+30×150−170 000×30%=61 500(元)

2. 开具专用发票销售的消费税=(31 500+2650)×20%+315×2×0.5=8 852.5(元)

门市部销售的消费税=(6 552+2 000)÷(1+17%)×20%+56×2×0.5=1 517.88(元)

应缴纳消费税=7 145+1 517.88=8 662.88(元)

3. (1)酒厂应代收代缴的消费税=16×2 800×20%+16×2 000×0.5=24 960(元)

(2) 组成计税价格=(18 000+9 600+16 000)÷(1−20%)=54 500(元)

应代收代缴的消费税=54 500×20%+16×2 000×0.5=26 900(元)

(验算:计税价格=18 000+9 600+26 900=54 500)

4. (1)委托加工化妆品的组成计税价格=(4 550+1400)÷(1−30%)=8 500(元)

应代收代缴的消费税=8 500×30%=2 550(元)

(2) 化工厂提供加工劳务收入的销项税额=1 400×17%=238(元)

5. (1)酒厂代收代缴的消费税=(19 100+8 000+1 500×2×0.5)÷(1−20%)×20%+1 500×2×0.5=8 650(元)

(2) 委托加工白酒的总成本=19 100+8 000+8 650=35 750(元)

(3) 直接出售委托加工的白酒,不应再缴纳消费税。

(4) 销售低度白酒的消费税=35 000×20%+1 200×2×0.5=8 200(元)

6. 应缴纳消费税=(2 430+5)×1 288×1.4+(1 840+10)×1 176×1.1=6 783 952 (元)

7. 销项税额=120×17%+40÷(1+17%)×17%+39.78÷(1+17%)×17%=32(万元)

应缴纳消费税=120×3%+39.78÷(1+17%)×3%=3.6+1.02=4.62(万元)

8. 应收消费税退税额=500×6 000×15%=450 000(元)

9. 应缴纳消费税=1.2×2400×10%=288(万元)

10. 应缴纳消费税=0.95×250=237.5(元)

11. 关税完税价格=800×1=800(万元)

应缴纳关税=800×20%=160(万元)

消费税定额税=800×0.015=12(万元)

组成计税价格=(800+160+12)÷(1−36%)=1 518.75(万元)

每条卷烟的计税价格=1 518.75÷800÷250=75.94(元)

应缴纳消费税=1 518.75×56%+12=862.5(万元)

应缴纳增值税=1 518.75×17%=258.187 5(万元)

12. (1)销售客车的销项税额=1 500×17%=255(万元)

销售客车的消费税额=1 500×5%=75(万元)

(2) 捐赠客车的销项税额=2×(1 500÷30)×17%=17(万元)

捐赠客车的消费税额=2×50×5%=5(万元)

(3) 提供汽车零配件加工劳务,加工费收入的销项税额＝8×17％＝1.36(万元)
(4) 提供汽车加工劳务,加工费收入的销项税额＝18×17％＝3.06(万元)
受托加工汽车,代收代缴的消费税额＝50×5％＝2.5(万元)
当月应缴纳增值税＝255＋17＋1.36＋3.06－270＝6.42(万元)
当月应缴纳消费税＝75＋5＝80(万元)
当月应代收代缴的消费税＝2.5(万元)

第四章　营业税法

(一) 判断题

1. √　2. ×　3. √　4. √　5. √　6. √　7. √　8. ×　9. √　10. ×
11. √　12. √　13. ×　14. ×　15. ×

(二) 多项选择题

1. ABC　2. ABCD　3. ABCD　4. AC　5. ABCD　6. ABCD

(三) 计算题

1. 应缴纳营业税＝30×20％＋5×5％＝6.25(万元)
2. 应缴纳营业税＝(456－420)×5％＝1.8(万元)
3. 应缴纳营业税＝12×20％＋0.8×5％＝2.44(万元)
4. 应缴纳营业税＝(6 000－2 000－2 400)×80×5％＝6 400(元)
应代扣代缴境外旅游企业营业税＝80×2 400×5％＝9 600(元)
5. 应缴纳营业税＝(1 500 000－800 000)×5％＝35 000(元)
6. 外国企业不动产销售应缴纳营业税＝3 200×5％＝160(万元)
乙企业不动产投资入股免税。
7. 应缴纳营业税＝200 000×3％－3 744÷(1＋17％)×17％＝5 456(元)
8. 应缴纳增值税＝466 000÷(1＋3％)×3％＝15 372.82(元)
应缴纳营业税＝150 000×3％＋110 000×5％＝10 000(元)
9. 银行应缴纳营业税:
(1) 向生产企业贷款应缴纳营业税＝(600＋8)×5％＝30.4(万元)
(2) 手续费收入应缴纳营业税＝(14＋5 000×4.8％÷12×2×10％)×5％＝0.9(万元)
(3) 有价证券买卖应缴营业税＝(860－800)×5％＝3(万元)
(4) 代扣代缴某公司委托发放贷款的营业税＝5 000×4.8％÷12×2×5％＝2(万元)
(5) 销售支票凭证收入应缴纳营业税＝15×5％＝0.75(万元)
(6) 结算罚息加息应缴纳营业税＝2×5％＝0.1(万元)
出纳长款不缴纳营业税。
10. 修缮队应缴纳营业税＝(980 000＋150 000)×3％＝33 900(元)
饭店应缴纳营业税＝(50 000＋12 000＋30 000)×5％＝4 600(元)

招待所应缴纳营业税＝(680 000＋500)×5％＝34 025(元)

11. 应缴纳营业税＝(20 000＋500＋28 000)×5％＋(120 000＋8 000)×3％＝6 265(元)

应代扣代缴营业税＝(210 000－20 000)×3％＝5 700(元)

12. 按建筑业应缴纳营业税＝4 000÷2×(1＋20％)÷(1－3％)×3％＝74.23(万元)

销售不动产应缴纳营业税＝(3 000＋5 000＋2 000)×5％＝500(万元)

当月应缴纳营业税总计＝74.23＋500＝574.23(万元)

13. 甲公司应缴纳建筑业营业税＝(16 000－7 000)×3％＝270(万元)

甲公司应缴纳不动产销售的营业税＝2 200×5％＝110(万元)

甲公司代扣代缴乙公司建筑业的营业税＝7 000×3％＝210(万元)

房地产公司不动产销售应缴纳营业税＝4 000×5％＝200(万元)

第五章　城市维护建设税、教育费附加和烟叶税法

(一) 判断题

1. √　2. ×　3. √　4. ×　5. ×　6. √　7. √　8. √　9. √　10. √
11. ×　12. ×　13. ×

(二) 多项选择题

1. ABC　2. ABD　3. ABCD　4. CD　5. ABD　6. ABCD　7. ACD　8. ABD

(三) 计算题

1. 应缴纳的城建税＝300×7％＝21(万元)

2. 化妆品零星收入不含税销售额＝46 800÷(1＋17％)＝40 000(元)

应补缴增值税＝40 000×17％＝6 800(元)

应补缴消费税＝40 000×30％＝12 000(元)

应补缴城建税＝(6 800＋12 000)×7％＝1 316(元)

应处滞纳金＝(6 800＋12 000＋1 316)×14×5÷10 000＝140.812(元)

3. 该卷烟厂6月份应缴纳的烟叶税：50×(1＋10％)×20％＝11(万元)

第六章　关　税　法

(一) 判断题

1. √　2. √　3. ×　4. ×　5. √　6. ×　7. √　8. √　9. √　10. √
11. √　12. ×　13. √　14. √　15. √　16. ×　17. √　18. ×

(二) 多项选择题

1. ABC　2. ABCD　3. BCD　4. ABC　5. ACD　6. ABD　7. ABCD　8. AB

（三）计算题

1. 应缴纳关税＝1 600×10％＝160(万元)

应缴纳滞纳金＝13×5/10 000×160＝1.04(万元)

2. 关税计税价格＝2 000＋50＋40＝2 090(万元)

应缴纳关税＝2 090×10％＝209(万元)

应缴纳进口环节增值税＝(2 090＋209)×17％＝390.83(万元)

应缴纳滞纳金＝(209＋390.83)×5/10 000×(18－15)＝8 997.45(万元)

3. 关税完税价格＝1 410－10＋15＋50＋35＝1 500(万元)

应缴纳关税＝1 500×20％＝300(万元)

增值税、消费税计税价格＝(1 500＋300)÷(1－10％)＝2 000(万元)

应缴纳进口环节增值税＝2 000×17％＝340(万元)

应缴纳进口环节消费税＝2 000×10％＝200(万元)

4. 应缴纳关税＝(1 560＋73.7)×(1＋4‰)×60％＝1 640.23×60％＝984.14(万元)

应缴纳消费税＝(1 640.23＋984.14)÷(1－20％)×20％＝3 280.46×20％＝656.09(万元)

应缴纳增值税＝3 280.46×17％＝557.68(万元)

5. 关税计税价格＝262÷[1＋26％＋(1＋26％)÷(1－30％)×30％＋20％]＝131(万元)

应缴纳关税＝131×26％＝34.06(万元)

增值税、消费税计税价格＝(131＋34.06)÷(1－30％)＝235.8(万元)

应缴纳消费税＝235.8×30％＝70.74(万元)

应缴纳增值税＝235.8×17％＝40.086(万元)

6. 应缴纳关税＝(20－1)×10％＝1.9(万元)

增值税、消费税计税价格＝(19＋1.9)÷(1－5％)＝22(万元)

应缴纳消费税＝22×5％＝1.1(万元)

应缴纳增值税＝22×17％＝3.74(万元)

进口环节应纳税总额＝1.9＋1.1＋3.74＝6.74(万元)

7. 应缴纳关税＝(260＋10＋5) ×20％＝55(万元)

增值税、消费税计税价格＝(275＋55＋400×150/10 000)÷(1－36％)＝525(万元)

每条卷烟的计税价格＝525 万÷400÷250＝52.5(元)

应缴纳消费税＝525×36％＋400×150/10 000＝195(万元)

应缴纳增值税＝525×17％＝89.25(万元)

8. 应缴纳进口关税＝(85＋5)×50％＝45(万元)

进口环节消费税＝(90＋45)÷(1－30％)×30％＝192.86×30％＝57.858(万元)

进口环节增值税＝192.86×17％＝32.79(万元)

当月应缴纳增值税＝500×17％－32.79－20.40＝31.81(万元)

当月应缴纳消费税＝500×30％－57.858×80％＝103.713 6(万元)

当月应缴纳城建税＝(31.81＋103.713 6)×(7％＋3％)＝13.552 4(万元)

计入当月“营业税金及附加”账户的金额＝103.713 6＋13.552 4＝117.266(万元)

9. 出口关税计税价格＝616÷(1＋10％)＝560(万元)

应缴纳出口关税＝560×10％＝56(万元)

10. 出口关税计税价格＝(150－9.8－0.5)÷(1＋10％)＝127(万元)

应缴纳出口关税＝127×10％＝12.7(万元)

11. (1)关税计税价格＝200×130÷(1＋4％)×6.8＝170 000(元)

应缴纳关税＝170 000×4％＝6 800(元)

(2) 关税计税价格＝(200×130－4 000－500)÷(1＋4％)×6.8＝140 576.92(元)

应缴纳关税＝140 576.92×4％＝5 623.08(元)

12. 确定适用税率,净吨位 9 000 吨的轮船 30 天期的优惠税率为 2.9 元/净吨位

应缴纳船舶吨税＝9 000×2.9＝26 100(元)

第七章　资源税法

(一) 判断题

1. ×　2. √　3. ×　4. ×　5. ×　6. ×

(二) 单项选择题

1. B　2. A　3. D

(三) 多项选择题

1. ABCD　2. ABD　3. ABCD　4. ABD　5. ABC　6. BC　7. ABCD　8. AD

(四) 计算题

1. 应缴纳资源税＝660 000×60％×8％＝31 700(元)

应缴纳增值税＝660 000×60％×17％－30 000＝37 320(元)

2. (1)原煤每吨销售单价(不含增值税)＝429 400÷4 000÷(1＋17％)＝91.75(元)

应缴纳资源税＝[429 400÷(1＋17％)＋(1 000＋100)×91.75]×2％

＝467 933.55×2％＝9 358.67(元)

(2) 增值税销项税额＝429 400÷(1＋17％)×17％＋259 900÷(1＋13％)×13％＋100×91.75×17％＝62 391.45＋29 900＋1 559.75＝93 851.2(元)

应缴纳增值税＝93 851.2－10 535＝83 316.2(元)

(3) 应缴纳城建税＝83 316.2×1％＝833.16(元)

第八章　土地增值税法

（一）判断题

1. ×　2. √　3. √　4. ×

（二）单项选择题

1. D　2. C

（三）多项选择题

1. CD　2. ACD　3. AB　4. ACD　5. ABC

（四）计算题

1. 转让收入 78 000(万元)

可扣除金额＝26 000＋15 000＋(26 000＋15 000)×10％＋4 290＋(26 000＋15 000)×20％＝57 590(万元)

增值额＝78 000－57 590＝20 410(万元)

增值额占可扣除项目金额的比率：20 410÷57 590≈35％

适用 30％税率：

应缴纳土地增值税＝20 410×30％＝6 123(万元)

2. 该办公楼的增值额＝500－800×50％－30＝500－430＝70(万元)

增值额占扣除项目金额的比例 70÷430＝16％

适用土地增值税率 30％

应缴纳土地增值税＝700 000×30％＝210 000(元)

第九章　房产税法、城镇土地使用税法、契税法和耕地占用税法

（一）判断题

1. √　2. √　3. √　4. ×　5. ×　6. ×　7. √　8. ×　9. ×　10. ×
11. ×　12. √　13. √　14. ×

（二）单项选择题

1. C　2. B　3. C　4. A　5. D　6. D　7. D　8. D　9. A

（三）多项选择题

1. BC　2. BC　3. BCD　4. BC　5. ABD　6. ABC　7. CD　8. AD　9. BD

(四) 计算题

1. 2014 年度应缴纳房产税＝1 000×(1－20％)×1.2％×5÷12＝4(万元)

2. 某年度应缴纳房产税的计算包括三个部分：

(1) 自用A栋房产(1～4月)应缴纳房产税＝1 200×(1－20％)×1.2％×4÷12＝3.84(万元)

(2) 租用B栋房产(1～4月)应缴纳房产税＝10×4×12％＝4.8(万元)

(3) 自用B栋房产(5～12月)应缴纳房产税＝1 000×(1－20％)×1.2％×8÷12＝6.4(万元)

某年度应缴纳房产税总额＝3.84＋4.8＋6.4＝15.04(万元)

(注：A栋房产5～12月大修期间，不缴纳房产税)

3. 2014 年度应缴纳房产税＝1 000×(1－20％)×1.2％×8÷12＋100×12％×4÷12＝10.4(万元)

4. 2014 年度应缴纳土地使用税＝(20 000－800)×10＝192 000(元)

5. 应缴纳耕地占用税＝56 000×25＝1 400 000(元)

6. 接受房产投资应缴纳契税＝100万×3％＝3(万元)

交换房产支付差价应纳契税＝200万×3％＝6(万元)

缴纳土地出让金取得土地使用权应缴纳契税＝300万×3％＝9(万元)

7. 居民甲以住房抵债不需缴纳契税。

乙企业应缴纳契税＝110 0000×3％＝33 000(元)

居民丙应缴纳契税＝15 0000×3％＝4 500(元)

8. 应缴纳契税＝(50＋120)×4％＝6.8(万元)

第十章　车辆购置税法、车船税法和印花税法

(一) 判断题

1. √　2. √　3. √　4. ×　5. √　6. √　7. √　8. √　9. √　10. ×　11. ×
12. √　13. √　14. √　15. ×　16. √　17. √　18. ×　19. √　20. ×
21. ×　22. ×　23. ×　24. √

(二) 单项选择题

1. B　2. B　3. A　4. B　5. C　6. C　7. D　8. C　9. C　10. A

(三) 多项选择题

1. ABCD　2. ABCD　3. CD　4. ACD　5. ABCD　6. ABC　7. AB　8. ABC
9. CD　10. BD　11. ABC　12. ABCD　13. ABCD

（四）计算题

1. 2014 年应缴纳车船税＝25×15×30＋6×480＝14 130(元)

2. 应缴纳车辆购置税＝280 000÷(1＋17％)×10％＝23 931.62(元)

3. 应缴纳关税＝50×15％＝7.5(万元)

缴纳增值税、消费税、车辆购置税的计税价格＝(50＋7.5)÷(1－8％)＝62.5(万元)

应缴纳消费税＝62.5×8％＝5(万元)

应缴纳增值税＝62.5×17％＝10.625(万元)

应缴纳车辆购置税＝62.5×10％＝6.25(万元)

4. 应缴纳车辆购置税＝23×(1＋15％)÷(1－8％)×10％×2＝28×10％×2＝5.75(万元)

5. 权利、许可证照的印花税＝5×5＝25(元)

资金账簿的印花税＝1 200 万×5÷10 000＝6 000(元)

其他账簿的印花税＝9×5＝45(元)

购销合同的印花税＝200 万×3÷10 000＝600(元)

财产保险合同的印花税＝2 万×1‰＝20(元)

印花税总额＝25＋6 000＋45＋600＋20＝6 690(元)

6. (1)实收资本增加应缴纳印花税＝1 000 万×5÷10 000＝5 000(元)

(2) 借款合同应缴纳印花税＝2 000 万×0.5÷10 000＝1 000(元)

(3) 购销合同应纳印花税＝(500 万＋500 万) ×3÷10 000＝3 000(元)

(4) 加工合同应缴纳印花税＝(5 万＋25 万) ×5÷10 000＝150(元)

(5) 专有技术转让合同，应按产权转移书据计税，未确定金额的，先按 5 元计税。

(6) 货物运输合同应缴纳印花税＝(11 万－1 万) ×5÷10 000＝50(元)

(7) 合同载明两个应税事项，未分别确定金额，从高适用税率

应缴纳印花税＝20 万×1÷1 000＝200(元)

第十一章　企业所得税法

（一）判断题

1. √　2. ×　3. ×　4. ×　5. ×　6. √　7. √　8. √　9. ×　10. ×
11. √　12. √　13. ×　14. ×　15. √　16. √　17. √　18. ×　19. √
20 ×　21. √　22. √　23. √　24. √　25. √

（二）多项选择题

1. ABD　2. ABC　3. ABC　4. BC　5. ABC　6. ACD　7. AB

（三）计算题

1. 长期债权投资的利息收入为应税收入，不需进行纳税调整。

联营投资利润为税后利润分配，且双方税率相等，应调减应税所得额。

国库券利息收入为免税收入，应调减应税所得额。

罚款收入为应税收入，不需进行纳税调整。

应税所得额＝500－10－2＝488(万元)

应纳所得税额＝488×25＝122（万元）

2. 可选用两种方法：

(1) 应纳所得税额＝(410－44.2)×25%＋44.2÷(1－15%)×(25%－15%)＝91.45＋5.2＝96.65(万元)

该方法的原理为，对已在接受投资方交纳所得税的股权投资股利，应进行税额抵免，所以需要调减应税所得额。又因为接受投资方的税率较低，因此，还应按已纳税额与应纳税额之差补缴所得税。

(2) 应纳所得税额＝[410＋44.2÷(1－15%)－44.2]×25%－44.2÷(1－15%)×15%＝(410＋7.8)×25%－7.8＝96.65(万元)

该方法的原理为，将股权投资股利已在接受投资方交纳的所得税，调增企业应纳税所得额，据此计算企业应纳所得税，然后，再对已纳所得税进行抵免。

3. 本题应纳税调整的项目为：公益性捐赠不能超出扣除限额；赞助支出不准予扣除；购买固定资产的支出，应通过计提折旧分期扣除。

本年度利润总额＝2 000－800－700－40－60＝400(万元)

公益性捐赠扣除限额＝400×12%＝48(万元)

公益性捐赠支出未超过税法准予扣除的限额，不需进行纳税调整。

应税所得额＝400＋60＝460(万元)

应纳所得税额＝460×25%＝115(万元)

4. 应税所得额＝成本、费用支出额÷(1－应税所得率)×应税所得率

应税所得额＝(83＋70)÷(1－15%)×15%＝180×15%＝27(万元)

应纳所得税额＝应税所得额×所得税率＝27×20%＝5.4(万元)

5. 第 1 年、第 2 年度亏损，不需纳税，其亏损的税前弥补年限按规定可分别计算到第 6 年和第 7 年。第 3 年～第 7 年各年度均盈利，但按规定弥补以前年度亏损后无余额，不需纳税。其中第 3 年～第 5 年度的所得额全部用于弥补第 1 年度的亏损；第 6 年度的所得额 20 万元用于弥补第 1 年度的亏损、5 万元用于弥补第 2 年度的亏损；第 7 年度的所得额全部用于弥补第 2 年度的亏损。第 7 年度是第 2 年度亏损的最后弥补年限，弥补期满后未弥补亏损额 4 万元，不得再用以后年度的税前所得额弥补。第 8 年度应税所得额 16 万元，无税前弥补项目，应全额计税。

第 8 年度应纳所得税额＝16×25%＝4(万元)

6. 在境外 A 国已纳税额＝120×40%＝48(万元)；抵扣限额＝120×25%＝30(万元)，实际＞限额，按限额抵免，当年度未抵免部分可结转至以后的 5 个自然年度，继续抵免。

在境外 B 国已纳税额＝160×20%＝32(万元)；抵扣限额＝160×25%＝40(万元)，实际＜限额，按实际抵免，若之前的 5 个自然年度有未抵免的境外已纳税额，可以继续

抵免。

7. 按《企业所得税法》规定，企业接受关联方债权性投资与权益性投资的比例，超过规定标准发生的利息支出，不得在税前扣除。该比例为金融企业是 5∶1；其他企业是2∶1。

本题中，从关联方的借款利率未超过标准，但借款金额超过 800 万元(6 800－3 000×2)

所以，计算应纳税所得额时准予扣除该项的利息＝408×6 000/6 800＝360(万元)

8. 公益性捐赠准予税前扣除的限额＝利润总额×12％＝40×12％＝4.8(万元)

当年实际捐赠 5 万元，超出限额 0.2 万元(5－4.8)，调增应纳税所得额 0.2 万元。

应纳企业所得税＝(未调整公益性捐赠前的应纳税所得额＋公益性捐赠调增的应纳税所得额)×25％＝(50＋0.2)×25％＝12.55(万元)

9. 按照《企业所得税法》的有关规定，卷烟生产企业的广告费不允许在税前列支，研发费可以加计扣除。

应纳税所得额＝1 600－600－460－400－40×50＋250＝370(万元)

应纳企业所得税＝370×25％＝92.5(万元)

10. 技术转让所得的税收政策，不超过 500 万元的免税，超过 500 万元的部分减半征收。

该项技术转让所得＝800－200＝600(万元)

应纳企业所得税＝(600－500)×25％×50％＝12.5(万元)

11. 该企业 2015 年度利润总额＝5 000－4 100－700＋80－60＝220(万元)

公益性捐赠准予扣除限额＝220×12％＝26.4(万元)

公益性捐赠实际金额 50 万元，超出扣除限额，调增应纳税所得额 23.6 万元(50－26.4)

2014 年度亏损额 30 万元可结转至 2015 年度，用税前所得额弥补。

2015 年度应纳税所得额＝220＋23.6－30＝226.4(万元)

2015 年度应纳企业所得税＝226.4×25％＝53.4(万元)

12. 该企业股权投资收益 80 万元为权益法下的税后利润分配，属于已纳税所得，且双方税率相等，应调减应纳税所得额 80 万元。

国债持有期间的利息收入 20 万元，属于免税收入，应调减应纳税所得额 20 万元。

该企业应纳税所得额＝600－80－20＝500(万元)

应纳企业所得税＝500×25％＝125(万元)

13. (1)向投资者分配利润，是在缴纳所得税后进行的分配，不属于纳税调整项目。

(2)“三项”费用准予扣除的限额＝200×18.5％＝37(万元)

实际提取的“三项”费用超出准予扣除的限额，调增应税所得额 4 万元(41－37)。

(3) 产品广告费支出的扣除限额＝2 000×15％＝300(万元)

广告费支出额未超过扣除限额，不需进行纳税调增。

(4) 业务招待费按 60％计算，15×60％＝9(万元)

业务招待费的扣除限额＝2 000×5‰＝10(万元)

业务招待费按 60％计算后低于扣除限额，应按 60％扣除，调增应税所得额 6 万(15－9)。

新技术研发费可加成 50％扣除，调减应税所得额 13 万元(26×50％)。

(5) 支付客户的违约金 3 万元，准予扣除，不需纳税调整；违法经营缴纳的罚款，不得在计算应税所得额时扣除，调增应税所得额 10 万元。

应税所得额＝180＋4＋6－13＋10＝187(万元)

应纳所得税额＝187×25％＝46.75(万元)

第十二章　个人所得税法

(一) 判断题

1. ×　2. ×　3. √　4. ×　5. √　6. √　7. √　8. √　9. √　10. √
11. ×　12. √　13. ×　14. √　15. √　16. ×　17. √　18. ×　19. √
20. √　21. √　22. ×　23. √　24. ×　25. √　26. √　27. √　28. √
29. √

(二) 单项选择题

1. C　2. B　3. A　4. A　5. C　6. B

(三) 多项选择题

1. AB　2. ABD　3. ABD　4. ACD　5. ABD　6. ABD　7. ABCD　8. BC
9. AD　10. BC　11. ABCD　12. AB　13. ABCD　14. ABC　15. ADBC
16. ABCD　17. ABC　18. ABCD　19. ABCD　20. ABCD

(四) 计算题

1. 特许权使用费所得应缴个人所得税＝20 000×(1－20％)×20％＋(3 800－800)×20％＝3 800(元)

偶然所得应缴个人所得税＝20 000×20％＝4 000(元)

工资收入应缴个人所得税＝(5 100－3 500)×10％－105＝55(元)

该月应缴个人所得税总额＝3 800＋4 000＋55＝7 855(元)

2. (1)该次(月)应缴所得税额＝(1 000－800)×20％＝40(元)

注：该月租金收入小于 4 000 元，按定额扣除费用 800 元计算应税所得额。

(2) 该次(月)应缴所得税额＝4 200×(1－20％)×20％＝3 360×20％＝672(元)

注：该次(月)租金收入大于 4 000 元，按定率扣除费用 800 元计算应税所得额。

(3) 每月应缴所得税额＝30 000÷6×(1－20％)×20％＝800(元)

半年应缴所得税额＝800×6＝4 800(元)

(4) 每月应缴所得税额＝(90 000÷24－800)×20％＝590(元)

两年应缴所得税额＝590×24＝14 160(元)

3. A 国特许权使用费所得应缴个人所得税＝10 000×(1－20％)×20％＝1 600(元)

因为在 A 国的已纳税额 1 650 元高于按我国税法规定计算的应纳税额，所以从 A 国取得的所得不需在我国交纳个人所得税。

B 国劳务报酬所得应缴个人所得税＝8 000×(1－20％)×20％＝1 280(元)

因为在 B 国的已纳税额 1 200 元低于按我国税法规定计算的应纳税额，所以从 B 国取得的所得应在我国补缴差额部分的税款 80 元。

4. (1)转租所得＝6 500－500－4 500－6 500×20％＝200(元)

应缴个人所得税＝200×10％＝20(元)

(2) 转让房产所得＝160－10＝150(元)

应缴个人所得税＝150×20％＝30(元)

(3) 按消费积分反馈的礼品，不应缴纳个人所得税。

商场抽奖所得，属于偶然所得，应缴个人所得税＝5 000×20％＝1 000(元)

(4) 劳务报酬 40 000 元，应纳税所得额＝40 000×(1－20％)＝32 000(元)

公益性捐赠给贫困地区可抵扣应纳税所得额的限额＝32 000×30％＝9 600(元)

公益性捐赠给农村义务教育可全额抵扣。

抵扣公益性捐赠后，应缴个人所得税＝(32 000－9 000－14 000)×20％＝1 800(元)

5. (1)该轿车属于公司向投资人的实物分配，按股息、红利所得缴纳个人所得税。考虑到该车也会用于公司业务，可以在计算个人所得税时减除一定数额。

应缴个人所得税＝(310 000－70 000)×20％＝48 000(元)

(2) 按特许权使用费所得应缴个人所得税＝50 000×(1－20％)×20％＝8 000(元)

(3) 按财产转让所得应缴个人所得税＝(350 000－200 000)×20％＝30 000(元)

(4) 按劳务报酬所得应缴个人所得税＝30 000×(1－20％)×30％－2 000＝5 200(元)

(5) 转让股票所得，免征个人所得税。

持有股票期间分配的红利所得减征 50％，应缴个人所得税＝3 000×20％×50％＝300(元)

(6) 发票中奖属于偶然所得，达到起征点 800 元，全额缴税。

应缴个人所得税＝1 000×20％＝200 元

第十三章 国际税收

(一) 判断题

1. √ 2. × 3. √ 4. √ 5. × 6. × 7. √ 8. √ 9. √ 10. √
11. √ 12. √ 13. √ 14. √ 15. √ 16. ×

(二) 单项选择题

1. C 2. A 3. D 4. C 5. D 6. C 7. A 8. B 9. C 10. B 11. D 12. D
13. A 14. B 15. C 16. A 17. B 18. B 19. D

(三) 多项选择题

1. ACD 2. CD 3. CD 4. ACD 5. ABCD 6. BCD 7. ABD 8. ABC

（四）计算题

1.（1）抵免前的全部所得税＝(1 000＋100＋100)×40%＝480(万美元)

（2）抵免限额＝(1 000＋100＋100)×40%×[(100＋100)÷(1 000＋100＋100)]
＝480×(200÷1 200)＝80(万美元)

（3）确定可抵免数额：由于已纳国外所得税额 80 万美元(100×50%＋100×30%)，与抵免限额相同，所以可抵免数额为 80 万美元。

（4）本国政府实征所得税额＝(1 000＋100＋100)×40%－80
＝480－80＝400(万美元)

2.（1）抵免前的全部所得税＝(1 000＋100－50)×40%＝420(万美元)

（2）抵免限额＝(1 000＋100－50)×40%×[(100－50)÷(1 000＋100－50)]
＝420×(50÷1050)＝20(万美元)

（3）确定可抵免数额：因为已纳 A 国所得税额 50 万美元(100×50%)，B 国分公司亏损则不用纳税，合计已纳国外所得税税额为 50 万美元，超过抵免限额，所以可抵免数额为 20 万美元。

（4）本国政府实征所得税额＝(1 000＋100－50)×40%－20
＝420－20＝400(万美元)

3.（1）抵免前的全部所得税＝(1 000＋120＋80)×40%＝480(万美元)

（2）A 国抵免限额＝(1 000＋120＋80)×40%×[120÷(1 000＋120＋80)]
＝480×(120÷1 200)＝48(万美元)
或＝120×40%＝48(万美元)

由于已纳 A 国所得税额 60 万美元(120×50%)超过抵免限额，所以可抵免数额为抵免限额 48 万美元。

（3）B 国抵免限额＝(1 000＋120＋80)×40%×[80÷(1 000＋120＋80)]
＝480×(80÷1200)＝32(万美元)
或＝80×40%＝32(万美元)

由于已纳 B 国所得税额 24 万美元(80×30%)低于抵免限额，所以可抵免数额为 24 万美元。

（4）国外税收可抵免数额＝48＋24＝72(万美元)

（5）甲国政府实征所得税额＝(1 000＋120＋80)×40%－72
＝480－72＝408(万美元)

4.（1）抵免前的全部所得税＝(1 000＋120－40)×40%＝432(万美元)

（2）A 国抵免限额＝(1 000＋120－40)×40%×[120÷(1 000＋120－40)]
＝432×(120÷1 080)＝48(万美元)
或＝120×40%＝48(万美元)

由于已纳 A 国所得税额 60 万美元(120×50%)超过抵免限额，所以可抵免数额为抵免限额 48 万美元。

（3）B 国抵免限额：由于 B 国分公司亏损，已纳 B 国所得税额为 0，所以不存在税收

抵免或可抵免数额为 0。

(4) 国外税收可抵免数额＝48＋0＝48(万美元)

(5) 本国政府实征所得税额＝(1 000＋120－40)×40％－48

＝432－48＝384(万美元)

5. (1)抵免前的全部所得税＝(1 000＋500)×30％＝450(万美元)

(2) 利息所得抵免限额＝(1 000＋500)×30％×[200÷(1 000＋500)]

＝450×(200÷1 500)＝60(万美元)

或＝200×30％＝60(万美元)

由于已纳 A 国所得税额 40 万美元(200×20％)低于抵免限额，所以可抵免数额为已纳税额 40 万美元。

(3) 其他所得抵免限额＝(1 000＋500)×30％×[300÷(1 000＋500)]

＝450×(300÷1500)

＝90(万美元)

或＝300×30％＝90(万美元)

由于已纳 A 国所得税额 105 万美元(300×35％)超过抵免限额，所以可抵免数额为抵免限额 90 万美元。

(4) 国外税收可抵免数额＝40＋90＝130(万美元)

(5) 本国政府实征所得税额＝(1 000＋500)×30％－130

＝450－130＝320(万美元)

6. (1)存在避税行为。该公司通过集团内部关联企业的转让定价，将利润从高税国本国和 A 国转移到低税国 C 国，从而减轻了该跨国公司集团的全球总纳税义务。

(2) 采取转让定价行为前各公司的税负情况：

母公司应缴公司所得税＝(800－500)×40％＝120(万元)

B 公司应缴公司所得税＝(1 200－800)×50％＝200(万元)

跨国公司集团总税负＝120＋200＝320(万元)

(3) 采取转让定价行为后各公司的税负情况：

母公司应缴公司所得税＝(600－500)×40％＝40(万元)

B 公司应缴公司所得税＝(1 200－1 000)×50％＝100(万元)

D 公司应缴公司所得税＝(1 200－500)×20％＝140(万元)

跨国公司集团总税负＝40＋100＋140＝280(万元)

(4) 对比可得：通过避税行为，跨国公司集团的总税负减轻了 320－280＝40(万元)

7. (1)分公司已缴乙国税额

500×30％×50％＝75(万元)

(2) 视同分公司已缴乙国税额

500×30％＝150(万元)

(3) 允许抵免已缴乙国税额

500×35％＝175(万元)

(4) 运用税收饶让抵免该总公司应向甲国政府缴纳的所得税额

(1 000+500)×35%－150＝375(万元)

第十四章 税收征收管理法

(一) 判断题

1. × 2. √ 3. √ 4. √ 5. × 6. √ 7. √ 8. √ 9. √ 10. √
11. √ 12. √ 13. × 14. × 15. √ 16. × 17. √ 18. √ 19. √
20. × 21. √ 22. √ 23. √ 24. √ 25. × 26. ×

(二) 单项选择题

1. A 2. A 3. C 4. D 5. B 6. B 7. A 8. B 9. A 10. C 11. B
12. A 13. A 14. B 15. C 16. B 17. B 18. C

(三) 多项选择题

1. ABCD 2. ABCD 3. ABCD 4. ABC 5. ABCD 6. ABCD 7. AB 8. AC
9. ABCD 10. ABCD 11. AB 12. ABC 13. ABD 14. ABD 15. ABCD
16. ACD

第十五章 税务行政法制

(一) 判断题

1. √ 2. √ 3. √ 4. √ 5. × 6. √ 7. √ 8. √ 9. × 10. ×
11. √

(二) 单项选择题

1. B 2. A 3. D 4. A 5. A 6. B

(三) 多项选择题

1. ABCD 2. ABCD 3. ABC 4. ABCD 5. BC 6. ABCD 7. ABC
8. ABCD 9. ABCD

第十六章 税务代理和税务筹划

(一) 判断题

1. × 2. × 3. × 4. × 5. × 6. × 7. × 8. × 9. √ 10. √
11. √ 12. × 13. √ 14. √ 15. × 16. √ 17. × 18. √ 19. ×
20. √

（二）单项选择题

1. C　2. A　3. B　4. C　5. B　6. D　7. B　8. B　9. D　10. A　11. C　12. B　13. B　14. E　15. D

（二）多项选择题

1. ABC　2. ACD　3. ABD　4. ABC　5. ABC　6. BC　7. ABC　8. AC　9. ACD　10. AC　11. ABC　12. ABCDE　13. ABCDE　14. ABCDEF　15. BCD　16. AC　17. ABCDE　18. ABCD　19. ABCD　20. ABCDE

（三）计算题

1. (1)根据税法规定，纳税人应自领取营业执照之日起30日内向主管税务机关申请办理税务登记。

(2) 从事生产、经营的纳税人应当自其领取工商营业执照之日起15日内按照国务院财政、税务部门的规定设置账簿。

(3) 需要设置总账、明细账、日记账以及其他辅助性账簿。

(4) 涉及缴纳的税种及税率为：国税机关：企业所得税(企业所得税率为25%)、增值税(17%)。地税机关：营业税(5%)，城市维护建设税(5%)，教育费附加(3%)，房产税(1.2%)，城镇土地使用税(税额由当地省政府规定)。

(5) 由于该批发企业注册资金在80万元以下、职工人数为10人，符合小型商贸批发企业的规定，要进行辅导期管理，新认定为一般纳税人的小型商贸批发企业实行纳税辅导期管理的期限为3个月。

2. (1)甲企业应采用第二套方案，将该办公楼以参与利润分配，共担风险的形式作价投资到乙企业。

根据税法规定：单位将不动产无偿赠予其他单位和个人，应视同销售计算缴纳营业税、土地增值税、城建税和教育费附加、地方教育附加。

但是以不动产投资入股，参与接受被投资方利润分配，共同承担投资风险的行为，不征收营业税。

非房地产开发企业以房地产对外投资联营的，暂免缴纳土地增值税。所以可以运用不予征税方法和减免税方法得出应选择用第二套方案。

(2) 自建的办公楼用于对外无偿赠送，应视同销售计算两道环节的营业税，一道是自建环节的营业税，一道是销售不动产环节的营业税。其中自建环节的营业税＝100×(1＋10%)/(1－3%)×3%＝3.40(万元)；销售不动产环节营业税＝150×5%＝7.5(万元)。

而将不动产对外投资不缴纳营业税，所以应纳营业税为0。

两套方案比较的情况下，选择第二种方案甲企业可以节税＝7.5＋3.4＝10.9(万元)。

3. (1)钟老师二手车注资行为不缴纳增值税。注资行为视同销售，根据增值税的相关规定，其他个人销售自己使用过的物品，免征增值税。

(2) 钟老师出租门面房需要缴纳营业税、城建税、教育费附加、房产税、城镇土地使用

税、印花税、个人所得税。

(3) 钟老师门面房注资行为不缴纳营业税，以不动产投资入股，参与接受投资方利润分配的，共担风险的行为，不征营业税。

(4) 钟老师二手车出租行为缴纳营业税、城建税、教育费附加、印花税、个人所得税。

4. (1)如果从甲公司(一般纳税人)处购进货物，洪福公司纳税情况如下：

增值税＝100×17%－80×17%＝3.4(万元)

城建税、教育费附加＝3.4×(7%＋3%)＝0.34(万元)

企业所得税＝(100－80－0.34)×25%＝4.92(万元)

净利润＝100－80－0.34－4.92＝14.74(万元)

(2) 如果从乙公司(小规模纳税人)处购进货物，洪福公司纳税情况如下：

增值税＝100×17%＝17(万元)

城建税、教育费附加＝17×(7%＋3%)＝1.7(万元)

企业所得税＝(100－60－1.7)×25%＝9.58(万元)

净利润＝100－60－1.7－9.58＝28.72(万元)

从上述分析可以看出，洪福家具城从乙公司购进家具可以取得更高的利润，应该选择从乙公司购进货物。

参考文献

[1] 国家税务总局.中华人民共和国税法法规[M].北京：中国税务出版社，2015.

[2] 中国注册会计师协会.税法[M].北京：经济科学出版社，2015.

[3] 全国税务师职业资格考试教材编写组.税法(Ⅰ)[M].北京：中国税务出版社，2015.

[4] 全国税务师职业资格考试教材编写组.税法(Ⅱ)[M].北京：中国税务出版社，2015.

[5] 马克和.新编税法(第2版)[M].北京：北京大学出版社，2014.

[6] 周亚蕊，等.税法[M].北京：中国电力出版社，2014.

[7] 杨则文.税法(第2版)[M].北京：中国财政经济出版社，2014.

[7] 张小玲.税法实务(第2版)[M].北京：北京理工大学出版社，2014.

[9] 刘学华.税法(第2版)[M].上海：立信会计出版社，2014.

[10] 王曙光，等.税法学(第5版)[M].大连：东北财经大学出版社，2014.

教学支持说明

扫描二维码在线填写
更快捷获取教学支持

尊敬的老师：

您好！为方便教学，我们为采用本书作为教材的老师提供教学辅助资源。鉴于部分资源仅提供给授课教师使用，请您填写如下信息，发电子邮件给我们，或直接手机扫描上方二维码在线填写提交给我们，我们将会及时提供给您教学资源或使用说明。

（本表电子版下载地址：http://www.tup.com.cn/subpress/3/jsfk.doc）

课程信息

书　　名			
作　　者		书号（ISBN）	
开设课程1		开设课程2	
学生类型	□本科　□研究生　□MBA/EMBA　□在职培训		
本书作为	□主要教材　□参考教材	学生人数	
对本教材建议			
有何出版计划			

您的信息

学　　校			
学　　院		系/专业	
姓　　名		职称/职务	
电　　话		电子邮件	
通信地址			

清华大学出版社客户服务：

E-mail: tupfuwu@163.com
电话：010-62770175-4506/4903
地址：北京市海淀区双清路学研大厦 B 座 506 室
网址：http://www.tup.com.cn/
传真：010-62775511
邮编：100084